# Südstaaten
# USA

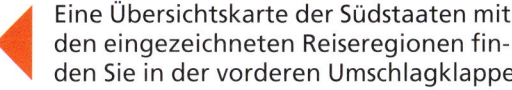
Eine Übersichtskarte der Südstaaten mit den eingezeichneten Reiseregionen finden Sie in der vorderen Umschlagklappe.

Horst Schmidt-Brümmer

# Südstaaten
# USA

VISTA POINT

# Willkommen im amerikanischen Süden

*Der Tiefe Süden ist ein weites Feld,
über das man immer wieder schreiben könnte.
(Henry Miller)*

*Willkommen in Charleston, South Carolina!*

Es scheint, als hätten die Dichter schon immer an Dixieland gehangen. Musiker nicht minder. Hollywood sowieso. Ob Mark Twain oder Tennessee Williams, der »Charleston« oder »Vom Winde verweht«, William Faulkner oder Alex Haley, »Porgy and Bess« oder Gospel Songs – stets erwies sich der Süden als sprudelnde Quelle amerikanischer Mythen, Bilder und Legenden.

In der Fantasie fügen sie sich zu einer vorzugsweise romantischen, bisweilen melodramatischen Provinz in bewusster Distanz zum Rest der Nation, insbesondere dem Norden. Sie besteht aus Schwarzenhütten und weißen Villen, Baumwollfeldern und Baptistenkirchen, Blues und Bayous, Mississippi-Dampfern und Bürgerkriegskanonen unter moosdrapierten Eichen und zirpenden Zikaden. Der Alte Süden – ein historischer Roman? In gewissem Sinne ja. Im Süden sei, schreibt Faulkner, die Vergangenheit nicht tot; sie sei nicht einmal vergangen.

Aber die Region sorgt auch für Gegenbilder. Sie stammen vor allem von jenen amerikanischen Landsleuten, die behaupten, der

Süden sei eine kulturlose Hinterwelt, angefüllt mit sentimentalen Schwärmern und Dickköpfen, armen Schwarzen oder servilen Mohren, herumliegenden Autoreifen, korrupten Sheriffs, streunenden Hunden und dem Ku-Klux-Klan. Der Tiefe Süden – ein trauriges Sozialdrama? Auch dafür spricht einiges.

Wie aber vertragen sich die Bilder heroischer Rebellen, chevaleresker Kavaliere und reifberockter Frauen mit den weniger gefälligen Klischees? Und vor allem: wie passen beide zum jüngsten Image dieses Landstrichs, zur Vorstellung vom Neuen Süden und seiner Wirtschaftskraft, die angeblich alles wieder gutmacht, was Bürgerkrieg, missglückter »Wiederaufbau« und zählebiges Vorurteil angerichtet haben? Die rührend-pathetische Welt der Scarlett O'Hara oder die Umsatzzahlen von Coca-Cola, »Onkel Toms Hütte« oder Jesse Jackson, Ol' Man River oder Petro-Chemie – was prägt denn nun diese Südstaaten?

Reisen können da einigen Aufschluss bringen. Sie bewegen sich durch sieben der einst glorreichen elf Staaten, die um die Mitte des vorigen Jahrhunderts die Union verließen: nach Georgia, North und South Carolina, durch das nördliche Florida, Alabama, Mississippi und Louisiana, kurz, nach Dixieland. Wer nach Memphis und Nashville fährt, lernt mit Tennessee noch einen weiteren Staat der Konföderation kennen. Virginia, Maryland, Arkansas und Texas fehlen; nicht, weil sie weniger interessant wären, sondern weil alle Reisetage nun einmal gezählt sind und die ausgewählten Staaten schon eine hinreichende Menge Stoff (und Entfernungen!) bieten, um die südstaatlichen Regionen und Themen nach dem Prinzip des wandernden Blickpunkts auszuleuchten.

*Hütten hinter den Palästen: Schwarzenviertel in Natchez*

*Oak Alley Plantation bei Vacherie*

**Wilkommen im amerikanischen Süden**

# Chronik
## Abriss der Geschichte

*von Siegfried Birle*

### 1513
Die Entdeckung des Südens beginnt mit der Landung des Spaniers Ponce de León auf »La Florida«. Als Nächster steuert der Spanier Gordillo 1521 South Carolina an, dann erkundet Giovanni da Verrazano für Frankreich die Ostküste und geht 1524 bei Cape Fear vor North Carolina an Land. Zwischen 1539 und 1542 dringt der Spanier Hernando de Soto auf der Suche nach Gold ins Landesinnere vor.

### 1565
St. Augustine in Florida wird als Stützpunkt gegen die Franzosen gegründet und damit zur ersten dauerhaften europäischen Siedlung in Nordamerika.

*Hernando de Soto entdeckt den Mississippi*

### 1607
Gründung von Jamestown, Virginia: die erste erfolgreiche englische Kolonie in Amerika – 13 Jahre bevor die Pilgerväter in Massachusetts landen.

### 1613
Jamestown exportiert den ersten Tabak, und die Produktion wächst, denn es kommt bei den Dandys in London in Mode und findet reißenden Absatz.

### 1619
Die ersten 20 afrikanischen Sklaven treffen auf einem holländischen Schiff in Jamestown ein.

### 1663
Die Carolinas werden von König Charles II. an acht hohe Adlige vergeben. Im Raum South Carolina erfolgt die Landvergabe in großen Trakten, die eine Plantagenkultur ermöglichen.

### 1670
Der Earl of Shaftesbury gründet Charleston. Schon bald im 18. Jahr-

6

hundert verdient die Stadt am Handel mit Reis, Indigo und Produkten. Einige der reichsten Pflanzer und Kaufleute des Südens bauen hier elegante Stadthäuser und fördern das Kulturleben.

## 1694

In South Carolina beginnt der Reisanbau. Die Investitionen sind so hoch, dass er zur Domäne großer Plantagen wird. Das Arbeitskräfteproblem lösen die Pflanzer mittels der Sklaverei. Erst nach dem Bürgerkrieg verschwinden diese Reiskulturen, vermutlich wegen Versandens der Anlagen durch Erosionsschäden im Oberland. Sie wandern in die Feuchtgebiete des südwestlichen Louisiana und nach Texas ab.

## 1699

Williamsburg wird zur Hauptstadt von Virginia und löst damit Jamestown ab; der Regierungssitz wird 1781 abermals verlegt, und zwar flussaufwärts nach Richmond.

## 1718

Französische Kolonisten gründen New Orleans als *La Nouvelle Orléans*. New Orleans wird zum Schmelztiegel der Völker und Rassen, in dem sich Franzosen, Spanier und Anglos, Indianer und Schwarze, Kreolen und Mulatten mischen. In dem sonst so homogen von Engländern und Iroschotten besiedelten Süden ist das Völkergemisch von New Orleans etwas Besonderes. Zu den ursprünglichen Kolonisten stoßen weitere Franzosen aus Frankreich, Kanada (die Akadier oder Cajuns) und den Westindischen Inseln. Letztere bringen ihre schwarzen Sklaven mit.

## 1733

Oglethorpe gründet Savannah, das zunächst als Ausfuhrhafen für den Reis aus den küstennahen Anbaugebieten dient. Im 19. Jahrhundert werden vor allem Baumwolle und Holz aus dem Piedmont von Georgia und South Carolina umgeschlagen.

## 1739

Indigo-Pflanzen werden aus der Karibik nach den Carolinas eingeführt. Indigo wird neben Tabak und Reis zum drittwichtigsten Exportgut der Kolonialzeit.

## 1742

Bei New Orleans wird die erste Zuckerrohrplantage angelegt. Bis zum Bürgerkrieg beherrschte Louisiana den Anbau mit 95 Prozent.

## 1755

Französisch-Kanada wird britisch, und es beginnen schwere Zeiten für die französischstämmigen Siedler in Akadien, das ab jetzt Nova Scotia heißt. Sie werden vertrieben und landen zwischen 1765 und 1785 in Louisiana und lassen sich an den Bayous und Sümpfen im Mündungsdelta des Mississippi nieder. Diese Akadier – oder Cajuns – vermischen sich mit Indianern und anderen Einwanderern aus Europa und entwickeln eine eigene Kultur französischer Sprache.

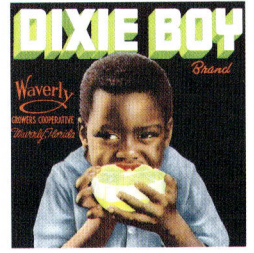

### 1763–67

Die englischen Astronomen Charles Mason und Jeremiah Dixon vermessen die Grenze zwischen Maryland und Pennsylvania. Diese Grenzlinie wird als Mason-Dixon-Linie politisch bedeutsam: Sie markiert nämlich die Grenze zwischen den Sklaven haltenden Staaten im Süden und den freien im Norden. Vielleicht stand Mr. Dixon auch Pate für den Begriff »Dixie«, seit dem Song »Dixie's Land« von 1859 ein weit verbreitetes Synonym für »Süden«. Eine andere Spur führt zu Banknoten mit dem Aufdruck »Dix« (französisch für zehn), die in Louisiana kursierten.

### 1793

Die Erfindung der »Cotton Gin«, einer Maschine zur Trennung der Baumwollfasern vom Kern, durch Eli Whitney macht Baumwolle zur wichtigsten Handelspflanze des Südens. Der Süden wird zum »Cotton Kingdom« und die Geographen haben ihren »Cotton Belt«. – Der Süden geht im Sezessionskrieg unter, aber »König Baumwolle« überlebt.

### 1803

Präsident Thomas Jefferson kauft Louisiana für 15 Millionen Dollar von Frankreich. Die USA verdoppeln damit ihr Territorium. Frankreich hatte Louisiana erst 1800 von Spanien zurückgewon-

*Alte Werbung für Planta-gen-Sirup*

nen, aber Napoleon brauchte Geld für seine europäischen Kriege.

### 1808

Die USA verbieten die Einfuhr von Sklaven. Das Verbot des Sklavenhandels änderte nichts an der Sklaverei in den Südstaaten.

### 1835

Als sich der Seminolenhäuptling Osceola weigert, mit seinem Stamm von Florida nach Oklahoma umzuziehen, kommt es zu den Seminolenkriegen (1835–42, 1855–58). Es wird ein blutiger und langwieriger Guerillakrieg geführt. Die Seminolen waren schon Anfang des 18. Jahrhunderts vor den weißen Siedlern ins spanische Florida geflohen. Da sie geflohene Negersklaven aufnahmen und sich mit ihnen verbündeten, sahen sich die Amerikaner herausgefordert. Auch die Seminolen müssen schließlich den Weg nach Oklahoma antreten.

### 1836

Texas löst sich von Mexiko und erklärt sich zur Republik. Die *Lone Star Republic* besteht bis 1845 und wird dann von den USA annektiert. Dies löst den Mexikanischen Krieg aus (1846–48), der für die USA mit Landgewinnen bis zum Pazifik endet.

### 1837

Beim Bau einer Eisenbahnlinie durch den Piedmont von Georgia wird das Städtchen Terminus angelegt. Ein paar Jahre später laufen hier schon die Linien aus Charleston, Savannah und Tennessee zusammen. Bis 1920 sind es 15 Strecken, die sich in Atlanta – so

heißt der Ort inzwischen – treffen. Auch für das Fernstraßennetz und den Luftverkehr wird Atlanta zu einer Drehscheibe.

*Mit den Schüssen auf Fort Sumter begann der Bürgerkrieg*

### 1838

Etwa 16 000 Cherokee-Indianer gehen auf den »Trail of Tears« von Nord-Georgia über Tennessee und Missouri nach Oklahoma. Der Druck der weißen Siedler war zu stark geworden.

### 1851

Als Reaktion auf das *Fugitive Slave Law* von 1850, das die Auslieferung von geflohenen Sklaven verlangt, veröffentlicht Harriet Beecher-Stowe »Uncle Tom's Cabin« (Onkel Toms Hütte). Das Buch ist ein starker emotionaler Appell für die Abschaffung der Sklaverei.

### 1860

Abraham Lincoln wird zum Präsidenten der USA gewählt. Er möchte die Ausbreitung der Sklaverei abschaffen. Das musste von den Sklavenhaltern im Süden als Existenzbedrohung aufgefasst werden. Seine Extremisten trommeln daher zum Austritt aus der Union, zur Sezession. South Carolina prescht vor und verlässt noch Ende 1860 die Union; Mississippi, Florida, Alabama, Georgia, Louisiana und Texas schließen sich 1861 an. Diese sieben Staaten des Tiefen Südens, die einen großen Anteil Sklaven in der Bevölkerung haben, gründen am 11. März 1861 die *Confederate States of America*.

Die vier Grenzstaaten des Oberen Südens – Virginia, Arkansas, North Carolina und Tennessee – zögern; erst nach Ausbruch der Feindseligkeiten im April 1861 beschließen sie den Austritt aus der Union. Die Sklaven haltenden Staaten Missouri, Kentucky und

William T. Sherman

Maryland bleiben unionstreu, und West Virginia spaltet sich von Virginia ab.

**1861–65**

Der Bürgerkrieg beginnt mit der Attacke konföderierter Truppen auf Fort Sumter im Hafen von Charleston; er endet nach schrecklichem Blutvergießen mit der Kapitulation der Südstaaten im Gerichtshaus von Appomattox. Primäres Kriegsziel der Nordstaaten war es zunächst, die Einheit der Nation zu bewahren. Mit der *Emancipation Proclamation* vom 23. September 1862 trat neben die nationale Zielsetzung die humanitäre der Befreiung der Sklaven. Die politische Rhetorik des Südens setzte dem einerseits das Recht auf Selbstbestimmung der Staaten entgegen; andererseits wurden die feudalen Strukturen der Plantagengesellschaft gegenüber den sozialen Missständen der Industriegesellschaft gerechtfertigt.

Der Norden war dem Süden an menschlichen und materiellen Ressourcen überlegen. Den 22,7 Millionen Menschen im Norden standen neun Millionen (darunter dreieinhalb Millionen Sklaven) im Süden gegenüber. Der Norden besaß beträchtliche Industriekapazitäten und ein entwickeltes Eisenbahnnetz; der Süden war vorwiegend Agrarland, auf die Ausfuhr seiner Produkte und somit auf freien Zugang zu den Weltmeeren angewiesen. Die Strategie des Nordens ging dahin, den Süden durch die Blockade der Seewege vom

*Verklärter Blick zurück: Leben auf der Plantage (1872)*

*»Die Moos-Sammler« (1872)*

Nachschub abzuschneiden. Die Bilanz: 800 000 Tote und Verwundete auf beiden Seiten. Der verlorene Krieg, die moralische und wirtschaftliche Vernichtung inmitten einer siegreichen Nation, sollte zum Trauma des Südens werden.

## 1863

Mit der *Emancipation Proclamation* Präsident Lincolns von 1862 werden die Sklaven, die sich im Machtbereich der Konföderation befinden, ab dem 1. Januar 1863 für frei erklärt. Das hat für diese Sklaven zunächst nur symbolische Bedeutung. Die formelle Abschaffung der Sklaverei erfolgt 1865 durch das *13. Amendment* (= Verfassungszusatz); das *14.* und *15. Amendment* (1868) räumen den ehemaligen Sklaven gleiche Rechte bzw. gleiches Wahlrecht zu.

## 1865–77

*Reconstruction* in der Nach-Bürgerkriegszeit bedeutet nicht so sehr den Wiederaufbau der zerstörten Wirtschaft des Südens als den Aufbau neuer politischer Strukturen nach den Rezepten des Nordens. Unter Truppenaufsicht werden Schwarze an der Regierung der Einzelstaaten beteiligt, um so das Machtmonopol der Weißen zu brechen. *Reconstruction* wird bei den weißen Südstaatlern als Rache und Demütigung durch den Norden empfunden. Sie führt letztlich zur Stärkung der konservativen Kräfte im Süden.

## 1881

Das Tuskegee Institute in Alabama wird als berufliche Bildungsstätte für Schwarze gegründet, und Booker T. Washington wird sein erster Direktor. Noch als Sklave auf einer Farm in Virginia geboren, holt sich Washington sein Wissen am Hampton Institute in Virginia und setzt fortan auf Ausbildung als Weg zum beruflichen Erfolg und zur Verbesserung der Lage der Schwarzen. Indem er sich mit Weißen über diesen Weg zu verständigen sucht, vertritt er in der Rassenfrage eine gemäßigte Linie.

### 1891

Die *Farmer's Alliance* (Farmerbund) erreicht mit drei Millionen Mitgliedern ihren größten Zulauf. Ziel des Bundes ist es, die hoffnungslose Lage der kleinen Farmer – besonders im Süden – durch Einrichtung von Genossenschaften, Reglementierung der Konzerne und Eisenbahnen, Schaffung von Lagerkapazitäten auf dem Lande und die Einrichtung einer Bundeskasse zur Finanzierung der Farmen zu verbessern. Die Farmer erhoffen sich davon, dem jährlichen Zyklus der Verschuldung bei ihren Händlern zu entrinnen.

### 1903

W. E. B. Du Bois veröffentlicht sein berühmtes Buch »The Souls of Black Folk«, eine drastische Beschreibung des Lebens der Schwarzen im Süden um die Jahrhundertwende. Im Gegensatz zu dem gemäßigten Booker T. Washington nimmt Du Bois den Kampf um die Bürgerrechte der Schwarzen ab sofort auf. Er wird Mitbegründer der *National Association for the Advancement of Colored People* (NAACP) im Jahre 1910 in New York.

### 1915

In Georgia gründet sich der Ku-Klux-Klan neu, nachdem er bereits 1869 aufgelöst und durch Gesetze von 1870 und 1871 verboten wurde. In den 1920er Jahren schwillt die Mitgliederzahl des Klans auf über zwei Millionen (landesweit) an. Was diese Superkonservativen zusammenführt, sind ein diffuses Nationalgefühl, Misstrauen gegen alles Fremde – ob katholisch, jüdisch oder schwarz – und die Überzeugung von der Vorherrschaft des weißen Mannes. Im Süden betreiben die Klansleute die Einschüchterung der Schwarzen. Sie verprügeln, teeren, federn und lynchen, wenn ein »Nigger« ihrer Meinung nach die Rassenschranken übertreten hat.

### 1917

J. Frank Norris aus Fort Worth, Texas, gründet die Zeitschrift, die später »The Fundamentalist« heißen wird. Norris gilt als »Vater« des südlichen Fundamentalismus, einer konservativen Richtung im Protestantismus, die gegenüber liberalen Tendenzen jener Zeit ein wörtliches Verständnis der Bibel betont. Zwischen 1921 und 1929 erlassen fünf Südstaaten Gesetze, die die Evolutionslehre an Schulen verbieten. Die Kirchenlandschaft des Südens ist von fundamentalistischen Ideen geprägt.

### 1919

In Enterprise, Alabama, wird dem Baumwollkäfer ein Denkmal errichtet. Aus Mexiko kommend, hatte der Käfer 1892 den Rio Grande überschritten und war alljährlich weiter nach Nordosten vorgedrungen; 1903 hatte er Louisiana, 1907 Mississippi und in den 1920ern Georgia und South Carolina erreicht. Er zwang große Teile der Landbevölkerung zur Abwanderung in die Städte des Nordens und Westens; wer blieb, musste seine Landwirtschaft diversifizieren. Die Baumwollkulturen verlagerten sich in trockenere Zonen mit kälteren Wintern, wie die *High Plains* von Texas, oder konzentrierten sich auf die besten Böden, wie die des Mississippi-Yazoo-Deltas. Die motorisierten Pflückmaschinen waren auf großen, flachen Feldern besser einzusetzen als in den Hügellandschaften des Alten Südens.

## 1933

Mit dem *Agricultural Adjustment Act* wird eines der wichtigsten Farmprogramme des *New Deal* geschaffen. Sie erlösen den Süden aus der Zwangsjacke seiner Monokultur und zum Teil auch aus der Armut. Die Kehrseite sind massive Abwanderung und der Untergang der kleinen Familienbetriebe. Im Rahmen des *New Deal* F. D. Roosevelts wird das Gesetz über die Gründung der *Tennessee Valley Authority* (TVA) unterzeichnet. Es handelt sich dabei um ein gigantisches Regionalentwicklungsprogramm, das ein chronisches Notstandsgebiet um den Tennessee River herum sanieren soll.

## 1935

Der Roman »Gone with the Wind« von Margaret Mitchell erscheint und wird sofort zum Bestseller. Einerseits knüpft der Roman an den Mondschein-und-Magnolien-Mythos der konventionellen Plantagenromanze an: Er hat seine *Southern Belle*, galante Kavallerie und

*Der Alte Süden in Hollywood: die nachgebaute »Tara«-Kulisse*

treue Sklaven; andererseits werden die Charaktere psychologisch differenziert, Krieg und Nachkriegszeit realistisch und zum Teil brutal dargestellt.

### 1950

William Faulkner (1897–1962) erhält den Nobelpreis für Literatur. Faulkner ist der Schöpfer einer fiktiven Yoknapatawpha County – mit Hauptstadt Jefferson (alias Oxford) –, die die kollektiven Erfahrungen des Südens repräsentiert.

### 1955–56

Rosa Parks beweist Zivilcourage, als sie sich an einem Dezembertag im Jahre 1955 in Montgomery, Alabama, im Bus auf einen Platz setzt, der für Weiße reserviert ist. Sie wird verhaftet und löst damit eine der folgenreichsten Aktionen der Bürgerrechtsbewegung aus. Der 26-jährige Pastor Martin Luther King aus Atlanta nimmt sich des Falles an und organisiert einen Bus-Boykott in Montgomery. Dank der Ausdauer der

*Rosa Parks in Montgomery*

schwarzen Bürger der Stadt wird die Rassentrennung im städtischen Busnetz aufgehoben. Der *Supreme Court* erklärt die Rassentrennung in Bussen 1956 für verfassungswidrig.

### 1957

M. L. King und Freunde gründen die *Southern Christian Leadership Conference* (SCLC) in der Ebenezer Baptist Church in Atlanta – King wird ihr erster Präsident. Die Organisation sammelt die fortschrittlichen christlichen Kräfte des Südens zum gewaltfreien Widerstand gegen die Rassentrennung.

### 1963

King führt 200 000 Teilnehmer auf den »Marsch nach Washington«. Dort hält er seine berühmte Rede »I Have a Dream«, in der er seine Vision des Miteinanders der Rassen entwirft.

### 1964/65

Präsident Lyndon B. Johnson setzt auf Druck der Bürgerrechtsbewegung im Kongress einschneidende Bürgerrechtsgesetze durch.

### 1965

M. L. King und die SCLC setzen sich in Selma, Alabama, gegen Einschränkungen des Wahlrechts für Schwarze ein. Es wird ein erster Versuch unternommen, von Selma nach Montgomery zu marschieren. Die Polizei schlägt brutal zu, die Filmaufnahmen von Einsätzen erregen im ganzen Land Empörung. Ein zweiter Marsch wird von der Polizei mit friedlicheren Mitteln verhindert. Die SCLC ruft die Gerichte um Hilfe an, und diese erklären den Marsch für rechtens. Er wird nun unter dem Schutz von Bundestruppen durchgeführt. Die Abschlusskundgebungen vor dem Regierungssitz in Montgomery bilden den Höhepunkt der Bürgerrechtsbewegung der 60er Jahre. Als King 1968 in Memphis den Kampf der schwarzen Müll-

*Hier predigte Martin Luther King Jr.*

arbeiter für höhere Löhne und gewerkschaftliche Rechte unterstützt, wird er ermordet.

## 1979
Jerry Falwell, Fernsehpastor aus Lynchburg, Virginia, gründet die *Moral Majority*. Die Gruppe verbindet christlich-fundamentalistische Ideen mit den politischen Zielen der Neuen Rechten. Sie tritt ein gegen Abtreibung, Homosexualität und Pornographie und für das Gebet in öffentlichen Schulen. *Moral Majority* trägt dazu bei, Ronald Reagan 1980 zum Präsidenten zu wählen.

## 1996
Der Großraum Atlanta erreicht über drei Millionen Einwohner; aber nur knapp 400 000 leben im inneren Stadtbereich. Die Olympischen Spiele nehmen ihren Lauf.

## 2000
Im September wird James Perkins Bürgermeister von Selma, Alabama: der erste Schwarze in einer für die Bürgerrechtsbewegung wichtigen Stadt.

## 2005
Hurrikan »Katrina« vernichtet New Orleans und die Golfküste Mississippis und tobt sich in weiten Teilen Louisianas, Alabamas, Georgias und Floridas aus.

## 2010
Am 20. April explodiert die von der Gesellschaft BP betriebene Ölbohrplattform »Deepwater Horizon« im Golf von Mexiko, gerät in Brand und sinkt zwei Tage später. Wegen der Meerestiefe und der Schwere des Schadens kann die sprudelnde Ölquelle nicht verschlossen werden, was zur größten Umweltkatastrophe in der Geschichte der USA führt. Erst im September wird sie für komplett ausgeschaltet erklärt.

## 2012
Ende Dezember werden die Bundesstaaten Alabama, Mississippi und Louisiana von Dutzenden Tornados und heftigen Stürmen heimgesucht, bei denen Menschen zu Tode kommen und Hunderttausende ohne Strom sind. In Mississippi wird der Notstand ausgerufen.

*Außerhalb der Städte erkennt man <u>Gottesdienste</u> zuerst an den Klumpen geparkter Autos mitten in der Landschaft. Insbesondere für die Schwarzen bedeutet die Kirche viel: Religion, Familie (im weitesten Sinn des Wortes) und nicht zuletzt – Entertainment. Der Zusammenhang von familiären Beziehungen, Heimatort und Gemeinde prägt traditionell ihr Selbstverständnis. Hier liegen die »roots«, die Wurzeln ihrer Herkunft, und das, was sie »rootedness« nennen, der sichere Halt.*

*2005 vom Hurrikan »Katrina« heimgesucht: New Orleans*

# Die schönsten Reiseregionen der Südstaaten

# Atlanta
## Das »Tor zum Süden«

Atlanta

»Wo ist Tara?« fragen viele Japaner, wenn sie auf dem Hartsfield Atlanta International Airport Südstaatenboden betreten. Natürlich gibt es kein »Tara«. Auch keine Reifröcke oder Mondlicht mit Magnolien. Vom Winde verweht sind sie alle. Nichts, aber auch gar nichts erinnert mehr an die Welt der Scarlett O'Hara. So wie der Kulisse des brennenden Bahnhofs, vor dem der tapfere Rhett Butler die schöne Scarlett in Sicherheit bringt, so erging es Atlanta und den Südstaaten auch: Dixieland ist abgebrannt.

Doch wie Phönix aus der Asche meldete sich die Stadt zurück, ja, sie prägte sich den Wundervogel sogar ins Siegel. Entsprechend glänzt »The Big A« heute: als Metropole von Georgia, als eine (neben New York und Chicago) der größten Kongress- und Messestädte in den USA, als wirtschaftlicher Motor im »Sunbelt«, in dem die Schwarzen zwei Drittel der Bevölkerung ausmachen. Längst hat Atlanta seine historische Bausubstanz und romantischen Winkel ersetzt durch monströse Ausmaße *(urban sprawl)* und große Portionen verschlungener Freeway-Spaghetti, die die fliehenden Einzelstadtteile verklammern. Und was nicht in die Breite drängt, geht in die Höhe: Stolz ragen die Geschäftszentren aus dem grünen Pelz der sie endlos umge-

*Atlanta – das Tor zum Süden*

benden Wälder des Piedmont, jener *rolling hills* zwischen den »Blauen Bergen« der Appalachian Mountains und der atlantischen Küstenregion.

Der Flughafen mit dem größten Passagieraufkommen der Welt und die nationalen Hauptquartiere großer Firmen wie Del-

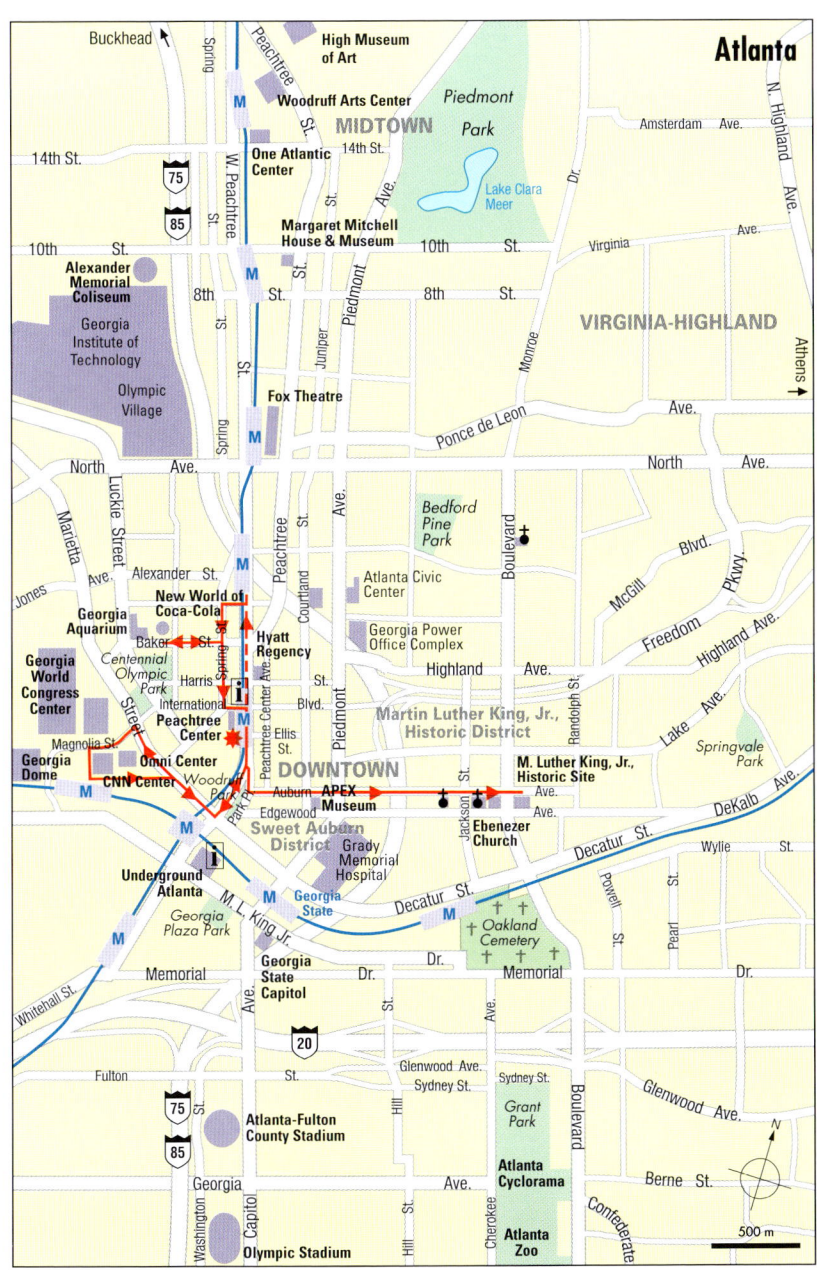

*Downtown Atlanta vom Centennial Olympic Park aus gesehen ▷*

*Boomtown Atlanta*
*So rapide wie Atlanta sind die Städte im Süden überhaupt erst in den letzten 30 Jahren gewachsen. Heute haben vor allem Jackson (Mississippi), Birmingham (Alabama), Nashville (Tennessee) und New Orleans (Louisiana) das pastorale Image des Südens kräftig verändert.*

*Das geht auf keine Kuhhaut: Straßenkunst in Atlanta*

ta Airlines, Coca-Cola, CNN und UPS spielen dabei tragende Rollen. Olympia sorgte für die bisher letzte Welle des lokalen Optimismus.

Dabei fing alles recht bescheiden an – mit einem Bahnhof. Aber es dauerte nur rund 150 Jahre, bis aus der Endstation einer Bahnlinie die heutige Metropole der Südstaaten heranwuchs. Wenn nämlich in Atlanta sich was veränderte, dann schnell. Die Stadtgeschichte ist reich an Schüben – solchen nach vorn, aber auch solchen nach hinten. Zuerst (das war 1837) schoss die Siedlung als Eisenbahnstadt aus dem dichten Grüngürtel der auslaufenden Piedmont-Berge. Während des Bürgerkriegs diente sie den Konföderierten als Waffendepot, und nachdem sie von Unionsgeneral Shermans Truppen bis auf die Grundmauern niedergebrannt wurde, verdoppelte sie ihre Einwohnerzahl schon binnen eines Jahres.

Die heutige Skyline spricht für sich: Gläsern, stählern und luftdicht abgeschottet recken sich die Highrise-Riesen wie Zeigefinger in den Himmel. Atlanta, das »Tor zum Süden« und Wirtschaftsraum von über drei Millionen Menschen, steht hoch und weit der Zukunft offen.

## Stadtrundgang

Wo in Europa meist die Kathedrale steht, ein Marktplatz liegt oder das Herz der Stadt schlägt, im Zentrum also, da strebt in Atlanta das **Peachtree Center** in die Höhe – eine Art »Rockefeller Center des Südens«. Mehr als ein Dutzend Straßenblocks vereinnahmt diese Kunstwelt aus Bürotürmen, Ladenlokalen und Hotel-Atrien, verbunden durch ein klimatisiertes System gläserner Aufzüge und Skyways, das die meist schwüle Außenwelt ausgrenzt.

Der Urheber und Preisträger des Architekturwettbewerbs John Portman, gebürtiger Atlantaner, holte als erster das Urbane ins Hotel und inszenierte die Stadt im Atrium neu. Das **Peachtree Hyatt Regency**, 1967 entworfen, machte den Anfang und hob die damals kleine Motelkette Hyatt schlagartig auf internationales Niveau. Wer hier lustwandelt oder seinen Geschäften nachgeht, läuft nicht bloß an arrangierten Warenwelten vorbei, sondern auch über muntere Klangteppiche: Vivaldi, Glenn Miller, ein Mozart-Quintett. Das korrespondiert mit dem Rhythmus der Räume, dem Wechsel von engen Tunneln und offenen Hallen.

Wenn man die flotte **MARTA** (Metropolitan Atlanta Rapid Transit Authority) kennenlernen möchte, kann man eine Station Richtung Norden bis zur Haltestelle Dome/Georgia World Congress Center fahren. MARTA zählt neben ihren Kollegen in Washington, San Francisco und Miami zur effizientesten U-Bahnen in den USA. Die Station unter dem Peachtree Center ist die tiefst gelegene von allen. Ihre schier endlosen Rolltreppenschläuche gleiten abwärts in die kühle Gruft des Bahnhofs, der aus einem gewaltigen Granitmassiv herausgesprengt wurde.

Nach kurzer Fahrt taucht man aus dem Untergrund wieder auf. Hier wurde 2007 **The New World of Coca-Cola Atlanta** wieder-

eröffnet, ein futuristischer Bau aus hellem Stein, Glas, gebürstetem Metall und einem 27 Meter hohen Glaszylinder, in dem ein riesige Coke-Flasche in den Himmel ragt. Seit Eröffnung der »alten« World of Coca-Cola vor 17 Jahren haben sich Konsumverhalten, Marketing und auch die vielen Produkte von Coca-Cola verändert und die Company wollte sich neu darstellen. 70 verschiedene internationale Coca-Cola-Sorten können die Besucher probieren.

Coca-Cola als Nabel der Welt und Atlanta als sein Bauch: Firmen- und Stadtgeschichte hängen aufs Engste zusammen, zumindest seit 1886, als ein John S. (»Doc«) Pemberton in seiner bescheidenen Apotheke um die Ecke einen besonderen Saft mixte, ausgerechnet in dem Jahr, in dem die Saloons in Fulton County trockengelegt wurden. Als Ersatz schien der Cocktail aus dem Extrakt der Coca-Blätter und der koffeinhaltigen Cola-Nuss, verdünnt mit Soda, mehr als wünschenswert. Aber irgendwie entpuppte sich das süße und anfangs grünliche Gesöff mit dem Namen Coca-Cola, gemixt nach einem bis heute streng bewachten Geheimrezept, nicht gerade als Renner. Pemberton verkaufte deshalb sein Rezept, und zwar an den Drogisten Asa G. Candler, der darauf die Firma Coca-Cola gründete und steinreich wurde. Als er genug hatte, verkaufte auch er. Und so gelangte das Geheimnis der braunen Brause nach dem Ersten Weltkrieg an den Banker Charles Woodruff. Sein Sohn Robert, ein Verkaufs- und Marketing-Genie, schrieb damit die größte Erfolgsgeschichte eines Massenprodukts und leitete über sechs Jahrzehnte das Unternehmen. Wer so viel Erfahrung mit Erfrischungsfeldzügen gesammelt hat, der macht selbst ein Museum noch zum Werbeträger und Instrument seiner *corporate identity*. Und zu einem unterhaltsamen dazu. Jeder in den Warteschlangen bekommt es als Belohnung für seine Geduld zu Gesicht: Außer einer Abfüllstation als kinetische Plastik gibt es allerlei High-Tech-Schnickschnack und vor allem unzählige Memorabilien aus dem Bereich der Slogans, Gebrauchsgraphik und Verpackungen zu bewundern – eine Bilderfülle, die geradezu ein Lehrstück des visuellen Marketings und der Entwicklung einer Universalsprache im Dienste weltweiter Produktvermarktung bietet.

Zurück zur **Peachtree Street**. Atlanta ist geradezu besessen von »Peachtrees«. Im Stadtplan tragen 42 Straßen, Wege und Plätze einen Pfirsich im Namen. Gründe für diese besondere Obst-Liebe sind nicht zu erfahren, eher solche dagegen. Peachtree, heißt es, komme gar nicht von *peach*, sondern von *pitch trees*. Das waren harzige Nadelbäume, die hier früher mal wuchsen und die erst im nachhinein zum Träger jenes rosigen Obstes stilisiert wurden, das zur staats(symbol)tragenden Frucht von ganz Georgia avancierte, obwohl hier weit mehr Erdnüsse als Pfirsiche angebaut werden. Wie auch immer, eins steht fest: *There are no peach trees on Peachtree.*

**Woodruff Park** wirkt wie eine Oase der Entspannung im hektischen Szenario alter Baukästen und neuer Hochhäuser, wenn hier nicht Entertainment um sich greift – von der Rockband bis zum bibelschwingenden Wanderprediger. Marietta Street führt zum Omni Center, am **Centennial Olympic Park** vorbei, zum Sitz des Kabel-TV-Senders **CNN**. Dessen Innenleben offenbart sich den Medientouristen durch eine Führung hinter die Kulissen, in das Reich des umtriebigen Ted Turner, des terrestrischen Königs und Medienmoguls, der CNN seit 1980 erfolgreich führt. »The mouth from the South« nennt man ihn.

*www.centennialpark.com*

Die ebenso witzig wie fachkundig geleitete Betriebsführung artet unterwegs zu einem regelrechten Joggingtour aus, die über Treppen und Gänge durch die weiträumigen Gefilde des Omni-Komplexes führt – neben dem Peachtree Center ein weiteres Beispiel für Atlantas großzügige Binnenwelten.

Interessant wird es im Headline Newsroom, hinter deren schalldichten Glasscheiben ein Heer von Journalisten rund um die Uhr wie in einem Aquarium wuselt. Man erkennt die *anchor desks* und die Tricks beim Textablesen sowie die scheinbaren Lippenbewegung und die augentäuschenden Projektionen beim Vortrag des obligaten Wetters.

Noch einmal zum Woodruff Park, denn hier endet bzw. beginnt **Auburn Avenue** und mit ihr »Sweet Auburn«, der unbestritten bedeutendste wirtschaftliche Markstein in der Geschichte der Schwarzen in den USA und vom

Beginn des 20. Jahrhunderts bis in die 50er Jahre Lebensader und Modell ihrer Unternehmertätigkeit in Atlanta. Doch die Probleme sind gewachsen: Seit den 60er Jahren zerschneidet bereits eine Stadtautobahn brutal das Viertel, und weder politisch-moralische Nostalgie noch die vom National Park Service verwalteten Monumente der Bürgerrechtsbewegung können über die Erosion hinwegtäuschen, die Armut, Arbeitslosigkeit und Drogen hier wie anderswo in den Quartieren der Schwarzen schaffen. Und das, obwohl die Straße selbst ihren Charakter teilweise noch bewahrt hat: ihre zahlreichen Kirchen, *Soulfood*-Restaurants, Musikclubs (in denen jahrelang Ray Charles spielte), schwarze Radiostationen und Zeitungsredaktionen.

Am Anfang stehen das **APEX Museum** und das Gebäude der Atlanta Life Insurance. Das Museum widmet sich dem afroamerikanischen Erbe des Viertels, der Versicherungsbau der Erinnerung an einen der erfolgreichsten Schwarzen der Stadt, an Alonzo F. Herndon. Jenseits der Kreuzung von Piedmont Avenue folgen Wandmalereien prominenter Schwarzer, alte Ladenlokale, ab und an ein Nachtclub. Kurz vor der Ecke Hilliard und Auburn Avenue liegt auf der linken Seite oberhalb eines alten Department Store das Quartier der 1905 gegründeten Southern Christian Leadership Conference (SLSC). An der Ecke Jackson folgt die **Ebenezer Baptist Church**, in der Martin Luther King predigte wie zuvor schon sein Vater, das Zentrum der amerikanischen Bürgerrechtsbewegung. Selbst Aktionen, wie sie z.B. in Chicago, San Francisco, New York, Detroit liefen, sind hier geplant worden.

Ein paar Schritte weiter, in einem kleinen Museum, beginnen die Führungen durch das **Geburtshaus von M. L. King**. So bescheiden die Ausmaße des Hauses wirken, so stattlich erscheint es im Vergleich zu einigen restaurierten und ebenfalls unter Denkmalschutz gestellten Schwarzenhütten auf der gegenüberliegenden Straßenseite. Zu Kings Grab im Freedom Hall Complex des **Center for Nonviolent Social Change** kamen bei seiner Beerdigung rund 300 000 Menschen. Seitdem arbeitet diese Institution (lange unter Leitung von Coretta Scott King) an der Weiterentwicklung des »Traums« des Bür-

*Eine Oase der Entspannung: Woodruff Park, Atlanta*

gerrechtlers von der ökonomischen und sozialen Chancengleichheit. Sie hat in Atlanta deutlichere Fortschritte gemacht als andernorts in den USA, nicht nur wegen der konzentrierten Bürgerrechtsbewegung, sondern auch, weil man hier den Schwarzen die Hochschulbildung früher ermöglichte als anderswo.

Freilich bestehen nach wie vor krasse Gegensätze zwischen der Innenstadt und den Vororten. Und vielleicht ist es ein Glück und ein gutes Zeichen, dass die Investitionen für die Olympischen Spiele ausnahmsweise einmal Downtown zugute kamen, während traditionell alles Neue und Zugkräftige in die Satellitenstädte floss. Dennoch: Atlanta bleibt auch weiterhin im Wesentlichen eine »geteilte« Stadt. Die Schwarzen wohnen überwiegend im Süden, die Weißen im Norden, vorzugsweise in Buckhead. Dennoch scheint es, dass die Kontraste weniger ethnisch als vielmehr durch die dramatische Fallhöhe zwischen dem Lebensstandard der Superreichen und dem der Habenichtse begründet sind. Schwarze Millionäre sind dabei durchaus eingeschlossen; sie sollen sogar die Mehrheit unter ihresgleichen bilden.

Und was gibt es sonst noch? Nun, **Buckhead** zum Beispiel. Elton John wohnt hier, wie andere Prominente vor ihm, Expräsident Jimmy Carter etwa oder der Patriarch von Coca-Cola, Robert W. Woodruff. Buckhead stieg von der Postkutschenstation im Hinterwald (1840) zum noblen Villenvorort auf, zum Vorzeigeviertel von Atlanta, nördlich von Midtown.

Die Zufahrt läuft wiederum über die Peachtree Street. Dieser Hauptachse und städtischen Lebenslinie haftet etwas Besonderes an, weil sie – ob nun Street oder Road – den südlichsten Ausläufer der Appalachian Mountains bildet, d.h. eine Kammlinie oder Wasserscheide mit einer bemerkenswert konkreten Trennfunktion. Alles Wasser, das in den linken Rinnstein läuft (aus der Fahrtrichtung Buckhead – in Richtung Downtown), endet in den Marschen des Atlantiks, alles, was in den rechten läuft, endet letztlich in den Austernbänken des Golfs von Mexiko. Peachtree, die *Eastern Continental Divide* in Gestalt von zwei Gossen! An vielen Stellen merkt man das erst, wenn man darauf achtet: Die Seitenstraßen rechts und links der Peachtree-Achse sinken meist deutlich ab.

Wer sich in Buckhead umsehen möchte, startet am besten Ecke West Paces Ferry, Rosswell und Peachtree Road, also mitten im alten Buckhead. Früher, als dies noch eine eigene Stadt war, stand hier mal eine Taverne mit einem Hirschkopf *(buck's head)* über der Tür. Daher angeblich der Name. Weiter westlich taucht bald an der West Paces Ferry Road linker Hand das **Atlanta History Center** auf, das man (gleich dahinter links) vom Andrews Drive aus besuchen kann. Der Komplex umfasst neben dem Museum und den Gärten die Tullie Smith Farm, ein typisches Pflanzerhaus *(rural farm)* aus der Mitte des 19. Jahrhunderts, das an diese Stelle transloziert wurde, und das **Swan House**, eins der größten Herrenhäuser in Atlanta. Der symmetrische Bau mit gefälligen Wasserkaskaden, einst vom Entrepreneur Edward H. Inman in Auftrag gegeben, besticht vor allem durch sein edles Interieur.

*Atlantas Nobelvorort Buckhead*

Weiter westlich an der Ferry Road (am alten Friedhof mit deutschen Grabsteinen an der Chatham Road vorbei) trifft man auf die **Georgia Governor's Mansion**, ein unübersehbares, großes Backsteingebäude, das einen ganzen Block einnimmt. An der Ecke Tuxedo Road steht an einer pinkfarbenen Hauswand die Aufschrift VILLA JUANITA: eine Immobilie Jahrgang 1924, die ursprünglich von der Coca-Cola-Familie gebaut wurde. Wenn man an der Tuxedo Road rechts abbiegt, sieht man auf der linken Seite, praktisch gegenüber der Villa Juanita, eine raumgreifende italienische Villa, genauer gesagt, die Kopie einer solchen, inmitten schöner Gärten. Wie das Swan House wurde auch sie von dem einst namhaften Architekten Philip Trammell Shutze (gesprochen: schatzi) entworfen, ebenso wie die rechter Hand folgende Villa Whitehall (3425 Tuxedo Rd.), in der u.a. der Super-Golfer Robert T. »Bobby« Jones lebte.

Nach einer halben Meile thront links der Tuxedo Road auf einem Hügel ein großes weißes Landhaus (Nr. 3640) mit viel Bambus im Vorgarten: die ehemalige Residenz von Robert W. Woodruff, Atlantas größtem Geschäftsmann und zugleich größtem Mäzen für öffentliche Parks, Kunstmuseen und Hochschulen (Emory University, Georgia Institute of Technology). Auch an der Blackland Road setzt sich die gediegene Villenkultur fort, und mittlerweile wird immer klarer: Es blüht und grünt und wuchert so sehr, dass man das Gefühl hat, nicht mehr in Atlanta, sondern mitten im Urwald zu sein. Das liegt an den beträchtlichen Ausmaßen der meisten Grundstücke von zwei bis drei Hektar. Bei einem derartigen Abstand zwischen den Häusern bleiben die Bäume stehen, und damit sind sie letztlich besser und länger geschützt als außerhalb der Stadt, wo die meisten der Landwirtschaft weichen mussten; einige der größten Bäume im gesamten Osten der USA wachsen in der Nähe von Downtown Atlanta! Ein Wald auf der Suche nach einer Stadt: Buckhead. Besonders die abendlichen Jogger wissen diese Weitläufigkeit zu schätzen.

*Tief unten im Granit: MARTA, die fixe U-Bahn von Atlanta*

Die Rückkehr zur Ausgangskreuzung von W. Paces Ferry und Peachtree Road führt mitten in den Nightlife District von Buckhead mit seinen Nachtclubs und Restaurants. Die Büroriesen des Finanzviertels von Buckhead Avenue flankieren die Peachtree Road in nordöstlicher Richtung, bis schließlich die beiden Mega-Shopping-Centers **Lenox Square** und (gegenüber) **Phipps Plaza** auftauchen, die zu den größten und schicksten ihrer Art im Süden gehören.

***Service & Tipps:***

**Atlanta Convention & Visitors Bureau**
233 Peachtree St., N.E., Suite 1400
Atlanta, GA 30303
✆ (404) 521-6600, 1-800-ATLANTA
www.atlanta.net
Mo–Fr 8.30–17.30 Uhr

**Visitors Center**
Underground Atlanta, 50 Upper Alabama & Pryor Sts., Atlanta, GA 30303
✆ (404) 577-2148
Mo–Sa 10–18, So 12–18 Uhr
Auskünfte aller Art. Auch Reservierungen.

**MARTA**
2424 Piedmont Rd., N.E. Atlanta, GA 30324, ✆ (404) 848-5000
www.itsmarta.com
Info Mo–Fr 7–19, Sa/So 8–17 Uhr
Metro mit 75 km langem Schienennetz und 38 Stationen. Auskunft über Bahnen und Busse.

**Peachtree Center**
Baker, Ellis, Williams & Courtland Sts.
Atlanta, GA 30303
MARTA: Peachtree
✆ (404) 654-1296 (Mall)
www.peachtreecenter.com
Einkaufszentrum und eine weitere (Innen-)Welt für sich: 13 Häuserblocks: Shops, Restaurants, Büros, drei Luxushotels.

**Underground Atlanta**
50 Upper Alabama & Peachtree Sts., Atlanta, GA 30303
MARTA: Five Points Station
✆ (404) 523-2311
www.underground-atlanta.com
Mo–Do 10–20, Fr/Sa 10–21, So 12–18 Uhr
Über sechs Straßenblocks erstrecken sich diese kulinarischen Katakomben: populärer Markt- und Imbissplatz (Restaurants, Geschäfte, Galerien).

**The New World of Coca-Cola Atlanta**

*Geschichte eines Marken-
zeichens: Coca-Cola-
Memorabilien*

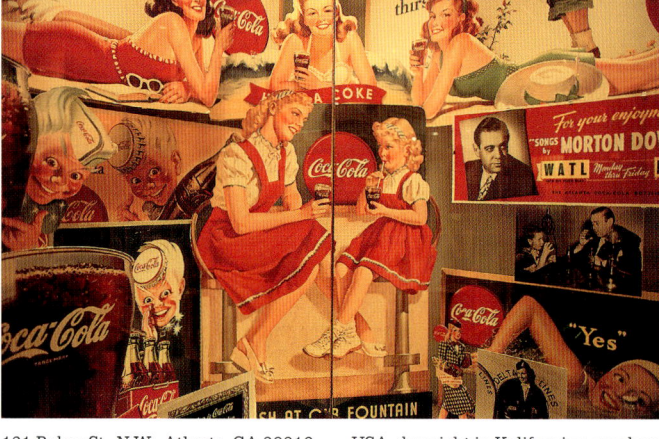

121 Baker St., N.W., Atlanta, GA 30313
MARTA: Peachtree Center oder Dome/
GWCC/Philips Arena/CNN Center
℡ (404) 676-5151, 1-800-676-2653
www.worldofcoca-cola.com
Tägl. Juni–Aug. 9–18.30, Sept.–Mai 10–
18.30 Uhr
Eintritt $ 16/12, Parken $ 10
Der 15-Millionen-Dollar-Pavillon präsentiert die Limonaden-Chronik von
1886 bis heute. Kostbarstes Schau-
stück der Limo-Historie ist der gläser-
ne Prototyp der allseits bekannten
geriffelten Cola-Flasche von 1915.

Neben dem Augenschmaus unter-
malen *commercials* aus Radio und TV
die Produkt-Show musikalisch, ganz
zu schweigen von jenen kuriosen
Amateurbeiträgen zur Firmenwer-
bung, Dutzenden von Songs (»My
Coca-Cola Girl«, »Coca-Cola Waltz«),
die Kunden aus Jux komponierten
und einschickten. Populärster Anziehungspunkt ist der TastingPavilion
mit Coca-Cola-Produkten aus aller
Welt. Na denn, Prost!

### ⬚ Capitol Tours and Information
206 Washington St.
Atlanta, GA 30334
MARTA: Georgia State Station
℡ (404) 463-4536, www.sos.ga.gov
Mo–Fr 8–17.30 Uhr, Führungen
Mo–Fr 10–14 Uhr, Eintritt kostenlos
Neben dem eindrucksvollen Gebäude
(1885) gibt es eine beachtliche, auf
Georgia bezogene naturkundliche
Sammlung zu besichtigen.

Die goldbeschichtete Kuppel erinnert an den ersten Goldrausch in den

USA, der nicht in Kalifornien, sondern
bereits 1828 in Georgia ausbrach, und
zwar eine Stunde nordöstlich von
Atlanta in den Bergdörfern Dahlonega
und im (heute bajuwarisch inszenier-
ten) Helen. Unter den zahlreichen
Plastiken im Schatten des Capitols befindet sich auch die von Jimmy Carter.

### ⬚ Herndon Home
587 University Pl., N.W. (zwischen
Vine St. & Walnut Sts., West End)
Atlanta, GA 30314
℡ (404) 581-9813
www.nps.gov/nr/travel/atlanta/her.htm
Di–Sa 10–16 Uhr, Führungen zur
vollen Stunde, Eintritt $ 6/4
Ein mächtiger Säulenportikus
schmückt die elegante klassizistische
Villa (1910) des Alonzo Herndon,
eines Ex-Sklaven, der in den 1880er
Jahren einen Friseurladen in der
Peachtree St. aufmachte und später
(ab 1905) die Atlanta Life Insurance
Company gründete, lange Zeit die
größte von Schwarzen geführte Versi-
cherung in den USA. Die zeitgenössische Einrichtung zeigt den Lebensstil
des Entrepreneurs und Millionärs am
Anfang des 20. Jh.

### 🏛 High Museum of Art
1280 Peachtree St., N.E.
Atlanta, GA 30309
MARTA: Arts Center Station
℡ (404) 733-4444, www.high.org
Di–Sa 10–17, Do bis 20, So 12–17 Uhr
Eintritt $ 18/11
Hinreißender Baukörper von Richard
Meier: europäische und amerikani-

*Schon zu Lebzeiten ein
Denkmal: Jimmy Carter
vor dem Georgia Capitol*

sche Malerei, Plastik und angewandte Kunst, Fotografie und Grafik.

## 🏛 ✉ Fernbank Museum of Natural History

767 Clifton Rd., N.E. (Ponce de Leon Ave., Fernbank Forest)
Atlanta, GA 30307
MARTA: North Avenue Station, dann Bus Linie 2
✆ (404) 929-6300
www.fernbankmuseum.org
Mo–Sa 10–17, So 12–17 Uhr
Eintritt $ 17.50/15.50
Der mit Zinnen besetzte, burgenartige Bau (1992) zeigt die Naturgeschichte zwischen den Georgia Mountains und dem Atlantik. Spektakuläres IMAX-Kino. Gutes Museumscafé.

## 🎫 🏛 ✉ Jimmy Carter Library and Museum

441 Freedom Pkwy.
Atlanta, GA 30307
✆ (404) 865-7100
www.jimmycarterlibrary.gov
Mo–Sa 9–16.45, So 12–16.45 Uhr
Eintritt $ 8/0
Bibliothek (Dokumente, Erinnerungen, Souvenirs), Museum (Geschichte der Präsidentenwahl, Rekonstruktion des Oval Office im Weißen Haus, Staatsgeschenke) und »Friedenszentrum«, das Carter immer noch für seine inoffiziellen diplomatischen Friedensmissionen nutzt.

Das Gebäude thront auf einem Hügel östlich von Downtown, von dem aus einst General Sherman Atlanta brennen sah. Wer heute in der Lobby der Presidential Library steht, hat die gleiche Aussicht auf die Innenstadt wie die Yankees damals. Café.

## 🎫 Fox Theatre

660 Peachtree St., N.E. (Midtown)
Atlanta, GA 30308
MARTA: North Avenue
✆ (404) 881-2100,
www.foxtheatre.org
Führungen Mo, Mi/Do 10, Sa 10 und 11 Uhr, Eintritt $ 10/5
Tickets für Aufführungen unter
✆ 1-800-745-3000 oder www.ticketmaster.com
Die Touren müssen beim Atlanta Preservation Center, ✆ (404) 688-3353, www.preserveatlanta.com gebucht werden.
Wie aus 1001 Nacht mit Minarett und Zwiebelturm: Kino von 1929, ursprünglich als Tempel für Freimaurer geplant. Als ihnen während der Depression das Geld ausging, war es das Goldene Zeitalter von Hollywood, das den Bau zum Kino machte. Das »Fabulous Fox« – innen im prächtigen Art-déco-Stil ausgestattet – besitzt eine der größten Orgeln im Land. Nur vehementer Bürgerprotest bewahrte das Juwel vor dem Abriss.

## 🎫 CNN Studio Tour (Turner Broadcasting System)

One CNN Center, Centennial Olympic Park Dr. & Marietta St.

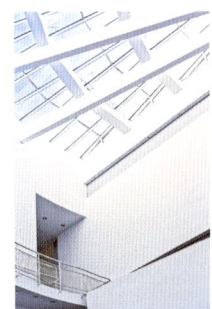

*Innendetail des High Museum of Art*

*Atlanta bittet zur Kunst: High Museum of Art*

*1001 Nacht: Fox Theatre*

Atlanta, GA 30303
MARTA: Omni Station
✆ (404) 827-2300, 1-877-CNNTOUR
www.cnn.com/studiotour
Tägl. 9–17 Uhr, Führungen alle 20
Min. (Reservierung empfohlen)
45-Minuten-Tour $ 15/10
Ted Turners Kabel-TV-Imperium:
sammeln, sortieren, senden.

### ◉ Wren's Nest

1050 Ralph D. Abernathy Blvd., S.W.
Atlanta, GA 30310
✆ (404) 753-7735
www.wrensnestonline.com
Di–Sa 10–14.30 Uhr, Eintritt $ 8/5
Viktorianische Villa (1870), in der
der Autor Joel Chandler Harris, der
»Aesop von Georgia«, bis zu seinem
Tod 1908 lebte. Von ihm, einem
Weißen, der hauptberuflich als Zei-
tungsreporter arbeitete, stammen die
Onkel-Remus-Geschichten, volkstüm-
liche *black stories*, die er als Kind auf
einer Plantage in Georgia gehört hatte.
Manchmal werden hier Sa 13 Uhr

auch Geschichten erzählt *(storytelling)*, eine besondere Tradition des
Südens; Termine vorher anfragen.

### ◉ The Martin Luther King, Jr. Historic Site

450 Auburn Ave., N.E.
Atlanta, GA 30312
MARTA: King Memorial Station
✆ (404) 331-5190
www.nps.gov/malu, tägl. 9–17, im
Sommer 10–18 Uhr, Eintritt frei
**Viktorianisches Geburtshaus** (Nr.
501, ✆ 404-331-6922, www.theking
center.org, Führungen), **Ebenezer
Baptist Church** (Nr. 407, ✆ 404-688-
7263, Führungen Mo–Fr 9–17 Uhr, So
Gottesdienst) und das **Martin Luther
King, Jr. Center for Nonviolent
Social Change** (Nr. 449, ✆ 404-524-
1956, tägl. 9–17 Uhr; hier befindet
sich auch das Grab Kings).

### 🏛 Margaret Mitchell House & Museum

990 Peachtree & 10th Sts.

Atlanta, GA 30309
MARTA: Midtown Station
℡ (404) 249-7015
www.margaretmitchellhouse.com
Mo–Sa 10–17.30, So 12–17.30 Uhr
Führung $ 13/8.50
In dem nach diversen Brandanschlägen Ende der 1990er Jahre wieder eröffneten Haus schrieb Margaret Munnerlyn Mitchell den Roman »Vom Winde verweht«. Sie lebte hier zwischen 1925 und 1932. Zu sehen gibt es Archivmaterial, Gegenstände aus ihrem persönlichen Besitz einschließlich ihrer Schreibmaschine.

### 🏛 ◉ Atlanta History Center
130 W. Paces Ferry Rd., N.W.
(Buckhead), Atlanta, GA 30305
℡ (404) 814-4000
www.atlantahistorycenter.com
Mo–Sa 10–17.30, So 12–17.30 Uhr
Eintritt $ 6.50/11
Führungen auch auf Deutsch möglich.
Bedeutendes Stadtmuseum, in dem man mühelos einen halben Tag zubringen kann, um sich das Leben in Atlanta zwischen 1840 und heute vor Augen zu führen. Außerdem: die (translozierte) Antebellum-Farm **Tullie Smith House** und die 1928 von Philip Trammell Shutze im palladianischen Stil entworfene Nobelvilla **Swan House** mit opulenter, von ionischen Säulen getragener Eingangshalle und einem spiralförmigen Treppenaufgang (1928). Shutze (1889–1982) gilt als der renommierteste unter den frühen Architekten Atlantas. Schöne terrassierte Gärten.

### ◉ Georgia Governor's Mansion
391 W. Paces Ferry Rd., N.W.
(Buckhead), Atlanta, GA 30305
℡ (404) 261-1776
http://mansion.georgia.gov
Di–Do 10–11.30 Uhr, Führungen
Regierungsvilla im Greek-Revival-Stil.

### ➤ ◉ Georgia Aquarium
225 Baker St., Atlanta, GA 30313
MARTA: Peachtree Center
℡ (404) 581-4000
www.georgiaaquarium.org
So–Fr 10–17, Sa 9–18 Uhr
Eintritt $ 34.95/28.95
Weltgrößtes Aquarium in Downtown Atlanta. Im Acrylglastunnel des **Ocean Voyager** folgen zahllose Bli-

cke den Walhaien, Mantarochen, Zackenbarschen und vielen anderen tropischen Fischen und Meerestieren, die durch das größte Aquariumskorallenriff der Welt gleiten. In der 22 Mill. Liter Salzwasser fassenden Unterwasserlandschaft begeistern außerdem Tauchershows die Besucher.
Faszinierende Einblicke erlauben die Becken des **Coldwater Quest** in die Welt der Fauna und Flora aus den eisigen Meeren des Nordens, und im **Georgia Explorer** werden das Gray's-Korallenriff und andere vielfältige Küstenunterwasserlandschaften des Staates naturgetreu nachgestellt. Flusstiere aus Nord- und Südamerika, Asien und Afrika, beleben das Bild der Ausstellungen im **River Scout**, während **Tropical Diver** mit aquatischen Tropenszenen voller bunter Fische und einer faszinierenden Quallenausstellung aufwartet. Auch Delfine bewohnen jetzt ein Becken des Aquariums.

### 🛏 ✕ Atlantic Station
1380 Atlantic Dr., Atlanta, GA 30363
MARTA: Arts Center Station, dann gratis Shuttlebus
℡ (404) 753-1221
www.atlanticstation.com
Populärer Anziehungspunkt nördlich von Downtown, westlich von I-75/85. Mehrere, neu erbaute Straßenzüge mit Einzelhandelsgeschäften, Supermärkten und Kaufhäusern, Restaurants und Cafés, Hotel, Büros, Kinos und anderen Freizeiteinrichtungen.

### 🛏 Lenox Square
3393 Peachtree Rd. (Buckhead)
MARTA: Lenox
℡ (404) 233-6767, www.simon.com
Mo–Sa 10–21, So 12–18 Uhr
Größter Konsumkomplex im gesamten Südosten und zugkräftige Touristenattraktion: Eleganz und Dekadenz in allen Preislagen. Kaum in einem Tag zu schaffen. Nördlich anschließend die Phipps Plaza ℡ (404) 262-0992.

### ✕ La Grotta Ristorante Italiano
2637 Peachtree Rd., N.E. (Buckhead)
Atlanta, GA 30305
℡ (404) 231-1368
www.lagrottaatlanta.com
Versteckt in einem Apartmenthaus:

*Die bei den Restaurants angegebenen $-Preiskategorien beziehen sich auf einen Hauptgang (ohne Vor- und Nachspeise, Getränke, Steuer und Trinkgeld):*

*$      – bis 15 Dollar*
*$$    – 15 bis 25 Dollar*
*$$$  – 25 bis 35 Dollar*
*$$$$ – über 35 Dollar*

*Drive-in »The Varsity«*

hervorragende norditalienische Küche; beachtliche Weinkarte. Reservierung und formelle Kleidung empfohlen. Nur Dinner. So geschl. $$–$$$

### ☒ 🖫 Atlanta Fish Market
265 Pharr Rds., N.E. (zwischen Peachtree & N. Fulton Rds. in Buckhead), Atlanta, GA 30305
✆ (404) 262-3165
Gute Adresse für Meeresfrüchte und Pasta. Außerdem Feinkostgeschäft für anspruchsvolle Picknickfreunde. Lunch und Dinner. $$–$$$

### ☒ Nava
3060 Peachtree Rd., N.W. (Buckhead Plaza), Atlanta, GA 30305
✆ (404) 240-1984
Hochgelobt wegen seiner erlesenen Südwest-Küche. Prickelnde Margaritas. Lunch und Dinner. $$–$$$

### ☒ Buckhead Diner
3073 Piedmont Rd., N.E. (E. Paces Ferry Rd.), Atlanta, GA 30305
✆ (404) 262-3336
www.buckheadrestaurants.com
*American food* – originell zubereitet; ein Stück von Atlanta. Lunch ($) und Dinner. $$

### ☒ Blue Ridge Grill
1261 W. Paces Ferry Rd., N.E. (Buckhead), Atlanta, GA 30327
✆ (404) 233-5030
www.blueridgegrill.com
Neuamerikanische Küche und klassische Südstaatengerichte in Jagdhütten-Ambiente. Cocktail Lounge. Lunch und Dinner. $$$

### ☒ Veni Vidi Vici
41 14th St. (W. Peachtree St., IBM Tower, Midtown), Atlanta, GA 30309
✆ (404) 875-8424
www.buckheadrestaurants.com
Vorzügliche italienische Küche in ansprechendem Design. Besonders die Appetizer sind Spitze! Cocktail Lounge. Lunch ($) und Dinner. $$

### ☒ Babette's Café
573 N. Highland Ave., N.E. (Virgina-Highland), Atlanta, GA 30307
✆ (404) 523-9121
www.babettescafe.com
Französisch eingefärbt und *shabby chic*. Leichte, feine Gerichte mit viel

Geschmack. Kleine überdachte Terrasse. Nur Dinner. Mo geschl. $$

### ☒ Anis Café and Bistro
2974 Grandview Ave., N.E. (Buckhead)
Atlanta, GA 30305
✆ (404) 203-9889, www.anisbistro.com
Romantisches Restaurant in Buckhead mit köstlichen Gerichten aus der Provence. Mit Bar und Terrasse. $$–$$$

### ☒ The Varsity
61 North Ave., N.W. (Spring St., Downtown), Atlanta, GA 30308
✆ (404) 881-1706, www.thevarsity.com
So–Do 10–23.30, Fr/Sa 10–0.30 Uhr
Seit 1928 wahrscheinlich der verrückteste Drive-in in den USA. Hoch gepriesen: *chili dogs* und *onion rings*. Fans gehen zum »V« nicht zum Essen, sondern zum »Ölwechsel« – wegen des fettigen Fastfood. Angeblich werden hier täglich 7000 Hamburger verfüttert. Kulinarisch gesehen Niemandsland, aber Klasse-Service! $

### 🍸 Manuel's Tavern
602 N. Highland Ave., N.E. (Virginia-Highland)
Atlanta, GA 30307-1433
✆ (404) 525-3447
www.manuelstavern.com
In ganz Georgia berühmt: riesige, altmodische Taverne und Debattierclub. Seit Mitte der 1950er Jahre Institution (und *hangout*) für Journalisten und demokratische Politiker *(politicos and media-types),* auch Jimmy Carter trinkt hier gelegentlich sein Bier.

### 🍸 🎵 Blind Willie's
828 N. Highland Ave., N.E.
Atlanta, GA 30306
✆ (404) 873-2583
www.blindwilliesblues.com, Mo–Sa
Populär in der Virginia-Highland-Gegend: Blues- und häufig Cajun-Musik. Am Wochenende meist Warteschlangen.

### 🍸 Reign Nightclub
1021 Peachtree St., N.E.
Atlanta, GA 30309
✆ (404) 898-1704, www.reignatl.com
Ultramoderner, schick mit viel Chrom ausgestatteter In-Tanzclub im Herzen von Midtown.

REGION 1
*Atlanta*

*Jefferson Davis, Robert E.
Lee und Thomas Jackson
auf dem Relief am Stone
Mountain*

🍸 **George's Bar & Restaurant**
1041 N. Highland Ave., N.E.
Atlanta, GA 30306
℃ (404) 892-3648
www.georgesbarandrestaurant.com
Beliebte Kneipe mitten in Virginia-
Highland. Wenn nicht gerade Streik
ist, diskutieren alle über Baseball.

*Ausflugsziel:*

**Stone Mountain**
Das klassische Ausflugsziel von Atlanta ist der **Stone Mountain Park**. Mittelpunkt des Parks ist der größte frei-
liegende Granitblock der Welt (Höhe
251 m), dessen unterirdische »Wurzeln« nicht nur bis in die U-Bahnhöfe
Atlantas reichen, sondern durch den
ganzen Norden des »Pfirsich-Staates«
bis nach North Carolina.

Rechenkünstler wissen es ganz
genau: Der Felsen, der »Mount Rush-
more East«, wiegt eine Billion, 264 Mil-
liarden, 740 Millionen, 884 Tausend
und 505 Pfund und ist 300 Millionen
Jahre alt, also noch älter als der Hima-
laya.

Einer spanischen Expedition fiel er
besonders auf, weil der Hang, in allem
und jedem potenzielle Wertgegen-
stände zu vermuten, sie die Quar-
zoberfläche des Felsens für Diaman-
ten und Rubine halten ließ. »Crystal
Mountain« tauften sie ihn deshalb.
Doch ehe sie ihrer optischen Täu-
schung gewahr werden konnten, wurden sie von den hier heimischen Creek-Indianern verscheucht.

Auch die jüngere Geschichte hat
Spuren ins Gestein getrieben – in

Form eines patriotisch-kolossalen Re-
liefs der Konföderierten-Heroen Jefferson Davis, General Robert E. Lee
und General Thomas »Stonewall«
Jackson.

Mühelos kann man im Park rings-
um den ganzen Tag zubringen – mit
Bötchenfahren, an Stränden und auf
Wanderwegen im Grün am Fuße des
»Felsendoms«. Am besten aber nimmt
man die Seilbahn nach oben, genießt
die frische Luft und das schöne
Panorama und steigt über die blanke
Kuppe wieder bergab – vorbei an win-
zigen Krabben und merkwürdigen
Schalentieren, die hier scheinbar wie
aus grauer Urzeit in den Spalten und
Regenwassertümpeln des Gesteins
schwimmen.

*Service & Tipps:*

🏕 ⚑ **Georgia's Stone Mountain
Park**
Hwy. 78E (Exit 8)
Stone Mountain, GA 30087
℃ (770) 498-5690, 1-800-401-2407
www.stonemountainpark.com
Tägl. 10–18 Uhr
Eintritt z. B. One Day Adventure Pass
$ 27/21, Parkgebühr $ 10 pro Auto
Landschaftlich abwechslungsreicher
Freizeitpark für die ganze Familie: Ba-
den, Wandern, Bootsfahrten, Angeln,
Klettern, Radtouren, Tennis, Golf.

Großer Popularität erfreuen sich
die nächtlichen Lasershows von Mai
bis September: Lichtspektakel über
dem Granitfelsen. Außerdem: **Cross-
roads**, eine nachgebaute Südstaaten-
Kleinstadt aus dem 19. Jh. 🌵

*Anfahrt Stone Mountain:
Von Atlanta mit MARTA,
Haltestelle Avondale Sta-
tion, Weiterfahrt mit Bus
Nr. 120.*

*REGION 2*
***Georgia und North Carolina***

*Meist im Dunst: die »Blauen Berge« am Blue Ridge Parkway*

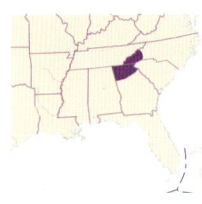

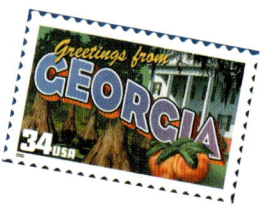

# Grenzregion
## Georgia und North Carolina

Für eine Weile galt der hügelige Nordosten Georgias als Goldgrube. Anfang des 19. Jahrhunderts wurde man in der Gegend um Dahlonega fündig. Ein bisschen davon strahlt noch heute in Atlanta – durch die vergoldete Kuppel des Kapitols.

Die Ausläufer des Appalachen-Gebirges im Grenzbereich von Georgia, North Carolina und Tennessee, die die Coastal Plains von den Höhenlagen des Cumberland-Plateaus wie eine Mauer trennen, bilden das sogenannte *Bluegrass Country*, die musikalische Region des *hillbilly sound* und der *lonely bal-*

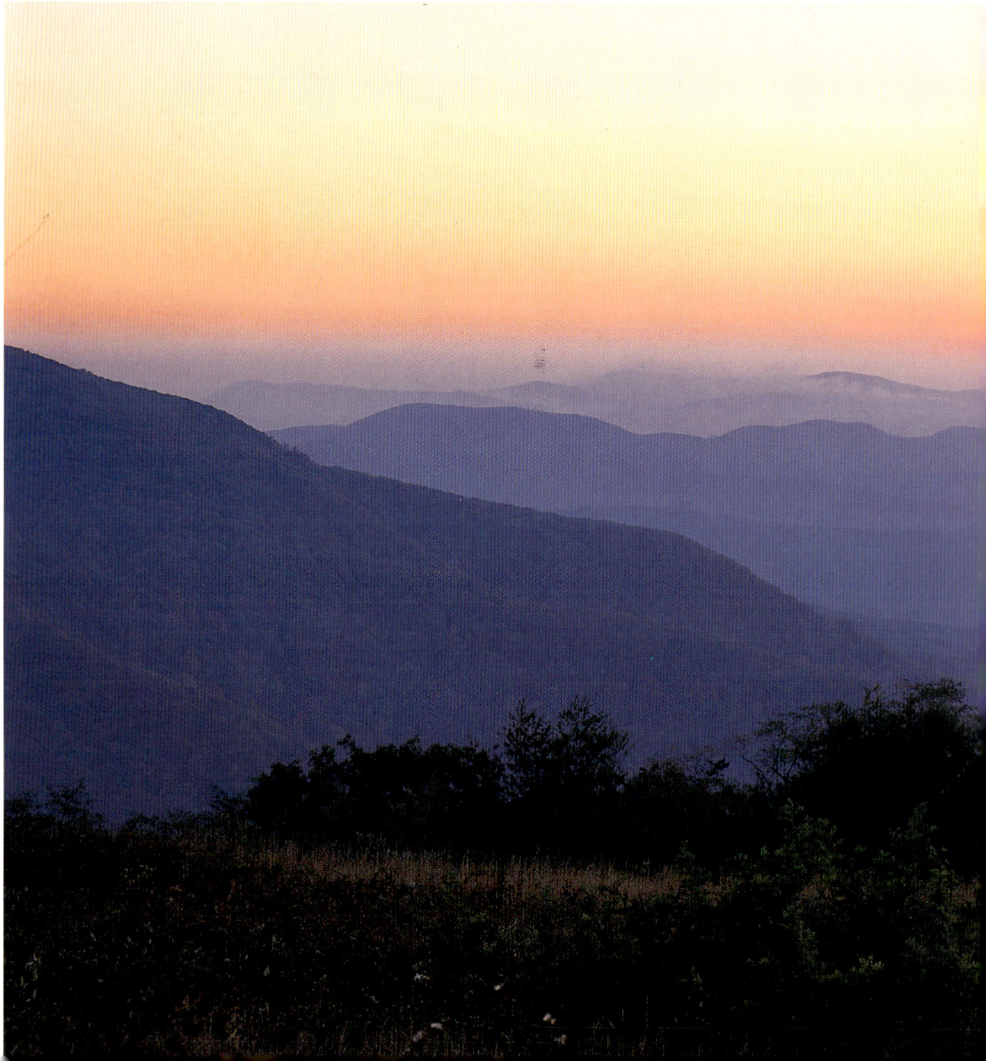

*lads*, die unter dem Markenzeichen Country & Western weltweit vermarktet werden.

Zwischen Cherokee und dem prächtig gelegenen Asheville schlängelt sich der Blue Ridge Parkway, der zur Zeit der Herbstfarben zu den schönsten Fahrstrecken im Süden gehört.

Die Grenze von Georgia nach North Carolina sollte man am besten auf Seitenwegen überschreiten, zum Beispiel durch das mit schönen Wasserfällen und tollen Aussichten reichlich gesegnete »Dreieck« zwischen Dillard, Highlands und Franklin, das, weil noch weitgehend »untouristisch«, durchaus noch als ein Geheimtipp gelten darf. In der Nordwestecke von Georgia, südlich von Chattanooga und nahe Tennessee, lohnen zumindest zwei Orte zum Verweilen: das gemütliche Rome und – für Bürgerkriegsforscher – eins der bedeutendsten Schlachtfelder im »War Between The States«, der Chickamauga and Chattanooga National Military Park.

Thomas Wolfe

*Mr. George W. Vanderbilt*

# ❶ Asheville

Ein Rundgang durch **Asheville** zeigt die typischen Symptome vieler ameri-kanischer Innenstädte: harte Verwerfungen zwischen Saniertem und Rampo-niertem. Inzwischen schreitet die Rettung voran, langsam deshalb, weil, an-ders als vielerorts in Europa, Kommunen und Staat sich finanziell bedeckt hal-ten und es allein privaten Investoren überlassen bleibt, die historische Bau-substanz wieder in Schuss zu bringen.

Dabei kann das rund 83 300 Einwohner zählende Asheville auf ein ver-gleichsweise reiches architektonisches Erbe zurückgreifen. Der Ort ent-wickelte sich nämlich nach Ankunft der Eisenbahn 1880 zu einer gefragten *resort town*, der neben zahlreichen wohlhabende und prominenten Gäste aus dem Norden – allen voran George Washington Vanderbilt – auch solche anlock-te, die schwach auf der Brust waren und die deshalb die gesunde Bergluft zu schätzen wussten.

So entstanden nicht nur üppige Paläste wie das Biltmore House oder Luxus-hotels wie der Grove Park Inn, sondern nach und nach auch besonders viele Bauten im Art-déco-Stil, und zwar nicht zuletzt deshalb, weil die Stadt eben jene Baumeister und Handwerker weiterbeschäftigte, die ohnehin für das Schloss der Vanderbilts arbeiteten. Das zahlte sich ästhetisch aus, denn die baulichen Ergebnisse während des ersten Drittels des vorigen Jahrhunderts gerieten meist eine Spur gekonnter und kesser als die des zeitgenössischen Standards im Land ringsum. Als geradezu verwegen galt das Rathaus, das bis heute den ohnehin schon einfallslosen Kasten des Landgerichtsgebäudes vis-à-vis noch ärmer aussehen lässt und das, obwohl die Landesväter dafür extra einen Architekten aus New York anheuerten! So sehr wollte man sich vom küh-nen Design des Rathauses distanzieren.

*Downtown Asheville*

Architektonische Highlights in landschaftlich schönem Rahmen – diese reizvolle Wechselbeziehung blieb lange Zeit die Stärke von Asheville. Musterbeispiel: das **Biltmore Estate**, ein Super-Château, das auf den ersten Blick so aussieht, als sei es mit dem fliegenden Teppich von der Loire gekommen. Dabei ist das Schloss ganz und gar amerikanischer Herkunft, war es doch das ehemalige Sommer- und Gästehaus von Millionär George Vanderbilt, der Asheville schlichtweg für die schönste Stadt der Welt hielt, so dass er es zum Standort für seine Residenz erkor.

Heute macht das Biltmore den Besuchern mit dem Slogan »Imagine life if this were home« den Mund wässrig. Schließlich bietet das von Weingärten umgebene Anwesen in seinen 250 Zimmern und Salons Wohnkultur vom Feinsten: zum Beispiel den Palmengarten mit der aufwendigen Glaskuppel über tropischem Grün oder den Bankettsaal und die eindrucksvolle Bibliothek, Meißener Porzellan und Stiche von Dürer eingeschlossen. Für die raumgreifenden Gartenanlagen sorgte Frederick Law Olmsted, ein Designer-Gärtner, dem die amerikanischen Ostküstler viele schöne Stadtparks verdanken.

Die anspruchsloseren Sommerfrischler wohnten in einfacheren Pensionen, von denen zumindest eine »literarische Karriere« machte: das Gästehaus, in dem Thomas Wolfe (1900–1938) seine Kindheit verbrachte. Heute wird die hübsche Villa stolz als **Thomas Wolfe Memorial** angepriesen, aber nicht immer war das Andenken an den edlen Dichter so ungetrübt. Stadt und Bürger kamen in seinem Roman nämlich ziemlich schlecht weg, so dass jahrelang kein Exemplar davon in der Stadtbibliothek zu haben war. Wolfe mochte Asheville nicht. »Der Sonnenuntergang in Asheville – genauso schön wie der in Stuttgart, Edinburgh oder Avignon – macht es nur noch depressiver«, schrieb er. Im Roman »Schau heimwärts, Engel« kommt das Haus als *Old Kentucky Home boarding house* vor. Wolfe liegt auf dem Riverside Cemetery in Asheville begraben.

Der Verklärung der kulturellen Geschichte von Asheville tun diese poetischen Misstöne allerdings schon lange keinen Abbruch mehr. Im Gegenteil: Ein reges Theaterleben, eine lokale Volkskunst- und Musikszene erscheinen als selbstverständliche Fortschreibung der Tatsache, dass Asheville immer schon Künstler aller Art faszinierte, die es schafften, einen kosmopolitischen

*Grüße von der Loire: Biltmore Estate in Asheville, North Carolina*

Hauch in die Stadt hinterm Berge zu bringen. Henry James war auf Biltmore zu Gast, F. Scott Fitzgerald quartierte sich 1936 im Grove Park Inn ein, wo er allerdings mehr der Flasche als der Literatur zusprach, und Béla Bartók komponierte sogar eine Sinfonie in Asheville. Im nahe gelegenen Black Mountain College unterrichteten Josef Albers, Walter Gropius und Buckminster Fuller.

### Service & Tipps:

**i Asheville Area Chamber of Commerce/Convention & Visitors Bureau**
36 Montford Ave.
Asheville, NC 28801
✆ (828) 258-6101, 1-800-257-1300
www.exploreasheville.com

**i ✈ Blue Ridge Parkway**
199 Hemphill Knob Rd.
Asheville, NC 28803
✆ (828) 271-4779, 298-0398
Fax (828) 271-4313
www.nps.gov/blri
Info über den 750 km langen Panorama-Highway auf den Höhen der südlichen Appalachen-Kette. Anfang des Jahrhunderts begonnen, wurde er Mitte der 1930er Jahre als Arbeitsbeschaffungsprojekt unter Präsident Roosevelt eröffnet. Seitdem windet er sich vom Shenandoah National Park in Virginia hierher nach Süden zum Great Smoky Mountains National Park. Seine Schokoladenseiten zeigt er im Herbst, wenn das bunte Laub der Dogwood-, Hickory- und Sassafrasbäume, die *foliage,* für *technicolor hotspots* sorgt.

Andere halten das Frühjahr für die beste Reisezeit, wenn die Wildblumen ringsum in Blüte stehen. Sie tun es je nach Höhenlage zu verschiedenen Zeiten, denn immerhin schwankt die Bergstraße beträchtlich – zwischen 50 und 600 m.

**€ Thomas Wolfe Memorial**
52 N. Market St.
Asheville, NC 28801
✆ (828) 253-8304
www.wolfememorial.com
Di-Sa 9–17, So 13–17 Uhr, Mo geschl.
Eintritt $ 1/0.50
Hübsche Villa aus dem Jahre 1883 im Queen-Anne-Stil, das in Wolfes Roman »Schau heimwärts, Engel« als das *Old Kentucky Home boarding house* vorkommt. Wolfe hasste das Haus, in dem er noch nicht einmal ein eigenes

Bett besaß, weil sein jeweiliger Schlafplatz davon abhing, wie viele Übernachtungsgäste seine Mutter gerade hatte. Die anspruchsloseren Sommerfrischler, die damals nach Asheville kamen, wohnten in solchen einfacheren Pensionen.

### 🎥 Biltmore Estate
US 25, 3 Blocks nördl. der I-40, exit 50 oder 50B, Asheville, NC 28801
✆ (828) 255-1333, 1-800-411-3812
www.biltmore.com
Jan.–März tägl. 9–16, April–Dez. tägl. 8.30–17 Uhr
Eintritt $ 54–69/29.50–34.50
Vom damals berühmten Architekten Richard Morris Hunt 1895 für George Washington Vanderbilt entworfen, den reichen Enkel des New Yorker Eisenbahnmagnaten Cornelius Vanderbilt. Opulentes Schloss, blühende Gärten, edle Winzerei (in der ehemaligen Molkerei).

### 🛏 Mast General Store
15 Biltmore Ave.
Asheville, NC 28801
✆ (828) 232-1883
www.mastgeneralstore.com
Mo–Do 10–18, Fr/Sa 10–21, So 12–18 Uhr
Haushaltswaren-Sammelsurium mit langer Tradition.

### ✕ Zambra
85 Walnut St.
Asheville, NC 28801
✆ (828) 232-1060
www.zambratapas.com
Lebendige Bodega mit großer Tapas-Auswahl. $–$$

### ✕ Laughing Seed Café
40 Wall St., Asheville, NC 28801
✆ (828) 252-3445
www.laughingseed.com
Eins der besten *veggie* Restaurants in den USA. Frühstück, Lunch und Dinner. Organisch angebaute Weine, selbst gebrautes Bier. *Wine and dine* heißt die Devise. Lunch und Dinner. $–$$

### ✕ Asheville Brewing Company
77 Coxe Ave., Asheville, NC 28801
✆ (828) 255-4077
www.ashevillebrewing.com
Selbstgebrautes Bier zu Pizza und Pasta auf der brauereieigenen Terrasse. Auch Brauereiführungen. $

### ✕ The Market Place
20 Wall St., Asheville, NC 28801
✆ (828) 252-4162
www.marketplace-restaurant.com
Einfallsreiche Küche in New-Wave-Dekor. Nur Dinner. So geschl. $$–$$$

### ✕ Clingman Café-Restaurant
242 Clingman Ave.
Asheville, NC 28801
✆ (828) 253-2177
http://clingmancafeasheville.com
Frühstücks- und Lunchlokal. Auch Sonntagsbrunch. $

### ✕ Magnolia's Raw Bar & Grille
26 Walnut St. (Market St.)
Asheville, NC 28801
✆ (828) 251-5211
http://magnoliaasheville.com
Gut zum Lunch (auch draußen). Frische Meeresfrüchte nach Südstaatenart. Bar. Lunch ($) und Dinner. Im Winter So geschl. $$

### ✕ Tupelo Honey Cafe
12 College St.
Asheville, NC 28801
✆ (828) 255-4863
So–Do 9–21, Fr/Sa 9–22 Uhr
www.tupelohoneycafe.com
*Southern food* in Hip-Atmosphäre. Gute Reibekuchen, *catfish,* viele Appetizer. $–$$

### 🎉 Feste & Feiern
In der ersten Augustwoche kann man in Asheville seit 1927 den *lonesome ballad sound* hören, die einsamen Balladen der Berge. Dazu treffen sich

*Kayaking auf dem Lake Eden nahe Black Mountain*

*»Praise the Lord« ...
Gospelchor im Einsatz*

Banjo-, Fiedel-, Mundharfen- und Gitarrenspieler, Bluegrass Bands, Tanzgruppen und Geschichtenerzähler der südlichen Appalachenregion.

**Ausflugsziel:**

### Black Mountain

Die kleine Berggemeinde ist eine Welt für sich und hat sich durch Billy Graham, der von hier stammt, einen Namen gemacht. Heute lebt der Alt-Reverend im angrenzenden Montreat mit nicht gelisteter Telefonnummer. Außer seinem Hauptquartier in Minneapolis unterhält er in Asheville noch ein Billy Graham Training Center. Die Interstate 240 rund um Asheville heißt Billy Graham Highway.

Im Gegensatz zur feudalen Schatztruhe der Biltmore-Villa in Asheville scheint Black Mountain sich eher Höherem verschrieben zu haben – als Hort kirchlichen Seminaristentums und diverser New-Wave-Gruppen.

Rund um **Cherry Street** geben sich einige Antiquitäten-, »Black Mountainbikes«-Läden und das »Berliner Kindl German Restaurant & Deli« zwar noch handfest, aber andere Akzente überwiegen. Zum Beispiel Bioläden und Handwerksbetriebe, in denen Silber- und Ofenschmiede tätig sind. Besonderer Wert wird auf den Nachbau von Instrumenten der lokalen Bluegrass-Musik gelegt. Was nicht vergessen machen sollte, dass die ursprüngliche Musik von North Carolina die der Schwarzen ist, allem voran der Blues, wie die großen Namen Dizzy Gillespie und John Coltrane belegen.

Als eine Art kreatives Labor erwies sich auch das kleine Black Mountain College, weil dort u.a. Josef Albers, Walter Gropius und Buckminster Fuller unterrichteten.

Die wohl ausgefallenste Art, Kontakte mit dem Jenseits aufzunehmen, praktiziert die Gemeinde des **Light Center** in den nahen Bergen – in einem leuchtend weißen Kuppeldom, der dem Gebet, der Meditation und Yogakursen dient.

In der **Black Mountain Bakery** (Church St.) und dem **German Restaurant** lockt Leckeres zum Lunch; und wer den schwarzen Zauberberg gar nicht mehr verlassen möchte, kann es sich in einem der schönen Bed & Breakfast-Häuser gemütlich machen oder zumindest im Schwimmbad des Lake Tomahawk baden gehen.

*Service & Tipps:*

ℹ **Black Mountain/Swannanoa Chamber of Commerce**
Visitors Center, 201 E. State St.
Black Mountain, NC 28711
✆ (828) 669-2300, 1-800-669-2301
www.blackmountain.org
www.visitblackmountain.com
Infos zur *Front Porch of Western North Carolina*, wie sich der Ort nennt.

👁 **Light Center**
Black Mountain, NC 28711
✆ (828) 669-6845
www.urlight.org
Ca. 20 Min. (14 km) fährt man von Black Mountain auf SR 9 und folgt den Schildern zum weißen geodesischen *Dome* des Meditationszentrums.

🍴 **Black Mountain Bakery**
102 Church St.
Black Mountain, NC 28711
✆ (828) 669-1626
www.blackmountainbakery.net
Süßes und Leichtes. Lunch. $

✕ **Berliner Kindl German Restaurant & Deli**
121 Broadway
Black Mountain, NC 28711
✆ (828) 669-5255
Für den kleinen Hunger: Wurst, Brote, Kaffee und Tee, Plätzchen und Schokolade. So geschl. $

# ❷ Cherokee

Die Cherokee-Indianer leben im »Land of Thousand Smokes«, wie sie es nennen, seit mehr als 10 000 Jahren. Der Batzen Land ist inzwischen zu einem Reservat geschrumpft, das sich südlich an den Great Smoky Mountains National Park schmiegt. Rund 12 500 Indianer leben heute in den Canyons, Bergen und auf dem umgebenden Farmland von North Carolina unter Selbstverwaltung, der größten östlich des Mississippi.

Der Ort freilich entpuppt sich als alles andere als ein Indianerdorf, eher schon als ein indianisches Disneyland. Kommerzielle Tipis, *Gift Shops*, Restaurants und Indianer-Shows schielen auf den eiligen Touristen, das **Harrah's Cherokee Casino** auf solche mit Risikobereitschaft. Das Freilichttheater erinnert mit dem Schauspiel »Unto these Hills« an das Szenario von Bad Segeberg, und im **Oconaluftee Indian Village**, obwohl einer Indianersiedlung von vor rund 230 Jahren authentisch nachgebaut, spielen Indianer Indianer.

Keine Frage, in Cherokee ist das Thema Indianer auf Familienspaß und Spektakel reduziert. Ganz anders dagegen das **Museum of the Cherokee Indian**, das sich auf ebenso ernst zu nehmende wie anschauliche Weise der Geschichte und Kultur der Cherokee Nation widmet. In North Carolina beherrschen heute nur noch etwa tausend Menschen Cherokee als Sprache. Die weitaus meisten, die diese Sprache noch sprechen (rund 10 000), leben dagegen in Oklahoma. Der Grund: Oklahoma war einst Ziel des berüchtigten »Pfads der Tränen«, der gewaltsamen Deportation der Cherokee im Jahre 1838. Der damalige US-Präsident, Martin Van Buren, hatte sich zuvor klar genug ausgedrückt: »Kein Staat kann es je zu Kultur, Zivilisation und friedlichen Entwicklungen bringen, solange man den Indianern erlaubt, dort zu bleiben, wo sie sind.«

Zwei Jahre blieben ihnen, um das Land zu verlassen. Dann trieb man sie in Konzentrationslager, anschließend 800 Meilen nach Westen, auf den *Trail of Tears*. Von den 17 000 Vertriebenen starben ein Viertel. Die Nachfahren jener, die sich der Vertreibung durch Flucht in die Berge entzogen, leben heute im Reservat.

Gegenüber vom Museum lohnt sich ein Besuch des **Qualla Arts Center**, einer Kooperative für indianisches Kunsthandwerk, wo es unter anderem geschnitzte Holzmasken und Flechtkörbe zu erstehen gibt.

*Cherokee …*
*Ein Museumsdorf, die Rekonstruktion alter Kulturtechniken und jede Menge kunstgewerbliche Produkte und Souvenirs erwarten heute den Besucher. Man stößt auch auf kleine Säckchen mit blauen Maiskörnern, aus denen Halsketten gemacht werden. Man trägt sie, heißt es, zur Erinnerung an die Vertreibung der Stammesbrüder, denn die dunklen Körner ähneln den Tränen, die auf dem »Trail of Tears« vergossen wurden.*

*Cherokee-Schnitzer im Oconaluftee Indian Village*

## Service & Tipps:

### 🛈 Cherokee Visitor Center
498 Tsali Blvd.
Cherokee, NC 28719
℡ 1-800-438-1601
www.cherokee-nc.com
Info über alle *Indian Affairs* der Region. Identisch mit Cherokee Tribal Travel And Promotion.

### 🏛 Museum of the Cherokee Indian
589 Tsali Blvd., Cherokee, NC 28719
℡ (828) 497-3481
www.cherokeemuseum.org
Tägl. 9–17 Uhr
Eintritt $ 10/6
Bemerkenswertes Museum: Schautafeln und Exponate erläutern die mündliche Tradition und die gesamte indianische Kosmogonie. Audiovisuelle Shows erhellen die Stammesgeschichte: von der ursprünglichen Besiedlung seit der letzten Eiszeit über die Abspaltung der Cherokee von den Irokesen, ihren nächsten linguistischen Verwandten, vor 3500 Jahren bis zu den ersten Berührungen mit den weißen Siedlern und dem Verlust ihres angestammten Landes etwa seit Ende des 18. Jh. und der heutigen Lage im Reservat.

Während die Kunstwerke, Haushaltsgeräte und Waffen die Geschichte vor Augen führen, bringen die Kopfhörer dem Besucher die Legenden in der Originalsprache nahe. Spätestens in diesem Zusammenhang stößt man auf die besondere Rolle des berühmten Sequoyah, des indianischen Kriegers und Silberschmieds aus Tennessee (1760–1843), der von dem bedruckten Papier der Weißen – dem *talking leaf* – so beeindruckt war, dass er der Frage nachging, wie ein indianisches »sprechendes Blatt« aussehen könnte.

Ohne selbst schreiben und lesen zu können, gelang es ihm 1821 nach zwölfjähriger Arbeit, eine Lautschrift bzw. Silbentabelle aus 85 Zeichen zu erfinden, die jedes für sich einen Laut der Cherokee-Sprache repräsentiert. Die phonetische Umschreibung dieses sogenannten *sequoian syllabary* erlernten die Stammesgenossen derart spielend, dass praktisch über Nacht eine literarische

Kultur entstand (vgl. auch S. 232, Tennessee Overhill).

### 👁 Oconaluftee Indian Village
US 441 N.
Cherokee, NC 28719
℡ (828) 497-2315
www.cherokee-nc.com
Mai–Okt. tägl. 9–17 Uhr, Führungen
Eintritt $ 12/5
In dem rekonstruierten Dorf werden traditionelle Kulturtechniken vorgeführt: geschnitzte Holzmasken, Perlenschmuck, Einbaum-Kanus (mit Feuer und Axt), Webarbeiten, Keramik und Flechtkörbe.

### ✖ Nantahala Village Thirteen Moons Restaurant
9400 US 19 W. (10 Meilen südwestl. von Cherokee)
Bryson City, NC 28713
℡ (828) 488-2826, 1-800-438-1507
www.nvnc.com
Populär, einfache, reichliche Portionen. Nov.–Anfang März geschl.
$$

### 👥 Qualla Arts and Crafts Mutual
645 Tsali Blvd.
℡ (828) 497-3103
www.cherokee-nc.com
Im Sommer Mo-Sa 8–19, So 9–17 Uhr, sonst kürzer
Produktion, Ausstellung und Verkauf von indianischen Kunst- und Gebrauchsgegenständen: Keramik, Korbwaren, Holzschnitzereien etc.

### 🎭 »Unto these Hills« – Outdoor Drama
688 Drama Rd.
Cherokee, NC 28719
℡ 1-866-554-4557
www.cherokee-nc.com
Eintritt $ 18–22/8–12 (Tickets 564 Tsali Blvd.), Anfang Juni–Mitte Aug. Mo-Sa 19.30 Uhr
Freilichttheater um die Geschichte der Cherokee-Indianer.

### ▨ ✖ 🛏 Harrah's Cherokee Casino
777 Casino Dr. (Ecke US 19 & Business 441), Cherokee, NC 28719
℡ (828) 497-7777
www.harrahscherokee.com
Rund um die Uhr geöffnet, 3 Restaurants, Kinderbetreuung, Unterhaltungspavillon, Hotel.

# ❸ Dahlonega

**Dahlonega** (gesprochen: da-LON-e-ga) ist ein Cherokee-Wort und bedeutet »kostbares Gelb« – wen überrascht es also, dass hier 1828 Georgias erstes Goldfieber ausbrach! Der Ansturm hat sich längst gelegt, und die kleine Kreisstadt pflegt ihr gastfreundliches Image und dient als Basislager für Bergexpeditionen und Goldsucher sowie Kanu- und Kajaktrips. Rund um das Gerichtsgebäude, in dem auch das **Gold Museum** untergebracht ist, lässt sich schön spazieren, während ein Gebäudeturm mit vergoldetem Dach aus der Ferne leuchtet.

## Service & Tipps:

ⓘ **Dahlonega-Lumpkin County Chamber of Commerce**
13 S. Park St., Dahlonega, GA 30533
✆ (706) 864-3513, 1-800-231-5543
www.dahlonega.org, tägl. 9–17.30 Uhr

◉ **Consolidated Gold Mine**
185 Consolidated Rd.
Dahlonega, GA 30533
✆ (706) 864-8473
www.consolidatedgoldmine.com
Im Sommer tägl. 10–17, im Winter
Mo-Fr 10–16, Sa/So 10–17 Uhr
Eintritt $ 15/9
Führungen durch die ehemalige Goldmine zeigen Wasch- und Bohrtechniken ebenso wie das Labyrinth der Schächte.

🏛 **Gold Museum**
1 Public Sq., Dahlogena, GA 30533
✆ (706) 864-2257
www.gastateparks.org/info/dahlonega
Mo-Sa 9–17, So 10–17 Uhr
Eintritt $ 4

*Die Goldhaube deutet es an: Im historischen Gerichtsgebäude von Dahlonega ist das Gold Museum untergebracht*

Im Gerichtsgebäude von 1863 erzählen Nuggets, Geräte, Fotos und ein Film die Geschichte des ersten amerikanischen Goldfiebers.

✖ **Smith House**
84 S. Chestatee St.
Dahlonega, GA 30533
✆ (706) 867-7000, 1-800-852-9577
www.smithhouse.com, Mo geschl.
Beliebtes Restaurant für die ganze Familie mit guter und reichlicher Südstaatenkost. $$

*Pfefferkuchen-Idylle im Norden von Georgia*

# ❹ Dillard

Seit Generationen ist dieser Fleck auf der Landkarte in Besitz der Familie Dillard; neben einigen Geschäften des Ortes lohnt wegen des reichhaltigen Essensportionen vor allem:

## Service & Tipps:

✖ **Dillard House Restaurant**
768 Franklin St. (US 441)
Dillard, GA 30537
✆ (706) 746-5348, 1-800-541-0671
www.dillardhouse.com
Gutes Restaurant mit Südstaatenküche. $$

## ❺ Flat Rock

**Service & Tipps:**

🅸 **Carl Sandburg Home National Historic Site (Connemara)**
81 Carl Sandburg Lane (Nähe Hwy. 25)
Flat Rock, NC 28731
☎ (828) 693-4178, www.nps.gov/carl
Tägl. 9–17 Uhr, Eintritt $ 5/0
Lange Zeit (bis 1945) war das Leben des späteren Lincoln-Biographen und mehrfachen Pulitzer-Preisträgers Carl

Sandburg unstet. In Illinois als Sohn schwedischer Immigranten geboren, schlug er sich als Poet, *hobo*, Soldat und Sozialreformer durch und feierte in seinen Gedichten Streckenarbeiter, Holzfäller und Cowboys in den ihm eigenen rhapsodischen Rhythmen. Erst 1914 machte ihn sein Lyrikband »Chicago« bekannt. Rundgänge durch die Ziegenfarm; Führungen durchs Haus (1838).

## ❻ Fort Oglethorpe

**Service & Tipps:**

🅸 **Chickamauga and Chattanooga National Memorial Park**
Fort Oglethorpe, GA 30742
☎ (706) 866-9241
www.nps.gov/chch

Park tägl. 8 Uhr bis Sonnenuntergang geöffnet
Visitor Center tägl. 8–17.45 Uhr
Landschaftlich attraktiver Park mit blutiger Vergangenheit. Visitor Center, Museum und Multimedia-Show des Schlachtenverlaufs.

## ❼ Gainesville

Die Kleinstadt (26 000 Einwohner) liegt 15 Kilometer südlich von Chattanooga an der US 27 und am Ufer des Lake Lanier, eine Stunde nördlich von Atlanta in den südlichen Ausläufern der Appalachen: Hier finden alljährlich im September die Kanuweltmeisterschaften statt.

**Service & Tipps:**

ℹ️ **Greater Hall County Chamber of Commerce**
230 E. E. Butler Pkwy.
Gainesville, GA 30501
☎ (770) 532-6206, www.ghcc.com

✖️🍴 **Longstreet Café**
1043 Riverside Terrace

Gainesville, GA 30501
☎ (770) 287-0820
www.longstreetcafe.com
*Southern Fried Chicken*, in schmackhaftem Teig knusprig gebratene Hähnchen, sind nur eine der Südstaaten-Spezialitäten des populären Downtown-Restaurants.
Mo–Sa Frühstück, Lunch und Dinner. $

*Bayern in Georgia*

# ❽ Helen

Helen – »No Passport Required« – sieht so aus wie Bavaria im Miniformat mit Fachwerkbauten und Hofbräuhaus in den Hügeln am lauschigen Chattahoochee River. Kaffee und Kuchen, Sauerkraut und Schnitzel sind reichlich zu haben. Aus dem »Wursthaus« tönt »Freut Euch des Lebens ...«.

*Service & Tipps:*

ℹ️ **Alpine Helen/White County Convention & Visitors Bureau**
726 Bruckenstrasse
Helen, GA 30545
☎ (706) 878-2181, 1-800-858-8027
www.helenga.org

🍵🛏 **Hofer's of Helen Bakery & Café**
8758 N. Main St.
Helen, GA 30545
☎ (706) 878-8200, 1-866-DAS-BROT

www.hofers.com
Neben diversen Torten und Gebäck gibt es gutes Brot, Brezeln und deutschen Kaffee. $

✖ **Paul's Steakhouse**
8537 S. Main St., Helen, GA 30545
☎ (706) 878-2468
www.paulssteakhouse.com
Mit dem Chattahoochee River vor Augen und Countrymusic im Ohr schmecken Meeresfrüchte und Steaks besonders gut. Cocktail Lounge. Nur Dinner. $$–$$$

# ❾ Hendersonville

Ein hübsches und beinah lückenlos geliftetes Musterstädtchen mit typisch einstöckigen alten Backsteinhäusern und pittoresken Shops. Die Main Street in Hendersonville wirkt wie eine jener Straßen, mit denen Amerika aufwuchs. Drei, vier Blocks von hier entfernt posiert mit spitzen Flügeln der heimwärts schauende Engel à la Thomas Wolfe.

*Service & Tipps:*

✖ 🎵 **The Tractor Shed**
140 White St.
Hendersonville, NC 28739
☎ (828) 693-4009
www.thetractorshed.net

Rustikales Restaurant im Farm-Ambiente. Barbecue und Bluegrass vereinen sich hier zum Augen-, Ohren- und Gaumenschmaus! Auch vegane Gerichte.
Fr/Sa ab 19 Uhr regelmäßig live Bluegrass! $–$$

# ❿ Highlands

In diesem schön gelegenen Bergort inmitten der Waldhänge der Blue Ridge Mountains gehen die Uhren zwar noch etwas nach, aber in den letzten Jahren hat die wachsende Zahl der Sommergäste für mehr Bewegung gesorgt. Dennoch nehmen hier die Dinge meist ihren ruhigen Gang – ein bisschen Antiquitäten-Shopping, mal eine Theateraufführrung, ein Weilchen im Schaukelstuhl oder in der Hängematte. Kur-Atmosphäre eben, unterstützt von idyllischen Inns, kulinarischen Oasen, strikten Alkoholgesetzen und viel frischer Bergluft.

### Service & Tipps:

**ℹ️ Highlands Chamber of Commerce**
269 Oak St.
Highlands, NC 28741
℡ (828) 526-2112, Fax (828) 526-5803
www.highlandschamber.org

**✕ Wolfgang's Restaurant & Wine Bistro**
474 Main St., Highlands, NC 28741
℡ (828) 526-3807
www.wolfgangs.net
Attraktiver Küchenzettel: von Spezialitäten aus New Orleans (der Chef war lange dort) bis zu Schweinshaxe und Rostbraten. Ergiebige Weinkarte. Dazu historisches Ambiente und ein Gartenpavillon. $$–$$$

**✕ Paoletti's**
440 Main St.
Highlands, NC 28741

℡ (828) 526-4906
www.paolettis.com
Gute italienische Küche und Weinauswahl. Nur Dinner. $$

**✕ On The Verandah**
1536 Franklin Rd. (Hwy. 64E)
Highlands, NC 28741
℡ (828) 526-2338
Mit schönem Blick auf den Lake Sequoyah: feine amerikanische Speisen zum Drinnen- oder Draußensitzen. $$

**✕ Lakeside Restaurant**
531 Smallwood Ave. am Harris Lake
Highlands, NC 28741
℡ (828) 526-9419
www.lakesiderestaurant.info
Gute Küche mit europäischer Prägung. Bier kann (muss) man selbst mitbringen, Wein aber kann bestellt werden – Regeln eines sogenannten *dry county*. $$$

*»Mountain Sunset« am Blue Ridge Parkway*

## ⓫ McCaysville

Die zünftigen Kleinstädte **McCaysville** (GA) und Copperhill (TN) liegen im Dreiländereck von Georgia, North Carolina und Tennessee, eine abgeschiedene Region der Waldeinsamkeit, Seen und Flüsse. So still war es hier nicht immer, denn seit Mitte des vorigen Jahrhunderts hat der Abbau von riesigen Kupfervorkommen der Natur drastisch zugesetzt. Den besten Beweis dafür liefert der flotte **Ocoee River**, der unweit vorbeirauscht und dessen klares Wasser aus einem nahe gelegenen Kraftwerk gespeist wird.

Alles Leben im Fluss erlosch durch den Zustrom von Schwefelsäure – Abfall- und Nebenprodukt der Kupfergewinnung. Während der Zeit der Olympischen Spiele in Atlanta wurde der Wildbach dazu auserkoren, den Kanu-Slalom in Fahrt zu bringen. In McCaysville, mitten im *copper basin*, ist man deshalb zuversichtlich: Die »Kupferstecher« sind auf dem Rückzug und viele Umweltschäden schon wieder gutgemacht, vor allem durch Wiederaufforstung. Abgesehen vom Ocoee erfreuen sich andere Flüsse und Seen inzwischen wieder eines regelrechten Fischsegens.

### Service & Tipps:

🏠 🏃 🎿 **Eagle Mountain Ranch/ Eagle Adventure Co.**
375 Eagle Ranch Rd.
Copperhill, TN 37317
✆ (706) 492-2277, 1-800-288-3245
www.eagleadventures.com
Einfache Unterkünfte und viel frische Luft. Hier kann man Gold waschen und in die Berge reiten; auch Kanu- und Schlauchbootfahrten auf dem Ocoee (15 Min. entfernt) wie auch auf dem Nantahala River (knapp 90 km von Copperhill) sind möglich.

Abends beim romantischen Schein des Lagerfeuers und zünftigem BBQ machen alte Geschichten die Runde, was nicht wundert, denn hier und ringsum lag einmal die Heimat der *moonshiners*, der illegalen Schnapsbrenner zur Zeit der Prohibition. Deren Musik klingt bis heute nach, in der *mountain music*.

Vor nicht allzu langer Zeit soll es hier mal einen gegeben haben, der sein Banjo mit den Füßen spielte, und zwar so toll, dass die Leute übers Wochenende herkamen, lauschten und tranken. $$

## ⑫ Rome

Das Einzige, was das Städtchen Rome in Georgia (35 000 Einwohner) mit Rom gemeinsam hat, sind die sieben Hügel, auf die es sich verteilt. Broad Street hat durchaus Kleinstadt-Charme, und das **Chieftains Museum** widmet sich der Vergangenheit der Cherokee-Indianer, auf deren ehemaligem Land Rome erbaut wurde.

### Service & Tipps:

ℹ️ **Greater Rome Convention & Visitors Bureau**
402 Civic Center Dr.
Rome, GA 30161
✆ (706) 295-5576, 1-800-444-1834
www.romegeorgia.org
Mo–Fr 9.30–17, Sa 10–15 Uhr

🏛 **Chieftains Museum**
501 Riverside Pkwy.
Rome, GA 30162
✆ (706) 291-9494
www.chieftainsmuseum.org
Mi–Sa 10–17 Uhr, Eintritt $ 5/2
Hier wohnte einst der Cherokee-Häuptling Major Ridge, der beim Versuch, das eigene Erbe zu bewahren und sich gleichzeitig der Kultur der Weißen anzupassen, aufgerieben wurde. Das Holzhaus stammt aus dem späten 18. Jh. und zeigt Dokumente der indianischen Geschichte.

✖️ **The Country Gentleman**
26 Chateau Dr., Rome, GA 30161
✆ (706) 295-0205

www.countrygentlemanrestaurant.com
So geschl.
Küche eher italienisch als *country*:
Forellen, Steaks, Shrimps, Austern und Pasta. Lunch ($) und Dinner.
$-$$

✖️ **La Scala**
413 Broad St., Rome, GA 30161
✆ (706) 238-9000
www.lascalarome.ga.com
Gutes italienisches Lokal mit frisch zubereiteten Gerichten. Versuchen Sie die *cioppino!* So geschl. $$-$$$

## ⑬ Tallulah Falls

*Südlich von Clayton an US 441.*

### Service & Tipps:

🌳🏕 **Tallulah Gorge State Park**
US Hwy. 441
Tallulah Falls, GA 30573
✆ (706) 754-7981
www.gastateparks.org/tallulah
Mo–Fr 8 Uhr bis zur Dunkelheit, Sa/So 10–18 Uhr, Parkgebühr $ 5 pro Auto
Wald und Wasserfälle: Picknick, Tennisplätze, Schwimmen, Angeln, Paddelboote, Camping (Reservierung:
✆ 706-754-7979). Das Interpretative Center zeigt Lehrreiches aus Siedlungsgeschichte, Flora und Fauna. – Von hier aus kann man kleine Wanderungen zu diversen *vista points* machen, von denen man die 300 m tiefe Schlucht sehen kann.

Thema Schwimmen: Bevor man zu den beiden östlich der US 441 gelegenen Swimmingpools des Flusses hinabsteigt (589 Stufen oder einen steilen Pfad), benötigt man ein Permit, das im Visitor Center erhältlich ist. Die einfachere Möglichkeit, ans Wasser zu kommen, bietet sich von der SR 441, kurz nach Überquerung des Damms links.

Am **Tallulah Point Overlook** stehen ein netter Shop und ein Café. 🌼

*Wasserfall im Tallulah ▷*
*Gorge State Park*

# Georgias Antebellum Trail

Der sogenannte Antebellum Trail in Georgia führt durch hübsche Kleinstädte mit viel konservierter Bausubstanz. Die 190 Kilometer lange Strecke beginnt in Athens und folgt den Highways 441, 22 und 129 über Madison, Milledgeville nach Macon. Viele der alten Herrenhäusern haben den Abriss überlebt, weil sie zu Bed & Breakfast Inns gemodelt wurden: Tourismus fördert Denkmalpflege. In diesen Pensionen inszenieren die Gastgeber gern eine heile Welt aus mehr oder weniger gemütlichen Antiquitäten, mit Puppen und Deckchen. Die Himmelbetten in den alten Häusern erinnern trotz ihrer Robustheit ein bisschen an die Schlafgewohnheiten der Prinzessin auf der Erbse. Manche dieser *rice beds* tragen Holzpfosten aus vier gedrechselten und gebündelten Säulchen – für jeden Apostel eine: Stützen für das Nachtgebet im »Bible Belt«.

Der Trail führt durch das zentrale Georgia, *The Heartland*, eine Melange aus verschlafenen Nestern, Pfirsichplantagen und adretten Kleinstädten. Einzig die donnernden Holzlaster erinnern daran, dass die gute alte Zeit der Reiskultur vorüber und die Neuzeit angebrochen ist. Dazu zählt nicht bloß der Holzhandel (Motto: TREES GROW JOBS), sondern auch der mit der Milch. Putnam County zum Beispiel fühlt sich als *Dairy Capital of the Georgia.* Informationen zum Villenpfad: www.antebellumtrail.org und www.heritagehighway.org.

*Antebellum?*
*Ja, so nennt man im Süden die Zeit vor dem Bürgerkrieg. Wie meinte Mark Twain? »Im Süden ist der Krieg, was A.D. sonst wo ist; sie benutzen ihn als Datum.«*

*Tatsächlich kreisen viele Gespräche über die Vergangenheit um Geschehnisse, die entweder »lange vor«, »unmittelbar nach« oder »im« Bürgerkrieg passierten.*

# ❶ Athens

Eigentlich bekam Athens nur aus moralischen Gründen seine Universität. Gegen Ende des 18. Jahrhunderts nämlich, kaum dass sich die kleine Siedlung an der Kreuzung des Oconee River mit einem alten Handelspfad der Cherokee-Indianer etabliert hatte, suchten die Gründungsväter der **Universität von Georgia** nach einem geeigneten Standort. Weder Savannah noch Charleston kam für den Senatus Academicus in Frage, denn Alkohol, Matrosen und Mädchen konnten dort gefährlich werden.

Man entschloss sich deshalb, die Vision einer klassischen Freistatt des Lernens, das neue Athen, weiter landeinwärts zu errichten, um die Verlockungen des Lebens vom Campus, wie in den USA oft, fern zu halten. Bald nach der Gründung 1785 entwickelte die Uni ein lebhaftes kulturelles Leben und zog wohlhabende Familien an, die sich hier niederließen, standesgemäß meist im Greek-Revival-Stil, den der Ortsname ja auch nahe legte.

Heute ist die University of Georgia (UGA) nicht nur der größte Arbeitgeber des Kleinstädtchens, sondern ihre rund 35 000 Studenten stellen einen großen Teil der rund 115 000 Einwohner des Athens-Clarke County.

Die College-Gemeinde hält das Leben in Schwung, neben einem sehenswerten Kunstmuseum gibt es ungewöhnlich viele Cafés und Restaurants, Galerien, Musikclubs und Programmkinos. Eindrucksvolle Zeugen der alten Tage säumen Milledge und Prince Avenue: klassizistische Villen, viele von ihnen Sitz von Studentenverbindungen. Auch kulinarisch ist Athens gut aufgestellt. In einigen hübschen Restaurants entlang **Broad Street** serviert man leckere Gumbo-Suppen und andere scharfe Sachen aus der Südstaatenküche. Und immer wieder überrascht das musikalische Athens mit Hinweisen auf lokale oder regionale Solokünstler und Bands bis hin zu internationalen Bands wie R.E.M., die hier ihre Wurzeln

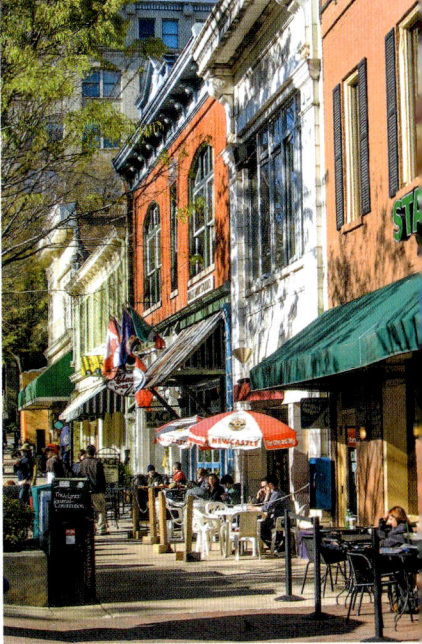

*Café-Kultur in Athens*

haben und in einfachen kleinen Studios ihre Platten aufnahmen. Persönlich gehaltene Stadtführungen wie die von Paul ab dem Athens Welcome Center führen zu Clubs, Studios und anderen musikhistorisch relevanten Stellen wie z.B. einer Außentreppe an einem Haus, einem knallgrünen Haus mit Laden oder der eindrucksvollen Murmur-Trestle Bridge – eben zu den Motiven, die R.E.M. einst auf ihren Plattencovers in die Welt hinaus trugen.

## *Service & Tipps:*

**ℹ Athens Welcome Center**
280 E. Dougherty St.
Athens, GA 30601
✆ (706) 353-1820, 1-866-455-1820
www.athenswelcomecenter.com
Mo–Sa 10–17, So 12–17 Uhr
Verschiedene Stadtführungen u.a. auf den Spuren der Gruppe R.E.M. und anderer.

**ℹ Athens Convention & Visitors Bureau**
300 N. Thomas St., Athens, GA 30601
✆ (706) 357-4430
www.visitathensga.com

**🏛 The Georgia Museum of Art**
90 Carlton St. (Campus der University of Georgia)
Athens, GA 30602-1719
✆ (706) 542-4662
www.georgiamuseum.org
Mi–Sa 12–17, Do bis 21, So 13–17 Uhr, Eintritt frei, Spenden erwünscht
Das GMOA wurde jüngst renoviert und um neue Galerien sowie einen Skulpturengarten erweitert, um den Reichtum der Sammlung zeigen zu können. Deren Schwerpunkt liegt auf amerikanischer Malerei des 19. und 20. Jh. mit Werken von Albert Bierstadt, Winslow Homer, Georgia O'Keeffe u.a.

### 🎨 State Botanical Garden of Georgia

2450 S. Milledge Ave.
Athens, GA 30605
✆ (706) 542-1244
www.uga.edu/botgarden
Gärten tägl. April–Sept. 8–20, Okt.–
März 8–18 Uhr, Visitor Center Di–Sa
9–16.30, So 11.30–16.30 Uhr, während
der Uni-Ferien geschl.
Eintritt kostenlos
Vielseitige Flora am Ufer des Oconee
River, Wanderwege in stiller Umge-
bung, schönes Gewächshaus mit hüb-
schem **Gardenside Cafe** (beliebt für
Salate, Sandwiches, Quiches, Suppen).

### 🎨 Double Barreled Cannon

College & Hancock Sts., Athens
Kuriosum am Rande von 1863. Die
beiden aneinander geketteten Kanonenkugeln sollten einst die verhass-
ten Nordstaatler niedermähen. Aber
bei der Zündung klappte das Timing
nicht. Das Geschoss erwies sich als
Bumerang, verhedderte sich und
kam auf die eigenen Leute zurückge-
flogen.

### 🎭 🎵 Morton Theatre

195 W. Washington St.
Athens, GA 30601
✆ (706) 613-3770
www.mortontheatre.com
Das 1910 von Schwarzen erbaute und
jüngst sanierte Vaudeville-Theater ist
eine der ältesten Bühnen im Lande
und mit gut 500 Sitzen ideal für Konzerte und kleine Theaterproduktio-
nen. An seinem Standort befand sich

*Kriegerisch und kurios:*
*Athens doppelläufige*
*Kanone*

am Anfang des 20. Jh. die *African-
American business section* der Stadt.

### 🎧 Wuxtry Records

197 E. Clayton St., Athens, GA 30601
✆ (706) 369-9428
www.wuxtry-records.com
Mo/Di 10–20, Mi–Sa 10–22, So 12–18
Uhr
Kleiner, aber feiner Plattenladen in
Downtown mit einer Fülle an neuen,
gebrauchten, seltenen oder popu-
lären Schallplatten, Kassetten und
CDs.

### ✕ 🎵 Farm 255

255 W. Washington St.
Athens, GA 30601
✆ (706) 549-4660, www.farm255.com
Nur Dinner und So Brunch, Mo geschl.
Lebhaftes Restaurant mit Terrasse in
Downtown. Wechselnde Menüs mit
jahreszeitlich abgestimmten, biolo-
gisch angebauten Zutaten und Fleisch
von artgerecht gehaltenen Tieren aus
der Region. Dazu gibt es regelmäßig
Livemusik von heimischen Bands!
$$–$$$

### ✕ The National

232 W. Hancock St.
Athens, GA 30601
✆ (706) 552-1591
www.thenationalrestaurant.com
Tägl. Lunch und Dinner, So nur Dinner
Legerer Downtown-Treffpunkt mit
abwechslungsreicher, mediterran
beeinflusster Südstaatenküche. Viele
Zutaten stammen von den Biofarmen
der Region. $$–$$$

**▣✕ Trappeze Pub**
230 W. Washington St.
Athens, GA 30601
℗ (706) 543-8997
www.trappezepub.com
Populäres Pub-Restaurant, das vor
allem für seine große Bierauswahl
bekannt ist. Dazu Snacks und kleine
Mahlzeiten. Regelmäßig werden *Beer
Dinners* mit Vertretern regionaler
Kleinbrauereien veranstaltet. $

**✕ Last Resort Grill**
174 W. Clayton St.
Athens, GA 30601
℗ (706) 549-0810
www.lastresortgrill.com
Frisch, würzig, leicht und gemütlich,
auch zum Draußensitzen. $–$$

**✕ 40-Watt Club**
285 W. Washington St.
Athens, GA 30601
℗ (706) 549-7871
www.40watt.com
Beste Adresse für die lokale Rock-
und R&B-Szene. So geschl.

*Ausflugsziel:*

**⛲ 🏞 Watson Mill Bridge State
Park/Outdoor Recreation Area**
5 km auf SR 22 nach 650 Watson Mill
Park Rd. südlich von Comer, GA
30629
℗ (706) 783-5349, 1-800-864-7275
www.gastateparks.org/watsonmill
bridge
Tägl. 7–22 Uhr
Georgias längste überdachte Holz-
brücke *(covered bridge)* von 1885.
Erholsamer Naturpark für Picknick
und Kanufahren, Baden und Angeln
im Fluss. Camping.

# ❷ Augusta

Zwischen dem Piedmont, dem hügeligen Ausläufer des Appalachengebirges,
und der atlantischen Küstenebene (der Coastal Plain), genau auf dieser Fall-
linie (und an der Grenze zu South Carolina) liegt Augusta.
   Die Stadt, kurz nach Savannah vom britischen General James Oglethorpe
1735 gegründet, ist die zweitälteste Stadt in Georgia. Lange stand hier ein
Trading Post der Indianer, und diese Handelstradition entwickelte sich auch
während der Kolonialzeit weiter. Zunächst basierte die Landwirtschaft im
Wesentlichen auf Tabak, später dann auf Baumwolle. Kurze Zeit war Augusta sogar Hauptstadt von Georgia. Beflügelt wurde ihr industrieller Aufschwung durch den Bau der Eisenbahn (1837) und des Augusta-Kanals
(1845).
   Obwohl die größte Munitionsfabrik der Konföderierten in Augusta stand,
überlebte die Stadt im Bürgerkrieg General Shermans blutigen »Marsch zum
Meer« ebenso unbeschadet wie Madison. Schon früh arbeitete man am Image
des Neuen Südens und bemühte sich um zahlende Gäste aus dem kalten Norden, schließlich hatte man milde Winter anzubieten. Gegen Ende des 19. Jahrhunderts profilierte sich Augusta bereits als gefragter Winterkurort – für eine
überwiegend betuchte Yankee-Klientel, die der nordischen Kälte und reiche
Südstaatler, die dem Gelbfieber entfliehen wollten. Das Angebot von Zweit-
wohnungen und der Bau von Golfplätzen kamen dem entgegen; Turniere erst
recht.
   Heute setzt der exklusive **Augusta National Golf Club** die lukrative Sport-
geschichte fort. Nicht immer ohne Kontroversen. Schwarze konnten hier erst
ab 1990 teilnehmen, Frauen erst nach 2002. Das jährlich im April durchge-
führte Augusta National Masters Golf Tournament ist sogar das Einzige, was
die meisten Amerikaner mit dem Namen Augusta verbinden. Zwar hat die
Stadt und ihre knapp 200 000 Einwohner auch sonst im Sport die Nase vorn,
vor allem bei Regatten und Reitturnieren, aber der Herzenswunsch der Stadt-

*Gut betucht: Modell eines
Baumwollhändlers im
Museum der Augusta
Canal National Area*

51

väter bleibt unerfüllt: Augusta auch jenseits des Golfturniers in die Schlagzeilen zu bringen.

Neben breiten Boulevards mit Schatten spendenden Magnolien bestimmen zahlreiche Baudenkmäler das Stadtbild, besonders in Olde Towne (Telfair und Greene Sts.). Der fußgängerfreundliche **Riverwalk** zeigt über die Länge von fünf Straßenblocks die Schokoladenseite Augustas: Auslauf für Spaziergänger, Jogger oder Leute, die picknicken wollen. Der geklinkerte Parcours zwischen 5th und 10th Street verbindet auf mehreren Ebenen Restaurants, Gärten, Brunnen (Eight Street Plaza), Shops sowie die **Cotton Exchange,** das **Fort Discovery** und das **Morris Museum of Art**. Hier gewinnt die Stadt eine gewisse Kompaktheit, die ihr ansonsten weitgehend fehlt. Hübsche Nachbarschaftsviertel wie beispielsweise Summerhill liegen eher abseits und sind ohne Auto schwer erreichbar.

### Service & Tipps:

**ℹ Augusta's Visitor Information Center**
560 B Reynolds & 6th Sts.
Augusta, GA 30901
✆ (706) 724-4067, 1-877-284-8782
www.augustaga.org
Mo–Sa 10–17, So 13–17 Uhr
Informationszentrum im Augusta Museum of History.

**ℹ Augusta Convention & Visitors Bureau**
1450 Greene St., Suite 110
Augusta, GA 30901
✆ (706) 823-6600, 1-800-726-0243
www.augustaga.org

**◉ Cotton Exchange Building**
32 8th St. (Riverwalk)
Augusta, GA 30901
✆ (706) 432-3332
Mo–Fr 9–16 Uhr, Führungen
Die Baumwollbörse von 1886 zählte einst (nach Memphis) zu den größten Märkten des »weißen Goldes« der Welt. Man erzählt, früher wären so viele Baumwollballen am Savannah River gelagert gewesen, dass ein

Kind eine Meile hätte darüber laufen können, ohne einmal den Boden zu berühren.

Das restaurierte viktorianische Gebäude diente lange als Museum zum Thema Baumwolle. Bemerkenswertes Detail: das prächtige klassizistische Eckportal.

**🏛 Morris Museum of Art**
One 10th St. (Riverwalk)
Augusta, GA 30901
✆ (706) 724-7501
www.themorris.org
Di–Sa 10–17, So 12–17 Uhr
Eintritt $ 5/3
Sammlung regionaler Kunst vom 18. Jh. bis heute. Porträts und Stillleben aus der Zeit vor dem Bürgerkrieg. Auch Werke von Robert Rauschenberg und Jasper Johns, der aus Augusta stammt. Forschungsbibliothek. Der Museumsshop hält eine reizvolle Auswahl an Reproduktionen, Büchern und Postkarten bereit.

**🏛 ◉ Augusta Canal National Heritage Area**
1450 Greene St. (Enterprise Mill)
Augusta, GA 30903
✆ (706) 823-0440, 1-888-659-8926
www.augustacanal.com
Mo–Sa 10–18, So 13–18 Uhr
Eintritt $ 6
Spannende Ausstellung zum Thema Baumwollhandel und -verarbeitung und der historischen Rolle des Kanals in der ehemaligen Textilfabrik; Bootsfahrten auf dem Kanal.

**✕ ▾ La Maison on Telfair**
404 Telfair St.
Augusta, GA 30901

℡ (706) 722-4805
www.lamaisontelfair.com
So geschl.
Elegante viktorianische Villa (1855) mit südstaatlichem Charme: Melange aus französischer und regionaler Küche auf hohem Niveau. Gut bestückte Weinbar. Nur Dinner. $$$

☒ **Bistro 491**
491 Highland Ave.
Augusta, GA 30909
℡ (706) 738-6491
www.bistro491.com
So geschl.
Eklektische Küche, internationale Gerichte, reiche Weinkarte, viele offene Weine. Nur Dinner. $$–$$$

☒ **P.I. Bar and Grill**
2110 Walton Way (im Partridge Inn)
Augusta, GA 30904
℡ (706) 312-7777
Schick inszeniertes Lokal mit moderner Südstaatenküche. Tipp: *Best of August Sunday Brunch.* $$

☒ ☕ **The Boll Weevil Cafe & Sweetery**
10 Ninth St., Augusta, GA 30901
℡ (706) 722-7772
Diverse Kleinigkeiten (Suppen, Sala-

*Crême brulée vom Feinsten: Chef Heinz Sowinski serviert sie in seinem Maison on Telfair in Augusta*

te, Sandwiches, Pizza), spezialisiert auf Desserts. Lunch und Dinner. Bar. $

☒ ☕ **French Market Grille**
425 Highland Ave.
Augusta, GA 30909
℡ (706) 737-4865
So geschl.
www.frenchmarketgrilleaugusta.com
Munter und meist rappelvoll: scharfe Sachen aus südstaatlichen Kochtöpfen (z.B. *creole gumbo*). Cocktailbar. Lunch ($) und Dinner. $–$$

# ❸ Eatonton

Umgeben von Milchfarmen, von deren Produkten viele der knapp 6800 Einwohner von Eatonton leben, zieht die Kleinstadt Besucher vor allem aus drei Gründen an: aufgrund der Hasenplastik auf dem Rasen des stattlichen **Courthouse Square** – eine Hommage an Joel Chandler Harris. Der Autor der in den USA populären Uncle-Remus-Geschichten kam hier 1848 zur Welt.

In Eatonton ist auch Alice Walker geboren (1944) und aufgewachsen, die für ihren von Steven Spielberg verfilmten Roman »Die Farbe Lila« nicht nur den Pulitzer-Preis erhielt, sondern auch Weltruhm erlangte. Die Stadt veranstaltet eine Alice Walker Walking Tour, bei der man Wards Chapel und auf dem dazugehörenden Friedhof das Grab von Alice Walkers Eltern, deren achtes und letztes Kind sie war, besucht.

Und ganz in der Nähe gibt es auf zwei der höchsten Punkte des Putnam County den Creek-Indianern zugeschriebene, aus Tausenden Quarzsteinen auf dem Boden gebildete Monumente in Form von Vögeln, die sogenannten **Rock Eagle & Rock Hawk Effigies** – Land-Art aus prähistorischer Zeit. Sie sollen die einzigen ihrer Art östlich des Mississippi sein.

Ansonsten kann man ein paar hübsche Antebellum-Residenzen bewundern, die Sherman verschonte, während er alle kommerziellen Gebäude der Stadt niederbrennen ließ.

**Service & Tipps:**

ℹ️ **Eatonton & Putnam Chamber of Commerce**
305 N. Madison Ave.
Eatonton, GA 31024
✆ (706) 485-7701, www.eatonton.com

🏛 **Uncle Remus Museum**
214 S. Oak St. (Route 441 S., Turner Park), Eatonton, GA 31024
✆ (706) 485-6856
www.uncleremus.com
Mo–Sa 10–16, So 13–16 Uhr
Zwischen Nov. und März Di geschl.
Eintritt $ 4/2
Kleine, von Sklaven erbaute Block-hütte mit Objekten aus den Uncle-Remus-Geschichten von Joel Chand-ler Harris.

✕ 🍸 **Hannah's**
Eatonton, GA 31024
✆ (706) 485-7212
Südstaatenküche mit Karibikflair in der historischen Innenstadt:
*Shrimps'n Grits, Shrimp Po'Boys, Crab Cakes,* etc. und natürlich Steaks und Burger. Mit Bar. $$–$$$

*Ausflugsziel:*

📷 **Rock Eagle & Rock Hawk Effigies**
350 Rock Eagle Rd. (US 441), 7 Meilen nördl. von Eatonton, GA 31024
✆ (706) 484-2831, www.eatonton.com
Aus Quarzsteinen und vermutlich von den Creek-Indianern geformte Vogelfiguren – Land-Art, angeblich über 2000 Jahre alt. Am Historical Piedmont Scenic Byway.

## ❹ Louisville

Noch bevor es hier überhaupt Einwohner gab, waren in **Louisville** bereits das Kapitol und der Sitz des Gouverneurs gebaut, denn zwischen 1795 und 1805 war dies die Hauptstadt von Georgia. Eilfertig sollten damit Siedler entlang der Küste ins Hinterland angelockt werden, hinein in den Baumwollgürtel. Einige kamen auch, die Anzahl hielt sich jedoch in Grenzen. Daran hat sich bis heu-te nicht viel verändert, und die Stadt (2700 Einwohner) wirkt, als läge sie im Tiefschlaf.

*Ohrenschmaus und Kirschblütenfest bringt Spaß für alle*

**Service & Tipps:**

ℹ **Jefferson County Chamber of Commerce**
302 E. Broad St.

Louisville, GA 30434
✆ (478) 625-8134, 1-866-527-2642
Fax (478) 625-9060
www.jefferson county.org/Louisville.
htm

*Antebellum-Villa in Macon: Hay House*

# ❺ Macon

275 000 blühende Kirschbäume in der Stadt! Wenn das kein Grund für ein **Cherry-Blossom-Festival** ist! Jedes Jahr heißt es deshalb Ende März: *Macon goes pink* – egal, ob Jacketts, Hosen, Blusen, Hemden oder Hüte, ja sogar das Eis, das auf den Straßen geschleckt wird – alles ist rosa. Groß und Klein sind auf den Beinen oder breiten ihre Decken auf dem Rasen zum Picknick aus. Der swingende Gospelchor heizt die Stimmung auf.

Macon, am Endpunkt des Antebellum Trails, präsentiert sich den Rest des Jahres über als eine aufgeräumte Stadt, ethnisch divers und mit einem großen musikalischen Erbe versehen. Sie wurde 1823 als Fort am Ufer des Ocmulgee River gegründet und ist heute mit 91 350 Einwohnern siebtgrößte Stadt in Georgia, die im Wesentlichen von diversen Herstellungsbetrieben und vom Tourismus lebt.

Das Stadtbild setzt sich aus einigen historischen Straßenblocks (Mulberry und Cherry Sts.) und drei Dutzend Antebellum-Villen zusammen, darunter die wohl schönste im ganzen Staat, das **Hay House**. Zu Sehenswürdigkeiten gehören das **Tubman African American Museum** (Geschichte der Schwarzen), das **Douglass Theatre** (1921 als Theater für Farbige gebaut) sowie das außerhalb gelegene **Ocmulgee National Monument**, ein Friedhof der Creek-Indianer. Deren Geschichte endete, als sie 1821 ihr Land an die Regierung abtraten und alsbald vertrieben wurden.

*Das Grand Opera House in Downtown Macon (Georgia)*

**Service & Tipps:**

**ℹ Macon-Bibb County Convention and Visitors Bureau**
450 Martin Luther King Jr. Blvd.
Macon, GA 31201
℡ (478) 743-1074, 1-800-768-3401
www.maconga.org
Mo–Sa 9–17.30 Uhr
Visitor Center in Downtown.

**◉ Hay House**
934 Georgia Ave.
Macon, GA 31201
℡ (478) 742-8155
www.georgiatrust.org/historic_sites/
hayhouse
Mo–Sa 10–16, So 13–16 Uhr
Eintritt $ 9/0–5
Prächtige klassizistische Villa im Stil
des sogenannten *Italian Renaissance
Revival* (1855–60). Die Möblierung
der 24 Zimmer stammt aus dem
Anfang des 20. Jh.

**🏛 Tubman African American Museum**
340 Walnut St., Macon, GA 31201
℡ (478) 743-8544
www.tubmanmuseum.com

Di–Fr 9–17, Sa 11–17 Uhr
Eintritt $ 6/4
Museum zur Kunst- und Kulturge-
schichte der Afroamerikaner.

**◉ Douglass Theatre**
355 Martin Luther King Jr. Blvd.
Macon, GA 31201
℡ (478) 742-2000
www.douglasstheatre.org
Mo–Fr 9–17 Uhr
Charles Douglass, Georgias erster
afroamerikanischer Millionär, eröffnete dieses Vaudeville-Theater 1921.

**◉ 🏕 Ocmulgee National Monument**
1207 Emery Hwy.
Macon, GA 31217
℡ (478) 752-8257
www.nps.gov/ocmu
Tägl. 9–17 Uhr
Eintritt frei
Überreste einer 12 000-jährigen Indi-
anerkultur: Erdhütte, Kunstgegen-
stände und Grabhügel *(burial
mounds)* verstreut über ein parkähn-
liches archäologisches Gelände. Visitor Center, Picknick, Wandern,
Angeln.

### Natalia's

2720 Riverside Dr.
Macon, GA 31210
☎ (478) 741-1380
www.natalias.net
Italienisch geprägt: v.a. Fisch, Lamm, Rippchen und Pasta. Ergiebige Weinkarte. Cocktail Lounge. Nur Dinner. So/Mo geschl. $$$

### Tic Toc Room

408 Martin Luther King Jr. Blvd. Macon, GA 31201
☎ (478) 744-0123
www.hotplatesrestaurantgroup.com
So/Mo geschl.
Historisches Gebäude, wo früher berühmte Musiker auftraten: heute raffinierte Südstaatenküche, viele Weine und Martinis. Nur Dinner. $$

### Market City Café

502 Cherry St.
Macon, GA 31201
☎ (478) 788-3000
Frühstück und Lunch. Brote, Croissants, Kuchen und Gebäck werden in der Bäckerei täglich frisch hergestellt. Suppen, Salate, Sandwiches und andere Lunchgerichte, auch zum Mitnehmen. $

### Nu-Way Weiners

430 Cotton Ave.
Macon, GA 31201
☎ (478) 743-1368
www.nu-wayweiners.com
So geschl.
6 Filialen in Macon: Hot Dogs, von denen alle sprechen. Die Karriere des Unternehmens kam durch den Schreibfehler im Firmennamen in Gang. $

### The Hummingbird Stage & Taproom

430 Cherry St., Macon, GA 31201
☎ (478) 741-9374
Di–Sa ab 16 Uhr
Beliebter Musikclub.

### Whiskey River

4570 PioNono Ave.
Macon, GA 31201
☎ (478) 788-3000
Live Countrymusic-Bands von Mi–Sa.

# ❻ Madison

Das hübsche **Madison** darf sich ohne Frage zu den besterhaltenen Kleinstädten (4300 Einwohner) des amerikanischen Südens zählen. Obwohl im Bürgerkrieg auf der Route der Zerstörung gelegen, verschonte General Sherman die Stadt dank ihrer friedlichen Kapitulation. Nur ein paar kommerzielle Gebäude gingen in Flammen auf. Die alte Bausubstanz, der moosdrapierte Baumbestand und die gepflegten Gärten tun daher heute so, als sei die Zeit stehen geblieben.

Sehenswert: unter anderen das Hunter House von 1883, die üppige **Heritage Hall**, im klassizistischen Greek-Revival-Stil aus dem gleichen Baujahr (die Historische Gesellschaft arbeitet hier), oder das **Rogers House and the Rose Cottage**, ebenfalls aus dem 19. Jahrhundert. Wie vielerorts im Süden, öffnen die meisten von ihnen ihre Türen für die Öffentlichkeit (Mai und Dezember). Wer sich Stücke der Vergangenheit lieber gleich kaufen möchte, der liegt am **Town Square** richtig, denn hier konzentriert sich der Handel mit antiken bzw. dekorativen Sammlerstücken.

**Service & Tipps:**

**ℹ️ Madison-Morgan Chamber of Commerce**
115 E. Jefferson St.
Madison, GA 30650

**◉ Heritage Hall**
277 S. Main St.
Madison, GA 30650
✆ (760) 342-9627
Mo–Sa 10–16, So 13.30–16.30 Uhr,
Führungen $ 5/2

*Mitten in Madison: das Morgan County Court House*

✆ (706) 342-4454, 1-800-709-7406
www.madisonga.org, Mo–Fr 8–17 Uhr
Infozentrum im ehemaligen Gebäude
der Feuerwehr.

**🏛 Madison-Morgan Cultural Center**
434 S. Main St., Madison, GA 30650
✆ (706) 342-4743
www.mmcc-arts.org, Di–Sa 10–17, So
14–17 Uhr, Mo geschl., Eintritt $ 3/2
Dieses vorzügliche regionalgeschicht-
liche Kunstmuseum ist in einem alten
Schulgebäude von 1895 untergebracht, eine der ersten Grundschulen
des Südens, die aus soliden Ziegelsteinen errichtet wurde.

**🏛 Morgan County African American Museum**
156 Academy St. (im Horace Moore
House), Madison, GA 30650
✆ (706) 342-9191
www.mcaam.org
Di–Sa 10–16 Uhr, Eintritt $ 5/3
Ausstellungen zur Geschichte, Kultur
und Kunst der Afroamerikaner im
Süden.

Elegante Villa, 1811 im Greek-Revi-
val- Stil erbaut. Nebenan die ansehnliche First United Methodist Church.

**🏛 Steffen Thomas Museum of Art**
4200 Bethany Rd., 8 km südöstl. von
Downtown Madison
Buckhead, GA 30625
✆ (706) 342-7557
www.steffenthomas.org
Di–Sa 11–16 Uhr, Eintritt $ 5/3
Echter Geheimtipp: Hinter einem
schlichten Äußeren beherbergt das
Museum eine Auswahl an farbenfrohen, expressionistischen Gemälden
und vielgestaltigen Skulpturen aus
den sieben schaffensreichen Jahr-
zehnten des in Fürth, Deutschland,
geborenen, 1928 in die USA ausge-
wanderten Künstlers (1906–90). Von
Lisa Conner, der Tochter des Malers,
betrieben. In Buckhead, auf dem flachen Land gelegen.

**✕ Madison Chophouse Grille**
202 S. Main St. (Historic Town Sq.)
Madison, GA 30650
✆ (706) 342-9009

Muntere Bistro-Atmosphäre: typische amerikanische Kost und reichlich. Bier und Wein, Espresso und Cappuccino. Lunch und Dinner. $–$$

☒ **Ye Olde Colonial Restaurant**
108 E. Washington St. (Historic Town Sq.)
Madison, GA 30650
☏ (706) 342-2211, So geschl.
Einfache Cafeteria in altem Bankgebäude. Frühstück, Lunch und Dinner. $

☒ ☑ **Perk Avenue Café & Coffeehouse**
111 W. Jefferson St.

Madison, GA 30650
☏ (706) 342-2562, www.perkave.com
Gemütliches Restaurant an einer der lebhaftesten Kreuzungen in Downtown. Köstliche Sandwiches und andere Gaumenfreuden des Südens. Wochentags Frühstück und Lunch, Fr/ Sa auch Dinner. $–$$

☒ **Madison Drug Co.**
213 N. Main St.
Madison, GA 30650
☏ (706) 342-1722
Populäre Drogerie für den kleinen Hunger: Softdrinks und Sandwiches, Burger und so weiter. $

# ❼ Milledgeville

Die 1889 gegründete Georgia College & State University beherrscht heute weitgehend das Stadtbild der gepflegten Kleinstadt, vor allem aber sind es die Studenten selbst, die Leben in die überwiegend historische Stadtkulisse bringen. Denn aus einigen Blickwinkeln sieht das heutige Milledgeville (mit knapp 19 000 Einwohnern) noch so aus wie zu seiner Gründerzeit von 1803, als es einmal die Hauptstadt von Georgia war (1803-63).

Neugotische und viktorianische Bauformen beherrschen das **Old State Capitol Building**, das **Baldwin County Courthouse** und eine ganze Reihe von Antebellum-Villen. Die historische Altstadt wird begrenzt von den Stra-

*Old Baldwin County Court:
das alte Gerichtsgebäude
auf dem Gelände der Universität von Milledgeville*

ßen Thomas, Franklin, Tattnall und Elbert Street. Eine **Trolley-Tour** schafft den Überblick über die »First Lady of Georgia«, wie sich Milledgeville gern sieht; außerdem sind die Kommentare der Reiseleiter mitunter äußerst unterhaltsam.

## Service & Tipps:

**ℹ Milledgeville-Baldwin County Convention & Visitors Bureau**
200 W. Hancock St.
Milledgeville, GA 31059
✆ (478) 452-4687, 1-800-653-1804
www.visitmilladgeville.org
Mo–Fr 8.30–17, Sa 10–16 Uhr

**🚌 ◉ Milledgeville Trolley Tours**
✆ 1-800-653-1804
Mo–Fr 10, Sa 14 Uhr
Die roten Busse starten am Convention & Visitors Bureau. Dauer 2 Std. Fahrpreis $ 10/5.

**◉ 🏛 Old State Capitol Building**
201 E. Green St.
Milledgeville, GA 31061
✆ (478) 453-1803
www.oldcapitolmuseum.org
Mo–Fr 10–16, Sa 12–16 Uhr
Eintritt $ 5.50/2.25
Bau von 1807, 1807–68 Regierungssitz. Heute Sitz eines Militär-Colleges.

Im Erdgeschoss ist das **Georgia's Antebellum Capitol Museum** untergebracht (✆ 478-453-1803, www.gacmuseum.com).

**◉ Old Governor's Mansion**
120 S. Clarke St.
Milledgeville, GA 31061
✆ (478) 445-4545
www.gcsu.edu/mansion
Di–Sa 10–16, So 14–16 Uhr, Führungen, Mo geschl., Eintritt $ 10
Klassischer Greek-Revival-Bau von 1838 – hier hat auch General Sherman übernachtet.

**◉ Andalusia – Flannery O'Connor's Farm**
2628 Columbia St./Hwy. 441
Milledgeville, GA 31059
✆ (478) 454-4029
www.andalusiafarm.org
Mo/Di und Do–Sa 10–16 Uhr
Eintritt frei, Spenden erwünscht
Von 1951 bis 1964 Farm und Wohnsitz der Schriftstellerin Flannery

*»Schöner Wohnen« in Milledgeville*

O'Connor (1925–64; »Wise Blood«, 1949, und »The Violent Bear It Away«, 1955).

**☒ Aubri Lane's**
114 S. Wayne St.
Milledgeville, GA 31061
☎ (478) 454-4181
www.aubrilanes.com
Menüvorschlag: *Shrimps'n Grits* und zum Dessert *Bananas Foster Bread Pudding with Ice Cream.* Lunch und

Dinner in ehemaligem Bankgebäude in Historic Downtown. $$–$$$

**☒ The Brick**
136 W. Hancock St.
Milledgeville, GA 31061
☎ (478) 452-0089, www.thebrick.info
Peppige Burger, Pizza und Salate mit Südstaatenflair zu Lunch und Dinner. Die gemütliche Atmosphäre vermitteln die Originalziegelsteinwände des Gebäudes in Historic Downtown. $$

# ❽ Washington

Washington besitzt einen ansprechenden Stadtkern. Besonders sehenswert: das **Haus von Robert Toombs**, eines Schatzmeisters der Konföderierten, der angeblich mit der Kriegskasse durchbrannte. Sie soll immer noch in der Nähe des Hauses versteckt sein. Ein Besucher fragt die alte Dame, die in der Villa Dienst tut: »Wo ist das Gold?« – »Wenn ich das wüsste, würde ich hier nicht samstags arbeiten.«

### Service & Tipps:

**ℹ Washington-Wilkes Chamber of Commerce**
29 West Sq.
Washington, GA 30673
☎ (706) 678-5111
www.washingtonwilkes.org

**◉ Robert Toombs House State Historic Site**
216 E. Robert Toombs Ave.
Washington, GA 30673

☎ (706) 678-2226
Di–Sa 9–17 Uhr
Eintritt $ 3/1.75
Sehenswerte Villa eines ehemaligen Südstaatenpolitikers von 1797.

**☒ Washington Jockey Club**
5 E. Public Sq.
Washington, GA 30673
☎ (706) 678-1672
Bestes Restaurant der Stadt, regionale Küche, auch für Vegetarier. Lunch ($), Di–Sa Dinner. $–$$

# ❾ Watkinsville

Die ruhige Kleinstadt zwischen Athens und Madison bietet ein paar schöne alte Gebäude (u.a. **Eagle Tavern** und **Ashford Manor**) und eine Künstlergemeinde aus Glasbläsern, Keramikern und Metallbildnern.

### Service & Tipps:

**ℹ 🏛 Oconee County Visitors Information Center**
21 N. Main St. (Route 441)
Watkinsville, GA 30677
☎ (706) 769-5197
www.visitoconee.com
Mo–Sa 10–16 Uhr
Untergebracht im Eagle Tavern Museum, einer der ältesten Postkutschenstationen und Tavernen des Lan-

des. Zu besichtigen sind einige historische Einrichtungsgegenstände.

**☒ Piccolo's Italian Steak House**
2061 Hog Mountain Rd.
Watkinville, GA 30677
☎ (706) 705-1501
www.piccolositaliansteakhouse.com
Italienische Küche: handgemachte Pasta und saftige Steaks vom Holzkohlengrill, Hähnchen, Shrimps etc. Lunch und Dinner. $$–$$$

*Duft statt Moder*
*Wer in einem der historischen Bed & Breakfast-Häuser übernachtet, kommt mit einer weiteren Eigenart des Landes in Berührung – mit dem Geruch von Zimt und Nelken, einem süßlichen Duft-Potpourri (gesprochen: POPeri), das, durch die Feuchtigkeit des Holzes entfesselt, dessen feuchtmodrigen Geruch wiederum überdecken soll.*

# Southern Georgia
## Savannah, Inseln und Hinterland

*Marshes of Glynn: Marsch-
landschaft zwischen
Brunswick und den Golden
Isles, Georgia*

Der Süden von Georgia lockt mit vier attraktiven touristischen Zielen: mit einer erholsamen Atlantikküste, mit der lange notorisch unterschätzten Hafenstadt Savannah, mit einem faszinierenden Sumpf und mit ein paar wenig bekannten, hübschen Kleinstädten – Valdosta und Thomasville zum Beispiel.

Die weitgehend naturbelassene Küste zählt zweifellos zu den Überraschungen auf einer Südstaatenreise. Das liegt vermutlich daran, dass Strandhafer und Priele, Brandung und Dünen nicht ins geläufige Bild des Südens passen. Gleichwohl, die internationalen Turnierplätze und gepflegten Ferienhotels (Sea Island, Saint Simons Island), die malerischen Salzmarschen (Marshes of Glynn), die nostalgischen Kurhotels und menschenleeren Strände im Windschatten des Tourismus (Jekyll Island) und die insularen Naturparadiese für Vögel und Vogelfreunde (Cumberland Island) – kurz, die Strand- und Inselkette zwischen Savannah und der Grenze Floridas, die *Barrier Islands,* gehört neben den »Outer Banks« von North Carolina zu den reizvollsten an der gesamten US-Ostküste.

Savannah verliert im Schönheitswettbewerb mit Charleston meist nach Punkten, weil es nicht so leicht konsumierbar ist. Doch wer sich auf die duftenden Magnolien und den Charme des stellenweise abblätternden Putzes, auf die schattigen Plätze und stillen Friedhöfe näher einlässt, der wird seine Freude an dieser ungewöhnlichen Stadt haben, die wie kaum eine andere südliche Sinnlichkeit ausstrahlt.

Die Plätze sind dabei das Schönste in Savannah – und das, was dort so los ist: Hochzeiten, Kindtaufen, Schulabschlussfeiern, Picknicks. Zur Ferienzeit bekommen die Schulkinder im Forsyth Park ein *free lunch,* und abends spielt eine Band aus schwarzen Musikern Jazz unter freiem Himmel.

Sümpfe galten gemeinhin als schmutziges, stinkendes und gefährliches Terrain. Der Okefenokee Swamp, der mit Abstand größte Sumpf im Süden, lehrt den Besucher das Gegenteil. In seinen grünen Gefilden verbirgt sich hier eine amphibische Welt für sich, denn Wasser und Land dieser »bebenden Erde« – was *Okefenokee* in der indianischen Sprache bedeutet – sind auf das Innigste liiert.

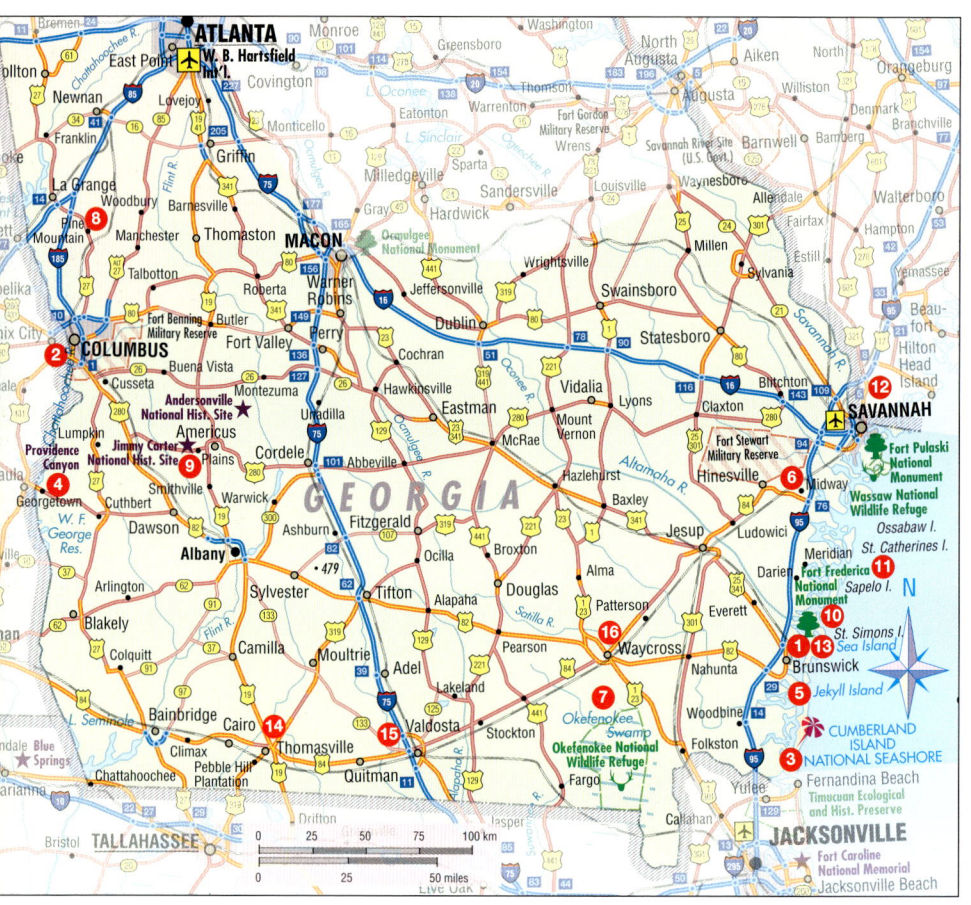

# ❶ Brunswick

Am besten fährt man in Brunswick erst mal zum **Shrimp Dock** beim Mary Ross Waterfront Park am Ende von Gloucester Street, wo jene Kutterflotte vor Anker liegt, die Brunswick, dem Regierungssitz von Glynn County, den Titel »Shrimp Capital of the World« eingebracht hat.

Brunswick kommt von Braunschweig, dem ursprünglichen Sitz des hannoveranischen Adelsgeschlechts von England, dem König George II. entstammte und dem ja ganz Georgia seinen Namen verdankt. Brunswick blieb dieser Tradition seit seiner Gründung 1771 offenbar besonders treu, denn im Gegensatz zu allen anderen Städten wechselte man hier nach der amerikanischen Revolution die Straßennamen nicht. Nach wie vor lesen sie sich in Brunswick wie ein Who's Who anglo-feudaler Herkunft.

Die Ortswahl kam nicht von ungefähr. Die Spanier betrachteten zu jener Zeit alles Land südlich des Altamaha River als ihr Eigentum, ein Anspruch, der England missfiel und der letztlich in der Schlacht der »Bloody Marsh« zurückgewiesen wurde. Im Friedensvertrag von 1763 trat Spanien die Gebiete des südlichen Georgia an England ab. Daraufhin verfielen die militärischen Stützpunkte auf den Inseln, allen voran das 1736 auf St. Simons Island gegründete

**Fort Frederica**. Die Kolonisten suchten sich anschließend einen neuen Hafen auf dem Festland.

Eine Fahrt durch Brunswick bringt von seiner vergleichsweise langen Geschichte kaum etwas mehr zum Vorschein, wohl aber einige sehenswerte Viktorianer, besonders im sogenannten Southend an Union Street.

*Krabbenflotte in Brunswick*

### Service & Tipps:

**ℹ Brunswick-Golden Isles Convention & Visitors Bureau**
4 Glynn Ave.
Brunswick, GA 31520
✆ (912) 265-0620, 1-800-933-2627
www.goldenisles.com
Mo–Fr 8.30–17 Uhr
Visitor Centers an der Brückenauffahrt zu St. Simons Island und am Jekyll Island Causeway: Informationen über Brunswick, St. Simons, Little St. Simons, Sea und Jekyll Island.

**◉ Ritz Theatre**
1530 Newcastle St.
Brunswick, GA 31520
✆ (912) 262-6934
www.goldenislesarts.org/ritzpage/html
Altes Kino von 1898 und rundum wiederhergestellt für wechselnde Produktionen.

**✕ Spanky's Marshside**
1200 Glynn Ave.
Brunswick, GA 31520
✆ (912) 267-6100
Viel Frisches aus dem Meer bietet das Lokal am Hwy. 17, dazu einen weiten Ausblick auf die Salzmarschen. Anbei der Shrimpskutter »Lady Jane«. Lunch und Dinner. $$

**⛵ »Lady Jane« Shrimp Boat**
1200 Glynn Ave.
Brunswick, GA 31520
✆ (912) 267-5711
www.shrimpcruise.com
Mehrmals tägl., Tickets $ 40
Auf zum Fischfang in den Salzmarschen mit der »Lady Jane«, einem pensionierten Shrimpskutter. Für alle an Bord gibt es frisch gefangene und frisch gekochte Shrimps. Dock hinter »Spanky's Marshside«.

**⛵ ✕ »The Emerald Princess II« Casino Cruise Ship**
1 Gisco Point Dr.
Brunswick, GA 31520
✆ (912) 265-3558, 1-800-842-0115
www.emeraldprincesscasino.com
Tickets $ 10
Fünfstündige Kasinokreuzfahrten auf dem Atlantik. Startpunkt am Südende der Sidney Lanier Bridge.

### Ausflugsziel:

**Hofwyl-Broadfield Plantation**
Reizvoll gelegenes Bau-Ensemble: das von moosbärtigen Eichen und Palmettos umstandene Herrenhaus (1850) und Sklavenquartiere. Die Nachfolger des Gründers ergänzten den Namen Broadfield durch Hofwyl in Anspielung auf eine Schweizer Schule, die sie besucht hatten.

Gleich am Anfang des 19. Jh. kaufte ein gewisser William Brailsford aus Charleston einen Batzen Land an dieser Stelle, nannte ihn Broadfield und ließ dort von Hunderten von afrikanischen Sklaven Reisfelder aus dem Zypressensumpf herausschneiden. Wie das aussah, ist beim Haus zu besichtigen. Bis zum Bürgerkrieg blühten die Felder, aber dann, wie sonst im Süden auch, machten Krieg, Hurrikane, Erosion und wachsende Konkurrenz aus Louisiana, Arkansas, dem Osten von Texas und das Fehlen billiger Arbeitskräfte der Reiswirtschaft langsam den Garaus.

Garage, Eishaus und Scheune sind jüngeren Datums und stammen aus den ersten Jahrzehnten des vorigen Jahrhunderts, als das Reisimperium bereits zusammengebrochen war und Hofwyl auf Milchwirtschaft umgestellt wurde.

### Service & Tipps:

**◉ Hofwyl-Broadfield Plantation**
5556 US 17 N. zwischen Darien und Brunswick
Brunswick, GA 31525
✆ (912) 264-7333
www.gastateparks.org/info/hofwyl
Do–Sa 9–17 Uhr
Eintritt $ 6/3.50

## ❷ Columbus

In der 1828 gegründeten Textilstadt (190 000) bildet die **Heritage Corner** ein sehenswertes Stadtviertel mit zahlreichen Südstaatenvillen.

*Service & Tipps:*

**ⓘ Columbus Convention &
Visitors Bureau**
900 Front Ave., Columbus, GA 31902
✆ (706) 322-1613, 1-800-999-1613
www.visitcolumbusga.com

**🏛 The Columbus Museum**
1251 Wynnton Rd.
Columbus, GA 31906
✆ (706) 748-2562
www.columbusmuseum.com
Di–Sa 10–17, Do 10–20, So 13–17 Uhr
Eintritt kostenlos
Kleines Museum mit eindrucksvoll präsentierter Geschichte des Chatta-hoochee-River-Tals seit den Creek-Indianern. Weiteres Ausstellungsthe-ma: lokale Kunst und Volkskunst der Region.

**✕ Country's Barbecue On Broad**
1329 Broadway

Columbus, GA 31901
✆ (706) 596-8910
www.countrysbarbecue.com
Im alten Busbahnhof dominieren regionale Landküche und BBQ-Gerich-te. $$

*Ausflugsziel:*
11 km westlich von Lumpkin via SR 39C.

**Providence Canyon**
Am besten parkt man am Parkein-gang, hart am Abgrund des bis zu 50 m tiefen Canyons mit seinen vielfarbigen Schluchten und scharf-kantigen Sandsteinsäulen. Im Besu-cherzentrum erfährt man einiges über die geologische Geschichte dieser seltenen Gesteinsformation, die sich in ein gutes Dutzend »Finger« auffächert.
    Der Wanderweg zum Grund ent-hüllt die geomorphologischen Prozes-

*Der »Little Grand Canyon«
von Georgia: Providence
Canyon*

se während vieler Millionen Jahre. Dabei ist der »Little Grand Canyon« von Georgia gerade mal um die 150 Jahre alt. Anders als beim großen Bruder in Arizona, der seine gigantischen Ausmaße dem Colorado River verdankt, war es hier im Osten der sorglose Ackerbau der ersten Siedler im vorigen Jahrhundert, der die bizarren Einschnitte verursachte.

Nach den Rodungen der Wälder und der übrigen Vegetation konnte das Regenwasser ungehindert ablaufen und Rinnen und Gullys bilden, die sich immer tiefer in den weichen Boden fraßen und die verschiedenen Erdschichten freilegten. Ihr Aussehen ändert sich auch heute noch ständig; schon nach einem schweren Regenguss kann die Canyontiefe deutlich wachsen und das Profil anders aussehen lassen.

Der unstete Wechsel von Erosion und Ablagerung lässt sich vor allem am Farbenspiel des Sedimentgesteins ablesen. Was weiter oben orangerot und eisenhaltig leuchtet, setzt die darunter liegende Formation mit weißen, rosa und schließlich braungrauen magnesiumhaltigen Tönen fort.

Wer mehr über dieses Naturschutzgebiet wissen will, der kann auf den diensthabenden Ranger zählen, der, wie es sich für seinen Berufsstand gehört, nicht nur viel weiß, sondern vorbehaltlos alles liebt, was *mother nature* hervorgebracht hat. Nur den Kudzu, auch wenn man aus seinen Ranken so nützliche Dinge wie Körbe flechten kann, hasst er wie die Pest. Der hält, so schimpft er, landesweit nicht nur Bäume, Scheunen und Telefonmaste millionenfach umschlungen, sondern der klettert sogar an den Wänden des Providence Canyon hoch und mindert so die ästhetische Wirkung der kahlen Formation, auf die alle hier gerade stolz sind.

*Service & Tipps:*

♣ ✈ **Providence Canyon State Outdoor Recreation Area**
8930 Canyon Rd.
Lumpkin, GA 31815
✆ (229) 838-6202, 1-800-847-4842
www.gastateparks.org/providence
canyon
Tägl. im Sommer 7–21, im Winter bis 18 Uhr, Parkgebühr $ 2

# ❸ Cumberland Island

Wer einmal Robinson Crusoe spielen möchte, dem bietet sich dazu auf einem Tagesausflug zu dieser südlichsten, größten und unberührtesten aller *Barrier Islands* von Georgia die Gelegenheit – ein Vogel- und Schildkrötenparadies aus Dünen, Süßwasserseen, fruchtbaren Marschen und wildreichen Wäldern (z.B. Hirsche, Rehe, Wildschweine). Natur ist hier Trumpf, seit die Depression das Ende der Ära der Großindustriellen einläutete und in den 1960er Jahren die Carnegie-Erben die Insel dem National Park Service unterstellten.

Das bedeutete praktisch *off-limits* für jede kommerzielle Erschließung und Autos, Dienstfahrzeuge der Parkverwaltung ausgenommen. Dafür springen muntere Wildpferde herum, die noch vom Besuch der Spanier stammen. Entsprechend streng geht es bei der Anmeldung zu. Höchstens 300 Personen dürfen gleichzeitig auf dieser Schatzinsel der Erholsamkeit weilen.

In der Regel reicht der Halbtagsaufenthalt (mit Selbstverpflegung) auf der Insel zu einer geruhsamen Wanderung durch die Memos der Inselgeschichte, am Strand entlang und durch den maritimen Urwald. Erster Stopp: die malerisch verfallene **Carnegie-Ruine** (**Carnegie's Dungeness**; Lucie Carnegie starb 1966), die im erhaltenen Zustand prächtig dastand – als subtropisches Mekka für extravagante Parties mit Stars und Senatoren.

Die schöne Seeseite wirkt wie ein retuschiertes Foto eines amerikanischen Seebads, d.h. kein Bauwerk, kein Hotel. Stattdessen ein breiter Dünengürtel,

*Oldtimer auf Cumberland Island*

*Kurgast auf Cumberland Island*

Krabbenkutter auf See, Egrets, Falter, Sanderlinge. Ja, und dann die wilden maritimen Wälder, ein verschlungenes Gewächs aus moosbehangenen Eichen und Magnolien, umgeknickten Bäumen, Luftwurzeln und *resurrection fern* – der »Wiederauferstehungsfarn«, der an den Stämmen festgemacht hat.

Aber, aufpassen! Wer sich von Mutter Natur fesseln lässt, kann leicht in Schwierigkeiten geraten, denn wer beim Tuten nicht an Bord des Schiffes ist, dessen Status wechselt in Sekunden zum wirklichen Robinson.

### Service & Tipps:

⊙ ⚕ 🏠 💼 **Cumberland Island National Seashore**
101 Wheeler St.
Saint Marys, GA 31558
✆ (912) 882-4336
www.nps.gov/cuis
www.stmaryswelcome.com/cumber land.cfm
Visitor Center tägl. 8–16.30 Uhr
Größte und südlichste der Golden Isles. Schöner, schattiger Campingplatz unter Eichen (vorher reservieren!) und abgelegenere einfache Plätze für das eigene Zelt.

**Anfahrt:** Von Brunswick I-95, S 40 nach Saint Marys (ca. 1 Std.), wo morgens die Fähre »Cumberland Queen« ablegt, 3/4 Std. Überfahrt. Telefonische Voranmeldung und Abfahrtszeiten: ✆ (912) 882-4335, 1-877-860-6787.
Tägl. März–Nov.: Abfahrt der Fähren von Saint Marys um 9 und 11.45, Rückkehr 10.15 und 16.45 Uhr; nicht mehr als 300 Personen täglich. Abfahrt während des übrigen Jahres: Do–Mo 9 und 11.45 Uhr. Fähr- und Dockgebühren ca. $ 20/14.
Möglich auch, dass man einen Skipper findet, der privat übersetzt.

## ❹ Georgetown

Georgetown tritt eher bescheiden auf: ein netter kleiner Ort mit hübscher Methodistenkirche. Sein historisches Kleinod, das **Old Quitman County Jail**, ein typisches Landgefängnis aus dem Jahre 1891, versteckt sich hinter dem Gerichtsgebäude.

# ❺ Jekyll Island

Jekyll Island mischt Nordsee und Südsee, Herbes und Üppiges aufs Ange-
nehmste. Am Wasser lädt der weite Sandstrand zum Laufen, Schwimmen,
Windsegeln oder Sammeln von Sanddollar. Gewöhnlich genießen das nur ein
paar Einzelgänger. Statt Poolradau, Transistorengeplärre von *All you can eat*-
Ausflüglern tummeln sich Delfine vor der Küste, flitzen Strandkrebse in Richtung Dünen, zeigen Pelikane ihre Flugkünste und steigen Drachen auf. Und
zwischen Mitte Juni und Mitte August kommen am Südende der rund zwölf
Kilometer langen Insel sogar die riesigen Meeresschildkröten an Land, um im
Vollmondlicht ihre Eier in den Dünen zu vergraben. Jeder Strandhaferhalm
steht hier unter Naturschutz. Die Vogelkolonie erst recht.

Über hölzerne Stege, die meist von den wenigen Hotels an der Seeseite aus
die Dünen überqueren, gelangt man an den Strand. Die geduckten Bäume tragen Sturmfrisuren: Wind und Salz-Spray haben die Kronen so schräg und glatt
gebürstet, als hätte Grace Jones Pate gestanden. Auf, unter und in ihnen krächzen und zwitschern die *black birds*, die grauen und gierigen *starlings*, die hübschen *blue jays* (Blauhäher) und die feuerroten *cardinals*.

Hier draußen gehen die Brandungsfischer gern ans Werk, um sich per
Angel oder kleinem Schleppnetz ein paar Früchte des Meeres an Land zu ziehen. Beliebt sind Shrimps und *sea trout,* die gesprenkelte Meeresforelle. In
bedächtigem Abstand wartet ein Reiher auf seinen kostenlosen Lunch, denn
die wählerischen Angler werfen den größten Teil ihres Fangs ins Wasser

*Wo früher die Millionäre
tafelten: der Jekyll Island
Club auf der gleichnami-
gen Insel*

*Damen beim Krocket*

zurück: blaue Taschenkrebse *(blue crabs)* – die Weibchen tragen auf der Unterseite gepanzerte Eiertaschen, deren Inhalt sie im Meer ablegen; *squid*, Mini-Tintenfische mit großen perlmuttfarbenen Augen, die sich mit einem regelrechten Raketenantriebssystem wie kleine *bubble jets* im Wasser bewegen und bei Gefahr schwarzblaue Tinte ausstoßen, um den Angreifer zu ärgern. Ab und zu schnappen auch mal Baby-Haie nach dem Köder, um die 50 Zentimeter lang sind sie schon. Meist macht ein großes Messer auf der Stelle zwei Filets aus ihnen: keine Gräten, reiner Muskel, leerer Magen, das heißt, der Hunger treibt die Tiere so nah an die Küste. Keine Angst, die größeren bleiben weit draußen.

Meilenweite Radwege kreuzen durch abwechslungsreiches Gelände: schilfige Feuchtgebiete, tadellose Golfplätze und ruppiges Urwaldgehölz, in dessen Süßwassertümpeln auch schon mal ein Alligator lauert. Aber auch hier muss man sich keine Sorgen machen. Die lokalen Behörden beteuern, dass man die Burschen immer dann transloziere, wenn sie zu groß werden und die Radler zu sehr entsetzen.

Am Spätnachmittag zeigt sich das alte Dorf an der Wattseite von seiner besten Seite. Dann wird es allmählich Zeit, den Sonnenuntergang auszukosten. Vom Anleger aus oder besser noch (mit oder ohne Margarita) in den Schaukelstühlen auf der Holzveranda des **Jekyll Island Club Hotel**. Die blauschwarzen *black birds* krächzen, das rasselnde Crescendo der Zikaden in den alten Bäumen schwillt an und ab, die niedlichen Moppel machen Freudensprünge, die Hasen mümmeln und über der friedlichen Erde treiben pastellfarbene Wolken, besonders im Nachsommer. Schrammte da nicht irgendwo ein Skateboard-Fahrer vorbei, könnte man sich glattweg in die gute alte Zeit zurückversetzt fühlen, als Jekyll Island das Winterparadies für eine handverlesene Sorte von Insulanern war: für Millionäre.

Das war gegen Ende des 19. Jahrhunderts, als die Insel ihren für diese Küstenregion typischen geschichtlichen Zyklus bereits hinter sich hatte: die Goldsucher aus Europa, die Guale-Indianer, die missionarischen Spanier, jede Menge Piraten, die Briten unter Oglethorpe (dessen Freund Sir Joseph Jekyll unterstützte ihn finanziell, zum Dank gab Oglethorpe der Insel seinen Namen), französische Siedler in der Plantagenzeit und deren jähes Ende nach dem Bürgerkrieg.

Dann geschah es. Im Jahre 1886 kaufte ein Konsortium steinreicher Industrieller die Insel, um dort einen Club einzurichten, der als Winterkurort und

*Jekyll Island, Georgia*

*Strandpartie auf Jekyll am Anfang des 20. Jahrhunderts*

Jagdrevier Abwechslung vom Alltag im kalten Norden bieten sollte. Wie exklusiv dieser Club war, verraten Namen wie William Rockefeller, Joseph Pulitzer, Vincent Astor, William Vanderbilt und Frank Henry Goodyear. Damals, heißt es, hätte die Hand voll Mitglieder des **Jekyll Island Clubs** auf einem Sechstel des gesamten Weltvermögens gesessen. Aber man mochte das nicht unbedingt zeigen. Der Landschaftsarchitekt hatte Anweisung, elegant zwar, aber schlicht zu bauen, und auch die nach und nach um das Clubhaus (das gesellschaftliche Zentrum) gruppierten Villen, die sich bescheiden *cottages* nannten, mieden jeden Protz und Prunk.

Der Geldadel und seine illustre Gästeschar blieben gewöhnlich von Januar bis Anfang April, dann nämlich kamen die Mücken. Man reiste per Zug an (bis Brunswick) oder in luxuriösen Privatjachten. Gut aufgehoben in ihrem exquisiten Shangri-La mit eigener Kirche, Bibliothek und Hospital, umsorgt von einer Armee von Köchen, Zimmermädchen und anderem Dienstpersonal, frönte man anfangs meist der Jagd.

Wachteln, Fasane, Kaninchen, wilde Truthähne und Enten mussten ebenso dran glauben wie Waschbären *(raccoons)*, Wildschweine, Alligatoren und jenes (auch heute noch) clevere Marsch-Huhn *(marsh hen)*, das sein Nest mit einer Schlinge so an das Schilfrohr bindet, dass es bei Ebbe und Flut nicht wegschwimmt, sondern mitsteigt und – fällt.

Bald verdrängten Radfahren und Reiten die Jagd vom vordersten Rang der Freizeitvergnügen, und 1900 tuckerte das erste Automobil über Jekyll Island. Doch selbst als Tennis und Golf in Mode kamen, regierten nicht nur Spiel und Spaß den Millionärsclub, sondern stets auch Visionen und Pläne der Banker, Zeitungszaren und Eisenbahnmagnaten. So nahm die Bankreform, die letztlich zum Federal Reserve System führte, von Jekyll ebenso ihren Ausgang wie das erste öffentliche transkontinentale Telefongespräch, eine Konferenzschaltung zwischen der Insel, Washington, New York und San Francisco.

Die Depression stürzte den Club in die Finanzkrise und der Zweite Weltkrieg, als Versorgung und Personal knapp wurden, machte ihm endgültig den Garaus (1942). Die jungen Erben konnten ohnehin mit der Stille des Eilands und simplen Vergnügen wie Strandspaziergängen, Picknicks und Kutschenausflügen wenig anfangen. Sie bevorzugten spritzigere *hot spots* in Europa. Für eine Weile kursierte der Plan, aus dem altmodischen Baubestand eine Art Feriendorf zu entwickeln, im Stil des heutigen »Cloister« auf dem benachbarten Sea Island. Doch schließlich (1947) tat der Staat Georgia einen Glücksgriff, kaufte die Insel für ganze $ 675 000 und machte daraus jenen State Park, wie ihn heute jedermann genießen kann.

Seither bemüht sich die Jekyll Island Authority, natürliche Landschaft und historisches Erbe gleichermaßen zu pflegen; der Flächennutzungsplan sieht für die Zukunft nur bescheidene bauliche Erschließungen vor. Das alte Dorf rund um das ehemalige Clubgebäude steht komplett unter Denkmalschutz, was nicht ausschließt, dass zumindest zwei Villen heute als elegante Dependancen des Club-Hotels dienen: Cherokee und das hinreißende **Crane Cottage** mit seinem schönen formalen Garten.

Skulpturen und Kohl-Palmen (cabbage palmetto), Landhäuser und Gärten – jeder Rundgang weckt romantische Reminiszenzen an die Gründerzeit. Nachmittags erfreuen sich beim Resort Hotel mitunter ältere Damen mit rotbebänderten Strohhüten am Krocketspiel auf manikürtem Rasen, während die gesetzten Herren versuchen, ihren Mercedes unter den tief hängenden, moosbeladenen Ästen der Eichen im Schatten zu parken.

Wenn dann abends im altmodischen Grand Dining Room des Hotels beim Dinner dezent die Bestecke klappern, wird aus Spiekeroog ein kleines Baden-Baden. Und noch etwas scheint seit den Geldmogulen von einst unverändert: die milden Winter, die ruhigste und erholsamste Saison auf Jekyll Island.

### Service & Tipps:

**ℹ Jekyll Island Welcome Center**
901 Downing Musgrove Causeway
Jekyll Island, GA 31527
✆ (912) 635-3636, 1-877-4JEKYLL
www.jekyllisland.com

**🚶 Jekyll Island Bicycle Rental**
N. Beachview Dr., beim Minigolfplatz
✆ (912) 635-2648
Fahrradverleih. Pro Tag $ 14.

**🚶 Beach Trail Rides**
Visitors Center Stable Rd.
Jekyll Island, GA 31527
✆ (912) 635-9500, Mo–Sa
Ausritte an der Nordspitze der Insel durch Marschen und am Strand.

**◉ 🦋 🐢 Georgia Sea Turtle Center**
214 Stable Rd.
Jekyll Island, GA 31527
✆ (912) 635-4444
www.georgiaseaturtlecenter.org
März–Nov. Mo 10–14, Di–So 9–17 Uhr, sonst Mo geschl., Eintritt $ 7/5
Schildkrötenschutz- und Meeresforschungszentrum nahe dem Jekyll Island Club. Im Schildkrötenhospital werden kranke oder verletzt aufgefundene Meeresschildkröten gesund gepflegt und wieder auf das Leben in Freiheit vorbereitet.

**🏛 Jekyll Island Museum**
100 Stable Rd.
Jekyll Island, GA 31520
✆ (912) 635-4036
Tägl. 9–17 Uhr, Tickets $ 16/7
Im nahe gelegenen **History Orientation Center** (Stable Rd.) starten die Touren durch den historischen Distrikt mit Besichtigung der Villen.

**🚶 🐢 Summer Waves**
210 S. Riverside Dr.
Jekyll Island
GA 31527-0935
✆ (912) 635-2074, 1-877-453-5955
www.summerwaves.com
Im Sommer So–Fr 10–18, Sa 10–20 Uhr
Eintritt $ 20/16
Wasserspielplatz für die ganze Familie.

**✖ Grand Dining Room (Jekyll Island Club Hotel)**
371 Riverview Dr.
Jekyll Island, GA 31527
✆ (912) 635-2400
www.jekyllclub.com
Altmodisch-feiner Speisesaal im ehemaligen Clubhaus der Millionäre aus

*Grand Dining Room im Jekyll Island Club Hotel*

dem Jahr 1887 mit elegant-gediegenem Flair und einem Hauch von Baden-Baden. $$–$$$
**Courtyard At Crane** nebenan serviert Dinner unter der Woche. Schöner Innenhof!

**✖ McCormick's Bar and Grill**
322 Captain Wylly Rd.
Jekyll Island, GA 31527
℀ (912) 635-4103
Salate, Sandwiches und Suppen und die besten Burger der Insel! Legeres Restaurant im Golfclubhaus. $–$$

**⛾ The Commissary/The Shoppes on Pier Road**
24 Pier Rd., Jekyll Island, GA 31527
℀ (912) 635-2878
www.thecommissaryonjekyllisland.com, tägl. 10–17 Uhr
Im alten General Store der Insel gibt es Lebensmittel und Leckereien aus Georgia, dazu kalte Getränke und Snacks zum Mitnehmen. In der Nachbarschaft weitere kleine, individuelle Läden mit Süßigkeiten, Souvenirs, Schmuck, Büchern, Weihnachtsdekorationen, Kunst und Kunsthandwerk.

# ❻ LaGrange

LaGrange mit seinen knapp 30 000 Einwohnern ist eine kleine Collegestadt am Chattachoochee River, umgeben von Wäldern, Sümpfen und Wildblumenwiesen. Hier in Georgias westlichem Hügelland, an der Grenze zu Alabama, befindet man sich nur knapp eine Autostunde von Atlanta und Columbus entfernt. Größter industrieller Arbeitgeber in LaGrange ist der Autobauer KIA. Die im Georgian-Italian Style 1916 errichtete Villa **Hills & Dales Estate** mit den historischen **Ferrell Gardens**, ein **Museum** mit biblischen Szenen und der kurz hinter der Stadtgrenze beginnende, weitläufige **West Point Lake** gehören zu den größten Attraktionen der Stadt. Mittelpunkt von Downtown ist der brunnenbesetzte, grüne Lafayette Square, gepflegte, historische Häuser reihen sich entlang der umgebenden Straßen auf, in kleinen Läden und Boutiquen kann man stöbern, Restaurants und Bars offerieren Südstaatenküche.

Am Samstagmorgen trifft man sich auf dem farbenfrohen, wohlriechenden **Farmers' Market**, wo Landwirte aus dem Umland Frisches und Selbstgemachtes anbieten, darunter ofenfrisches Brot und Kuchen, aromatische Feigenmarmeladen und Gelees sowie zahlreiche Obst- und Gemüsesorten der Saison – in LaGrange sind das vor allem Tomaten und Tomatenprodukte.

Und zum Sonnenuntergang geht es in wenigen Minuten hinaus zur **Highland Marina** am schönen West Point Lake mit Restaurant, Bar, Jachthafen etc. Der von Wäldern umgebene See ist ein Dorado für Camper, Angler, Bootsfahrer und – Vögel.

### *Service & Tipps:*

**ℹ LaGrange/Troup County Bureau of Tourism**
111 Bull St., LaGrange, GA 30241
℀ (706) 884-8671
www.lagrangechamber.com

**◉ Hills & Dales Estate**
Hills and Dales Dr.
LaGrange, GA 30241
℀ (706) 882-3242
www.hillsanddales.org, März–Juni Di-Sa 10-18, So 13-18, Juli-Feb. Di-Sa 10-17 Uhr, Eintritt $ 15/7
Eine Hausführung durch die Villa

spiegelt den Wohlstand Anfang des 20. Jh. wider. Ein von Sarah Ferrell in der zweiten Hälfte des 19. Jh. begründeter, wunderbarer Park mit Gewächshäusern, Kräuterbeeten und anderen Themengärten umgibt das Haus.

**🏛 LaGrange Art Museum**
113 Lafayette Sq.
LaGrange, GA 30240
℀ (706) 882-3267
www.lagrangeartmuseum.org
Di-Fr 9-17, Sa 11-17 Uhr, Eintritt frei
Kunstmuseum mit vier Galerien in einem viktorianischen Gebäude aus

dem Jahre 1892, immer wieder Ausstellungen mit regionalen Künstlern.

### 🏛 ♿ Explorations in Antiquity Center
130 Gordon Commercial Dr.
LaGrange, GA 30241
☎ (706) 885-0363
www.explorationsinantiquity.com
Di–Sa 10–18 Uhr, Eintritt $ 10/6
Museum und Freilichtmuseum mit Szenen und Gegebenheiten des täglichen Lebens in biblischen Zeiten.

### ✖ 🍷 C'sons
120 Main St., LaGrange, GA 30240

☎ (706) 298-0892, www.csons.net
Di–Sa Lunch und Dinner
Zu *Lavender Martini* und köstlichen *Crab Cakes* ins C'sons! Alle Gerichte werden mit frischen regionalen Zutaten zubereitet. $$–$$$

### ✖ Trammell's Smokehouse Grille
1000 Seminole Rd.
LaGrange, GA 30240
☎ 1-888-341-3280
www.trammellssmokehousegrille.com
Tägl. Lunch und Dinner
Mit Grillrippchen und Bier auf der Terrasse den Sonnenuntergang über dem West Point Lake erleben. $

## ❼ Okefenokee Swamp

Der Okefenokee Swamp zählt nicht nur zu den ältesten und größten semitropischen Sumpfgebieten der USA, sondern auch zu den ökologisch gesündesten. Sein Name stammt von den Indianern, die hier vor langer Zeit lebten. Er bedeutet »bebende Erde«. Zuletzt waren es die Seminolen, die sich hier unter Führung des legendären Chief Billy Bowlegs am Anfang des 18. Jahrhunderts vor den weißen Siedlern zurückzogen und diesen das Leben schwer machten. Eine weiße Miliz vertrieb sie schließlich 1850 in die Everglades in Florida.

Mit der bebenden Erde hat es nach wie vor seine besondere Bewandtnis. Wenn man an bestimmten Stellen fest auftritt, zittern tatsächlich Boden und Büsche. Der Moorgrund gibt nach. Da die neue Vegetation schneller emporschießt, als die alte verrotten kann, wächst die Torfschicht oberhalb des alten Sandbodens, der in uralten Zeiten einmal der Meeresboden war. Die Schicht bildet zusammen mit den Wurzeln der Wasserpflanzen eine ein bis drei Meter dicke schwimmende Masse, eine Art Superschwamm, der sich stellenweise zu dahintreibenden Inseln verdichtet.

Bei Regen verkauft die Kleiderkammer des Bootsverleihers grüne Plastik-Ponchos, die einen OP-Hauch in den Sumpf hinaustragen. Die Vermummung hat auch Vorteile, denn bei schönem wieder Wetter müsste man sich wieder seiner meist streng riechenden Repellentien erinnern. Besonders die gelben Stechmücken haben es in sich – viel Blut. Und sie lieben, genauso wie ihre Opfer, den Schatten.

*Ein Okefenokeeianer*

Im schwarzbraunen, teefarbenen **Suwannee Canal** brummt das Boot vorbei am Dickicht der Büsche und Zypressen und deren exakten Spiegelbildern im Wasser. Trotz der abschreckenden Farbe zählt das (übrigens 90-prozentige) Regenwasser im Sumpfgebiet zu den Reinsten im Lande. Eine Schlange taucht ab, eine Schildkröte rutscht vom Ast ins Wasser, während Libellen das Boot wie Mini-Helikopter begleiten.

Hier und da äugen **Alligatoren** faul aus dem Wasser. »You don't want to fool with them«, hatte der Mann im Shop gewarnt. »Just stick to the boat.« Etwa 10 000 Exemplare sollen sich in Okefenokee tummeln; sie stehen, wie alles andere hier, unter strengem Schutz. Man ist also keineswegs allein auf weiter Flur. Da tut es gut zu wissen, dass ihnen Menschenfleisch eigentlich nur zweite Wahl bedeutet. Als absolute Delikatesse gelten nämlich Hunde. Fische schmecken ihnen auch, was den Anglern bei niedrigem Wasserstand gar nicht passt, denn dann knabbern die Alligatoren alles vom Haken.

Zur Abwechslung öffnet sich an einigen Stellen der Busch und gibt den Blick frei auf schwimmende Gärten: blühende, mit Seerosen, Lilien und Hyazinthen gespickte Wasserprärien, die zu den besonderen Schönheiten dieser Sumpf-region gehören. **Chesser Prairie** und andere (Grand und Mizell) sind aber für Motorboote unzugänglich und den stillen Kanufahrern vorbehalten, die die Schönheiten dieses einmaligen Habitats optimal ausschöpfen können, vor allem seinen Vogelreichtum: 225 Arten hat man gezählt, vom Wasserstorch bis zum Ibis und dem American Bald Eagle.

2011 erlebten die Sümpfe den größten Waldbrand ihrer Geschichte, dem rund 80 Prozent des Schutzgebietes zum Opfer fielen. Wo nun die moosbe-hangenen Bäume und ihre schützenden Blätterdächer fehlen, eröffnen sich weite, *Prairies* genannte Gebiete, die wesentlich mehr Sonnenlicht zulassen als zuvor. Die meisten Tiere und Pflanzen passten sich den veränderten Umständen an, und so leuchtete das helle Grün der Zypressen schon bald wie-der aus den verbrannten Sumpfwäldern. Und für die Arten der Flora und Fau-na, die mehr Sonnenlicht benötigen, eröffnen sich neue Überlebenschancen.

Okefenokee, ein Swamp? Ja, aber keiner, wie er im Buche steht; eher ein rie-siger Wasserspeicher, denn das Terrain liegt völlig untypisch (ca. 40 Meter) über, statt, wie für Swamps sonst üblich, unter dem Meeresspiegel. Und wäh-rend normalerweise das Wasser im Sumpf stagniert, sind die Wassermassen vom Okefenokee in ständiger Bewegung, ja sie bilden sogar zwei Flüsse: den legendären Suwannee River, der in den Golf von Mexiko fließt, und den St. Marys River, der die Grenze zwischen Georgia und Florida markiert.

Seit 1936 unter Staatsschutz, ist der Okefenokee Swamp ökologisch weit besser dran als beispielsweise die Everglades in Florida, die unter Schwund lei-den. Seit Ende des 19. Jahrhunderts hatten es verschiedene Firmen durch den Bau von Sägewerken auf die Zypressen abgesehen: erst die Suwannee Canal Company, die den Sumpf durch einen Kanalbau trockenlegen wollte, und spä-ter die Hebard Lumber Company, die sogar eine Eisenbahn baute. Aber die Bäu-me überlebten, ebenso wie die Alligatoren, denen es zeitweilig so böse an den Kragen ging, dass sie auszusterben drohten. Zu lange galt ihr massenhaftes Abschlachten als populäres und einträgliches Geschäft. (Zugänglich ist der Park von Folkston, Fargo und Waycross aus.)

*Service & Tipps:*

ℹ **Okefenokee Chamber of Commerce and Folkston/ Charlton County Development Authority**
3795 Main St.
Folkston, GA 31537
✆ (912) 496-2536, Fax (912) 496-4601
www.folkston.com

🌳🏠⚓ **Okefenokee National Wildlife Refuge/Okefenokee Adventures**
Suwanee Canal Rd.
Folkston, GA 31537
✆ (912) 496-7836 (Parkinfo)
✆ (912) 496-7156, 1-866-THE-SWAMP (Bootstouren)
www.fws.gov/okefenokee
www.okefenokeeadventures.com
Tägl. Bootstouren 9–16.30, Visitor Center 9–17 Uhr, Park März–Okt. tägl. eine halbe Std. vor Sonnenaufgang bis 19.30 Uhr, im Winter kürzer
Eintritt $ 5 pro Auto (Park), $ 18/11 (Bootstouren)

1 ½-stündige Bootsfahrten in die grü-nen Sümpfe des Okefenokee. Unter-wegs gibt es Alligatoren, Schildkrö-ten, Reiher und zahlreiche andere Vogelarten sowie Relikte der Wald-brände von 2011 zu sehen. Ausstel-lungen und Filme werden im Visitor Center gezeigt.

🏠🚶🚩 **Stephen C. Foster State Historic Park**
17515 Hwy. 177
30 km nordöstl. von Edith/Fargo
via SR 177, Fargo, GA 31631
✆ (912) 637-5274
www.gastateparks.org
Tägl. 7–22 Uhr
Eintritt $ 5 pro Auto
Szenischer (und größerer Wassertiefe) als der Einstieg beim Suwannee Canal. Motorboot- und Kanuverleih, Campingplatz, Cottages und »Lehrpfad der zitternden Erde«. Foster kompo-nierte außer seinem Lied über den Suwannee River u.a. die Hymne von Florida: »Old Folks At Home.«

*»Fantasy in Lights«
Jedes Jahr zur Weih-
nachtszeit versetzen
acht Millionen Glüh-
birnen das Riesen-
Areal des Callaway
Gardens Resorts in
hellen Glanz. Die Lam-
pen bilden spektakulä-
re und märchenhafte
Figuren, wie den »San-
ta's Workshop«, den
»Marsch der Spiel-
zeugfiguren«, die
»Zwillingsbäume«,
»Weihnachten«, das
»Schneeflocken-Dorf«
und den »bezaubern-
den Regenwald«: Weih-
nachtsromantik in der
Neuen Welt.*

# 8 Pine Mountain

Ganz in der Nähe des gemütlichen Städtchens liegt eine der schönsten Park-
landschaften Georgias:

**Service & Tipps:**

**✿ ⛺ 🖼 🏖 Callaway Gardens**
100 Meadow View Lane (SR 18 & 354)
Pine Mountain, GA 31822
℅ (706) 663-2281, 1-800-225-5292
Tägl. 9–17 Uhr
Eintritt $ 18/9
Erholsames Ferienparadies mit
Wäldern, Seen und prächtigen botanischen Gärten. Der knapp 5000 Hektar
große, 1952 aus ausgelaugten Baum-
wolläckern vom philanthropischen
Textil-Tycoon Cason J. Callaway aus
dem Boden gestampfte Park bietet
außer Golf- und Tennisplätzen Bade-
strand, Fitnesszentrum, Rad- und Pfer-
deverleih, Segeln, Wasserski, Angeln
und Wachteljagd. Außerdem Hotel
und luxuriöse Ferienhäuser.

Ein Highlight sind u.a. die Schmet-
terlinge: 1000 unterschiedliche
Exemplare düsen im klimatisierten
Gewächshaus herum.

# 9 Plains

Noch heute wäre Plains ein No-Name-Provinzdorf (716 Einwohner), gäbe es
nicht James Earl Carter. Und weil es ihn gibt, ist Plains eine Stippvisite wert,
zumal der Ex-Präsident und seine Frau Rosalynn ab und an hier mit dem Fahrrad unterwegs sind.

**Service & Tipps:**

**ℹ Plains Welcome Center**
1763 US 280, 1,6 km östlich von
Plains, GA 31780
℅ (229) 824-7477
www.plainsgeorgia.com
Tägl. 8.30–17.30 Uhr

**◉ Jimmy Carter National Historic
Site**
300 N. Bond St., Plains, GA 31780
℅ (229) 824-4104, www.nps.gov/jica
Tägl. 10–17 Uhr, Eintritt frei
Selbst geführte Rundfahrt (ca. 1 Std.)
durch die Heimatstadt des ehemaligen US-Präsidenten: sein Geburtshaus, Bauernhaus seiner Kindheit,
Schule, die Tankstelle von Bruder Billy, das Lagerhaus für die Erdnüsse
und der Bahnhof, der im Wahlkampf
um die Präsidentschaft als Hauptquartier diente und jetzt ein Museum
beherbergt.

# 10 Saint Simons Island

Das Zentrum von Saint Simons Island bildet ein kleines Inseldorf mit zahlreichen kleinen Geschäften, Restaurants und einem populären Pier, der meist fest
in der Hand der Angler ist. Mit den öffentlichen Stränden ist es nicht so weit
her, wie die Reisebroschüren vermuten lassen. Die meisten sind privat oder
einfach unzugänglich; nur **Neptune Park** (550 Beachview Dr.), **Massengale
Park** (nördlich vom King & Prince Hotel) sowie **East Beach** stehen für den
Besuch am Meer offen. Nördlich vom Dorf erstreckt sich ein Feuchtgebiet mit
historischem Tiefgang: das legendäre Schlachtfeld der *Battle of Bloody Marsh*
von 1742, auf dem die Engländer unter Oglethorpe, dem Gründungsvater von
Georgia, die eindringenden Spanier schlugen. Diese rückten von Florida aus
zum Sturm auf **Fort Frederica** an, das Jahre zuvor (1736) eigens zum Schutz
der englischen Siedler gegen die Spanier errichtet worden war. Vom »Blutigen
Marschland« führt die Frederica Road zu den Resten dieses Forts und der alten
Siedlung, die sich bildete, nachdem die Spanier geschlagen waren und Reis- und
Baumwollplantagen auf der Insel entstanden. Einen hübschen Akzent
setzt der Neubau der **Christ Church**.

*Am Strand von
Saint Simons Island ▷*

**Service & Tipps:**

**ⓘ Saint Simons Island Visitors
Center**
530B Beachview Dr.
Saint Simons Island, GA 31522
✆ (912) 638-9014, 1-800-933-2627
www.explorestsimonsisland.com
www.goldenisles.com
Tägl. 9–17 Uhr

**🅫 🏛 St. Simons Lighthouse &
A. W. Jones Heritage Center**
610 Beachview Dr.
St. Simons Island, GA 31522
✆ (912) 638-4666
www.saintsimonslighthouse.org
Mo–Sa 10–17, So 13.30–17 Uhr
Eintritt $ 8/4
Historischer Leuchtturm von St.
Simons Island. Turmbesteigung,
Museum zu Leuchtturm und Küsten-
wache.

**🚶 Ocean Motion Surf Co.**
1300 Ocean Blvd.
Saint Simons Island, GA 31522
✆ (912) 638-5225
Fahrradverleih.

**🅫 🏛 🚶 Fort Frederica National
Monument**
6515 Frederica Rd. (Visitor Center)
Saint Simons Island, GA 31522
✆ (912) 638-3639, www.nps.gov/fofr
Tägl.außer Di 9–17 Uhr, Führungen
Eintritt $ 3/0
Ruinen des Forts (1736), das eine
bedeutende Rolle bei den Auseinan-
dersetzungen zwischen Engländern
und Spaniern spielte, und Besucherzentrum mit Museum. Führungen,
Wandern, Angeln.

**🅫 Christ Episcopal Church**
6329 Frederica Rd.
Saint Simons Island, GA 31522
✆ (912) 638-8683
www.christchurchfrederica.org
Tägl. 14–17 Uhr, Führungen
Fotogene Kirche von 1886, umgeben
von einem alten Friedhof. Sie stammt
von anglikanischen Missionaren im
Gefolge Oglethorpes; unter ihnen waren die Brüder Charles und John Wesley, die später in England die metho-
distische Kirche gründeten. Damit
zeigten sich die Engländer auch in
geistlicher Hinsicht erfolgreicher als
ihre spanischen Kollegen zuvor, jene
Jesuiten und Franziskaner, die mit
ihren Bekehrungsversuchen bei den
auf St. Simons Island lebenden Indianern nicht zurechtkamen. Anstatt das
Wort Gottes zu befolgen, müpften sie
auf und flohen.

**✕ 🍸 J. Mac's Restaurant, Piano &
Martini Bar**
407 Mallery St.
Saint Simons Island, GA 31522
✆ (912) 634-0403
www.jmacsislandrestaurant.com
Überdurchschnittlich gute Küche,
gemütliche Atmosphäre, freundlicher
Service. So geschl. $$–$$$

*Strandhafer und Dünen:
Saint Simons Island*

**☒ Barbara Jean's Restaurant & Bar**
214 Mallery St., Saint Simons Island,
GA 31522, ✆ (912) 634-6500
www.barbarajeans.com
Klein und sehr beliebt für Meeres-
früchte. $$

**☒ Coastal Kitchen**
102 Marine Dr.
Saint Simons Island, GA 31522
✆ (912) 638-7790
www.coastalkitchenandrawbar.com

Vorzügliche Meeresfrüchte: Austern,
Hummer, Garnelen, Muscheln und
Krebse. $$–$$$

**☒ The Crab Trap**
1209 Ocean Blvd.
Saint Simons Island, GA 31522
✆ (912) 638-3552
www.crabtrapssi.com
Mo–Fr 17–22, Sa/So 17–22.30 Uhr
Einfacher und legerer Platz für Fri-
sches aus dem Meer. $–$$

*Moosverhangen: Christ
Church auf Saint Simons
Island*

---

# ⑪ Sapelo Island

Wie einige andere *Barrier Islands* verdankt **Sapelo Island** seine weitgehende
Unberührtheit der Tatsache, dass einst Magnaten diese Inseln kauften, aus
denen dann später Naturschutzgebiete wurden. Erst gehörte Sapelo dem Auto-
mobilhersteller Howard Coffin, 1933 dann dem Tabakkönig R. J. Reynolds. Dessen Erben vermachten die Insel dem Staat, der hier ein (renommiertes) Uni-
versitätsinstitut für Meeresbiologie unterhält.

Unter Naturfreunden steht das autolose Eiland hoch im Kurs. Die Gullah-
Kultur, die Sprache in der Nachfolge der Sklaven, wird hier noch gepflegt. Ein
Boot bringt die Besucher morgens auf die Insel und holt sie abends wieder ab.
Zu erkunden zu Fuß, mit dem Rad oder Bus.

*Anfahrt: US 17 nach
Darien, dort GA 99 ca.
8 Meilen nach Osten
bis Meridian und
Schildern folgen.*

*Plusterer: »Snowy Egret«*

**Service & Tipps:**

ℹ️ 🏠 **Sapelo Island Visitor Center**
Am Dock (I-95, Exit 11, SR 99
South bis 1 Landing Rd.)
Meridian, GA 31319
✆ (912) 437-3224, www.gastateparks.
org/sapeloreynolds
Visitor Center: Di–Fr 7.30–17.30,
Sa 8–17.30, So 13.30–17 Uhr
Information und Reservierungen für
die Insel. Abfahrt der Fähre Mi 8.30
und Sa 9 Uhr (im Sommer auch Fr
8.30 Uhr); 3 Std. Aufenthalt auf der
Insel. Überfahrt $ 10. – Die Bustour
auf der Insel fährt die Villa von R.J.
Reynolds (1925), den Leuchtturm
und das Forschungsinstitut der Universität an.

## 12 Savannah

»Savannah gleicht einem lebenden Grabmal, um das noch eine sinnliche Aura
schwebt wie um das alte Korinth«, schrieb Henry Miller, aber seine Bemer-
kungen erhöhten nicht eben den Beliebtheitsgrad der Stadt. Erst als John
Berendt in seinem Roman »Mitternacht im Garten der Lüste« Savannah durch
seine Erzählung verlebendigte, kam die Wende. Das Buch und seine an-
schließende Verfilmung durch Clint Eastwood hat der Stadt seither einen
sprunghaften Besucheranstieg beschert.

Savannah verfügt dank seines Stadtgründers **General James Oglethorpe**,
der hier zusammen mit einigen englischen Siedlern 1773 eintraf und mit der
Grundsteinlegung die Besiedlung von Georgia aus der Taufe hob. Den Namen
»Savannah« wählte er wegen der weiten Marschen und der hohen Gräser ringsum. Seine philanthropische Gesinnung kam nicht nur darin zum Ausdruck,
dass er den armen Kerlen aus der Alten Welt – Verschuldete, Dissidenten, mit-
tellose Arbeiter – in der dreizehnten und zugleich letzten englischen Kolonie
eine neue Chance durch die Ernte von Wein, Gewürzen und Seide geben wollte. Er versuchte dies auch auf besonders moralische Weise durchzusetzen,
indem er Sklavenhaltung und Alkohol – auch als Betrugsmittel gegenüber den
Indianern – zum Tabu erklärte. Die neue Siedlung sollte ihre Ordnung
haben.

Dazu legte er jenen bis heute allseits gewürdigten Plan vor, mit
einer Serie urbaner Module, sogenannter *wards*, rechteckiger
Stadtbezirke mit öffentlichen und privaten Bauten und, vor
allem, gruppiert um einen zentralen öffentlichen Platz: grüne Oasen der Ruhe und gesellschaftlicher Treffpunkt unter
weit ausladenden Baumkronen, mit Brunnen und Blumenbeeten. 22 solcher »Wohnzimmer« verteilen sich in der
Innenstadt, umsäumt von stattlichen Südstaatenvillen mit
obligatorischen Balkongeländern und schmiedeeisernen
Zutaten, die immer schon als Statussymbole galten. Diese
Plätze mit ihrem üppig wuchernden Grün und anmutigen
Gazebos werden gern dazu benutzt, sich hier die ewige Treue
zu schwören, denn die Hochzeitsfeiern an der frischen Luft sind
kostenlos. Kein Zweifel, die Oglethorpeschen Freiräume sind die
Sahne in der Savannah-Torte.

Durchweg befinden sich Häuser und Ziergärten in tadellosem Zustand. Begonnen hat die Denkmalpflege in den 1950er Jahren, als einige couragierte Damen das Heft in die Hand nahmen und die **Historic Savannah Foundation** gründeten. Die Zeit war reif. Seit der Jahrhundertwende, seit die Baumwollpreise absackten war Savannah praktisch am Ende und sein Stadtbild entsprechend abgewirtschaftet. Die Ladies kauften verfallende Objekte und verkauften sie wieder mit Sanierungsauflagen. Das half dem historischen Distrikt auf die Beine – nur die Schwarzen gingen leer aus. Das durch die Verschöne-

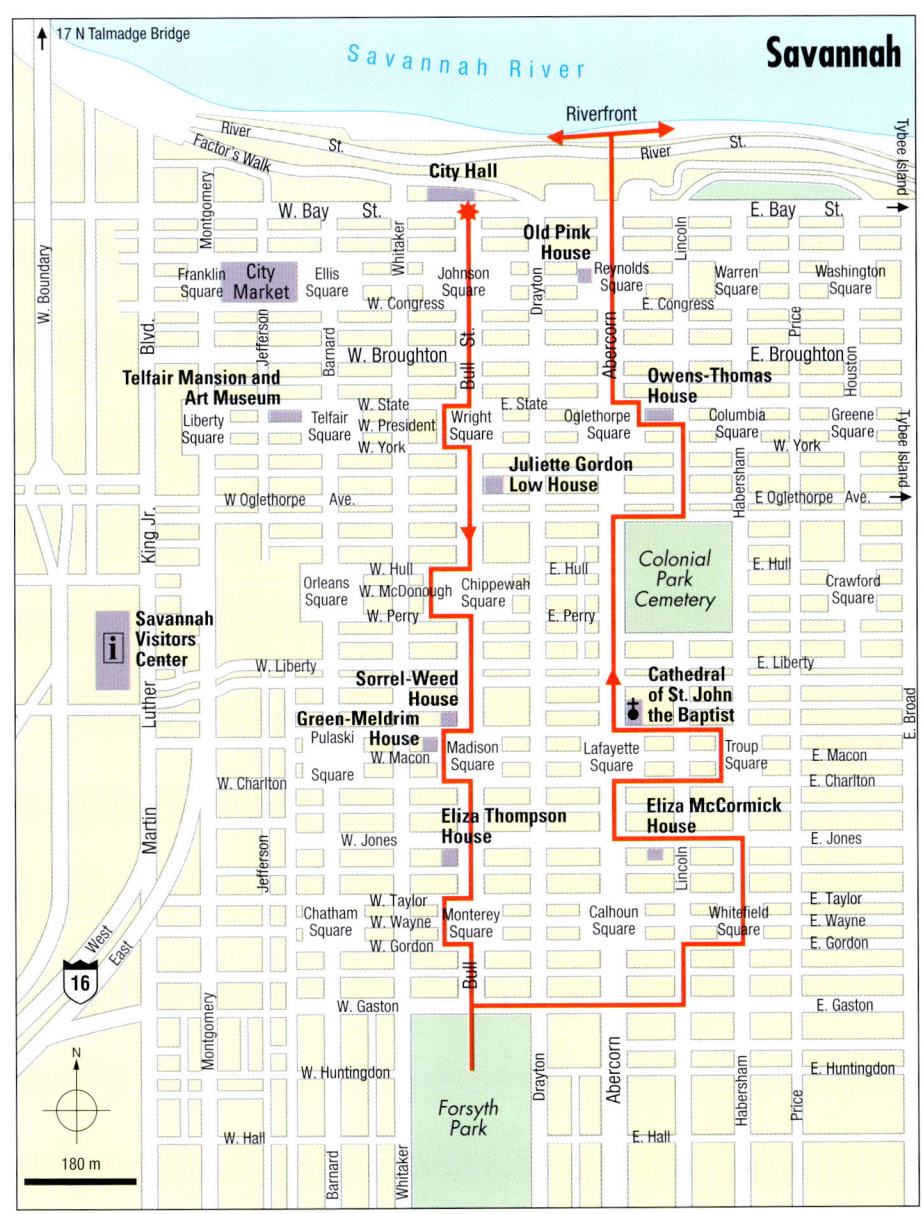

rungsmaßnahmen steigende Preisniveau drängte sie aus dem Stadtkern. Erst in den 1970er Jahren halfen Sanierungsmaßnahmen, Teile des an die Innenstadt grenzenden viktorianischen Viertels in Schuss zu bringen und für sozial schwächere Gruppen erschwinglich zu machen.

Es liegt nahe, sich mit der Stadt bei den alten Lager- und Fabrikhallen am Fluss anzufreunden, bei den eisernen Brücken und kopfsteingepflasterten Rampen, die von Bay Street und Factor's Walk auf die River Front Street hinunterführen, wo der Reichtum der Stadt durch den Baumwoll-Boom zu Beginn des 19. Jahrhunderts seinen Ausgang nahm.

Fußgängerfreundlich erweisen sich auch die historischen Straßenblocks von **City Market**, die einem bunten Ensemble aus Restaurants, Jazzclubs, Bars und Boutiquen Unterschlupf bieten, die zur Lunchzeit, vor allem aber abends lebendig werden.

## Savannah zu Fuß

Am besten beginnt man den Spaziergang am Rathaus, also Ecke Bay und Bull Street. Stadteinwärts trifft man auf den Johnson Square. Danach kreuzt die kommerzielle Schneise von **Broughton Street** die Idylle. Lange Zeit in marodem Zustand, zieht sie jetzt Honig aus der Stadterneuerung: neue Fassaden, neue Lokale haben den Alltag der Hauptgeschäftsstraße aufgemuntert.

Das nächste »Wohnzimmer« der Stadt heißt **Wright Square** (1773), der vom neoklassizistischen Postamt, einem reichlich überladenen Denkmal des Eisenbahngründers W. P. Gorden in der Mitte und einem schönen alten Backsteingebäude an der Ecke York und Bull dominiert wird. Linker Hand, an der Ecke Bull und Oglethorpe, liegt das massive Geburtshaus der Juliette Gordon Low (1820), der Gründerin der US-Pfadfinderinnen, die den Bau heute als Hauptquartier nutzen.

Jenseits der elegisch-moosverhangenen Oglethorpe Avenue folgt Chippewah Square (1813) mit seiner Baptistenkirche und der bronzenen Statue von Oglethorpe. Eine Kleinigkeit am Rande: Kurz bevor man den Platz verlässt, verwandelt sich am Eckhaus die Regenrinne vom Dach am Boden in einen prächtigen Wasser speienden Fisch. Kleine Läden mit Mode, Schmuck und Antiquitäten und ein 1001-Nacht-Lokal beleben **Bull Street** und mildern ein wenig den Eindruck, dass das historische Savannah eigentlich ein ziemlich exklusives Wohnviertel ist.

Madison Square (1839) ziert an seiner ersten Ecke das **Sorrel-Weed House** (1841) mit einem Portikus im Greek-Revival-Stil und schönem Gitterwerk, in dem sich jene Frucht eingearbeitet findet, der man im Süden als Symbol der Gastfreundschaft häufig begegnet: die Ananasfrucht. Neben der St.-John-Kirche steht das **Green-Meldrim House**, das Sherman auf seinem Zerstörungsmarsch 1864/65 als Quartier benutzte. Er verschonte Savannah, das sich ihm kampflos ergeben hatte, und »schenkte« die Stadt unversehrt Präsident Lincoln zu Weihnachten.

Gegenüber dem martialischen Freimaurergebäude an der Ecke Charlton und Bull erhebt sich ein roter Backsteinbau mit grünspangrünen Hütchen, das **Savannah College of Art and Design** – eine der besten Kunstschulen des Landes, die beträchtliche Summen für die städtische Denkmalpflege bereitgestellt hat, ohne dass man immer gewusst hätte, woher das Geld stammt.

Bei der Überquerung von Jones Street erkennt man rechter Hand das Eliza Thompson House, einen der zwei Dutzend historischen Bed & Breakfast Inns in der Stadt. Sie bewähren sich durchweg als einträgliche Gewerbe und bringen daher am schnellsten das in die Restauration der alten Häuser investierte Geld zurück.

Am **Monterey Square** (1847) entdeckt man wieder eine Fülle handwerklicher Finessen, die die Architektur von Savannah so reich machen. Kraniche zieren einen Treppenkopf, besonders schöne Verandabrüstungen und Geländer haben die Villen Nummer 423 und 425, wucherndes Grün und italienische

*Forsyth Park in Savannah*

Anmut hat der Palazzo mit der Nummer 429, das **Mercer House** – der mysteriöse »Tatort« in der Mordgeschichte von John Berendt –, das seit kurzem für
die Öffentlichkeit zugänglich ist.

Insgesamt wirkt das Grün von Savannah wilder und üppiger als in anderen
Städten, es lässt Haus und Garten, Stein und Natur sehr viel unordentlicher
zusammenwachsen als etwa in Charleston, wo Haus und Garten in der Regel
sauberer und strikter voneinander getrennt sind.

Der **Oglethorpe Club** (1857) am Park zählt zu den elitärsten Clubs der
Stadt. Reichtum allein nützt hier gar nichts; es gibt lange Wartezeiten und man
braucht viele Fürsprecher, um Mitglied zu werden. Dagegen ist der **Forsyth
Park** offen und für alle da – für Tennis, Basketball, Konzerte oder einfach zum
Nichtstun. Am Park, in Richtung Süden, beginnt der viktorianische Teil von
Savannah – über 40 Häuserblocks mit Holzvillen im formen- und varianten-
reichen »Pfefferkuchenstil«, dem sogenannten *gingerbread*.

An **E. Gaston Street** liegen die stets gepflegten Vorgärten einmal ausnahmsweise vor und nicht – wie sonst meist – neben oder hinter den Häusern.
Wer von der Menge gediegener Wohnqualität überwältigt zu werden droht,
der sollte die beschauliche Wanderung an dieser Stelle einmal kurz unterbre-
chen – für einen Blick hinter die Kulissen kolonialer Kultur. Dazu reichen ganze drei Blocks: Gaston Street weiter folgend, und zwar über Price Street hinaus, dieser Schneise zwischen Arm und Reich, Schwarz und Weiß. Jenseits von
Price fährt kein Pferdewagen oder Touristenbus, denn hier liegen die Quartie-
re der Schwarzen, alte Bretterbuden mit schweren Oldtimer-Schlitten vor der
Haustür. Je schäbiger die Hütten, um so älter und größer die Autos. Ein Mann
fährt im Rollstuhl über den Asphalt; Jugendliche albern auf einer Veranda.

Zurück in den historischen Teil der Stadt, in dem heute immer noch so gut
wie kein Schwarzer wohnt. Die kleinen Steinpodeste und -stufen, die ab und
zu in der Nähe der Bordsteinkante sitzen, waren die Trittbretter für die Pfer-
dekutschen. Auch ihre alten Garagenplätze sieht man gelegentlich noch, es
sind die unmittelbar neben den Villen gelegenen *carriage houses* mit den
großen Toren. Ein weiteres Merkmal südstaatlicher Bauweise: efeuberankte
(durch Versetzung von porösen Ziegelsteinen), luftdurchlässige Mauern *(lace
brick wall)* mit der Funktion, für gute Belüftung zu sorgen. Häufig findet man
offen stehende Gartentore, offenes Mauerwerk: Savannah wirkt da weniger
narzisstisch als Charleston.

*Viele Bed & Breakfast Inns im Süden wirken wie wohnliche Antiquitätenläden*

Über E. Wayne Street gelangt man zum Whitefield Square (1851) und dessen zentralem Gazebo. Am Treffpunkt von Habersham und **Jones Street** thront das »Castle«, eins der wenigen moderneren Wohnhäuser im Zentrum überhaupt, dessen strenger Hauch von Bauhaus sich nur deshalb abschwächt, weil es grün berankt ist. Jones Street präsentiert sich als der ebenso schattige wie grüne Boulevard der Zahnärzte und Anwälte. Ab und zu hat ein Dentist einen überdimensionierten Backenzahn als Werbeschild an die Straße gestellt. Unter den Treppenabsätzen befanden sich früher die Lagerräume zur Kühlung. Und immer wieder trifft man auf Beispiele der ornamentalen Begabung der alten Eisenschmiede: »Fenster-Grills«, eiserne Pelikane, Kraniche, Ananasfrüchte, Obstschalen und das leitmotivisch häufig wiederkehrende *love bird design* – ein turtelndes Vogelpaar.

Wir passieren die schöne, seitwärts geschwungene Treppe des **Eliza McCormick House** aus dem späten 19. Jahrhundert. Auf der linken Straßenseite zwischen Lincoln und Abercorn – gegenüber vom Backenzahn – steht ein Beispiel moderner Stadtreparatur in Form einer architektonischen »Füllung«: ein sogenanntes *infil house*, neu gebaut, aber im Stil seinen historischen Nachbarn nachempfunden (Nr. 219 und 217).

Kurios wirkt der stille **Troup Square** (1851), bekannt als Mekka der Hundefreunde. Das beweisen zunächst der tierfreundliche Brunnen, vor allem aber die lustwandelnden Zwei- und Vierbeiner. Während der *happy dog hour* plaudern Frauchen und Herrchen über die bewegenden Fragen ihrer Schützlinge, über Finessen ihrer Gesundheit, ihrer Diät. Im Umkreis darf man überhaupt nur wohnen, wenn man einen Hund hat.

Weniger Schrulliges als Sentimentales steht an der Nordwestecke des Plätzchens zur Debatte, am Wallfahrtsort vieler Amerikaner, weil in der bescheidenen Baptistenkirche die Weise von den Jingle Bells erfunden wurde.

Über Harris Street, vorbei an der Kathedrale, geht es auf Abercorn Street zurück, die über kurz oder lang zum **Colonial Park Cemetery** führt, dessen sehenswerte Gräber (zwischen 1750 und 1853 fanden hier die frühen Kolonisten ihre letzte Ruhe) eindrucksvoll unter alten Eichen leuchten, während das Spanische Moos im späten Licht Haarbüscheln ergrauter Engel ähnelt.

Die verklärende Beleuchtung kommt auch den weiß getünchten Häusern entlang der Lincoln Street zugute, insbesondere dem hübschen Gasthof 17 Hundred 90 an der Ecke zu E. President. Erst recht natürlich dem berühmten **Owens-Thomas House** am Oglethorpe Square, dessen in warmen Tönen gehaltene Front die Eleganz und lässige Lebensart von Savannah vielleicht am besten zum Ausdruck bringt. Der Putz blättert ab, der Grünspan hat den Stein erwischt: Dem Stil tut das keinen Abbruch. Besonders filigran: der seitliche Balkon mit seinen vier prächtigen Stützen.

Reynolds Square ehrt in seiner Mitte zwar den Methodistengründer John Wesley, aber erheblich stärker lockt doch zu dieser Tageszeit die ganz in Pink gehaltene Taverne zur Linken, das **Olde Pink House**, eines der ältesten Gebäude der Stadt mit einladendem Treppenaufgang und palladianischen Fenstern. Im kühlen Keller werden erfrischende Drinks serviert: nicht schlecht nach einem verschwitzten Stadtrundgang.

Wem die unterirdische Atmosphäre zu britisch und fein wirkt, der kann sich auch mit einem kühlen Gläschen in einer Kneipe am Fluss belohnen (immer geradeaus bis zur River Street). Dort hat es sich ebenso wenig abgekühlt wie in der Stadt. Viele Schwarze flanieren vor den alten Baumwollspeichern, in die heute Boutiquen, Studios und Restaurants eingezogen sind. Piepsen erfüllt die Luft, denn die Zeit der Mauersegler ist angebrochen.

*Service & Tipps:*

### i Savannah Visitor Information Center
301 Martin Luther King Jr. Blvd.
Savannah, GA 31401
✆ 912) 944-0455, 1-800-444-4247
Fax (912) 944-0468
http://savannahvisit.com
Mo–Fr 8.30–17, Sa/So 9–17 Uhr

### 👁 Green-Meldrim House
14 W. Macon St. (Madison Sq.)
Savannah, GA 31401
✆ (912) 233-3845
Di, Do/Fr 10–16, Sa 10–13 Uhr
Eintritt $ 7
Schmiedeeisern sind die Veranden dieser Villa eines Baumwollhändlers von 1853 eingefasst; im Bürgerkrieg Quartier von General Sherman, heute Gemeindehaus für die danebenliegende Episkopalkirche St. John.

### 🏛 Ships of the Sea Maritime Museum
41 Martin Luther King Jr. Blvd. (Nähe City Market)

Savannah, GA 31401
✆ (912) 232-1511
www.shipsofthesea.org
Di–So 10–17 Uhr, Eintritt $ 8/6
Das elegante **Scarbrough House** von 1819 bildet den passenden Rahmen für die bunte Sammlung von Galionsfiguren und Schiffsmodellen (innerhalb und außerhalb der Flasche); Schiffsbauerwerkstatt.

### 👁 🏛 Owens-Thomas House and Museum
124 Abercorn St.
Savannah, GA 31401
✆ (912) 233-9743, www.telfair.org
So/Mo 12–17, Di–Sa 10–17, Do bis 20 Uhr
Eintritt $ 20, inkl. Telfair Academy 1816–19 für einen Baumwollhändler und Banker gebaut. Mit zeitgenössischen Möbeln und Kunsthandwerk.

### 🏛 Telfair Academy
121 Barnard St., Savannah, GA 31401
✆ (912) 790-8800, www.telfair.org
Mo 12–17, Di–Sa 10–17, So 13–17 Uhr
Eintritt $ 20/5, inkl. Owens-Thomas

*Doktorandenseminar am Whitefield Square*

*Gospel-Messe in Savannah*
*Am Eingang der First African Baptist Church bekommt jeder das Programm des Gottesdienstes ausgehändigt, einen Papierfächer gegen die Hitze und einen Briefumschlag, auf dessen Vorderseite gedruckt ist, was man dem Herrn schuldet – nach alter Sitte entsprechend seinem wöchentlichen Einkommen.*

*Nach und nach füllen sich die Bankreihen mit herausgeputzten Kindern, fein gekleideten Männern und Damen mit tollen Hüten. Zwischen Begrüßung, Gebeten und Predigt wiegt der Himmlische Gospelchor seine wallenden Gewänder zum flotten Swing der Kirchenmusiker ...*

*Savannah Siesta*

House und Jepson Center
Die Academy ist eines der drei Kunstmuseen der Telfair Museums, die alle nah beieinander im historischen Distrikt liegen. In einem neoklassizistischen Bau von 1818/19 mit zeitgenössisch eingerichteten Zimmern wird amerikanische und europäische Kunst des 19. und 20. Jh. gezeigt, darunter Gemälde, Skulpturen und dekorative Künste. Besonders kontrastreich sind die Sammlungen amerikanischer Impressionisten und der Vertreter des *Ashcan School Realism*.

### The First African Baptist Church
23 Montgomery St. (Franklin Sq.)
Savannah, GA 31401
☎ (912) 233-6597
http://firstafricanbc.com
1773 gegründet und damit eine der ältesten Kirchen von Schwarzen in den USA. Gospelmesse So 10.30 Uhr, Gäste sind willkommen.

### City Market
Zwischen Franklin, Ellis Sq. & W. Congress St.
Savannah, GA 31401
☎ (912) 232-4903
www.savannahcitymarket.com
Restaurierter Backsteinbezirk mit Shops, Musikkneipen und Restaurants. Besonders abends eine gute Adresse.

### Bonaventure Cemetery
330 Bonaventure Rd. (Thunderbolt)

Savannah, GA 31404
☎ (912) 651-6843, tägl. 8–17 Uhr
Schöner alter Friedhof am Ufer des Wilmington River, der im Roman »Mitternacht im Garten der Lüste« von John Berendt eine Rolle spielt und auf dem u.a. die Schriftsteller Conrad Aiken und Johnny Mercer begraben sind: Liberty St. stadtauswärts, halb rechts auf Wheaton St., dann Skidaway, bei McDonald's links auf Bonaventure Rd.

Der Friedhof mit seinen moosverhangenen Eichen und schönen alten Gräbern liegt am Wasser. Leider aber sucht man die Statue auf dem Grab von Johnny Mercer, die auch das Titelbild des Romans ziert, vergebens. Schon bald nach der Veröffentlichung wurde sie von der Familie in Sicherheit gebracht. Sie steht jetzt in der Academy Telfair in Savannah, wo sie nicht beschädigt oder gestohlen werden kann.

### Savannah Old Town Trolley Tour
www.trolleytours.com/savannah
Tickets $ 26/10
Tagestouren, Rundfahrten, Hotel-Shuttles, Spezial-Feiertagstouren etc. mit den nostalgisch aussehenden Trolleybussen in Grün-Orange. Stopp No. 1 am Savannah Visitors Center.

### Savannah River Boat Cruise
9 E. River St.
Savannah, GA 31412
☎ 1-800-786-6404
www.savannahriverboat.com
April–Okt. tägl. 12, 14 und 16 Uhr, sonst eingeschränkter Fahrplan
Tickets Sightseeingtour $ 20/10
Sightseeing-Kreuzfahrten mit der »Savannah River Queen« oder der »Georgia Queen« auf dem gemächlichen Savannah River. Auch Lunch-, Brunch-, Dinner- und Moonlight Cruises etc.

### Soho South Café
12 W. Liberty St.
Savannah, GA 31401
☎ (912) 233-1633
www.sohosouthcafe.com
Früher Tankstelle, heute kunterbunt und beliebt: Café, Bäckerei, Restaurant, Buchladen. Tägl. Lunch, So Brunch. $

**⊠ ⛨ Parker's Market Urban Gourmet**
222 Drayton St.
Savannah, GA 31401
✆ (912) 233-1000
http://parkersav.com
Durchgehend geöffnet
Prall gefülltes Gourmetparadies in einer Tankstelle: Sandwiches, Deli, Wein, Getränke – alles zum Mitnehmen, z.B. für ein Picknick in einem der Parks.

**⊠ Bistro Savannah**
309 W. Congress St. (City Market)
Savannah, GA 31401
✆ (912) 233-6266
Vorzügliche Küche; angenehme Atmosphäre. Nur Dinner. $$

**⊠ Mrs. Wilkes' Dining Room**
107 W. Jones St.
Savannah, GA 31401
✆ (912) 232-5997
www.mrswilkes.com
Lunch 11–14 Uhr
Institution in Savannah: populäres Esszimmer für Liebhaber reichlicher Portionen traditioneller südstaatlicher Gerichte an großen Tischen. Oft bilden sich lange Warteschlangen. Keine Reservierungen, keine Kreditkarten. $$

**⊠ Garibaldi's Cafe**
315 W. Congress St.
Savannah, GA 31401
✆ (912) 232-7118
www.garibaldisavannah.com

Norditalienische Küche, Fischspezialitäten. Nur Dinner. $$–$$$

**⊠ Tea Room**
7 E. Broughton St.
Savannah, GA 31401
✆ (912) 239-9690
www.savannahtearoom.com
Eleganter Teeraum (im historischen Gebäude eines ehemaligen Drugstores) für Frühstück, Lunch ($) oder Dinner: besondere Teesorten, passende Sandwiches und Desserts. So geschl. $$

**⛨ ⊠ Broughton and Bull Restaurant**
2 E. Broughton St.
Savannah, GA 31401
✆ (912) 231-8888
www.lavostracucina.com
Meeresfrüchte und Nudeln nach italienischer Machart. Reservierung empfohlen. So/Mo nur abends, sonst Lunch und Dinner. $$$

**⛨ ⊠ Planters Tavern/The Olde Pink House**
23 Abercorn St. (Reynolds Sq.)
Savannah, GA 31401
✆ (912) 232-4286
Gemütliche Souterrain-Taverne in historischem Haus (1771) und feines Restaurant (oben). Nur Dinner. Reservierung empfohlen. $$$

**🍴 Feiern & Feste**
Von den jährlich 5,4 Millionen Besuchern kommen allein 400 000

*Boulevard mit Baldachin: Oglethorpe Avenue, Savannah*

*First African Baptist Church*
*... Alle klatschen und stampfen im Takt, dass die Bänke wackeln. Stundenlang.*
*Zu guter Letzt bittet Pastor Thurmond Neil Tillman, vor dem Nachhauseweg mindestens drei Gemeindemitglieder zu umarmen. Das lassen sich die schwarzen Ladies nicht entgehen: ob Schwarze oder Weiße – kein Problem.*

zum irischen Nationalfeiertag **St. Patrick's Day** am 17. März. Drei Tage dauert das ausgelassene Treiben mit Paraden, die hier und in New York die größten im Lande sind. Erkennungsfarbe: GRÜN – Torten, Bier, Springbrunnen, Wasserfälle. Da bleibt kein Auge trocken und kein Zimmer frei.

### Ausflugsziel:

#### Tybee Island

Für einen zusätzlichen Badetag oder einen halben ist **Tybee Island** ideal – zumindest wochentags. Von Savannah aus überquert man den Wilmington und Bull River, fährt durch schöne Marschen und schließlich auf einer mit Oleander gespickten Palmetto-Allee über den Lazaretto Creek an Fischkuttern vorbei zum Meer.

Obwohl die Sommerhäuser und Motels dem Meer meist viel zu nah kommen und die Dünen zerstört haben, bleibt die Insel für Strandliebhaber ein gefundenes Fressen: keine Algen, kein Teer, keine Transistoren, sondern ein flacher Sandstrand, bei Ebbe zum Laufen und Muschelsammeln. Besonders die Sanddollars sind beliebt. (Lebende Tiere bitte wieder ins Meer werfen.) Bei Niedrigwasser kann man bis zu den vorgelagerten Sandbänken im Süden waten, begleitet mitunter von Delfinen, kleinen Rochen und Pelikanen.

*Abends am Savannah River*

Ein bisschen Inselgeschichte lässt sich im alten Ortsteil rund um den schwarz-weiß getünchten **Leuchtturm** erfahren. Ihm gegenüber liegen die Reste von Befestigungsanlagen aus dem Bürgerkrieg, in deren Katakomben Kriegsgeschichte und Waffen ausgestellt sind. Die strategische Bedeutung des Forts wird deutlich, wenn man vorn am Strand (der an dieser Stelle übrigens weit naturbelassener als sonst auf der Insel ist) auf die ein- und ausfahrenden Schiffe in der Mündung des Savannah River blickt.

Während sich wochentags Sander- und Sonderlinge einträchtig am Flutsaum tummeln, steht freitags und samstags die Idylle meist unter Druck. Dann ergeht es Tybee wie den meisten Badeorten der Atlantikküste, wo sich Fastfood- und Elektroindustrie, Machokult und Menschenmassen über die Strände ergießen.

(Anfahrt: von Kreuzung Bull/Victory in Savannah über Victory Blvd. (US 80) nach Osten über Thunderbolt nach Tybee (29 km, 1/2 Std., schöne Strecke). Auf Tybee Island: Butler Ave bis fast zum Ende fahren (*parking lots* sind ausgewiesen).

### Service & Tipps:

Ⓔ 🚶 **Fort Pulaski National Monument**

Nähe US 80 E. (ca. 24 km östl. von Savannah)
Cockspur Island, GA 31410
📞 (912) 786-5787
www.nps.gov/fopu
Ende Mai–Mitte Aug. tägl. 9–18.30, sonst 9–17 Uhr, Eintritt $ 5/0
Zwischen 1829 und 1844 bauten französische Ingenieure diese massive Befestigung an der Mündung des Savannah River. Südstaaten-General Robert E. Lee entwarf den umlaufenden Festungsgraben mit seinen Ziehbrücken.

Im Bürgerkrieg fiel das Fort wie viele seinsgleichen mal an die Konföderierten, mal an die Yankees. 1862 durchschlugen dennoch neu entwickelte Kanonenkugeln die als undurchdringlich geltenden Wände; die Zeit der steinernen Forts war damit praktisch abgelaufen. Hinter den dicken Mauern ist heute ein Bürgerkriegsmuseum untergebracht. – Visitor Center, Führungen, Rad- und Wanderwege, Gelegenheit zum Bootfahren und Angeln.

### ℹ️ Tybee Island Visitors Center
802 First St.
Tybee Island, GA 31328
📞 (912) 786-5444, 1-800-868-2322
www.tybeevisit.com
Tägl. 9–17.30 Uhr

### 🏛️ Tybee Island Lighthouse & Museum
30 Meddin Dr.
Tybee Island, GA 31328
📞 (912) 786-5801
Tägl. außer Di 9–17.30 Uhr
Eintritt $ 8/6
Angeblich der älteste Leuchtturm von Georgia nach 178 Stufen bietet sich ein wunderschöner Inselblick. Gegenüber: Kriegsgeschichte und Waffenkunde in den Bunkerräumen der Battery Garland von 1899.

### 🔜 🦀 Tybee Island Marine Science Center
1510 Strand Ave.
Tybee Island, GA 31328
📞 (912) 786-5917, 1-866-557-9172
http://tybeemarinescience.org
Tägl. 10–17 Uhr
Meeresforschungszentrum und Aquarium am Strand von Tybee Island, nahe dem Pier.

### ❌ 🎵 A. J.'s Dockside Restaurant
1315 Chatham Ave.
📞 (912) 786-9533, 1-877-240-5463
www.ajsdocksidetybee.com
Tägl. Dinner, Lunch nur Fr–So
Legeres Fischrestaurant mit großer Holzterrasse und weitem Blick auf die Sonnenuntergänge über dem Marschland. Anbei ein Kajakverleih. An Wochenenden auch Livemusik.
$$–$$$

### ❌ 🍸 Marlin Monroe's Surfside Grill
404 Butler Ave.
Tybee Island, GA 31328
📞 (912) 786-4745
www.thegrillbeachside.com
Zwangloser *beach hangout*: nette Bar am Pool – mit frischer Luft und Meeresrauschen. $–$$

### ❌ The Crab Shack
40 Estill Hammock Rd.
Tybee Island, GA 31328
📞 (912) 786-9857
www.thecrabshack.com
*Lowcountry seafood* für die *locals*: simpel, urig, *funky*. Werbespruch: *Where the elite eat in their barefeet*. Lunch und Dinner unter schattigen Eichen am Schilfgras des Chimney Creek: Austern, Krebse, Shrimps und Muscheln.

Die hygienischen Aspekte der Einrichtung (an Gartenschläuche angeschlossene Spülen, klebrige Tische und Speisekarten) sind gewöhnungsbedürftig. Dennoch: eine der besten Adressen weit und breit. Lunch und Dinner.

(Von Savannah kommend, steht kurz hinter der Brücke über den Lazaretto Creek rechts ein Wegweiser.) $$

### 🦞 Wormsloe Plantation Historic Site
7601 Skidaway Rd., 16 km südöstl. von Savannah (Isle of Hope)
📞 (912) 353-3023
www.gastateparks.org
Di–So 9–17 Uhr
Eintritt $ 6/3.50
Prächtige Eichenallee, Gärten und Ruinen der ehemaligen Plantage (und Fort) von 1756. Kolonialgeschichtliches Museum, Wanderwege, Picknickplätze.

## ⑬ Sea Island

Von St. Simons führt die Sea Island Road auf die Nachbarinsel **Sea Island**, eine gepflegte Villenkolonie und mustergültige Zweithausgemeinde. Doch die Blütenmeere aus Stiefmütterchen, Hibiskus und Löwenmäulchen können nicht lange vertuschen, dass der Besucher von den wirklichen Freuden des Seebads ausgeschlossen bleibt, denn praktisch existiert auf der gesamten Insel kein einziger öffentlicher Strand.

Um ans Wasser zu kommen, muss man im Ferienhotel The Cloister oder einer anderen Unterkunft als Gast eingeschrieben sein, denn dann erweist sich der dem Resort angeschlossene Beach Club als ein Sesam-öffne-dich für den Atlantik. Die Geladenen des G8-Gipfeltreffens im Juni 2004 wird das wohl kaum gestört haben.

*Malerisch: Leuchtturm auf Tybee Island, Georgia*

## ⑭ Thomasville

In Thomasville spielt das historische **Lapham-Patterson House** mit Recht die Rolle des Vorzeigestücks. Das farbenfrohe Haus liegt im stillen städtischen Abseits und gefällt vor allem durch die für die Südstaaten ungewöhnliche Verspieltheit seiner Bauweise. Ein Schuhfabrikant aus Chicago wohnte hier den Sommer über und war damit der bauliche Pionier der ruhmreichsten Ära der Stadt, als sie nach dem Bürgerkrieg zum Ferien- und Erholungsziel der Nordstaatler aufstieg. »England, Frankreich und Thomasville«, hieß es in New York oder Chicago vor und um die Jahrhundertwende, wenn es um die Reihenfolge der beliebtesten Ferienorte ging.

Mit den ehemaligen Feinden aus dem Norden hatte man keinerlei Probleme, denn das Kriegsgeschehen war an Thomasville so gut wie vorbeigegangen. Es fiel leicht, kesse Sprüche zu klopfen: Ein Yankee-Tourist sei zwei Ballen Baumwolle wert und doppelt so leicht zu pflücken. Und während die meisten Regionen des Südens unter dem Wiederaufbau (der *Reconstruction*) darbten, schossen hier riesige Hotelpaläste und schicke Sommerhäuser aus dem Boden. Ein eigener Eisenbahnanschluss brachte die *train setters* in den sonnigen Süden von Georgia. Von Florida war noch keine Rede. Thomasville lag höher und damit fern vom Manko des floridianischen »Sonnenstaates« – Gelbfieber und Malaria.

Doch »der berühmte Winterkurort für Invaliden aus dem Norden und Vergnügungssüchtige«, wie die Bildlegende auf einer alten Lithographie von Thomasville lautet, währte nicht lange. Schon 1908, als sich Miami nachdrücklich als Kurort empfahl, fand man heraus, dass vor allem stehende Gewässer die Moskitos drastisch vermehrten. Prompt begann man mit der Drainage in Florida, die letztlich auch Thomasville trockenlegte.

Die Erinnerungen an die touristische Hochsaison des Städtchens sind denn auch verblasst. Seine rund 18 000 Einwohner leben von der Landwirtschaft ringsum und ein wenig vom Tourismus. Immerhin rühmt man sich seiner 80 Fachärzte. Von allen Einwohnern, so ist zu hören, leben sie am besten.

Die ordentlich sanierte **Broad Street** ähnelt ein bisschen der »Main Street, USA«, auf jeden Fall aber ist sie die durchgängige Zierde des Ortes. Hier geht das Leben der Thomasviller seinen alltäglichen Gang. Zum Beispiel in der **Izzo Pharmacy**. Dort treffen sich die Honoratioren gern zum Lunch und tauschen das Neueste vom Tage aus, inmitten typisch amerikanischer Gemütlichkeit, denn der Coffeeshop einschließlich altmodischer Jukebox und *soda fountain* gehört zu einer Drogerie. Und da plaudern sie nun bei Kaffee und Kuchen, umgeben von so appetitanregenden Artikeln wie Alka Seltzer, Heftpflastern und Zahnpasta: Kaffeeklatsch in der Neuen Welt.

Vor den Toren der Stadt liegt noch ein Glanzstück südstaatlicher Architektur: die **Pebble Hill Plantation**. Eine Eichenallee führt zu ihr hin – vorbei an grasenden Pferden, stattlichen Stallanlagen und emsigen Gärtnern. Außerdem steht eine »Arche Noah« herum, ein hölzernes Schiff, das einmal irgendwo anders als Badehaus und Umkleidekabine gedient hat. Die Weitläufigkeit des Geländes rund um das Herrenhaus resultiert aus der einstigen Voraussetzung für die Gründung solcher Anlagen: Man musste 500 000 Hektar Land und zehn Sklaven vorweisen, um sein Gut »Plantage« nennen zu dürfen.

Die Viehzucht der Plantage war in den 1930er und 1940er Jahren einmal berühmt, und in dem schönen Innenhof wurden das *prize winning cattle* ermittelt und die Auktionen abgehalten. Später konzentrierte man sich auf die Zucht von Polo-Pferden. Heute gehört Pebble Hill einer privaten Gesellschaft.

*Service & Tipps:*

**ℹ Thomasville Visitors Center**
144 E. Jackson St.
Thomasville, GA 31799
✆ (229) 228-7977, 1-866-577-3600
www.thomasvillega.com
Mo–Fr 8–17, Sa 10–15 Uhr

**☜ Lapham-Patterson House State Historic Site**
626 N. Dawson & Webster Sts.
Thomasville, GA 31792
✆ (229) 226-7664
http://gastateparks.org/LaphamPatterson
Fr 13–17, Sa 10–17, So 14–17 Uhr

Eintritt $ 5/1
Verspielter Bau von 1884 im Queen-Anne-Stil. 45–60-minütige Führungen zur vollen Std.

**☜ Pebble Hill Plantation**
1251 US 319, ca. 5 Meilen südl. von Thomasville, GA 31799
✆ (229) 226-2344, www.pebblehill.com
Di–Sa 10–17, So 12–17 Uhr
Führungen durch das Haus $ 15/6
Eintritt nur für das Grundstück $ 5/2
Ein elegantes Jagdschloss mit bewegter Geschichte. Von einem erfolgreichen Pflanzer, der auch Thomasville gründete, angelegt (1827), wurde es durch einen Neu-

*Extravagant: Lapham-Patterson House, Thomasville*

bau ersetzt (1850), brannte aus (1934) und wurde wieder aufgebaut (1936). Auf Pebble Hill traf man sich bis in die 1930er Jahre zur Wachtel- und Truthahnjagd.

Kaffeeklatsch mit Hansa-plast: Izzo's Pharmacy in Thomasville

 **Izzo Pharmacy**
122 N. Broad St.
Thomasville, GA 31792
☎ (229) 226-5996
www.izzossodafountain.com
Di–Fr 11–16, Sa 11–17 Uhr

Amerikanisches Urgestein: Coffee-shop mit antiseptischem Drogerie-Ambiente und herzensguten Bedie-nungsgeistern. $

☒ **Jonah's Fish & Grits**
109 E. Jackson St.
Thomasville, GA 31757
☎ (229) 226-0508„ www.jonahsfish.com
Burger, Sandwiches, Wraps – viel Fisch und viel Huhn – leckere Des-serts. $$

☒ **Liam's Restaurant**
113 E. Jackson St.
Thomasville, GA 31792
☎ (229) 226-9944
www.liamsthomasville.com
Di–Fr Lunch, Sa Brunch, Do–Sa Dinner
Neue amerikanische Küche, frische Zutaten aus der Region. $$$

☒ **Mom & Dad's Italian Restaurant**
1800 Smith Ave.
Thomasville, GA 31792
☎ (229) 226-6265, So/Mo geschl.
www.momanddadsitalian.com
Traditionelles Familienrestaurant mit Pasta-Gerichten und Pizza. Nur Din-ner. $

# ⑮ Valdosta

Valdosta bietet ein paar architektonische Schmankerl. Etwa das **Barber-Pitt-man House**, von einem Coca-Cola-Boss gebaut (die erste Zweigstelle ließ sich nach Atlanta in Valdosta nieder), von dessen Tochter 1965 geerbt, die es dann 1977 der Stadt vermachte. Das Innere zeigt Meisterstücke der soliden Hand-werkskunst des Südens. Oder auch **The Crescent**, eine stattliche, säulenum-spannte Residenz mit runder Veranda, die ihr den Namen einbrachte.

Die Prachtbauten, das anmutige **Converse-Dalton-Ferrell House** einge-schlossen, stammen aus der Blütezeit der Kleinstadt, als die Eisenbahn, Baum-wolle und Coca-Cola für Wohlstand sorgten. Um 1910 galt Valdosta, das »Tal der Schönheit«, die anglisierte Fassung des italienischen *Val de Aosta*, als reichs-te Gemeinde der USA. Selbst als wenig später (1917) der Baumwoll-Killer, der gefräßige *boll weevil*, dem Anbau ein Ende machte, blieb Valdosta oben auf. Die Farmer stiegen auf Tabak, Mais und Sojabohnen um.

*Service & Tipps:*

ℹ️ **Valdosta-Lowndes County Conference Center & Tourism Authority**
1 Meeting Place, Valdosta, GA 31603
☎ (229) 245-0513, 1-800-569-8687
www.valdostatourism.org

ℹ️ 🏛 **Barber-Pittman House**
416 N. Ashley St., Valdosta, GA 31601
☎ (229) 247-8100
Mo–Fr 8.30–17 Uhr
In der sanierten neoklassizistischen Villa (1915) arbeiten die gastfreundli-chen Damen der örtlichen Handels-kammer.

## Converse-Dalton-Ferrell House
305 N. Patterson St.
Valdosta, GA 31601
☎ (229) 244-8575
Gefällige Residenz (1902) mit umlaufender Veranda.

## The Crescent
904 N. Patterson St.
Valdosta, GA 31601-4531
☎ (229) 244-6747
Mo–Fr 14–17 Uhr
Eintritt kostenlos
Stattlichstes, säulenumspanntes Haus der Stadt von 1898: schöner Garten mit Schulhaus, Kapelle und adretten Blumenbeeten.

## Ming's Chinese Restaurant
508 N. Patterson St.
Valdosta, GA 31601
☎ (229) 247-9868
Einfacher, solider Familienbetrieb mit großer Auswahl. Lunch und Dinner. $

## Las Banderas Mexican Restaurant
904 Baytree Rd.
Valdosta, GA 31602
☎ (229) 245-9797
www.lasbanderasrestaurant.com
Tägl. Lunch und Dinner
Tortillas, Fajitas, Tamales und andere mexikanischen Köstlichkeiten. Fröhlich-bunte Atmosphäre. $$

*Runde Residenz: The
Crescent in Valdosta*

# 16 Waycross

Holz und Honig, Tabak und Nüsse werden in diesem traditionsreichen Eisenbahnknotenpunkt (15 000 Einwohner) produziert. Waycross ist überdies ein Basislager zur Erkundung des Okefenokee Swamp.

### Service & Tipps:

**ⓘ Waycross-Ware County Chamber of Commerce**
315-B Plant Ave.
Waycross, GA 31501
☎ (912) 283-3742
www.waycrosschamber.org

## KD's Café
504 Elizabeth St.
Waycross, GA 31501
☎ (912) 285-3300
www.kdscafe.com
Tägl. 11–14 Uhr
Kleines Lunchrestaurant mit wechselnden Angeboten. $–$$

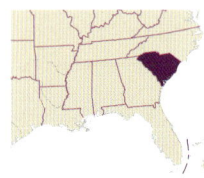

*»Palmetto State« heißt der Spitzname von South Carolina*

*Wohnen vom Feinsten: East Battery in Charleston*

# South Carolina

Als erster Staat trennte sich South Carolina 1860 von der Union, und er wurde bereits zum Inbegriff des Südens, als Mississippi noch den Indianern gehörte. Lange galt seine gesellschaftliche Struktur als eingefroren; aber seit den 1960er Jahren übernahm der »Palmetto State« die Vorreiterrolle in den Fragen der Rassenintegration und beim wirtschaftlichen Aufschwung im Zeichen des Neuen Südens.

Von den *highlands* zu den *islands* reicht das landschaftliche Spektrum South Carolinas: von den Ausläufern der Blauen Berge, dem *Upcountry,* bis zu den Marschen und den der Küste vorgelagerten Inseln am Ende der *coastal plains.* Dazwischen auf halber Strecke liegt Columbia, die Hauptstadt, die vor allem wegen ihrer beiden herausragenden Museen (South Carolina State und Kunstmuseum) einen Besuch lohnt.

Meilenweit sorgt der Grand Strand für sportliches und musikalisches, in jedem Fall strandnahes Entertainment. Dass einem in Myrtle Beach nicht gleich die Golfbälle um die Ohren fliegen, wundert, denn so viele Plätze auf einem Haufen gibt es in den gesamten USA nicht.

Die heimliche Hauptstadt freilich heißt Charleston. Sie allein schon lohnt eine Reise in den Süden – so faszinierend verbindet die alte Kolonialstadt europäische Tradition und karibisches Flair. Anders als der puritanische Norden der USA erhielt die südliche Küstenregion starke Siedlungsimpulse von den Westindischen Inseln, was sich in allen Lebensbereichen niederschlug, am sichtbarsten in Architektur und Wohnkultur. Dass und wie umfangreich sie bis heute in Charleston erhalten blieben, ist eine lange Geschichte, aber letztlich ein konservatorischer Glücksfall. Er wirkte auf andere Städte im Süden

SOUTH CAROLINA
Hendersonville
Gastonia
CHARLOTTE
Brevard
Shelby
Carl Sandburg Home National Hist. Site
Gaffney
Kings Mountain
Mint Hill
Monroe
Wadesboro
Southern Pines
Fort Bragg Military Res.
Fort Bragg
Spring Lake
Fayetteville
Sassafras Mtn. 3560
Greer
Spartanburg
York
Rock Hill
Rockingham
Laurinburg
St. Pauls
Lumberton
Elizabethtown
Easley
Greenville
L. Keowee
Walnut Grove Plantation Roebuck
Chester
Lancaster
Pageland
Seneca
Clemson
Union
Cheraw
Bennettsville
Carlisle
Kershaw
Hartwell L.
Belton
Laurens
Hartsville
Darlington
Dillon
Anderson
Clinton
Hartwell
Newberry
Camden
Bishopville
Florence
Marion
Whiteville
Russell L.
Greenwood
L. Greenwood
Mullins
Tabor City
Abbeville
Ninety Six National Hist. Site
L. Murray
Columbia
Elberton
Comer
Calhoun Falls
Saluda
Lexington
Sumter
Lake City
Conway
Crawford
McCormick
Batesburg
Congaree Swamp National Monument
Myrtle Beach
Johnston
Swansea
Manning
Kingstree
Brookgreen Gardens
Washington
Greensboro
North Augusta
Aiken
North
Orangeburg
Litchfield B.
Pawleys Island
L. Marion
Georgetown
Thomson
Augusta
Williston
L. Moultrie
Jamestown
Warrenton
Fort Gordon Military Reserve
Denmark
Branchville
Moncks Corner
Cypress Gardens
Hopsewee Plantation
Wrens
Savannah River Site (U.S. Govt.)
Barnwell
Bamberg
St. George
McClellanville
Sparta
Louisville
Waynesboro
Summerville
North Charleston
Cape Romain
Cape Romain National Wildlife Refuge
Sandersville
Allendale
Walterboro
Goose Creek
Hardwick
Fairfax
Audubon Swamp Garden
Boone Hall Plantation
Mount Pleasant
Hampton
Charleston
Millen
Estill
Jacksonboro
Folly Beach
Fort Sumter National Monument
Sylvania
Yemassee
Sheldon Church Ruins
Kiawah Island
Jeffersonville
Wrightsville
Swainsboro
Beaufort
Edisto Beach
St. Helena I.
Dublin
Statesboro
Hardeeville
Port Royal Sound
Vidalia
Blitchton
Hilton Head Island
Eastman
Lyons
Claxton
Mount Vernon
McRae
Fort Stewart Military Reserve
SAVANNAH
Fort Pulaski National Monument
N
0 25 50 75 100 km
0 25 50 miles

mustergültig und beflügelte die denkmalpflegerischen Bemühungen vielerorts. Es ist ein Genuss, durch die Gassen und Winkel zu laufen, vorbei an pastellfarbenen Stadtvillen und verspielten Gärten, eleganten Kirchtürmen und prächtigen Tempelfassaden. Sie machen aus Charleston ein Lehrbuch der kolonialen Baugeschichte.

## ❶ Abbeville

Zu den Highlights der von französischen Hugenotten 1785 gegründeten Kleinstadt (5200 Einwohner) zählen innerhalb des historischen Zentrums der pittoreske Court Square mit dem **Opernhaus** von 1908 und dem historischen **Belmont Inn**, einem wundervollen Hotel mit ebenso lohnendem Restaurant.

*Service & Tipps:*

**ⓘ Abbeville Chamber of Commerce**
107 Court Sq.
Abbeville, SC 29620
✆ (864) 366-4600
www.visitabbevillesc.com

**◉ ✎ Abbeville Opera House**
100 Court Sq.
Abbeville, SC 29620
✆ (864) 366-2157

www.theabbevilleoperahouse.com
Opulentes Opernhaus (Baujahr 1908), das heute zur Aufführung von Comedies und Broadway Musicals dient. Führungen.

**✗ Belmont Inn**
104 E. Pickens St.
Abbeville, SC 29620
✆ (864) 459-9625
www.belmontinn.net
Haus von 1900. Gutes Restaurant, Cocktail Lounge. $$

## ❷ Aiken

Feine Villenkultur und alter Baumbestand tragen dazu bei, dass sich Aiken (30 000 Einwohner) wie eine vornehme Lady aus den Baumwollfeldern erhebt. Seine Geschichte erinnert ein wenig an die von Augusta, denn auch hier legte man früh Wert auf den Tourismus – dank des ersten Personendampfzugs (in den USA) von und nach Charleston. Aristokratische New Yorker schafften ihr Geld und ihre Pferde nach Aiken, nisteten sich hier in ihre Winterquartiere ein, gingen auf die Fuchsjagd und erfanden das Polospiel. Prompt etablierte sich Aiken um die (vorletzte) Jahrhundertwende als Polometropole. Pferdeliebhaber werden die **Thoroughbred Racing Hall of Fame** interessant finden, die der Geschichte und Zucht der Vollblüter gewidmet ist.

*Service & Tipps:*

**ⓘ Greater Aiken Chamber of Commerce**
121 Richland Ave. E., Aiken, SC 29801
✆ (803) 641-1111
www.aikenchamber.net

**◉ Hopelands Gardens and Aiken Thoroughbred Racing Hall of Fame**
135 Dupree Place

Aiken, SC 29801
✆ (803) 642-7631
www.aikenracinghalloffame.com
Hall of Fame Sept.–Mai Di–Fr und So 14–17, Sa 10–17, Juni–Aug. Sa 10–17, So 14–17 Uhr, Park tägl. 10 Uhr bis Sonnenuntergang
In duftenden, um die vorletzte Jahrhundertwende angelegten Gärten widmet sich dieses Pferdezentrum der Geschichte, der Zucht und dem Training der Vollblüter.

# ❸ Beaufort

Im 18. Jahrhundert nach Charleston der wichtigste Hafen im Süden und Hochburg der Indigo- und Reisproduktion, lebt die kleine Stadt (12 400 Einwohner) von ihrem nahen Fliegerhorst, von der Fischerei, den Touristen und den Pensionären, die den stillen Charme und die vorzügliche Seelage von Beaufort (gesprochen: bju-fit) zu schätzen wissen. Sie bringen ein bisschen Ruhe in die früher recht bewegte Stadtgeschichte, die 1514 begann und daraufhin die unterschiedlichsten Völker passieren sah: spanische Konquistadoren, französische Hugenotten, britische Einzelgänger und gewitzte Piraten. Gut, dass die Unionstruppen gleich zu Beginn des Bürgerkriegs die Stadt besetzten und bis zum bitteren Ende blieben, denn eine bessere Wachmannschaft für seine Antebellum-Schätze hätte sich Beaufort gar nicht wünschen können. Die Villen am Watt können es an Pracht mühelos mit manchen in Charleston aufnehmen. Angesichts der lauschig zwischen alten Bäumen und Gärten schimmernden Domizile mit weiten Ausblicken auf das Wasser versteht man den Unterton, wenn die Einheimischen von ihrem »Beaufort by the Sea« sprechen.

*Baptist Church of Beaufort von 1844*

## Service & Tipps:

ℹ️ **Greater Beaufort Chamber of Commerce Visitors Center**
713 Craven St., Beaufort, SC 29902
✆ (843) 525-8500, 1-800-638-3525
www.beaufortsc.org
Mo–Sa 9–17, So 12–17 Uhr

🏛 **Baptist Church of Beaufort**
600 Charles St., Beaufort, SC 29902
✆ (843) 524-3197, www.bcob.org
Weiße Bilderbuchkirche von 1844.

🏛 **Sehenswerte Architektur in Beaufort**

**William Fripp House** (Tidewater), 302 Federal St., Stadthaus eines erfolgreichen Pflanzers von 1830; **James Robert Verdier House** (Marshlands), 501 Pinckney St., Residenz von 1814; **Paul Hamilton House** (The Oaks), Short St., Villa von 1856; **Edgar Fripp House** (Tidalholm), 1 Laurens St., der schön gelegene Antebellum-Palast von ca. 1850 diente in mehreren Kinofilmen als Kulisse.

❌ **Saltus River Grill**
802 Bay St., Beaufort, SC 29902
✆ (843) 379-3474
www.saltusrivergrill.com

*Beaufort, South Carolina, erfreut sich einer besonders filigranen Wohnkultur*

Surf & turf vom Grill, *shrimps and grits,* Austernbar, Salate, Suppen, Sushi. Nur Dinner. $$–$$$

☒ ♫ **Plum's Cafe**
904 1/2 Bay St. (Waterfront Park)
Beaufort, SC 29902
☎ (843) 525-1946
www.plumsrestaurants.com
Munteres Plätzchen mit Blick aufs Wasser: Gourmet-Sandwiches und Salate. Am Wochenende Live-Bands. Tägl. ab 11 Uhr. So Brunch, abends geschl. $–$$

***Ausflugsziel St. Helena Island:***

◉ **Penn Center**
16 Penn Center Circle Way
Saint Helena Island, SC 29920
☎ (843) 838-2432

www.penncenter.com
Mo–Sa 11–16 Uhr
Eintritt $ 4/2
Die erste Schule für befreite Sklaven im Süden. Zielsetzung heute: Bewahrung der *Gullah*-Kultur der Afroamerikaner in der Küstenregion von South Carolina.

☒ **Gullah Grub Restaurant**
877 Sea Island Pkwy. (Hwy. 21)
St. Helena Island, SC 29920
☎ (843) 838-3841
www.gullahgrubs.com, Di/Mi und Fr Lunch und Dinner, So Brunch
Auf der Karte stehen Speisen aus der Küche der Gullah. Die Zutaten sind im Allgemeinen lokal und regional angebaut bzw. gefangen, die Gerichte werden frisch gekocht, gegrillt oder im Ofen gebacken, weniger frittiert als anderswo in den Südstaaten. $–$$

# ❹ Charleston

Von der neuen Brücke über den Cooper River fällt der Blick auf das historische Charleston, das die Halbinsel zwischen Cooper und Ashley River besetzt. Diverse Einwanderer, Religionen und Baustile haben diese Stadt gestaltet, die mit ihren rund 120 000 Einwohnern ohne Zweifel zu den am besten erhaltenen der USA gehört.

Besonders an späten Nachmittagen leuchtet sie am schönsten. Zu dieser Zeit dreht sich in den Salons und *parlors* alles ums Ritual des *afternoon tea.* Die Dielen knarren, das Sherry-Gläschen klingt – die postkoloniale Welt der Charlestonians scheint in bester Ordnung. Und das zelebrieren und genießen sie. Warum auch nicht! Charles II., der König von England, dem die Stadt ihren Namen verdankt, galt schließlich auch nicht als Kostverächter.

Trinkgelage, Glücksspiel und rauschende Bälle, modische und erotische Extravaganzen gehörten früh zum Gang der Dinge in einer Stadt, deren Reichtum schnell mit dem kolonialen Handelshafen für Reis, Indigo und andere Produkte des Hinterlandes wuchs. Eine Elite gut betuchter Pflanzer und Kaufleute gab über mehr als ein Jahrhundert den Ton an, gestützt auf eine handfeste Sklavenideologie und ein selbstgerechtes Südstaaten-Pathos, die noch den Bürgerkrieg überlebten.

Der Reichtum rief eine glanzvolle Villenarchitektur ins Leben. Bevor sie überhaupt entstand, gab es – ähnlich wie in Philadelphia und Savannah – einen Stadtplan (1693) in Gestalt eines ordentlichen Schachbrett-Design. Er bezog sich freilich auf ein sehr viel kleineres Areal als das von heute, denn der größte Teil der Halbinsel lag unter Creeks und Marschland. Ähnlich wie in San Francisco dehnte sich Charleston später über aufgefülltem Land aus, über einem Wackelpeter, der während zahlreicher Erdbeben in der Folge seinem Namen Ehre machte.

Zunächst baute man im Zeitgeschmack, in einem Kolonialstil, der englische und westindische Einflüsse mischte. Anfang des 19. Jahrhunderts war es der Architekt Robert Mills, der in Charleston jenen neoklassizistischen Stil aus der Taufe hob und der das Bauen im Süden fortan prägen sollte.

Wie auch sonst im Süden verfielen nach dem Bürgerkrieg die wirtschaftlichen Stützen der feinen Gesellschaft. Auch mit Charleston ging es abwärts, nicht zuletzt durch Feuer und schwere Erdbeben (1886), Hurrikane und Zyklone. Geld für Neubauten gab es nicht. Was halbwegs den Katastrophen standgehalten hatte, ließ man aus Geldmangel einfach stehen.

Es war also merkwürdigerweise die Armut, die das architektonische Erbe von Charleston rettete. Als es dann endlich den Bürgern durch die Anlage eines Kriegsmarinehafens 1901 und die Gewinne aus dem Ersten Weltkrieg wirtschaftlich besser ging, waren sofort konservatorisch-strenge Augen zur Stelle, die über die historische Bausubstanz wachten. Der Preservation Society of Charleston (1920) und später dann den Flächennutzungsplänen zum Schutz der Altstadt (1931) ist es zu verdanken, dass die Innenstadt heute mit über 2000 restaurierten Gebäuden aufwarten kann. Und man kürte Charleston so oft zur konservatorischen Hauptstadt der USA, dass die Denkmalpflege hier zur beherrschenden Lebensart überhaupt wurde.

In den Wohnvierteln zieren gepflegte Altbauten die teils noch kopfsteingepflasterten Straßen – Church oder Chalmers zum Beispiel – und erst recht das Labyrinth der einsamen Gassen à la Zig Zag Alley. Dabei kommen sich immer wieder das Wilde und das Kultivierte, das Üppige und das Artige vertraulich nah – buschiger Bambus und Wasser speiender Amor, fleischige Bananenblätter und biederer Buchsbaum, Liane und Denkmal, Karibik und Europa.

*Typisch für Charleston: Viele Hausgänge befinden sich an der Seite*

Hier und da wird geklopft, gebohrt oder gepinselt – *do it yourself* lautet die Devise. Der Grundtyp dieser Stadthäuser ist das *single house*, das merkwürdigerweise nicht direkt zur Straße geht, sondern seitlich zum eigenen Garten, und zwar durch die ebenfalls seitliche, zwischen Haus und Garten vermittelnde Piazza – ein luftiger Veranda-Anbau zum Sitzen und Schauen, Dösen und Schaukeln.

Egal, ob mehr nach Süden oder Westen ausgerichtet, die Piazzas stehen quer zur Straße und schaffen eine offenbar erwünschte *splendid isolation*. Sie sind also keineswegs so offen und öffentlich wie der Name vermuten lässt. Piazzas stehen fürs Private. Nüchterne erinnern hier gern daran, dass die Steuer in Charleston sich früher nicht nach der Grundstücksgröße, sondern nach der Breite der damit besetzten Straßenfront richtete. Folglich baute man schmal und dafür preisgünstiger in die Tiefe.

Der geschlossene historische Stadtkern von Charleston ist eine im Grunde von Weißen besetzte Enklave. Wer etwa, bei Tradd Street beginnend, den Weg über Logan und Coming Street wählt und diese einfach Richtung Norden geht, trifft Schritt für Schritt auf immer neue Variationen von Arm und Reich, Schwarz und Weiß: von den adretten Stadtpalästen zu den Unterkünften der Schwarzen, Sozialbauten und notdürftig reparierten Hütten. Die Leute sitzen auf den Veranden, Wäsche hängt zum Trocknen draußen, Kinder spielen auf den Grünflächen der sozialen Wohnblocks, der *housing projects*. Ab und zu mal ein kleines Geschäft auf der Ecke. Über die längste Zeit seiner Geschichte hatte Charleston stets eine schwarze Mehrheit. Heute liegt der Anteil knapp unter 50 Prozent.

## Charleston zu Fuß

Zum Auftakt eignet sich der Treffpunkt von Broad und Meeting Street. Die Ecken symbolisieren vier verschiedene Gesetzesebenen: das County Courthouse die des Landes, das US Courthouse die des Bundes, City Hall die der Stadt, die **St. Michael's Episcopal Church** (1752–61) den rechten Glauben. Unübersehbar: die stilistische Ähnlichkeit der Kirche mit St. Martin-in-the-

*King Street, zwischen 1880 und 1940 die führende Geschäftsstraße von Charleston, war zu Beginn des vorigen Jahrhunderts einmal fest in deutscher Hand, weil damals überhaupt fast ein Drittel der weißen Bewohner von Charleston, insbesondere Geschäftsleute, deutscher Abstammung waren. Es gab sogar deutschsprachige Gottesdienste. Ein zeitgenössisches Sprichwort über Charleston rückt die Rollenverteilung allerdings wieder zurecht: »Den Deutschen gehört es, die Iren kontrollieren es und die Schwarzen genießen es.«*

Fields in London, wie ja überhaupt der englische Einfluss in Charleston nicht zu übersehen ist. »Little London« hieß die Stadt früher einmal. Der Kirchturm wurde im Laufe der Zeit multifunktional genutzt: als Leuchtturm, zur Feindbeobachtung bzw. Zielscheibe im Bürgerkrieg, als Standort der Sirenen im Zweiten Weltkrieg. Oft sitzen die schwarzen Korbflechterinnen hier in der Nähe auf den Gehsteigen, während sie auf den Kühlerhauben ihrer Autos die Gräser trocknen, aus denen die wohlriechenden *sweetgrass* oder *gullah baskets* entstehen. »Gullah« heißt auch die kreolische Sprachmixtur aus Englisch und afrikanischer Syntax, die man von den Inseln der Outer Banks in North Carolina bis hier in den Süden noch gelegentlich hören kann. Eine Variante von Gullah, das sogenannte *Patois*, wurde einst ebenfalls von afroamerikanischen Sklaven und wird heute noch von einigen Schwarzen auf Sea Island gesprochen.

Die pompöse **South Carolina Society Hall** (72 Meeting St.) stammt von 1804 und zählte zu den gesellschaftlichen Zentren der damals einflussreichen Hugenotten. Noch heute finden hier festliche Bälle statt, die ausgelassensten am irischen St. Patrick's Day, wenn die modernen Clark Gables ihre Vivian Leighs die weißen Treppen hochtragen. Das **Nathaniel Russell House** verfügt über einen ebenso prächtigen Garten wie das Timothy Ford's House gegenüber. Insgesamt sorgen auf der schattigen Meeting Street gefällige Fassaden, Veranden, Brüstungen und Eingänge für jede Menge Abwechslung, während zwischendurch handwerkliche Kleinkunst die Gitter vor den mit Brunnen, Rosen und Fächerpalmen bestückten Gärten ziert.

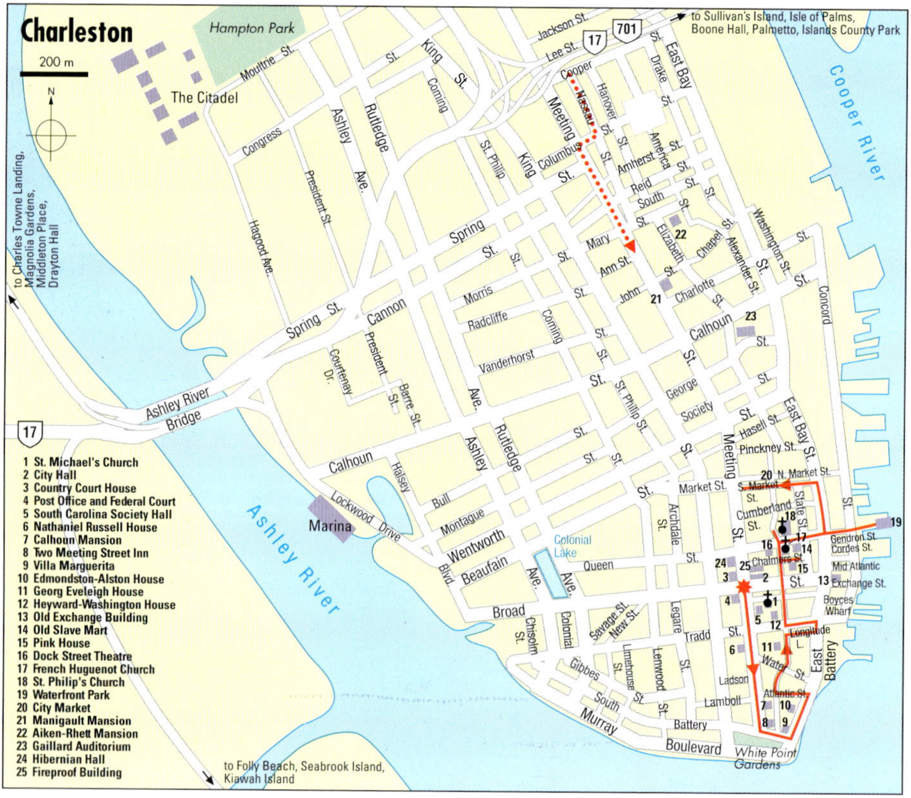

*Körbe aus »sweet grass« gehören traditionell zur afroamerikanischen Volkskunst*

## Charleston

200 m

N

The Citadel

Hampton Park

to Sullivan's Island, Isle of Palms, Boone Hall, Palmetto, Islands County Park

17  701

Cooper River

Ashley River

to Charles Towne Landing, Magnolia Gardens, Middleton Place, Drayton Hall

Ashley River Bridge

Marina

Colonial Lake

17

1 St. Michael's Church
2 City Hall
3 Country Court House
4 Post Office and Federal Court
5 South Carolina Society Hall
6 Nathaniel Russell House
7 Calhoun Mansion
8 Two Meeting Street Inn
9 Villa Marguerita
10 Edmondston-Alston House
11 Georg Eveleigh House
12 Heyward-Washington House
13 Old Exchange Building
14 Old Slave Mart
15 Pink House
16 Dock Street Theatre
17 French Huguenot Church
18 St. Philip's Church
19 Waterfront Park
20 City Market
21 Manigault Mansion
22 Aiken-Rhett Mansion
23 Gaillard Auditorium
24 Hibernian Hall
25 Fireproof Building

Mid Atlantic
Boyces Wharf

to Folly Beach, Seabrook Island, Kiawah Island

White Point Gardens

Broad Street, Charleston

In Nähe des Wassers am Ende der Straße steht der filigrane Two Meeting Street Inn, ein luftiger Bau mit einem beneidenswerten Garten. Kein Wunder, dass die beiden Gästezimmer hier meist ausgebucht sind. Von der Kaimauer entlang der Battery schweift der Blick hinüber zum **Fort Sumter**, wo der Bürgerkrieg begann, als dieses von Unionstruppen besetzte Fort am 12. April 1861 um halb vier Uhr morgens von den Konföderierten auf James Island beschossen wurde. Charleston: die Wiege der Sezession! 34 Stunden später ergaben sich die Yankees. Die Initialzündung des Krieges muss für viele Charlestonians ein Mordsspaß gewesen sein. Von ihren Dächern aus genossen sie die Attacke als XXL-Entertainment.

Von White Point Gardens, dem südlichen Grünzipfel der Stadt, geht es in die East Battery und am Wasser lang, vorbei am eigentlichen Vorzeige-Boulevard von Charleston, der denn auch auf zahllosen Stichen, Zeichnungen und Fotos verewigt wurde. Hier liegt, ein wenig schräg zur Straße, das **Edmondston-Alston House** mit dem luftigen Anbau seiner von korinthischen Säulen getragenen Piazza. Ihr Vorzug ist offensichtlich: Stets erweitert die seitliche Veranda den Wohn- und Lebensraum und öffnet ihn für ein kühlendes Lüftchen. Es heißt, man hätte Häuser in Charleston gern wie Schiffe mit vollen Segeln gebaut, die möglichst gut im Wind vom Ozean stehen. Zusätzlich hält der Abstand zwischen den Häusern jedes einzelne kühler.

An Atlantic und Church Street setzt sich der bauliche Potpourri weiter fort – bis zu Details im Gartentor. Besonders anmutig wirkt das George Eveleigh House mit der Nummer 39, ein frühes Beispiel aus dem 18. Jahrhundert, ausnahmsweise mit frontaler Veranda. **Longitude Lane** ist vielleicht das feinste und zugleich wildeste Gässchen in Charleston: Regelrechte Märchenhäuser stehen hinter üppigen Wildblumen, leuchtendem Hibiskus und Oleander.

Cabbage oder **Catfish Row** (89–91 Church St.) bestand am Anfang dieses Jahrhunderts aus ziemlich schäbigen Reihenhäusern armer Schwarzer. Ausgerechnet diesen Häuserblock nahm sich Du Bose Heyward, ein Weißer, zum Vorbild für seinen Roman »Porgy«, den verkrüppelten schwarzen Bettler, der mit einem Ziegenkarren durch die Stadt zog. Das war 1925. Zehn Jahre später machte George Gershwin daraus die Broadway-Oper »Porgy and Bess«, die es zu Weltruhm brachte. Doch erst 1970 kam die Oper in Charleston zum Zuge. Segregation, das Übel der Rassentrennung, verhinderte die Aufführung des Melodrams.

Übrigens ist Charleston Ursprung einer weiteren musikalischen Erfindung, und zwar des »Charleston«. Der Modetanz der 1920er Jahre wurde von schwarzen Jazzmusikern in einem städtischen Waisenhaus kreiert, anschließend nach Harlem gebracht, bis er dann durch die Publizität diverser Musicals international Furore machte und die Tanzbeine zum Schwingen brachte.

*Charleston –*
*Schwarz und Weiß*
*Die Spannung zwischen den Rassen ist geblieben, aber sie passt selten in ein moralisches Schwarz-Weiß-Schema. An der Uferpromenade von Charleston flanieren heute weiße Charlestonians an Gruppen von jugendlichen Schwarzen vorbei, die hier angeln. Ich komme mit einem älteren Ehepaar ins Gespräch, und nach einer Weile reden sie über die Schwarzen und wie wenig lange es eigentlich her sei, als sie noch Sklaven waren. Sie leide sehr unter der Tatsache, dass ihr Großvater noch Sklaven besessen habe, erzählt die Frau. Und um ihr schlechtes Gewissen zu beruhigen, versucht sie jeden Tag, den Schwarzen alles nur denkbar Gute zu tun. Sobald sie einen am Steuer sieht, lässt sie ihm die Vorfahrt. Doch niemand bedankt sich je, sagt sie. Und sie versteht das.*

Das Kopfsteinpflaster von **Chalmers Street** erinnert an jene Zeit, als diese Steine den Schiffen von Europa als Ballast dienten, und auch sonst erzählt die hübsche Straße Stadtgeschichte. An der Nr. 6 steht noch eins von mehreren Auktionshäusern für Sklaven, der **Old Slave Mart**. Bis zu dessen Eröffnung 1856 war Charleston bereits fast zwei Jahrhunderte lang der wichtigste Sklavenmarkt des Südens. Unvermittelt, aber tatsächlich nebenan, ragt das offenbar von deutscher Burgenmentalität geprägte Feuerwehrhaus auf, die German Fire Co. von 1831. Feuerlöscher rücken von hier nicht mehr aus; nur noch geschäftige Anwälte und Notare.

*Sprudelnder Ananas-Brunnen in Charleston*

Unweit, genau gesagt auf der gegenüberliegenden Straßenseite steht das fast niedliche **Pink House** (Nr. 17) aus dem frühen 18. Jahrhundert, dem man seine frivole Geschichte (es diente mal als Taverne, mal als Bordell für die Seeleute) nicht mehr ansieht. Ab und zu entdeckt man runde schwarze Metallplatten an den Hauswänden. In ihnen enden die sogenannten *earthquake bolts*, Eisenstangen, die dem Steinhaus bei einem möglichen Beben größeren Halt geben sollen. Auf Church Street erkennt man schon von Weitem den dekorativen blauen Balkon oberhalb der braunen Sandsteinsäulen des **Dock Street Theatre**, das einem Londoner Theater des frühen 18. Jahrhunderts nachgebaut wurde. Das kleine bauliche Juwel knüpft an eine lebendige Theatertradition im antipuritanischen Charleston an, die Teil des feudalen Lebensstils und ein Magnet für Wanderschauspieler und Musiker war. Seit einigen Jahren bildet diese Bühne einen festlichen Rahmen während des Spoleto Festivals, das der italienische Komponist Gian Carlo Menotti 1977 in die Stadt brachte.

Vis-à-vis vom Theater ragt die neugotische Hugenottenkirche von 1844 auf, anstelle des im 17. Jahrhundert von französischen Protestanten errichteten Gotteshauses, das aber während eines der vielen, Charleston heimsuchenden Feuer 1796 abbrannte. Die meist wohlhabenden Flüchtlinge aus Frankreich machten von Anfang an das gesellige Leben in Charleston noch spritziger; aber sie waren keineswegs die einzigen Einwanderer, die von der ungewöhnlichen Religionsfreiheit in Charleston angezogen wurden. Baptisten, Quäker, spanische Juden und Einwohner der Westindischen Inseln bildeten eine Religionsvielfalt, wie sie anderen Kolonien fremd war.

Eine dreiseitige Tempelform kennzeichnet die **St. Philip's Episcopal Church** (1835) mit ihrem erdfarbenen Turm. Sie ist gewissermaßen die Mutterkirche der Kolonie südlich von Virginia, deren erste Gemeinde bereits 1680 zusammentrat. Auf dem hübschen Friedhof gegenüber ruhen einige berühmte Charlestonians, unter ihnen der Schriftsteller Du Bose Heyward und der wohl verbissenste Apologet der Sklaverei, John C. Calhoun. Queen Street endet praktisch am Waterfront Park, dessen sprudelnder Ananas-Brunnen heute Müßiggänger an eine Stelle lockt, wo einst Werften und Anleger das koloniale Charleston versorgten.

Die Arkaden und Hallen von City Market ziehen sich von East Bay bis Meeting Street, gespickt mit Obst, Gemüse und Flohmärkten. Market Street, die einst sündige Meile der Unterwelt von Charleston, ist längst durch T-Shirt-Läden, Bars und Restaurants gezähmt.

*Service & Tipps:*

**ℹ Charleston Area Convention & Visitor Bureau**
423 King St.
Charleston, SC 29403
📞 (843) 853-8000, 1-800-774-0006
www.charlestoncvb.com
Tägl. 8.30–17 Uhr

**📷 Edmondston-Alston House**
21 E. Battery
Charleston, SC 29401
📞 (843) 722-7171
www.edmondstonalston.com
Di–Sa 10–16.30, So/Mo 13–16.30 Uhr,
1/2-stündige Führungen
Eintritt $ 10/8
Auch ein House Museum: Greek-Revival-Villa von 1828–38 mit zeitgenössischen Schätzen und Familiensilber, zum Beweis, wie begierig die stilbewussten Charlestonians europäische Designformen übernahmen – von Chippendale bis zum Empire.

**📷 Nathaniel Russell House**
51 Meeting St.
Charleston, SC 29401
📞 (843) 724-8481
www.historiccharleston.org
Mo–Sa 10–17, So 14–17 Uhr
Eintritt $ 10
Die neoklassizistische Villa eines reichen Kaufmanns von 1808 hat einen schönen Garten; stilgerecht mit importierter oder aus lokaler Produktion stammender Einrichtung ist sie heute ein House Museum. In den ovalen Räumen kann man historische Stuckarbeiten bewundern.

**🏛 📷 Charleston Museum**
360 Meeting St. (John St.)
Charleston, SC 29403
📞 (843) 722-2996
www.charlestonmuseum.org
Mo–Sa 9–17, So 13–17 Uhr
Eintritt $ 10/5
In diesem Museum, einem der ältesten in den USA, dreht sich alles um Charleston und das *Low country* – naturkundlich, geschichtlich und archäologisch. U.a. gibt es eine Nachbildung des ersten U-Boots der Kriegsgeschichte zu sehen, die »H.L. Hunley«, ein torpedoähnliches Metallrohr, in dem die Crew per Handkurbel die Schraube bedienen musste.

**📷 Hibernian Hall**
105 Meeting St.
Charleston, SC 29401
Ein Prototyp des Greek-Revival-Stils von 1841. Die Form des griechischen Tempels wurde in einen dekorativen Fassadenstil überführt.

**📷 Fireproof Building**
100 Meeting St.
Charleston, SC 29401
📞 (843) 723-3225
www.southcarolinahistoricalsociety.org
Nüchterner, klassizistischer Bau (1822–27) des gebürtigen Charlestonian Robert Mills. Wie oft in Charleston: Der frontale Portikus ziert die öffentlichen Gebäude, die seitliche Piazza die privaten Bauten. Der Auftrag an den Architekten lautete: keine Fenster, kein Holz.

**📷 Heyward-Washington House**
87 Church St.
Charleston, SC 29401
📞 (843) 722-2996
www.charlestonmuseum.org
Mo–Sa 10–17, So 13–17 Uhr
Führungen
Eintritt $ 10/5
Daniel Heyward baute das unverputzte Backsteinhaus 1772 und George Washington übernachtete hier. Die feinen Möbel sind hervorragende Beispiele für das Design der Kolonialzeit, die Utensilien der Küche eingeschlossen. Sehenswert auch der rückseitig gelegene Garten.

*Eine schmucke Straße voller alter bunter Häuser: Bay Street Charleston*

*Joggling Boards
Gemeinsam schaukelt
man auf den langen
Wippbrettern, Küh-
lung ist immer gefragt.
Joggling boards heißen
diese angenehmen
Einrichtungen. Sie sol-
len im Übrigen gut
sein gegen den Rheu-
matismus und, bei
Frauen, gegen das Alt-
jungferntum.*

**☒ ⛵ South Carolina Aquarium**
100 Aquarium Wharf
Charleston, SC 29401
✆ (843) 720-1990
www.scaquarium.org
Juli/Aug. tägl. 9–17, sonst 9–16 Uhr
Eintritt $ 30/20
Schaufenster für Pflanzen, Tiere und
Habitats der Region. Die aufwendige
Anlage am Ufer des Cooper River ist
Teil der Sanierung des Hafenviertels.

**⛵ Dock Street Theatre**
135 Church & Queen Sts.
Charleston, SC 29401
✆ (843) 577-7183
www.charlestonstage.com
Mo–Fr 10–16 Uhr
Das Theater eröffnete 1736 mit der
ersten Opernaufführung in der Neuen
Welt. Seitdem mehrfach abgebrannt
und auch einmal Hotel. Der jetzige
Bau stammt von 1937. Kostenlose
Führungen.

**☒ Carolina's Southern Bistro**
10 Exchange St.
Charleston, SC 29401
✆ (843) 724-3800
www.carolinasrestaurant.com
Interessante Appetizer, leichte Südstaatenküche und eine extensive
Weinauswahl in europäischem
Bistro-Ambiente. Nur Dinner. $$

**☒ Magnolia's**
185 E. Bay St.
Charleston, SC 29401
✆ (843) 557-7771
www.magnolias-blossom-cypress.com
Verfeinerte regionale Küche, hervor-
ragende Appetizer, angenehmer Ser-
vice. Lunch ($) und Dinner. $$$

**☒ 82 Queen**
82 Queen St.
Charleston, SC 29401
✆ (843) 723-7591
www.82queen.com
Lauschiges Restaurant in verwinkel-
ten Räumen und Innenhöfen; gute
Küche. Nette Bar. Lunch ($) und Din-
ner. $$

**☒ Poogan's Porch**
72 Queen St.
Charleston, SC 29401
✆ (843) 577-2337
www.poogans.porch.com

*Lowcountry cuisine* in intimer Atmo-
sphäre. Lunch ($) und Dinner. $$

**☒ Blossom Café**
171 E. Bay St.
Charleston, SC 29401
✆ (843) 722-9200
www.magnolias-blossom-
cypress.com
Leichte Küche, luftiges Glashaus,
auch zum Draußensitzen. Lunch ($)
und Dinner. $$–$$$

**☒ Coast Bar & Grill**
39-D John St., Charleston, SC 29403
✆ (843) 722-8838
www.coastbarandgrill.com
Pfiffig eingerichtetes Lokal in historischer Bahnhofsarchitektur. Gute
Küche, frische Produkte. $$

**☒ Fish Restaurant**
442 King St. (Upper King)
Charleston, SC 29403
✆ (843) 722-3474
www.fishrestaurant.net
Klein und fein, exzellente Fische und
Meeresfrüchte. So geschl. $$

**☒ Anson Restaurant**
12 Anson St., Charleston, SC 29401
✆ (843) 577-0551
www.ansonrestaurant.com
Elegantes und intimes Restaurant im
Bereich City Market; spezialisiert auf
frische lokale Meeresfrüchte. $$–$$$

**🍷 ☒ Henry's**
54 N. Market St., Charleston, SC 29401
✆ (843) 723-4363
www.henryshousecharleston.com
Bar und Restaurant; Fr/Sa Jazz. $–$$

*Ausflugsziele:*

**⛵ ⛴ Fort Sumter Tours**
340 Concord St.
Charleston, SC 29401
✆ (843) 722-2628, 1-800-789-3678
www.spiritlinecruises.com
Tickets $ 17/10
Die Boote fahren vom Aquarium zum
Fort, auf das der erste Schuss im Bürgerkrieg gefeuert wurde. Die Tour
dauert ca. 2 1/2 Std.

**Mount Pleasant**
In der Höhe von Mount Pleasant stehen gewöhnlich Verkaufsstände am

Highway, an denen geflochtene Körbe zum Kauf angeboten werden, die *sweetgrass baskets*. Ihr süßlicher Duft erinnert an frisch gemähtes Gras. Korbflechten ist eine alte Tradition, die ihre Wurzeln in Afrika hat und mit den ersten Sklaven nach Amerika gelangte.

Schon zu Beginn des 18. Jh. bildeten die Schwarzen im *Low country* die Mehrheit der Bevölkerung. Ursprünglich flochten die Männer große Arbeitskörbe aus Sumpfbinsen, nach und nach wurde die Korbflechterei zu einer Angelegenheit der ganzen Familie. Die Männer und Jungen schnitten das Gras, die Frauen und Mädchen flochten. Die großen, wasserunempfindlichen Körbe, die auf der Plantage zum Sammeln und Verwahren von Nahrungsmitteln dienten, wurden mehr und mehr durch die feineren Exemplare fürs Haus ersetzt, solche aus Palmetto-Fächern und *sweetgrass*, wie sie noch heute mit hübschen Mustern – traditionellen wie »modernen« – zu haben sind.

***Service & Tipps:***

⊙ **Boone Hall Plantation Gardens**
1235 Long Point Rd. (US 17, ca. 13 km nordöstl. von Charleston)
Mount Pleasant, SC 29464
℡ (843) 884-4371
www.boonehallplantation.com
Im Sommer Mo–Sa 8.30–18.30, So 12–17, sonst Mo–Sa bis 17, So bis 16 Uhr, 1/2-stündige Führungen
Eintritt $ 20/10

Die ehemalige Baumwoll- und Indigoplantage (seit 1676) beschwört ein Stück des alten mythischen Königreichs des Südens herauf und rühmt sich deshalb, die meistfotografierte und -gefilmte Kolonialarchitektur in den USA zu sein. Tatsächlich imponiert schon bei der Einfahrt der Baldachin der Eichen und Nussbäume (seit 1904 entwickelte sich Boone Hall zu einer bis heute einträglichen Nussplantage), an dessen Fluchtpunkt das im georgianischen Stil 1750 errichtete und 1935 erneuerte Herrenhaus steht.

Eine zweite Allee ist eine der wenigen im Süden noch erhaltenen »Sklavenstraßen«, die von neun restaurierten Ziegelbauten aus der Mitte des 18. Jh. flankiert ist. Die Steine stammten aus den eigenen Brennereien, in denen einst Ziegel und Kacheln für viele Häuser in Charleston gebrannt wurden. Hier wohnten die in der Sklaven-

*Ikone des Alten Südens: Boone Hall Plantation bei Charleston*

hierarchie schon besser gestellten Handwerker und Hausangestellten, während die Feldarbeiter weiter draußen in simpleren Hütten untergebracht waren. Im Süden ist die Ziegelbauweise bei Schwarzenquartieren selten, wohl nicht nur aus ökonomischen Gründen, sondern auch, weil man meinte, Ziegel verursachten Rheuma und dienten bösen Geistern als Versteck.

**i** **Mount Pleasant Visitor Center**
99 Harry M. Hallman Jr. Blvd.
Mount Pleasant, SC 29464
✆ (843) 853-8000
www.discoversouthcarolina.com/
cities/162, tägl. 9–17 Uhr

**Isle of Palms County Park**
1 14th Ave., Isle of Palms, SC 29451
✆ (843) 886-3863, www.ccprc.com
Im Sommer tägl. 9–19, Sept./Okt.,
April 10–18, Nov.–März 10–17 Uhr
Eintritt $ 7 pro Auto
Kleiner Strandpark mit Picknick- und Spielplätzen, Umkleidekabinen, Toiletten, Duschen, Snackbar und Boardwalk. Verleih von Sonnenschirmen und Strandstühlen.

**X** **Sticky Fingers**
341 Johnny Dodds Blvd. (Hwy. 17 N. Bypass), Mount Pleasant, SC 29464
✆ (843) 856-7427
www.stickyfingers.com
Magnet für BBQ-Rippchen- und Blues-Freunde. $–$$

**X** **Old Village Post House**
101 Pitt St.
Mount Pleasant, SC 29464
✆ (843) 388-8935
www.oldvillageposthouse.com
Im alten Teil von Mount Pleasant: verfeinerte Südstaatenküche. $$

**X** **Morgan Creek Grill**
80 41st Ave., Isle of Palms, SC 29451
✆ (843) 886-8980
www.morgancreekgrill.com
*Freshest seafood* und schöner Blick auf den Intracoastal Waterway und die Marina. Beliebt ist das offene Deck bei Live-Entertainment und Sonnenuntergang. $$

**X** **The Boathouse Restaurant**
101 Palm Blvd.

Isle of Palms, SC 29451
✆ (843) 886-8000
www.boathouserestaurants.com
Bekannt für frische Meeresfrüchte. $$

*Ausflugsziele:*

### Sullivan's Island
Diese Insel war einmal das Ellis Island für die afrikanischen Sklaven. Noch Edgar Allan Poe, der als Soldat auf der Insel im Fort Moultrie Dienst tat, war von ihrer mysteriösen Atmosphäre beeindruckt, was sich später in mehreren seiner Erzählungen niederschlug, unter anderem in »The Gold Bug« (1843 erschienen). Heute wirkt Sullivan's Island offen und einladend, besonders einige gemütliche Lokale im Village.

*Service & Tipps:*

**Fort Sumter National Monument**
1214 Middle St.
Sullivan's Island, SC 29482
✆ (843) 883-3123, www.nps.gov/fosu
Tägl. 9–17 Uhr
Tägl. Schiffsverbindung vom Aquarium oder vom Patriots Point Maritime Museum aus (✆ 843- 722-2628, 1-800-789-3678). Bootstour $ 17/10. Hier fielen die ersten Schüsse im Bürgerkrieg. Visitor Center, Führungen, Angeln.

**X** **Poe's Tavern**
2210 Middle St.
Sullivan's Island, SC 29482
✆ (843) 883-0083
www.poestavern.com
Belebt und beliebt zum *people watching:* Drinks und Kleinigkeiten auf der Terrasse. $

**X** **Saltwater Grill**
2213 Middle St.
Sullivan's Island, SC 29482
✆ (843) 883-3131
Südstaatenküche mit unerwarteten Besonderheiten. Interessante Appetizer. $$–$$$

### Folly Beach
Beliebter (und Downtown Charleston am nächsten gelegener) Strand auf einer der Barrier Islands – rund 10 km lang, mit Restaurants, Motels und

*Sullivan's Island Lighthouse*

Inns, Bars, Shops und einem Leuchtturm.

### Service & Tipps:

**🚶 🏊 Folly Beach County Park**
1010 W. Ashley Ave.
Folly Beach, SC 29439
✆ (843) 588-2426
www.ccprc.com
Mai–Aug. tägl. 9–17, April, Sept./Okt.
10–18, Nov.–März 10–17 Uhr
Eintritt $ 7 pro Auto
Strand, Umkleidekabinen, Duschen,
Picknickeinrichtungen, Boardwalk
und Snackbar.

**✕ Cafe Suzanne**
4 Center St.
Folly Beach, SC 29439
✆ (843) 588-2101
Amerikanische Küche, regional
gefärbt: frische Nudeln, frisches Brot,
Pasta, Fisch- und Fleischgerichte. So
nur Lunch, Mo geschl. $$

### Ashley River Road:

**📷 🌸 Magnolia Plantation &
Gardens**
3550 Ashley River Rd. (SR 61)
Charleston, SC 29414
✆ 1-800-367-3517
www.magnoliaplantation.com

Tägl. 8–17 Uhr, Eintritt Park $ 15/10;
für das House, Nature Train und
Nature Boat, Swamp Tour oder die
Sklavenhütten muss extra je $ 8
bezahlt werden, oder man kauft einen
All Inclusive Pass für $ 47/42
Rund 21 km von Charleston: herrli-
che Parkanlage, einer der ältesten
englischen Gärten in der Neuen Welt.
Auf blütenstrotzenden Pfaden ent-
lang stillen Teichen, randvoll mit En-
tenflott, entfaltet der Park eine be-
törende Üppigkeit. Bis zum »Knie«
stehen die Zypressen im Wasser, d.h.
bis zu jenen Höckern, die für die Luft-
zufuhr des Wurzelsystems unter Was-
ser sorgen. Noch tiefer in die grüne
und schwarze Magie des Sumpfes
wagt sich der Swamp Walk im **Audu-
bon Swamp Park**. Plankenstege und
Brücken erschließen die spukigen
Gewässer, und auf versteckten Bän-
ken in lauschigen Lauben kann man
der Naturliebe frönen und Alligato-
ren und Wasservögel beobachten.
    »The Swamp Thing«, das »Ding aus
dem Sumpf«, wird dabei wahrschein-
lich nie auftauchen, denn das tat es
nur im Kino. Der Film wurde hier
gedreht. Er erzählt die Geschichte
eines liebenswerten »Monsters«, das
als eine Art Wassermann des sumpfi-
gen Südens rührend, aber letztlich
erfolglos gegen Wüstlinge kämpft, die

*Öko-Flirt: Szene aus dem
Film »Das Ding aus dem
Sumpf«, der in der Nähe
der Magnolia Plantation
(unten) gedreht wurde*

in James-Bond-Manier in das Biotop eindringen.

### ◉ ✕ Middleton Place
4300 Ashley River Rd. (SR 61)
Charleston, SC 29414
✆ (843) 556-6020, 1-800-782-3608
www.middletonplace.org
Tägl. 9–17 Uhr
Eintritt $ 28/10

Etwa 29 km von Charleston entfernte Plantage von 1741. Haus (1755), schöne Gärten (seit 1741), Open-Air-Museum mit Töpferei, Schmiede, Farmgeräten und Spinnrädern, die das Leben auf der Plantage veranschaulichen; Restaurant (Lunch, Dinner Fr/Sa).

Französisch gradlinige und englisch romantische Gärten und Terrassen laden zum Rundgang durch duftende Kamelien-Alleen ein. Der kunstvolle Knalleffekt dieser Oase kommt zu guter Letzt: ein blaues Seen-Pärchen, deren ungewöhnliche Gestalt, je nach Stimmung, an Schmetterlings- oder Lungenflügel erinnert.

### ◉ Drayton Hall
3380 Ashley River Rd.
Charleston, SC 29414
✆ (843) 769-2600
www.draytonhall.org

*Schmetterlings- oder Lungenflügel? Gartenkunst in Middleton Place, South Carolina*

Tägl. 9–17 Uhr, Führungen
Eintritt Grundstück $ 8, Haus $ 18/8

Knapp 20 km nordwestlich von Charleston: eine der schönsten palladianischen Villen (1738–42) in Amerika.

Seit über sieben Generationen in Familienbesitz, hat das im georgianischen Stil Englands errichtete Haus seine ursprüngliche Fassung weitgehend gewahrt, z.B. die handwerklich beachtlichen Stuckdecken.

Einst vernichteten Unionstruppen an der River Road alles, was an Plantagenkultur in mehr als anderthalb Jahrhunderten gewachsen war. Nur Drayton Hall blieb verschont. Wie es heißt, war dabei ein Trick im Spiel. Der Besitzer schickte seine Sklaven den anrückenden Yankees mit der Botschaft entgegen, das Haus diene zur Zeit als Hospital für Gelbfieber und Pocken. Man glaubte ihnen.

### ◉ Charles Towne Landing State Park
1500 Old Towne Rd. (Nähe Hwy. 171)
Charleston, SC 29407
✆ (843) 852-4200
www.southcarolinaparks.com
Tägl. 9–17 Uhr, Eintritt $ 7.50/3.50

Reste der ersten dauerhaften engli-

*Im ursprünglichen Zustand belassen: Drayton Hall*

schen Siedlung in South Carolina (1670): Erdwälle, Palisadenzäune und Nachbildung eines englischen Handelsschiffs. Ein Kiawah-Häuptling führte die Kolonisten zu dieser Stelle – mit dem nicht ganz uneigennützigen Hintergedanken, dass die streitbaren Herrschaften aus der Alten Welt ihn vor den Überfällen rivalisierender Indianer schützen könnten. Allerdings blieben die Leute aus Albion nur 10 Jahre, dann zogen sie auf die Halbinsel des heutigen Charleston um. Schnell wurden aus Kolonisten Kolonialisten und Charleston zur Metropole des Sklavenhandels, denn Reis (seit 1690) und später der von der englischen Textilindustrie benötigte Indigo erwiesen sich als äußerst arbeitsintensive Früchte.

Nur wirkliche Geschichtsparkfans sollten den Abzweig ernst nehmen, denn außer ein paar Befestigungsruinen erwartet den Besucher des State Park nicht viel mehr als ein nachgebautes Handelsschiff, auf dem kostümierte Angestellte historisches Zeugnis ablegen.

### ⚐ ✿ Cypress Gardens
3030 Cypress Gardens Rd. (US 52 etwa 40 km nordwestl. von Charleston)
Moncks Corner, SC 29461
✆ (843) 553-0515
www.cypressgardens.info
Tägl. 9–17 Uhr
Eintritt $ 10/5
Von hohen Zypressen umstandener Sumpf, der einst eine Reisplantage mit Wasser versorgte. Artenreiche Vogelwelt, Schmetterlingshaus, Wanderwege und Flachbootsfahrten. Besonders schön im Frühling zur Dogwood- und Azaleenblüte.
**Anfahrt:** von Charleston S 61 (River Rd.), S 165 rechts (Richtung Summerville) A 17 (17 ALT) rechts (Richtung Moncks Corner).

### ⚐ Sheldon Church Ruins
Am Hwy. 21, bei Gardens Corner
Wie ein architektonisches Stehaufmännchen hat sich diese Kirche lange gegen ihren jetzigen Zustand gewehrt.

Der ursprüngliche Bau von 1745 glich einem griechischen Tempel und diente während der Revolution dazu, Waffen und Munition vor den Briten zu verstecken. Die merkten das und setzten das Gotteshaus in Brand. 1826 baute man die Kirche wieder auf,

*Romantik im Sumpf: Cypress Gardens auf einer alten Postkarte*

*Typisch für den Süden: Grace Chapel in Rockville bei Charleston*

aber sie wurde erneut in Brand gesteckt – diesmal (1865) von Shermans Soldaten.

»Es gibt so viele und geheimnisvolle Ruinen im ganzen Süden«, schrieb Henry Miller, »so viel Tod und Trostlosigkeit, so viel Geisterhaftigkeit. Und immer an den schönsten Orten …«

### Inseln und Strände südlich von Charleston:

### Kiawah Island

200 Jahre lang gehörte das einst indianische Kiawah der betuchten Familie Vanderhorst aus Charleston. In diesen Zeiten war es nichts Ungewöhnliches, dass Familien ganze Inseln kauften, was diese letztlich vor landschaftszerstörenden Erschließungen bewahrt hat.

Anfang der 1950er Jahre wechselten die Besitzer, und vor nicht gar zu langer Zeit residierten sogar Kuwaitis auf Kiawah, die auf der rund 16 Kilometer langen Insel Ziegen züchteten. Schließlich verkauften sie an eine Erschließungsgesellschaft, die zusammen mit Umweltschützern ein Konzept erarbeitete, um durch Bauauflagen die Natur so wenig wie möglich zu beschädigen.

Deshalb bietet die Insel heute weitgehend unberührte Landschaft – einen erstklassigen Strand, Dünen und eine Art Designer-Dschungel. Die gepflegten Resort-Anlagen bieten drei Golf- und zahlreiche Tennisplätze zur Auswahl.

Wildnis-Fans können Jeep-Safaris mitmachen und dabei mehr als einen der rund 200 Alligatoren näher kennen lernen.

Wer nur mal gucken und ins Meer springen möchte, der findet Kiawah auch für einen Kurzbesuch gerüstet. Unmittelbar vor dem Wachhäuschen an der Einfahrt weist das Schild PUBLIC BEACH ACCESS rechts zum Strand, wo man parken, duschen, eine Kleinigkeit essen, Liegestühle und *belly boards* mieten kann.

**Anfahrt:** von Charleston US 17 nach Süden, S 171 Richtung Fooly Beach, Hwy. 700 nach Westen (38 km, knappe Stunde, schöne Strecke).

*Service & Tipps:*

### ⊠ The Atlantic Room Ocean House
12 Kiawah Beach Dr. (im Clubhouse at Kiawah Island Resorts)
Kiawah Beach, SC 29455
✆ (843) 266-4085, 1-800-576-1570
www.kiawahresort.com
Elegant, mit tollem Ozeanblick: frische Meeresfrüchte, große Auswahl an Vorspeisen. $$–$$$

### Edisto Beach
Für einen Bade-Ausflug nach Edisto Beach fährt man ca. 22 km südwestl. von Charleston in Richtung Hollywood und Edisto Beach ab (S 162, 164, 174).

Die Zufahrt verläuft über schöne Straßen durch Marschland, Siele und Schilf, vorbei an moosbärtigen Bäumen und weißen Holzkirchen.

Kein toller Sandstrand, aber ein bequemer kleiner State Park mit Umkleidekabinen, Duschen und hungrigen Moppeln.

*Service & Tipps:*

### ℹ Edisto Chamber of Commerce
430 Hwy. 174
Edisto Beach, SC 29438
✆ (843) 869-3867, 1-888-333-2781
www.edistochamber.com

### ⛺ Edisto Beach State Park
8377 State Cabin Rd. (80 km auf Hwy. 176 südöstl. von Charleston) Edisto Island, SC 29438
✆ (843) 869-2156
www.southcarolinaparks.com
Eintritt $ 5/3
Eichenwald, Salzmarschen und schöner Strand zum Baden, Laufen und Muschelsammeln. Picknicktische, Campingplatz.

### ⊠ Old Post Office Restaurant
1442 Hwy. 174
Edisto Island, SC 29438
✆ (843) 869-2339
So geschl.
www.theoldpostofficerestaurant.com
Altes Haus (1825), mit zeitgenössischem Interieur: bemerkenswerte regionale Küche (viele Gerichte mit *grits*). Cocktail Lounge. Nur Dinner. $$–$$$

## ❺ Columbia

Columbia mit seinen knapp 130 000 Einwohnern liegt nahe dem geographischen Zentrum des Staates und war deswegen einmal für rund 100 Jahre Hauptstadt von South Carolina. Ihre breite Straßenführung verdankt sie dem Umstand, dass die Stadtplaner durch möglichst große Häuserabstände die Ausbreitung von Epidemien von Haus zu Haus verhindern wollten. Außerdem war man der Meinung, dass Moskitos nur 180 Meter weit fliegen könnten, bevor sie verhungern. Das war 1786.

Sehenswert: die Villa des Gouverneurs von 1855, das feine Robert Mills House and Park von 1825 (1616 Blanding St.) und die Ruinen der klassizistischen Säulen von Millwood, die viele Südstaatler als Symbol für die Zerstörung ihrer Sklavenkultur durch die Yankees ansehen.

Vor einiger Zeit demonstrierten Zehntausende vor dem **Kapitol** gegen die Flagge des Staates, denn was hier auf der Kuppel weht, ist immer noch die einstige Südstaatenflagge – für alle Bürgerrechtler Symbol des Rassismus. Außerdem glaubt man, dass die Flagge dem Ruf South Carolinas als Industriestandort schade, obwohl es de facto nicht so aussieht, denn inzwischen haben sich hier zum Beispiel mehr als 100 deutsche Unternehmen niedergelassen und Arbeitsplätze geschaffen – darunter BMW, BASF und Bosch.

Entlang der **Gervais Street** entfaltet sich die Restaurantszene der Hauptstadt. Diese Hot Spots sind allerdings für Fremde auf Anhieb schwer zu finden, weil die meisten der Lokale quer zum Trend der sehr befahrenen Straße liegen, die wenig dazu beiträgt, sich entspannt nach kleinen Schildern oder Hausnummern umzusehen.

*Regierungssitz von South Carolina: das South Carolina State House*

111

## Service & Tipps:

ℹ️ **South Carolina Department of Tourism**
1205 Pendleton St.
Columbia, SC 29201
☏ (803) 734-1700, 1-866-224-9339
www.discoversouthcarolina.com

ℹ️ **Columbia Metropolitan Convention & Visitors Bureau**
1101 Lincoln St., Columbia, SC 29902
☏ (803) 545-0000, 1-800-264-4884
www.columbiacvb.com

🏛 **South Carolina State Museum**
301 Gervais St.
Columbia, SC 29201
☏ (803) 898-4921
Di–Sa 10–17, So 13–17 Uhr
www.museum.state.sc.us
Eintritt $ 7/5
»Ganz South Carolina unter einem Dach« heißt das Motto dieses großen Hauses, das eindrucksvoll über vier

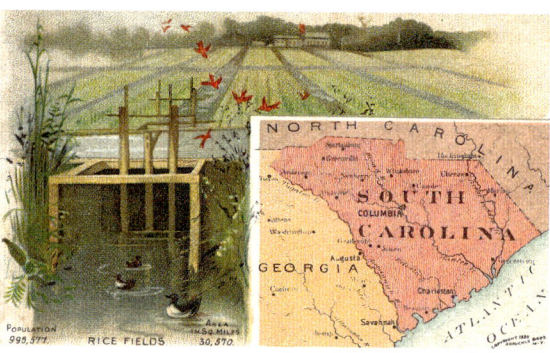

RICE FIELDS

Etagen die Natur-, Kultur- und Technologiegeschichte des Palmetto-Staates ausbreitet. Der Museumsshop entpuppt sich als ein witziger Souvenirladen.

🏛 **Columbia Museum of Art**
Main & Hampton Sts.
Columbia, SC 29202
☏ (803) 799-2810
www.columbiamuseum.org
Di–Fr 11–17, Sa 10–17, So 12–17 Uhr
Eintritt $ 10/5
Italienische Renaissance- und Barockmalerei aus der Samuel H. Kress-Sammlung sowie europäische und amerikanische Malerei vom 18. Jh. bis heute. Umfangreiche Schau angewandter Kunst.

👁 **South Carolina State House**
1100 Gervais & Main Sts.
Columbia, SC 29201
☏ (803) 734-2430
www.scstatehouse.gov
Mo–Fr 9–17 Uhr, Führungen
Eintritt kostenlos
Prächtiges Kapitol aus blauem Granit, grünem Kupferdom, Marmorböden und schmiedeeisernen Details, 1855 bis 1907 erbaut.

🚶 🌼 🐘 **Riverbanks Zoological Park & Botanical Garden**
500 Wildlife Pkwy. (I-126, Exit Greystone Blvd.), Columbia, SC 29202
☏ (803) 779-8717
www.riverbanks.org
Tägl. 9–17 Uhr
Eintritt $ 11.75/9.25
Mehr als 2000 Tiere – keine Gitter und Käfige. Lehrreich und unterhaltsam (mit Karussell, Tierfütterung, Melken etc.).

✖ **Motor Supply Company**
920 Gervais St., Columbia, SC 29201
☏ (803) 256-6687
www.motorsupplycobistro.com
Elegantes Bistro, interessante Gerichte – drinnen und auf der Terrasse.
Mo geschl. $$

✖ **Garden Bistro**
923 Gervais St.
Columbia, SC 29201
☏ (803) 933-0869
www.gardenbistrosc.com
Mo–Fr 11–15 Uhr
Populäres Lunchrestaurant in Downtown. $

### Ausflugsziel:

Rund 32 km südöstlich von Columbia, Nähe Hwy. 48 (Bluff Rd.), liegt das Naturschutzgebiet:

👁 ⛰ **Congaree Swamp National Monument**
100 National Park Rd.
Hopkins, SC 29061
☏ (803) 776-4396
www.nps.gov/cong
Tägl. 9–17 Uhr (Visitor Center)
Eintritt kostenlos
Üppige Sumpflandschaft, schön zum Wandern, Angeln, Kanufahren. Camping.

# ❻ Georgetown

In Georgetown erinnern rund 50 blendend weiße Antebellum-Häuser an die für die Stadt äußerst erfolgreiche Zeit, die nach der Revolution mit dem Niedergang des Indigo-Anbaus und dem Florieren des Reisgeschäfts begann und bis zum Bürgerkrieg dauerte. Die gute Versorgung mit Arbeitskräften (Sklaven von den Westindischen Inseln) und gleich sechs Flüsse, die den enormen Wasserbedarf dieser Saat sicherten, machten Georgetown County zeitweise zur wichtigsten Reisschüssel in den USA und zu einer ihrer reichsten Provinzen.

Ein Spaziergang durch den Kern des in der Nachfolge von Charles Town 1729 gegründeten Städtchens führt unweigerlich zum weithin sichtbaren Türmchen des spannenden **Rice Museums**. Stärken kann man sich am angenehmsten in einem der Lokale am Ufer mit Blick auf den Fluss, an dem – parallel zur Front Street – der Harbor Walk direkt am Wasser vorbeiführt.

## Service & Tipps:

**ℹ Georgetown County Chamber of Commerce**
531 Front St., Georgetown, SC 29440
✆ (843) 546-8436, 1-800-777-7705
www.visitgeorge.com

**🏛 Rice Museum**
633 Front St., Georgetown, SC 29440
✆ (843) 546-7423
www.ricemuseum.org
Mo–Sa 10–16.30 Uhr, Eintritt $ 7/3
Ausstellung zur Geschichte der Reiskultur. Hier faszinieren vor allem die liebevoll gebastelten Dioramen: kleine Leuchtkästen mit Miniaturen zum Thema Reisgewinnung. Sie zeigen die Rodung der Gummibaum- und Zypressenwälder, die Anlage von Bewässerungsgräben und Dämmen, das zyklische Überfluten und Trockenlegen der Felder und die Stationen der Weiterverarbeitung. Witzig ist die täuschend echte Nachbildung des Spanischen Mooses an den Baumästen durch kleine Büschel von Abrazzo.

**◉ 🏛 Kaminski House Museum**
1003 Front St., Georgetown, SC 29440
✆ (843) 546-7706
Mo–Sa 10–16, So 13–16 Uhr
Führungen stündlich, Eintritt $ 7/3
Sehenswertes Stadthaus (1769) eines Reispflanzers mit herrlichem Blick auf den Sampit River.

**✗ ♨ Kudzu Bakery**
120 King St., Georgetown, SC 29440
✆ (843) 546-1847
www.kudzubakery.com
Mo–Fr 9–17.30, Sa 9–14 Uhr, So geschl.
*Creative southern foods* und entsprechend duftende Bäckerei mit frischem Brot, Makronen, Kuchen und Marmelade; außerdem Sandwiches, Öko-Gemüse, Weine. Im Garten kann man picknicken. $

**✗ Rice Paddy Restaurant**
732 Front St., Georgetown, SC 29440
✆ (843) 546-2021
www.ricepaddyrestaurant.com
So geschl.
Die beste *Low country*-Küche in Georgetown am Wasser: Lamm, Wachteln, *snapper* und *crab cakes*.
Mo–Sa Lunch ($) und Dinner. $$–$$$

**✗ The River Room Restaurant**
801 Front St., Georgetown, SC 29440
✆ (843) 527-4110
www.riverroomgeorgetown.com
Mo–Sa Lunch und Dinner
Gemütliches, legeres Restaurant am Fluss. Auf der Speisekarte stehen viel Fisch und Fleisch sowie Gerichte aus der Südstaatenküche. $$

## Ausflugsziel:

**◉ Hopsewee Plantation**
494 Hopsewee Rd., US 17 südl. von Georgetown, SC 29440
✆ (843) 546-7891
www.hopsewee.com
Di–Fr 10–16, Sa 12–16 Uhr
Eintritt $ 17.50/7.50 für alles, $ 7.50 nur außen
Die Reisplantage, umgeben von alten Eichen, Kamelien und Magnolien, wurde 1740 für einen Kongressabgeordneten gebaut.

*Rice Museum in Georgetown*

# ❼ Hilton Head Island

Von Charleston US 17 nach Süden zur I-95, diese nach Süden, Abzweig auf US 278 nach Hilton Head Island (ca. 170 km, Fahrzeit 2 ½ Std.).

Bei Sporturlaubern gilt Hilton Head Island längst als Top-Ziel unter den Spielplätzen der südlichen Ostküste, deren Golf- und Tennisturniere auch von internationalen Profis besucht werden. Benannt nach einem britischen Kapitän, gediehen auf dieser übrigens größten Insel zwischen New Jersey und Florida (mit heute knapp 25 000 Einwohnern) gegen Ende des 18. Jahrhunderts Indigo-, Reis- und Baumwollplantagen. Die betuchten Pflanzer bauten sich ihre Stadtvillen im nahen Beaufort oder Savannah. Im Bürgerkrieg bemächtigten sich die Blauröcke der Insel und nutzten sie als Ausgangspunkt für die Seeblockade der Konföderiertenschiffe. Nach dem Krieg überließ man die Insel sich selbst und den befreiten Sklaven, der sogenannten »Gullah«-Bevölkerung.

Heute sind hier und da noch ein paar Ruinen der Plantagen (z.B. Bayard Ruins) und Bürgerkriegs-Forts (Fort Mitchell) zu sehen. Den großen Einschnitt für die Insel bedeutete 1956 der Bau der Autobrücke. Von nun an war Hilton Head Island ein ganzjähriges Sport- und Ferienziel. An sportlichen und erholsamen Angeboten fehlt es nicht. Die Insel verfügt über nicht weniger als 25 18-Loch-Plätze, 300 Tennisanlagen jeder Couleur, außerdem Joggingpfade, Radwege und Marinas. Segelfreunde kommen hier ebenso auf ihre Kosten wie Windsurfer und Angler. Entsprechend breit sind die Palette der Gastronomie und der Komfort der Unterkünfte. Von Luxushotels bis zu rund 4000 Ferienwohnungen (tage- und wochenweise) ist alles zu haben, Sicherheitskontrollen und Wächter eingeschlossen, denn nicht ohne Grund wird in der Freizeitwelt von Hilton Head *security* groß geschrieben. Wem perfekte Hotelanlagen nicht die Erfüllung bedeuten, der wird mit unberührter Natur reichlich belohnt – mit schönen Stränden, Dünen, Marschland und Laubwäldern. Allerdings: Hilton Head eignet sich kaum für Stippvisiten. Ein paar Tage Zeit sollte man für die elegant-abgeschiedenen Resorts schon mitbringen.

*Sitzen oder Lesen: ein Stuhl für beide Fälle*

*Licht und Luxus: Hilton Head Island, South Carolina*

*Service & Tipps:*

**ⓘ Hilton Head Island Visitor & Convention Bureau**
1 Chamber of Commerce Dr.
Hilton Head Island, SC 29938
✆ (843) 785-3673, 1-800-523-3373
www.hiltonheadisland.org

**🏛️🎋 Coastal Discovery Museum**
100 William Hilton Pkwy.
Hilton Head Island, SC 29925
✆ (843) 689-6767
www.coastaldiscovery.org
Mo–Sa 9–16.30, So 11–15 Uhr
Eintritt kostenlos
Regionales naturgeschichtliches
Museum, Öko-Lehrpfad und diverse
Exkursionsangebote.

**🛍️ Shelter Cove Town Centre**
24 Shelter Cove Lane
Hilton Head Island, SC 29928
✆ (843) 686-3090
www.sheltercovetowncentre.com
Mo–Sa 10–21, So 12–18 Uhr
Shopping Center mit mehr als 50 Spe-
zialgeschäften; wird zzt. erweitert und
umgebaut.

**✖ Salty Dog Café**
232 S. Sea Pines Dr.
Hilton Head Island, SC 29928
✆ (843) 363-2198
www.saltydog.com
Fischgerichte, Sandwiches und
Salate auf der Terrasse mit Meeresblick. Häufig Live-Entertainment.
$–$$

# ❽ Lexington

Weil viele deutsche Siedler (seit 1785, Lexingtons ursprünglicher Name war Saxe Gotha) Englands König George III. bewunderten, brauchte Lexington (heute 18 000 Einwohner) im Revolutionskrieg ziemlich lange, um sich auf die Seite der Kolonisten zu schlagen. Sehenswert ist hier vor allem das **County Museum**.

*Service & Tipps:*

**ⓘ Greater Lexington Chamber of Commerce**
321 S. Lake Dr.
Lexington, SC 29072
✆ (803) 359-6113
www.lexingtonsc.org
Mo–Do 9–17, Fr 9–16 Uhr

**🏛️ Lexington County Museum**
231 Fox St.

Lexington, SC 29072
✆ (803) 359-8369
www.lex-co.com/museum/
Di–Sa 10–16, So 13–16 Uhr
Eintritt $ 5/2
36 historische Gebäude, darunter das originale Post Office, Möbel und andere Artefakte erläutern den Lebensstil von 1770 bis zum frühen 19. Jh. Besonders interessant ist das Fox House, ein zweistöckiges Plantation Home von 1832.

# ❾ Myrtle Beach und Grand Strand

Wen es an einem Wochenende im Sommer oder gar in den Osterferien *(easter break)* nach **Myrtle Beach** verschlägt, der lernt auf Anhieb, wie verrückt Teenies spielen können. Schon möglich, dass die modernen Freudentänze der jungen Leute von Myrtle Beach bei manchen Reisenden aus Europa blankes Entsetzen auslösen.

Doch wer das kulturelle Spektrum der Ostküste des Südens erfahren will, der kann den **Grand Strand**, wie der Abschnitt zwischen Myrtle Beach und Georgetown heißt, nicht einfach Nase rümpfend auslassen. Schließlich wird hier ein wichtiges Kapitel jugendlicher Völkerkunde aufgeschlagen – mit Horden von Cola nuckelndem und Hamburger mampfendem Jungvolk.

*Gepäck*
*Wer auf dem Airport von Myrtle Beach landet und am Laufband der Gepäckausgabe auf seinen Koffer wartet, traut meist seinen Augen nicht: von Koffern erst mal keine Spur, dafür reihenweise unhandliche Säcke: schweres Golfergepäck. Noch bevor man seinen Fuß in die Stadt gesetzt hat, weiß man also, wo man gelandet ist. Bei Engpässen (Turnieren z.B.) werden oft zusätzliche Transportflugzeuge eingesetzt, die überhaupt nur Golfausrüstungen einfliegen.*

*Blauer Saum der Südstaaten: Atlantik in Myrtle Beach, South Carolina*

Ohne Myrtle wäre die Palette des Grand Strand von South Carolina nicht komplett. Dazu gehören auch die Charterbusse aus dem Hinterland, vor allem, seit die Event-Szene explodiert ist – durch Shows, Eisrevuen und zahlreichen Musiktheatern. Und dazu gehören auch die Harley-Gemeinden, die ab und an hierher strömen, weil South Carolina keine Helmpflicht kennt und damit erlaubt, Resthaare frei im Wind flattern lassen.

Aber Myrtle Beach hat mehr zu bieten als ein Stonehenge des Körperkults mit röhrenden Blondschöpfen und quietschenden Girls. Woher sonst nämlich käme seine Beliebtheit! Alljährlich strömen 13 Millionen Besucher herbei, vor allem die wärmebedürftigen Nordländer aus New York und Ohio, um die Riesenauswahl an **Golf-** (über 120) und **Tennisplätzen** (mehr als 200), die schönen Strände und spritzigen Wasserparks zu genießen oder eine Angeltour in die vom vorbeiziehenden Golfstrom bereicherten Fischgründe vor der Küste zu starten. Ja, sogar die Japaner lassen sich hier blicken, weil das Golfspielen wesentlich billiger ist als bei ihnen zu Hause. Viele kaufen gleich eine komplette Ausrüstung, um damit in Japan ein gutes Geschäft zu machen.

Das reiche Bettenangebot und ein Dutzend erstklassiger Campingplätze, die heute den Grundstock dieser touristischen Hochburg von South Carolina ausmachen, sind vergleichsweise jung. Lange blieb dieser Landstrich arm und abgeschieden vom Reichtum der Indigo- und Reiskultur an der übrigen Küste. Vor dem Bürgerkrieg waren es lediglich ein paar vereinzelte Pflanzer, die, um Malaria und andere tödliche Fieber zu vermeiden, auf dem benachbarten Pawleys Island eine kleine Sommerfrischler-Kolonie errichteten. Zwar drängten um die Jahrhundertwende mehr ans Meer, als eine Holz- und Terpentinfirma eine Eisenbahn von Convey zum Wasser baute, den Strand durch Grundstücksverkäufe erschloss und ein erstes Hotel dorthin setzte. Trotzdem blieb es hier eher ruhig. Erst nachdem 1954 Hurrikan »Hazel« alles Menschenwerk am Wasser abrasiert hatte, rückte im Zuge des Wiederaufbaus von Myrtle Beach das Konzept von South Carolinas Grand Strand in den Vordergrund und in die Landesstatistik. Kürzlich noch zählte die Region zu den am schnellsten wachsenden kleinstädtischen Gebieten in den USA.

*Myrtle Beachs Seaside
Amusement Park*

## Service & Tipps:

**ℹ️ Myrtle Beach Area Visitor
Center**
1200 N. Oak St.
Myrtle Beach, SC 29577
✆ (843) 626-7444, 1-800-356-3016
www.visitmyrtlebeach.com
Mo-Fr. 8.30–17, Sa 9–17, So 10–14 Uhr

**ℹ️ North Myrtle Beach Chamber
of Commerce**
1521 US 17 S.
North Myrtle Beach, SC 29582
✆ (843) 281-2662, 1-877-332-2662
www.northmyrtlebeachchamber.com

**🛏️ ✖️ Barefoot Landing**
4898 Hwy. 17 S.
North Myrtle Beach, SC 29582
✆ (843) 272-8349
www.barefootlanding.com
Ein Boardwalk über dem Wasser verbindet Shops, Cafés und Restaurants.
Auch für Musik und anderes Entertainment ist hier gesorgt (vgl. Alabama Theatre).

**✖️ The Library**
1212 N. Kings Hwy.
Myrtle Beach, SC 29577
✆ (843) 448-4527
www.thelibraryrestaurantsc.com
So geschl.
*Fine dining* bei Kerzenlicht und französischen Gerichten, umfangreicher

Weinauswahl und aufmerksamem
Service. $$–$$$

**✖️ Aspen Grille**
5101 N. Kings Hwy.
Myrtle Beach, SC 29577
✆ (843) 449-9191
www.aspen-grille.com
Fisch- und Muschelgerichte sowie
Bio-Steaks von einer der Niman Ranches (www.nimanranch.com) sind die
Favoriten der Speisekarte. $$–$$$

**✖️ 🛏️ Collectors Cafe**
7740 N. Kings Hwy.
North Myrtle Beach, SC 29572
✆ (843) 449-9370
www.collectorscafeandgallery.com
Mo-Sa 12–24 Uhr
So geschl.
Bistro plus Galerie: Kunst und Küche
(geschmackvoll mediterran) unter
einem Dach. $$–$$$

**✖️ Sea Captain's House**
3002 N. Ocean Blvd. & 30th Ave.
Myrtle Beach, SC 29577
✆ (843) 448-8082
www.seacaptains.com
Strandnah gelegen mit Ozeanblick:
frische Meeresfrüchte, Gerichte mit
*Low country flavour*, z.B. *she crab
soup*, eine mächtige Suppe, die,
anders als ihre Cajun-Variante, nicht
auf Tomatenbasis gemacht wird.
Frühstück, Lunch ($), Dinner. $–$$

*Südstaaten-Ambrosia
Was die Margarita
oder Piña Colada für
den Südwesten, das ist
die Mint Julep für die
Südstaaten – ein tücki-
scher Drink, gemixt
aus Pfefferminze, Eis
und Bourbon. Wie
stark das Ergebnis
werden kann, verrät
ein Barkeeper aus New
Orleans: »We make'm
strong here. Never get
a second order.«*

117

Goldmännlein im Walde:
Brookgreen Gardens

### ☒ Chestnut Hill Restaurant
9922 N. Kings Hwy. (US 17)
Myrtle Beach, SC 29572
✆ (843) 449-3984
www.chestnuthilldining.com
Gute Steaks und Seafood. Der kleine
See am Haus liefert die akustische
Untermalung: Im Schilf quaken die
Frösche, in den Baumkronen rasseln
die Zikaden. Nur Dinner und Sunday
Brunch. $$

### ♫ The Carolina Opry
8901-A Business Hwy. 17 N.
Myrtle Beach, SC 29572
✆ (843) 913-4000, 1-800-843-6779
www.thecarolinaopry.com
Mo–Sa um 20 Uhr, Ticket ca. $ 35–50
Musik und Varieté-Shows mit Süd-
staatenthemen.

### ♫ Alabama Theatre at Barefoot Landing
4750 US 17 S.
North Myrtle Beach, SC 29582
✆ (843) 272-1111, 1-800-342-2262
www.alabama-theatre.com
Showtime mit 2250 Sitzen: choreo-
grafisch, musikalisch und ausstat-
tungsmäßig – mit High-Tech-Effekten.
Reservierung erforderlich.

### ⊙ ☒ Medieval Times Dinner & Tournament
2904 Fantasy Way
Myrtle Beach, SC 29579
✆ (843) 236-8080, 1-866-543-9637
www.medievaltimes.com
Ticket $ 54/33
Eine europäische Burg als Zeitmaschi-
ne – zurück ins 11. Jahrhundert! Vir-
tuelles Mittelalter mit Ritterkämpfen
und Gastronomie. Reservierung erfor-
derlich.

### ☒ ♫ Pirates Voyage
8901-B Hwy. 17 Business
Myrtle Beach, SC 29577
✆ (843) 497-9700, 1-800-433-4401
www.piratesvoyage.com
Ticket $ 35/19
Familien-Dinner mit Seejungfrauen-
und Artisten-Show. Eine Geschäfts-
idee von Countrymusic-Veteranin
Dolly Parton. Reservierung empfeh-
lenswert.

### ♫ Legends in Concert
2925 Hollywood Dr.
Myrtle Beach, SC 29577
✆ (843) 238-7827, 1-800-960-7469
www.legendsinconcertsc.com
Tickets ab $ 38/15

Look-alikes von Elvis, den Blues Brothers, Marilyn, Jerry Lee Lewis, Liza Minelli u.a.

### ♪ 2001 Entertainment Complex

920 Lake Arrowhead Rd. (Restaurant Row)
Myrtle Beach, SC 29572
☏ (843) 449-9435, 1-877-662-0016
www.2001nightclub.com
Drei beliebte Tanzclubs und Super-Discos mit Live-Entertainment.

### Ausflugsziele:

### Brookgreen Gardens

Am Eingang des skulpturenbestückten Parks begrüßt der »Spirit of American Youth« den Besucher, eine wuchtige Bronzeplastik eines kraftvoll-dynamischen jungen Mannes zum Gedenken an die Toten in der Normandie im Zweiten Weltkrieg – gleichzeitig wohl auch ein heroisches Gegenbild zur geballten Langeweile der Beach Boys in Myrtle.

Die botanischen Gärten sind ein lohnender Stopp – wegen des reizvollen Landschaftsbezugs der einen oder anderen unter den 500 plastischen Figuren aus dem 19. und 20. Jh., der immergrünen Eichen mit den verfilzten moosigen Bärten und des kleinen Zoos. Brookgreen Gardens: auch eine Variation des Typus *Hortus conclusus*, der die Südstaaten wie keinen anderen Bereich der USA prägt.

### Service & Tipps:

### ◉ Brookgreen Gardens

1931 Brookgreen Dr./US 17
Murrells Inlet, SC 29576
☏ (843) 235-6000, 1-800-849-1931
www.brookgreen.org
Tägl. 9.30–17 Uhr, Eintritt $ 12/6
Skulpturenpark aus den 1930er Jahren auf dem Gelände einer ehemaligen Reisplantage.

### Huntington Beach State Park:

### 🏕 🎣 🚻 Huntington Beach State Park

16148 Ocean Hwy.
Murrells Inlet, SC 29576
☏ (843) 237-4440
www.southcarolinaparks.com
Tägl. 6–22 Uhr, im Winter kürzer
Eintritt $ 5/3
Top-Strand, Lagune, Salzmarschen, maritime Wälder und großer Vogelreichtum. Camping (186 Plätze), Picknick- und Angelplätze, Wanderwege.

*Golfparadies Myrtle Beach*

# ⑩ Pawleys Island/Murrells Inlet

**Pawleys Island** und **Murrells Inlet**, die weiter vorn am Wasser das Südende vom Grand Strand bilden, gleichen im Gegensatz zu Myrtle Beach Refugien ländlicher Ruhe. Es sind stille Regionen des *low country* mit alten Eichen und sehr gefragt bei Sportanglern. Das waren sie schon in alter Zeit, als sich der gefürchtete Blackbeard und andere finstere Piraten hier verkrochen und die Gegend zur Quelle mysteriöser Legenden und Geistergeschichten machten. Wetter und Wasser, knorrige Bäume und Küstennebel halten viele lokale Geister dieser *misty marshes* bis heute lebendig.

Praktisch sind dagegen die hervorragenden, weil selbst gemachten Hängematten *(hammock)*, die hier zu haben sind – in der gepflegten Shoppingoase der **Hammock Shops**, wo es außer Modischem feine Delikatessen gibt.

*Abzweig, 22 km südl. von Myrtle Beach.*

### Service & Tipps:

### 🍴 Carolina Gourmet at Pawleys

10880 Ocean Hwy. (US 17)
Pawleys Island, SC 29585
☏ (843) 237-1999, 1-800-822-7741
www.carolinagourmet.biz
Erlesene Leckereien und geschmackvolle Küchenaccessoires. Schön gelegen im Ensemble der Hammock Shops.

*Satter Fang in Murrells*
*Inlet*

### ☒ Roz's Rice Mill Cafe
10880 Ocean Hwy. (US 17)
Hammock Shops
Pawleys Island, SC 29585
✆ (843) 235-0196
www.rozsricemillcafe.com, So geschl.
Ideal für ein Gourmet-Lunch oder
Dinner. $$

### ☒ ☟ Bove Restaurant and Bar
11359 Ocean Hwy.
Pawleys Island, SC 29585
✆ (843) 237-7200, www.bovesc.com
Kulinarische Köstlichkeiten aus der
Südstaatenküche mit italienischem
Einschlag – oder umgekehrt? Dinner-
Restaurant und Bar. $$–$$$

## ⑪ Spartanburg

Die besten Pfirsiche der Welt sollen angeblich in Spartanburg gedeihen. Vielleicht ein Ansporn für **BMW**, die hier vor nicht allzu langer Zeit ein US-Werk errichtet haben. Die bayrischen Motorenbauer stehen hier nicht allein: Zahlreiche andere europäische Unternehmen haben hier Fuß gefasst. In Sachen Niederlassung von internationalen Firmen hat man hier die Nase vorn.

### *Service & Tipps:*

#### ⓘ Spartanburg Convention &
Visitors Bureau
105 N. Pine St., Spartanburg, SC 29302
✆ (864) 594-5050, 1-800-374-8326
www.visitspartanburg.com

#### ☷ 🏛 BMW Zentrum
1400 Hwy. 101 S., Exit 60 von I-85,
29 km westl. von Spartanburg
Greer, SC 29651
✆ (864) 989-5297, 1-888-TOUR-BMW

www.bmwusfactory.com
Mo-Fr 9.30–17.30 Uhr, Werkstouren
nach Vereinbarung, Eintritt $ 7/3.50
Besucherzentrum und Museum.

#### ☒ Beacon Drive In
255 John B. White Sr. Blvd.
Spartanburg, SC 29306
✆ (864) 585-9387
www.beacondrivein.com, So geschl.
Seit 1946 weist der Leuchtturm den
Weg zu den angeblich besten Hamburgern weit und breit. $

*Ausflugsziel:*

### ◉ Walnut Grove Plantation

1200 Ott's Shoal Rd.
Roebuck, SC 29376
℗ (864) 576-6546
www.spartanburghistory.org/walnut
grove.php
April–Okt. Di–Sa 11–17, So 14–17, Nov.
und März, Sa 11–17, So 14–17 Uhr
Eintritt $ 6/3

Von aristokratischen Herrschaftsvillen und unabsehbaren Reisfeldern keine Spur. Stattdessen ein bescheidenes Ensemble funktionsgerechter Häuser, ein Brunnen-, ein Küchenhaus und so weiter, allesamt auf einem Grundstück, das ein irischer Schulmeister im 18. Jh. von König George II. geschenkt bekam, und der es daraufhin mit seiner Familie und sechs bis acht Sklaven bewirtschaftete.

Die Küche ist, wie meist im Süden, nicht im Hause, sondern wegen Hitze und Feuergefahr in gebührender Distanz zu ihm in einem eigenen Gebäude untergebracht. Die Trennung führte dazu, dass die (weiße) Dame des Hauses vom (schwarzen) Koch getrennt war. Diese Arbeitsteilung setzte sich später fort und hatte unter anderem zur Folge, dass aus den ehemaligen Sklaven die erste Generation schwarzer Küchenchefs wurde.

Auf Walnut Grove wurde vor allem Getreide angebaut, das man nach England verkaufte, aber auch Mais, den man bei den Cherokee-Indianern kennen gelernt hatte. Typisch auch die Architektur der Vorratskammern, die sich in nahezu allen frühen Bauten der Region wiederfindet – schließlich gab die Abgeschiedenheit des Wohnens allen Grund zur Vorsorge.

Anschaulich ist die kleine Führung allemal. Die Häuser und die meisten Einrichtungsgegenstände sind authentisch: der Tisch, die Bibel, ja, sogar die danebenliegende Brille des Schulmannes, die Kinderbetten, die unter dem der Eltern hervorgezogen werden, und das deutsche Türschloss, dessen Klinke man mit dem Ellenbogen öffnen kann, ohne dabei die Milchkrüge abstellen zu müssen.

An den Wänden hängen farbige Bilder von prächtigen Vögeln, die geschossen wurden, um die Saat zu schützen. Nur der Sherry auf dem Tisch ist nicht echt, sondern gefärbtes Wasser. ⚜

*Adrett konserviert: Walnut
Grove Plantation*

# Florida Panhandle

*»Catch of the day«:
Hochseefischen im Gulf
of Mexico*

Das nördliche Florida, der *Panhandle*, setzt sich durch stillere Töne deutlich vom Mickey-Mouse-Image, dem Klischee des »Sunshine State«, ab. Er hängt mit den Südstaaten enger zusammen als mit dem typischen Florida. So überwiegen reizvolle Lagunenlandschaften, die helle Küste des Golfs von Mexiko, das schimmernde Blau der Buchten und die meist weißen Puderzuckerstrände. Der Herkunft nach sind es Quarzsteine, die, aus dem Appalachengebirge herangeschafft und aufgeschüttet, vom Golf ausgewaschen wurden.

Doch es gibt auch Ausnahmen. Rummel ist zum Beispiel am Miracle Strip in Panama City Beach gefragt, dem Zentrum des Vergnügungs-Strip der *redneck riviera*, dem Naherholungsgebiet der kleinen Leute und großen Familien aus der Umgebung.

Die Bezeichnung *redneck* geht auf die Arbeitsbedingungen der überwiegend weißen Landbevölkerung, die kleinen Farmer zurück, die sich keine Sklaven leisten konnten und sich deshalb selbst auf dem Feld der Sonne aussetzen mussten. Dort holten sie sich den roten Nacken, der ihnen den Spitznamen einbrachte. Noch heute leben kaum Schwarze in dieser Region nördlich der Golfküste. Gerade deshalb, so hört man vielfach, sei hier die Mentalität der *good ol' boys* besonders verbreitet –

das Eine-Hand-wäscht-die-andere-Prinzip, das die gegenseitige Begünstigung demokratischen Spielregeln vorzieht und das in den Südstaaten ohnehin weit verbreitet ist.

Zu den verlockendsten Badezielen zählen die Strände der State Parks von St. Joseph, St. Andrew's und St. George sowie die komplett naturgeschützte Gulf Islands National Seashore, Pensacola Beach und Perdido Key eingeschlossen. Jacksonville, Tallahassee und Pensacola zählen zu den größeren Städten, im Hinterland kann man zwei Bilderbuchplantagen bewundern (Pebble Hill und Eden Gardens State Park), ja, und ein Bad in der Naturquelle von Wakulla Springs sorgt für Erfrischung.

# ❶ Amelia Island/Fernandina Beach

Auf Amelia Island, in der äußersten Nordostecke Floridas überrascht das Badeörtchen **Fernandina Beach** durch sein hübsches Zentrum. An der **Centre Street** reihen sich Restaurants und Shops. Weder der knapp 9000 Einwohner zählende Ort, in dem »Pippi Langstrumpf« verfilmt wurde, noch die ganze Insel wirken touristisch, eher familiär und bescheiden. Am **Main Beach** kann man auf der Terrasse nahe der Brandung sitzen. Fletcher Avenue führt zu den feinen weißen Quarzstränden von **Peter's Point**. Weiter südlich, auf Fort George Island (via A1A, dem beschaulichen Buccaneer Trail durch Marschland, über Brücken und Creeks), liegen der **Talbot Island State Park** mit schönem Strand und die sehenswerte **Kingsley Plantation**.
**Anfahrt:** I-95, Exit 129 (A1A) Richtung Amelia Island.

*Entspannung auf Amelia Island, Floridas nördlichster Insel*

**Service & Tipps:**

ℹ️ **Amelia Island/Fernandina Beach Chamber of Commerce**
102 Centre St. (Bahnhof)
Fernandina Beach, FL 32034

📞 (904) 277-0717
Mo–Fr 9–17, Sa 11–16, So 12–16 Uhr
www.ameliaisland.com

🚶 🌳 🚻 **Fort Clinch State Park**
2601 Atlantic Ave.

Fernandina Beach, FL 32034
✆ (904) 277-7274
www.floridastateparks.org/fortclinch
Tägl. 8 Uhr bis Sonnenuntergang
Eintritt $ 6 pro Auto
Wehrhafter Backsteinbau an der
Nordspitze der Insel: Camping, Natur-
pfade, Radwege, Fishing Pier.

### ☒ 🛏 Hoyt House English Tea Experience
804 Atlantic Ave.
Amelia Island, FL 32034
✆ (904) 277-4300, 1-800-432-2085
Subtropisches Ambiente und engli-
sche Tea Time ($$) im herrlich luxu-
riösen, viktorianischen Hoyt House,
das auch ein Bed & Breakfast ($$$$)
mit 10 Zimmern und einer Jacht
ist.

### ☒ Joe's 2nd Street Bistro
14 S. 2nd St.
Fernandina Beach, FL 32034
Auch zum Draußensitzen: einfalls-
reiche Küche. Nur Dinner. $$–$$$

### ☒ Beech Street Grill
801 Beech St.
Fernandina Beach, FL 32034
✆ (904) 277-3662
www.beechstreetgrill.com
Einfallsreiche Gerichte (bevorzugt
Fisch) in einer viktorianischen Villa
in der Altstadt. $$–$$$

### 🍸 🎵 Palace Saloon
117 Centre St.
Fernandina Beach, FL 32034
✆ (904) 491-3332
www.thepalacesaloon.com
Beliebte Bar mit langer Geschichte
(seit 1878) – oft mit Livemusik. Einfa-
che Gerichte. $

### ☒ Brett's Waterway Cafe
1 Front St.
Fernandina Beach, FL 32034
✆ (904) 261-2660
www.brettswaterwaycafe.com
Frischer Fisch und Blick auf den
Hafen. Man kann drinnen oder
draußen sitzen. Weinkarte, Cock-

tailbar. Lunch ($) und Dinner.
$$

🏕 ✈ **Little Talbot Island State Park/Big Talbot Island State Park**
12157 Heckscher Dr.
Jacksonville, FL 32226
✆ (904) 251-2320
www.floridastate parks.org/littletal botisland
8 Uhr bis Sonnenuntergang
Eintritt $ 3 (Big Talbot Island S.P.),

$ 5 (Little Talbot Island S.P.)
Strände, Salzmarschen, Dünen und maritime Wälder. Paddelbootverleih.

◉ **Kingsley Plantation**
11676 Palmetto Ave. (Fort George Island), Jacksonville, FL 32226-2449
✆ (904) 251-3537, www.nps.gov/timu
Tägl. 9–17 Uhr, Eintritt kostenlos
Floridas ältestes erhaltenes Plantagenhaus, Anfang des 19. Jh., mit Resten der Sklavenunterkünfte.

<u>*Gemächlicher Süden*</u>
*Vieles im Süden läuft nicht gerade im Eiltempo. »Wenn New Yorker hier irgendwo reinkommen und in ungeduldigem Ton Fragen stellen, laufen sie gewöhnlich erst mal auf und blitzen ab. So was mag der Süden nicht«, erzählt eine Barfrau aus Apalachicola.*

# ❷ Apalachicola

Das rund 2600 Einwohner zählende Apalachicola war einmal ein wohlhabender Baumwollhafen und genießt heute den Ruf, die Austern-Metropole von Florida zu sein. Ein Museum widmet sich der kühlenden Tat eines gewissen John Gorrie, der hier die Klimaanlage erfand. Wie meist im Süden bestimmt hier nicht gerade Eiltempo den Gang der Dinge. »Wenn New Yorker hier irgendwo reinkommen und in ungeduldigem Ton Fragen stellen, laufen sie gewöhnlich erst mal auf und blitzen ab. So was mag der Süden nicht.« Die vorgelagerten *Barrier Islands* **St. George Island** und **St. Joseph Peninsula** besitzen Traumstrände.

**Service & Tipps:**

ℹ️ **Apalachicola Bay Chamber of Commerce**
122 Commerce St.
Apalachicola, FL 32320
✆ (850) 653-9419
www.apalachicolabay.org

🏛 **John C. Gorrie Museum State Park**
46 6th St. & Ave. D
Apalachicola, FL 32320
✆ (850) 653-9347
Do–Mo 9–17 Uhr
Eintritt $ 2
Dr. med. John Gorrie suchte seinen Malaria-Patienten durch die Erfindung der Raumkühlung zu helfen.

✗ **Chef Eddie's Magnolia Café**
975 Market St.
Apalachicola, FL 32320
✆ (850) 653-8000
www.chefeddiesmagnoliacafe.com
Hoch gelobtes kleines Restaurant mit sehr guten Fischgerichten. $$

✗ **Boss Oyster**
123 Water St.
Apalachicola, FL 32320
✆ (850) 653-9364

*Geschützte Dünen und Puderzucker-Sand: die Strände an der Florida Panhandle*

www.apalachicolariverinn.com
Hafenbar für Austernfans. Auch hervorragende Krebse, Shrimps und andere Meeresfrüchte. Lunch und Dinner. $–$$

### ☒ ⌂ The Gibson Inn
51 Ave. C
Apalachicola, FL 32320
✆ (850) 653-2191
www.gibsoninn.com
Historisches Hotel am östlichen Stadteingang. Empfehlenswertes Cajun-Restaurant (Lunch und Dinner). $$

### *Ausflugstipps:*

### 🏖 🚶 St. Joseph Peninsula State Park
8899 Cape San Blas Rd.
Port Saint Joe, FL 32456
✆ (850) 227-1327
www.floridastateparks.org/stjoseph
Tägl. 8 Uhr bis Sonnenuntergang
Eintritt $ 6 pro Auto
Schutzgebiet mit Zuckerstränden vom Feinsten. Rangierte in der Hitliste *Top Ten 2002 America's Best Beaches* auf Platz eins! Auf der Wattseite: Bootsrampe, Kanuverleih, Camping (ca. 120 Plätze, telefonische Reservierung möglich), Angeln, Naturpfade, Picknicktische und Duschen.

### ☒ Indian Pass Raw Bar
8391 County C 30 (Ecke der Straße nach Indian Pass)
Port St. Joe, FL 32456
✆ (850) 227-1670
www.indianpassrawbar.com
So/Mo geschl.
Nicht auf Freundlichkeiten, aber auf frische Meeresfrüchte spezialisiert! (Von Apalachicola: US 98 nach Westen, zum Abzweig der C 30, in diese links abbiegen und weiter ein paar Meilen. Restaurant auf rechter Straßenseite.) $$

### 🏖 🚶 St. George Island State Park
1900 E. Gulf Beach Dr.
Saint George Island, FL 32328
✆ (850) 927-2111
www.floridastateparks.org/stgeorge
island
Tägl. 8 Uhr bis Sonnenuntergang
Eintritt $ 6 pro Auto
Schmal, wie die meisten Barrier Islands, etwa 45 km lang, still und naturgeschützt zwischen Golf und Marsch: Dünen, Strände, schattiger Campingplatz, Bootsrampen, Naturpfade, Picknicktische, Duschen.

## ❸ Carrabelle

Dass **Carrabelle** eine *fishing community* ist, erkennt man an den kleinen Werften und Krabbenkuttern, die hier dümpeln oder ein- und auslaufen. Wer den Boden betritt, hört den eigenen Schritt besonders gut, denn es prickelt und knackt unter der Schuhsohle. An der Golfküste gibt es keine Schottersteine oder Kies auf den Wegen, sondern nur Muscheln. »No gravel around«, sagen die Einheimischen.

Doch nicht der Blick auf die Fußspitzen, sondern der zum Horizont eröffnet die *vistas* und Perspektiven des Golfpanoramas; davon liefern die malerischen Aussichten von der in ihren Abmessungen nicht eben kleinlichen Brücke über den Carrabelle River eine Kostprobe. Vorn am Wasser hocken Kormorane, Pelikane und – nicht weit davon – die Badegäste, denn die Strände zwischen **Carrabelle Beach** und **East Point** sind beliebte Ausflugsziele, was die vielen Campingplätze und Bootsanleger bestätigen.

### *Service & Tipps:*

### ☒ Fish Camp Restaurant Lounge
275 Timber Island Rd.
Carrabelle, FL 32322
✆ (850) 720-1029
www.carrabellerivermarina.com
Di-Sa 6-22, So/Mo nur 6-12 Uhr
Ruhiges Restaurant mit Terrasse an der Mündung des Carrabelle River. Frischer Fisch, Muscheln und Meeresfrüchte, aber auch Steaks. $$

# ❹ Destin

Entlang der Straße werden alle Register des *beach front entertainment* gezogen. Aztekische Großköpfe mit Riesensonnenbrillen und grüne Ritterfiguren versprechen Wochenendgaudi. Da möchte eine Fastfood-Kette nicht nachstehen. Lapidar preist sie ihre »Tripleburger« auf einer Reklametafel an: FILL YOUR TANK. Magen oder Benzintank, Speise oder Sprit – was macht das schon für einen Unterschied! All das aber heißt nicht, dass der Strand zu verachten wäre. Destin zählt landesweit zu den beliebtesten Stränden.

***Service & Tipps:***

🍷 🎵 **Hog's Breath Saloon**
541 Harbor Blvd.
Destin, FL 32541

☎ (850) 837-5991
www.hogsbreath.com
Gut besuchte Partykneipe im Nightlife-Viertel Shanty Town, häufig Livemusik mit guten Bands. $

# ❺ Eden Gardens State Park

***Service & Tipps:***

👁 ✿ **Eden Gardens State Park**
181 Eden Gardens Rd.,
County Rd. 395, nördl. US 98
Santa Rosa Beach, FL 32459
☎ (850) 267-8320, www.florida state parks.org/edengardens
Tägl. 8 Uhr bis Sonnenuntergang
Führungen stündl. Do–Mo 10–15 Uhr
Eintritt $ 4 pro Auto, $ 2 für Fußgänger
Plantagenvilla von 1897, Garten und stiller Picknickplatz am Tucker Bayou. Ein Schmuckstück südstaat-

licher Bau- und Gartenkunst. Was heute von Staats wegen gepflegt und für jedermann zur Erholung offen steht, gehörte von den 1890er Jahren bis zum Ersten Weltkrieg einer Holzfirma, die die Wälder der Golfküste verwertete. Sägewerk und andere Bauten brannten ab. Nur die mit weißen Säulen umstellte Villa der Familie Wesley überlebte – in leicht abgewandelter Form, denn ursprünglich stand sie wegen der Hochwassergefahr durch die Tucker und Choctawhatchee Bay auf Stelzen.

*Erlesene Bau- und Gartenkunst: Wesley House im Eden Gardens State Park*

## ❻ Fort Walton Beach

Hübscher Badeort umgeben von schönen Salzmarschen, unberührten Dünen und Stränden. Wo die Flüsse in die **Choctawhatchee Bay** münden, entfaltet sich ein tierreiches Dschungelleben mit Alligatoren unter Magnolienbäumen.

*Service & Tipps:*

ℹ️ **Greater Fort Walton Beach Chamber of Commerce**
34 Miracle Strip Pkwy.
Fort Walton Beach, FL 32549
☎ (850) 244-8191
www.emeraldcoastfl.com

🏛 **Heritage Park & Cultural Center**
139 S. E. Miracle Strip Pkwy. (Hwy. 98)
Fort Walton Beach, FL 32548
☎ (850) 833-9595, www.fwb.org
Mo-Sa 10–16.30 Uhr, Eintritt $ 5/3
Dokumente der in Nordwest-Florida

ansässigen prähistorischen Bewohner der Paleo-, Archaic-, Woodland- und Mississippi-Kulturen.

Der Erdhügel *(mound)* nebenan ist die höchste Aufschüttung über Salzwasser weit und breit. Sie datiert um 1400. Der Tempel selbst ist eine Nachbildung.

❌ **Pandora's Restaurant & Lounge**
1226 N. Santa Rosa Blvd., Fort Walton Beach, FL 32548, ☎ (850) 244-8669
Gute Steaks und frische Meeresfrüchte. Cocktail Lounge – meist mit Livemusik. Nur Dinner. $–$$

## ❼ Grayton Beach

Durch die naturgeschützten Lagunen und Dünen im **State Park** führen Wanderwege. Der flache Strand am grünen Wasser lädt zum Laufen und Picknicken.

*Service & Tipps:*

⛺ ❌ **Grayton Beach State Park**
357 Main Park Rd.
Santa Rosa Beach, FL 32459
☎ (850) 267-8300
www.floridastateparks.org/grayton

beach
Tägl. 8 Uhr bis Sonnenuntergang
Eintritt $ 5 pro Auto
Breiter, traumhafter Puderzuckerstrand und tolle Dünen. Außerdem: Campingplatz, Duschen, Picknicktische und Bootsrampe auf der Wattseite.

*Ideale Bedingungen: Surfen am Fort Walton Beach*

## ❽ Jacksonville

Jacksonville, vom St. Johns River in zwei Hälften geteilt und flächenmäßig eine der größten US-Städte und die größte Floridas, liegt immer noch weitgehend im touristischen Windschatten. Die meisten fliegen darüber weg, fahren einfach durch oder vorbei. Die Industrie- und Hafenstadt erfreut sich seit längerem eines beträchtlichen Wachstumsbooms, nicht zuletzt durch die hier stationierten militärischen Einrichtungen wie Küstenwache und U-Boot-Basis. Derzeit leben hier rund 822 000 Einwohner, im städtischen Einzugsgebiet sogar über eine Million. Im historischen

Riverside-Avondale District hat sich noch einiges von der alten Bausubstanz erhalten, darunter ein wahres Schmuckstück, das opulent ausgestattete Florida Theater, in dem schon Eddie Cantor und Elvis Presley auftraten. Shopping-Freunde schätzen **Jacksonville Landing** an der Uferpromenade am St. Johns River, und kulturhistorisch Interessierten bietet die Stadt zwei erstklassige Institute. Zwei attraktive Strände steigern den Erholungswert der Stadt beträchtlich: **Jacksonville Beach** und Ponte Vedra Beach.

### *Service & Tipps:*

#### ℹ️ **Jacksonville and the Beaches Convention & Visitors Bureau**
280 N. Laura St.
Jacksonville, FL 32202
✆ (904) 798-9111, 1-800-733-2668
Fax (904) 798-9103
www.jaxcvb.com
Mo–Fr 9–17 Uhr

#### 🏛️ ✿ **The Cummer Museum of Art & Gardens**
829 Riverside Ave.
Jacksonville, FL 32204
✆ (904) 356-6857
www.cummer.org
Di–Fr 10–16, Di bis 21, Sa 10–17, So 12–17 Uhr, Eintritt $ 10/6
Klassische und präkolumbische Kunst, Rubens und Meißener Porzellan. Schöne Gartenanlage zwischen Museum und Fluss.

#### 🏛️ 🍷 👔 **Museum of Contemporary Art Jacksonville**
333 N. Laura St.
Jacksonville, FL 32202
✆ (904) 366-6911
www.mocajacksonville.org
Di–Sa 10–16, Do bis 20, So 12–16 Uhr
Eintritt $ 8/5

Zeitgenössische, klassische (einige Picassos), lokale und präkolumbische Kunst. Museumscafé und -shop.

#### 🏛️ **Museum of Science & History**
1025 Museum Circle
Jacksonville, FL 32207
✆ (904) 396-6674
www.themosh.org
Mo–Sa 10–17, Fr bis 20, Sa bis 18, So 13–18 Uhr, Eintritt $ 10/8
Natur- und Landesgeschichte, interaktive Ausstellungen.

#### 📷 **Fort Caroline National Memorial**
12713 Fort Caroline Rd.
Jacksonville, FL 32225
✆ (904) 641-7155
www.nps.gov/timu
Eintritt kostenlos
Reizvolle Küstenlandschaft. Visitor Center, Führungen.

#### 👔 ✕ **Jacksonville Landing**
2 W. Independent Dr.
Jacksonville, FL 32202
✆ (904) 353-1188
www.jacksonvillelanding.com
An der Main Street Bridge (US 1) auf der nördlichen Seite des Flusses: Spezialgeschäfte und Restaurants.

### ☒ Bistro Aix
1440 San Marco Blvd.
Jacksonville, FL 32207
☎ (904) 398-1949, www.bistrox.com
Gelungene kulinarische Kombinationen: Das *high-energy bistro* serviert Rote Beete, Blumenkohl u. a. Gutbürgerliches in innovativer Aufmachung und erfrischendem Ambiente. Die Bio-Schweinekoteletts z.B. stammen von einer der ökologisch orientierten Niman Ranches (www.nimanranch. com). Gute Weinkarte. Dinner tägl., Lunch Mo–Fr. $$–$$$

### ☒ Juliette's Bistro
245 Water St. (Omni Jacksonville Hotel), Jacksonville, FL 32202
☎ (904) 355-6664
Luftiger, eleganter Platz im Atrium, amerikanisch-italienische Geschmacksmelange. Cocktail Lounge. Frühstück, Lunch ($) und Dinner. $$

### ☒ ♫ River City Brewing Company
835 Museum Circle Dr. (Southbend Riverwalk), Jacksonville, FL 32207
☎ (904) 398-2299
www.rivercitybrew.com
Sandwiches, Salate und viel Fisch zum frisch gebrauten Bier. Terrasse mit Blick auf den Fluss. Am Wochenende Livemusik. Mo–Sa Lunch ($) und Dinner, So Brunch.

### ☒ Wine Cellar
1314 Prudential Dr.

Jacksonville, FL 32207
☎ (904) 398-8989
www.winecellarjax.com
Mo–Fr Lunch, Mo–Sa Dinner, So geschl. Fisch- und Fleischgerichte in Bestform; schickes Ambiente. $$–$$$

### *Ausflugsziel:*

### Jacksonville Beach

### ☒ Azurea Restaurant
1 Ocean Blvd.
Atlantic Beach, FL 32233
☎ (904) 249-7402
www.oneoceanresort.com
Eklektische Küche mit karibischen, europäischen und amerikanischen Einflüssen. Elegantes, von der Kunst inspiriertes Ambiente. Jeder Tisch mit Meeresblick hier am Rande des Atlantischen Ozeans. Im Ocean Resort. $$–$$$

### ⚑ ☒ ◉ Florida Caverns State Park
5 km nördl. von Marianna an SR 167, 3345 Caverns Rd.
Marianna, FL 32446
☎ (850) 482-9598, www.floridastate parks.org/floridacaverns
Tägl. 8 Uhr bis Sonnenuntergang, Führungen $ 8/5, Eintritt $ 4 pro Auto
720 ha großes Parkgelände mit Naturpfaden, Kanutrail und *sinkholes*. Die große Attraktion aber sind die Kalksteinhöhlen mit vielen Stalagmiten und Stalaktiten.

## ❾ Panama City Beach

Die gar nicht heimliche Hauptstadt des Panhandle (12 000 Einwohner) funktioniert als Freizeit-Dorado, randvoll mit billigem Entertainment. An der **Miracle Mile** reiht sich ein Fun Park an den anderen, da locken Pappmaché-Dschungel und Aquaparks mit Riesenkraken und künstlichen Wasserfällen, Mini-Golfplätze, Tanz- und Souvenirbuden. Der Geräte-Strip ebenso wie die dazu passenden Hotelkästen erheben sich über einem sehr schmalen Stück Land. Gleich hinter den Kulissen glänzen (vorn) der türkisfarbene Golf und (hinten) die grünen Riedgräser im Swamp.

### *Service & Tipps:*

### ℹ Panama City Beach Convention & Visitors Bureau
17001 Panama City Beach Pkwy.
Panama City Beach, FL 32413
☎ (850) 233-5070

☎ 1-800-PC-BEACH
www.visitpanamacitybeach.com
Tägl. 8–17 Uhr

### 🏛 Museum of Man in the Sea
17314 Panama City Beach Pkwy.
(US 98), Panama City Beach, FL 32413

© (850) 235-4101
Tägl. außer Mo 10–16 Uhr
www.maninthesea.org
Eintritt $ 5
Historische Druckanzüge und Ausstellungen zur Unterwasserforschung.

###  Captain Anderson's Glass Bottom Boat Cruises
5550 N. Lagoon Dr.
Panama City Beach, FL 32408
© (850) 234-3435, 1-800- 874-2415 (in FL)
www.captandersonsmarina.com
Dreistündige Minikreuzfahrten nach **Shell Island**; abends Dinner und Tanzfahrt in der Bucht.

### ☒ Boar's Head Restaurant
17290 Front Beach Rd.
Panama City Beach, FL 32413
© (850) 234-6628
www.boarsheadrestaurant.com
Ruhig und rustikal, vor allem gekonnt zubereiteter Fisch, Steaks und Hummer. Ansehnliche Weinkarte. Cocktail Lounge. Nur Dinner. $$–$$$

### ☒ Captain Anderson's Restaurant
5551 N. Lagoon & Thomas Drs.
Panama City Beach, FL 32408
© (850) 234-2225, 1-888-878-6750
www.captanderson.com
Populäres Fischrestaurant an der Bay. $–$$

### ☒ Spinnaker
8795 Thomas Dr.
Panama City Beach, FL 32408
© (850) 234-7882
www.spinnakerbeachclub.com
Beliebte Strandbar und -restaurant. Tagsüber Beach-Volleyball, abends Livemusik. $–$$

### ☒ ☒ Angelo's Steak Pit
9527 Front Beach Rd. (US 98A)
Panama City Beach, FL 32407
© (850) 234-2531
www.angelos-steakpit.com
So und Nov.–Feb. geschl.
Großes Familienrestaurant mit herzhaften Steaks, Meeresfrüchten, Geflügel und hausgemachtem *key lime pie*. Bar. Nur Dinner. $$

### ☒ Sharky's Beach Club
15201 Front Beach Rd.
Panama City Beach, FL 32413
© (850) 235-2420
www.sharkysbeach.com
Volles Club-Programm: Dinner, Bar, Live-Entertainment, Karaoke, Pool-Billard, Darts, Pool.

### *Ausflugsziele:*

### ☒ ☒ St. Andrews State Park
4607 State Park Lane (am Ostende von Thomas Dr.)
Panama City Beach, FL 32408
© (850) 233-5140
www.floridastateparks.org/standrews
Tägl. 8 Uhr bis Sonnenuntergang
Eintritt $ 8 pro Auto, $ 2 für Fußgänger
Wanderwege, Bootsrampe, Angeln, Camping, schattige Picknickplätze. Dünen, feine Strände, türkisfarbenes bis blaues Wasser – ideal zum Schwimmen!

### Mexico Beach
Das ganz und gar auf Badefreuden kaprizierte Örtchen ist so strandfixiert, dass es hier nicht nur eine BEACH BAPTIST CHAPEL gibt, sondern auch eine volle Badestunde gratis für alle, die in Ost-West-Richtung reisen, denn der Ort liegt an der Zeit-

*Riverboat Cruise in der Saint Andrew Bay vor Panama City Beach*

*Sunset am Panama City Beach*

grenze zwischen Eastern und Central Time.

Der **Beach Front Public Park** lädt zum Verweilen – mit BBQ- und Picknickeinrichtungen, Liegestühlen, Duschen und Toiletten. Und die zahlreichen Beach Hotels und Campingplätze erst recht.
(Info: www.mexicobeach.com/cdc)

### Sunnyside

Sunnyside kommt ohne den sonst üblichen Honky-Tonk-Spuk der Küstenstraße aus.

Ruhige Strände laden den Besucher zum Baden und Bleiben ein, und wunderschöne Wasserlandschaften schaffen weitere Augenweiden; nur gelegentlich sorgt ein pfiffiges *billboard* für ein Schmunzeln: Eine Elektronikfirma verweist auf ihren flächendeckenden Vertrieb mit dem Slogan WE COVER THE PANHANDLE BETTER THAN KUDZU.

## 🔟 Pensacola

PENSACOLA, THE CRADLE OF NAVAL AVIATION behauptet ein Werbespruch am Wasserturm. Er trifft den Lebensnerv dieser Hafenstadt mit knapp 60 000 Einwohnern. Seit Anfang des 19. Jahrhunderts hat die (Kriegs-)Schiffsindustrie bzw. die Marine in der Bay das Sagen und Pensacola zur »Schwiegermutter der Marine« gemacht. Leider ist vom spanischen Erbe nicht mehr viel zu sehen. Nur in der Altstadt entdeckt man noch einige viktorianische Villen und mit Gazebos geschmückte Plätze. Der **Palafox District** lohnt einen Rundgang. Abends, wenn die Marineflieger zum Amüsement ins **Seville Quarter** einfallen, kommt Stimmung auf.

### Service & Tipps:

**ℹ️ Pensacola Convention & Visitor Center**
1401 E. Gregory St.
Pensacola, FL 32502
✆ (850) 434-1234, 1-800-874-1234
www.visitpensacola.com
Tägl. 8–17 Uhr

**🏛 T. T. Wentworth Jr. Florida State Museum**
330 S. Jefferson St.
Pensacola, FL 32502
✆ (850) 595-5990
www.historicpensacola.org
Di–Sa 10–16 Uhr, Eintritt kostenlos
Viel lokale Geschichte im stattlichen ehemaligen Rathaus im Zentrum.

**🏛 ⬤ National Museum of Naval Aviation**
1750 Radford Blvd. (Pensacola US Naval Air Station)
Pensacola, FL 32508
✆ (850) 452-3604, www.naval-air.org
Tägl. 9–17 Uhr, Eintritt kostenlos
Louvre der Marineflieger. Beeindruckende Flugzeugsammlung. IMAX-Kino ($ 6.25).

**🏛 Historic Pensacola Village**
205 E. Zaragoza St.
Pensacola, FL 32501
✆ (850) 595-5993
www.historicpensacola.org
Di–Sa 10–16 Uhr, Eintritt $ 6/3
Museum mit mehreren Altstadthäusern aus der Zeit von 1780 bis 1870. Auch das Florida State Museum im alten Rathaus gehört dazu.

**❌ Atlas Oyster House**
600 S. Barracks St.
Pensacola, FL 32501
✆ (850) 470-0003
Familienrestaurant mit Terrasse an der Pensacola Bay. Fisch, Meeresfrüchte, vor allem Austern in allen Variationen: roh, gebacken, gekocht ... Auch Steaks, Burger, Huhn und Pasta. $$

**❌ New World Landing**
600 S. Palafox St.
Pensacola, FL 32502
✆ (850) 434-7736
www.nwlanding.com
So/Mo geschl.
Angenehmer Ort, originelle Küche. $$

*Pensacola, lapidar
Eine ehemalige Polizistin und angehende Rechtsanwältin: »Umweltschutzabgabe? Wieso denn das? Ich gebe mein Geld für eine Gasmaske aus, aber doch nicht für die Umwelt.«*

*Reiher auf dem Weg zum Lunch*

### ❌ 🥪 🏠 Cottage Café
203 W. Gregory St.
Pensacola, FL 32502
✆ (850) 437-0730, 1-800-370-8354
www.pensacolavictorian.com
Mo–Fr 11–14 Uhr
Café-Restaurant im historischen Pensacola Victorian Inn mit vier Zimmern ($$–$$$). $$

### 🍷 ❌ Palace Oyster Bar at Seville Quarter
130 E. Government St.
Pensacola, FL 32501
✆ (850) 434-6211
www.sevillaquarter.com
Munterer Bar-, Restaurant- und Entertainment-Komplex (Tanz, Pool-Billard, Sport-TV, Computerspiele) – spezialisiert auf alles, was aus dem Golf gefischt wird, aber auch *blackened chicken quesadilla* und Fassbier. $–$$

### 🍷 ❌ McGuire's Irish Pub
600 E. Gregory St. (zwischen Brücke & Civic Center)
Pensacola, FL 32502
✆ (850) 433-6789
www.mcguiresirishpub.com
Institution in Pensacola: bierselig, deftig und gut gelaunt. Selbst gebraute *Ales, Stouts, Porters*. Und der Himmel hängt voller Dollars: An der Decke baumeln (angeblich) 125 000 signierte Dollarnoten … Steaks und Live-Entertainment. $$

*Ausflugsziele:*

**Big Lagoon/Perdido Key**
Wer in der **Big Lagoon State Recreation Area** Dünen und Strand vermisst oder das Watt satt hat, der sollte sich nach **Perdido Key** aufmachen, wo sich wie so oft die Geister scheiden: zwischen Baustellen und *beach tourism*.

1693 von den Spaniern entdeckt, schien Perdido, die westlichste Insel Floridas, lange wirklich *perdido* – verloren, vergessen, futsch. Dann aber, vor etwa 20 Jahren, vollzog sich der Anschluss an den Rest von Florida und das bedeutete: *development took over*.

Seither ist das Immobiliengewerbe auf dem schmalen Sandstreifen rastlos tätig und beschert einen Condo-Komplex, ein Eigenheim mit oder

ohne Stelzen nach dem nächsten. Auch Resorts fehlen nicht.

Biegt man dagegen Richtung Johnson Beach ab, erlebt man immer noch sein weißes, grünes, türkisfarbenes und blaues Wunder. Ungestört rollen hier die Wellen an den Zuckerstrand, und zwischen den grünen Halmen auf den Dünen staksen *Great Blue Herons*, graue Eminenzen, die ihr prinzipielles Misstrauen menschlichen Wesen gegenüber mit Würde zur Schau tragen.

Wer die Einrichtungen (Duschen, Umkleidekabinen, bewachter Badestrand, Picknick-Pavillon) nicht nutzen will, der fährt auf der Stichstraße einfach ein Stück weiter und parkt irgendwo, denn überall finden sich wunderbare Strände zum Laufen, Faulenzen und Schwimmen.
**Anfahrt:** von Pensacola über SR 292A, dann Bauer Rd.

*Service & Tipps:*

### 🏕 ✈ Big Lagoon State Park
12301 Gulf Beach Hwy.
Perdido Key, FL 32507
✆ (850) 492-1595
www.floridastateparks.org/biglagoon/
Eintritt $ 6 pro Auto, $ 2 pro Fußgänger
Erholsame Lagune am Gulf Intracoastal Waterway zum Fischen, Schwimmen, Wandern und Campen (75 Plätze, $ 11). Keine Dünen, kein Sandstrand, eher etwas für Eltern mit kleinen Kindern, die zum Picknick möchten.

### 🏕 ✈ Perdido Key State Park
12301 Gulf Beach Hwy.
Westl. von Pensacola, FL 32507
✆ (850) 492-1595
www.floridastateparks.org/perdidokey
Eintritt $ 3 pro Auto, $ 2 pro Fußgänger
Eine gute halbe Stunde (ca. 15 Meilen) fährt man von Downtown Pensacola (entweder über Garden oder Main St.) über die Ziehbrücke und den Intracoastal Waterway nach Perdido Key, linker Hand geht es zum Johnson Beach, einem Teil der Gulf Islands National Seashore.

**Santa Rosa Island: Gulf Breeze, Pensacola Beach, Navarre Beach**
Das Naturschutzgebiet der **Gulf Islands National Seashore** besteht aus meist völlig unberührten Dünen-

*Florida State Parks*
*Alle State Parks sind täglich von 8 Uhr bis Sonnenuntergang geöffnet. Weitere Informationen unter www. floridastateparks.org.*

133

ketten und meilenweiten Zuckerstränden. **Pensacola Beach** bildet darin eine Art Enklave, d.h. hier darf sich die private Bauwut austoben. Aber ein Stück weiter östlich, auf **Santa Rosa Island** und Navarre Beach, bleiben Dünen und Strände sich wieder selbst überlassen.

**Navarre Beach** präsentiert sich als ein Potpourri aus Stelzenhäusern, Kuppelbauten und vom Bauhaus-Stil angehauchten Villen. Gute Bademöglichkeiten und Snacks gleich am Pier.

### Service & Tipps:

🏕️ ✈️ **Gulf Islands National Seashore**
1801 Gulf Breeze Pkwy., Santa Rosa Island, Gulf Breeze, FL 32563
✆ (850) 934-2600, www.nps.gov/guis
$ 8 pro Auto, $ 3 pro Person
Die 240 km lange Kette vorgelagerter

Inseln und Halbinseln reicht von Florida über Alabama bis nach Mississippi. Camping, Angeln, Wanderwege. Im Besucherzentrum findet man eine Snackbar, Picknicktische, Duschen und Toiletten.

📷 **Fort Pickens/Gulf Islands National Seashore**
1801 Gulf Breeze Pkwy.
Gulf Breeze, FL 32563
✆ (850) 934-2600
Im Sommer tägl. 9.30–17 Uhr
Festung von 1834, nach dem Bürgerkrieg auch mal Knast. Apachenhäuptling Geronimo saß hier ein.

ℹ️ **Pensacola Beach Visitors Information Center**
735 Pensacola Beach Blvd.
Pensacola Beach, FL 32562
✆ (850) 932-1500, 1-800-635-4803
www.visitpensacolabeach.com

## ⑪ Seaside

Ein Ort wie im pastellfarbenen Zuckerbäckerland – eine *Designer Beach Community* der teuren Sorte. Makellose Sandstrände laden zum Baden, in den hölzernen Gazebos und Pavillons kann man am Meer sitzen und träumen. Oder man mietet ein Fahrrad. Im *town centre* konzentrieren sich die Snack-Adressen, Boutiquen und ein kurioses Mini-Postamt. Das 1981 gegründete, hölzerne Villen-Ensemble ist inzwischen in die Jahre gekommen, deshalb grünt es inzwischen überall heftig. Hier und da surren Elektroautos mit Putzstreitkräften durch die 2000-Seelen-Siedlung, und oft genug lockern Kreissägen und Power-Bohrer die Ferienstille auf, denn die Neuzuzüge nehmen nicht ab und die, die bereits hier wohnen, wollen verschönern oder erweitern, um-, anbauen oder beides.

Seaside ist nicht nur ein Refugium betuchter Genießer, sondern auch ein Arbeitsplatz lärmender Handwerker. So etwas gilt in den USA allerdings nie als anstößig. Im Gegenteil: je lauter, je lieber!

*Apachenhäuptling Geronimo saß hier ein: Fort Pickens National Park nahe Pensacola*

### Service & Tipps:

❌ **Bud & Alley's Restaurant**
2236 E. County Hwy 30A (gegenüber vom Postamt von Seaside) Santa Rosa Beach, FL 32459
✆ (850) 231-5900
www.budandalleys.com
Beliebte Adresse – teils drinnen, teils draußen, direkt am Wasser. Lunch und Dinner. $$

## ⑫ Tallahassee

*Alt und neu: die beiden State Capitols in Tallahassee*

Tallahassee, die gemütliche Stadt mit 181 000 Einwohnern und seit 1823 das Verwaltungszentrum von Florida, verdankt seine Hauptstadtehre kurioserweise einer Verlegenheit und einer Rechenaufgabe. Weil man sich für keine der beiden ältesten Stadtgründungen (Pensacola und Saint Augustine) als Hauptstadt entscheiden konnte, suchte man nach einem Standort in der geographischen Mitte der beiden Städte.

Mit seinem alten **State Capitol** (Sitz des sehenswerten **Museum of Florida History**), von Säulen umstandenen Herrenhäusern und meist vermoostem Baumbestand unterhält Tallahassee engere Beziehungen zum Alten Süden als zum palmenträchtigen Florida.

### Service & Tipps:

#### ℹ️ Tallahassee Area Convention & Visitors Bureau
106 E. Jefferson St.
Tallahassee, FL 32301
✆ (850) 606-2305, 1-800-628-2866
www.visittallahassee.com

#### 🏛 Florida State Capitol Complex
400 S. Monroe St. & Apalachee Pkwy.
Tallahassee, FL 32301
✆ (850) 488-6167
Großer Regierungskomplex mit Senat und Parlament des Staates; zum Gelände gehören außerdem ein modernes Science Museum und ein Kunstmuseum. Der klassizistische Bau des alten Kapitols ist heute Museum, das alte Archivgebäude das **Museum of Florida History**.

Im neuen **Kapitol**, einem recht hässlichen Turmbau, bietet sich von der Aussichtsterrasse im 22. Stock ein weiter Blick über die Stadt (Mo–Fr 8–17, Sa 11–15 Uhr, Eintritt frei).

#### 🏛 Museum of Florida History
500 S. Bronough St.
✆ (850) 245-6400
www.museumoffloridahistory.com
Mo–Fr 9–16.30, Sa ab 10, So ab 12 Uhr

Eintritt frei
Alles, was man immer schon über die Geschichte des Sonnenscheinstaates wissen wollte.

### 🏛 Tallahassee Museum
3945 Museum Dr. (rund 10 km südwestl. am Lake Bradford)
Tallahassee, FL 32310
℡ (850) 576-1636
www.tallahasseemuseum.org
Mo–Sa 9–17, So 12.30–17 Uhr
Eintritt $ 9/6
Natur- und Kulturgeschichte Nordfloridas: Ausstellungen, ein Lehrpfad durch den Zypressensumpf, eine Farm von 1880 und andere bauliche Zeugen der lokalen Vergangenheit. Picknickeinrichtungen sind ebenfalls vorhanden.

### 🖼 🌸 🥾 Alfred B. Maclay Gardens State Park
3540 Thomasville Rd.
Tallahassee, FL 32309
℡ (850) 487-4556
www.floridastateparks.org/maclay gardens
Tägl. Park 8 Uhr bis Sonnenuntergang, Gärten 9–17 Uhr
Eintritt $ 6 pro Auto, Jan.–April Gärten zusätzlich $ 6/3
Prächtige Gartenanlage um das alte Herrenhaus eines New Yorker Bankiers. Besonders schön ist im Frühjahr die Azaleenblüte. Reit-, Rad- und Wanderwege.

*Vogelbeobachtung: Ibisse im Edward Ball Wakulla Springs State Park*

### 🖼 🏛 San Luis State Archaeological Site
2020 W. Mission Rd.
Tallahassee, FL 32304
℡ (850) 245-6406
Di–So 10–16 Uhr
Eintritt $ 5/2
Freilichtmuseum unter Schatten spendenden Eichen: teilweise rekonstruiertes Indianerdorf von 1656–1704, an Wochenenden häufig mit kostümierten »Kolonisatoren« bevölkert.

### ✖ Nick's Restaurant
1431 S. Monroe St.
Tallahassee, FL 32301
℡ (850) 222-0371
Tallahassees ältester und beliebtester Diner. $

### ✖ Barnacle Bill's
1830 N. Monroe St.
Tallahassee, FL 32303
℡ (850) 385-8734
www.barnaclebills.com
Beliebtes Fischrestaurant, viel frisches Gemüse, Räucherfisch. Pasta- und Austernbar. Cocktail Lounge. $–$$

### ✖ Chez Pierre
1215 Thomasville Rd. (6th Ave.)
Tallahassee, FL 32303
℡ (850) 222-0936
www.chezpierrebistro.net
Ausgezeichnetes französisches Bistro mit großer Fischauswahl. Gut zum Lunch ($) und Dinner. Mo geschl. $$

### ✖ Old Town Café
1415 Timberland Rd.
Tallahassee, FL 32308
℡ (850) 893-5741
www.old-town-cafe.com
Familienfreundliches Restaurant im Familienbesitz. Solide Südstaatenkost mit Hackbraten, Kartoffelpüree und grünen Bohnen. Außerdem Burger, Salate, Sandwiches. Lunch Mo–Fr, Dinner Mo–Sa. $–$$

### 🎵 The Moon
1105 E. Lafayette St.
Tallahassee, FL 32302
℡ (850) 878-6900
www.222moon.com
Großer Rockclub mit guten Bands, Fr ist Stetsons Ladies Night.

*Saint Marks Lighthouse*

## ⓭ Wakulla Springs

Dass **Wakulla Springs** eine wahre Oase ist, erfährt man spätestens beim Bad im klaren Quellwasser des Flusses, mitten in einem Naturschutzgebiet von beträchtlicher Größe, in dem seit 50 Jahren kein Baum mehr gefällt wurde, einem Urwald, an dem Johnny Weissmuller seine Freude gehabt hätte. Die erholsame, mit Moos drapierte Südstaaten-Oase hat in den letzten Jahren etwas gelitten. Das einst so klare Quellwasser ist oft trüb. Die Hurrikane wühlen es auf, vor allem aber trägt die zunehmende Erschließung ringsum zur Trübung bei.

*Service & Tipps:*

**▢▢▢ Edward Ball Wakulla Springs State Park**
465 Wakulla Park Dr. (Kreuzung SR 61 & 267), Wakulla Springs, FL 32327
℡ (850) 561-7276, www.florida stateparks.org/wakullasprings
Tägl. 8 Uhr bis Sonnenuntergang
Eintritt $ 6 pro Auto, Bootstour $ 8
Naturpark um eine große artesische Quelle, Bademöglichkeit, Fahrten mit Glasbodenbooten zur Tierbeobachtung (Vögel, Alligatoren). Lodge und Restaurant (℡ 850-926-0700).

*Ausflugsziele:*

**▢▢ Saint Marks National Wildlife Refuge**
1255 Lighthouse Rd.
Saint Marks, FL 32355
℡ (850) 925-6121
www.fws.gov/saintmarks, Eintritt $ 5
Winterquartier für die Zugvögel, aber auch Habitat für rund 2000 Alligatoren, die die Marschen und Swamps

bevölkern. Außerdem leben hier und in den Wäldern Otter und Raccoons, Truthähne, Wildschweine und Schlangen. Der kleine (lohnende) Abstecher zum Leuchtturm (**Saint Marks Lighthouse** von 1829) führt mit Sicherheit zu zahlreichen Begegnungen!

**▢▢ Riverside Cafe & Rec Rentals**
69 Riverside Dr.
Saint Marks, FL 32355
℡ (850) 925-5668
www.riversidebay.com
Stärkung am Schilf: ein schönes Stück verwahrloste Karibik. Auch Kanus kann man hier mieten. $

**▢▢▢ St. Marks Outfitters**
719 Port Leon, St. Marks, FL 32355
℡ (850) 510-7919
http://stmarksoutfitters.com
Kajaks für Touren entlang der Küste, mit oder ohne Führer (halbtags $ 25, ganztags $ 45). Angeln, Tierbeobachtungen im und am Wildlife Refuge. ▢

# New Orleans
## Hauptstadt des amerikanischen Südens

**New Orleans**

*»New Orleans, eine Kurtisane ... Anmutig lehnt sie sich zurück auf ihrer Chaiselongue von verschossenem Brokat, ein feiner Duft nach Räucherwerk ist um sie und der Faltenwurf ihrer Umhänge sehr korrekt. Sie lebt, umgeben von der Atmosphäre einer vergangenen graziöseren Zeit.«*
*(William Faulkner)*

*The Big Easy* – so heißt nicht nur der Longdrink, die *frozen concoction* aus Orangensaft und Pfirsichlikör, sondern auch die generös-gelassene Lebensart der unumstrittenen Hauptstadt des Südens. Hier kulminieren viele ihrer Merkmale: die Art zu essen und zu trinken, zu wohnen und zu bauen, ans Höhere zu glauben und den Tag auszuleben. »Es ist der einzige Ort«, schrieb Henry Miller, »wo man nach einem ausgedehnten Essen, begleitet von einem guten Wein und einem guten Gespräch, in der Altstadt spazieren gehen kann und sich fühlt wie ein zivilisierter Mensch.«

Kein Zweifel, das Herz von New Orleans schlägt im Vieux Carré, in der historischen Mitte der von Jean-Baptiste le Moyne, Sieur de Bienville, 1718 gegründeten französischen Kolonie, die so ordentlich aufgeteilt ist wie eine karierte Tafel Schokolade.

Das Vieux Carré, die berühmte Altstadt, kehrt ihre *French Connections* gern hervor, obwohl die Architektur – bedingt durch verheerende Feuer – im Grunde eher spanisch aussieht. Die idyllischen Patios zum Beispiel, die Innenhöfe, sind spani-

**New Orleans**
**French Quarter**

Mississippi River

Aquarium/
Woldenberg
Park

»Natchez«

schen Ursprungs. Auch die bunten Fliesen an den Hauswänden tragen spanische Straßennamen.

Der baulichen Vielfalt entspricht der *ethnic mix* dieser Stadt, diese ethnische *Gumbo,* die kreolische Gemüsebauern, deut-

sche Handwerker, Trapper irischer Herkunft, akadische Reisfarmer und schwarze Baumwollpflücker in einer Bevölkerung zusammenrührt, die, rechnet man alle Nachbargemeinden mit dazu, vor Hurrican »Katrina« 2005 die Millionengrenze weit überschritten hat. Die soziale Toleranz ist vergleichsweise immer noch sprichwörtlich. Sie lässt Spielraum auch für Minderheiten; für die Schwulen zum Beispiel. Sie lieben New Orleans kaum weniger als San Francisco oder Atlanta.

Unweigerlich drängen die ersten Schritte durch die Altstadt über den Moonwalk zum Fluss, der schon eine längere Reise hinter sich hat, nämlich 2300 Meilen von der kanadischen Grenze – nicht schnurstracks, sondern gemächlich mäandernd. »Wirft man sich eine lange geringelte Apfelschale über die Schulter, so wird sie ziemlich gut die Gestalt einer durchschnittlichen Strecke des Mississippi annehmen«, meinte Mark Twain. Träge wie massenhafter Café au Lait wälzt sich die braune Brühe seiner Schlamm-Massen mit ganzen elf Kilome-

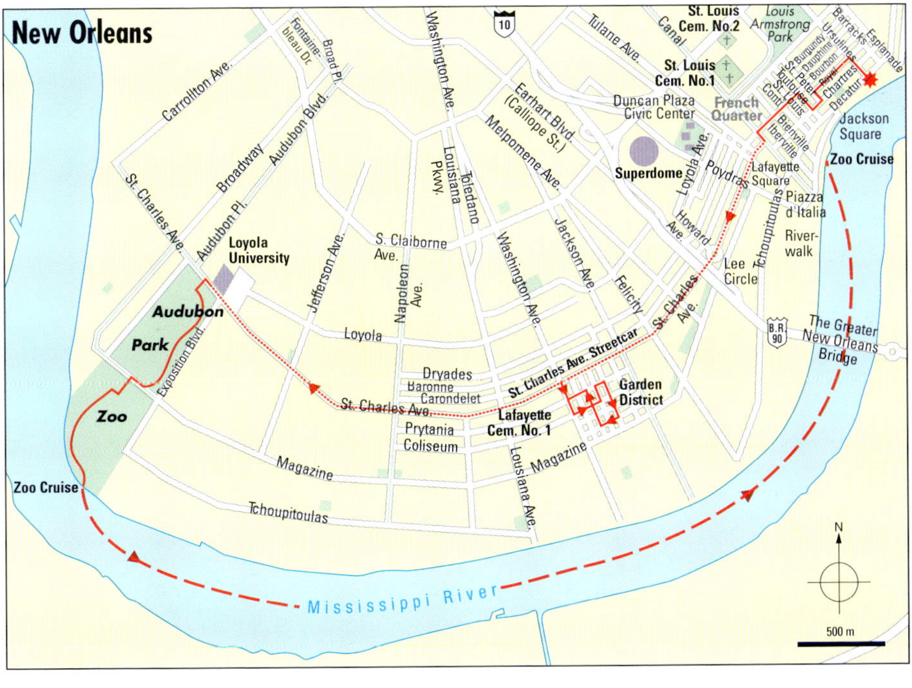

*Volles Rohr: Straßenmusikerin in New Orleans*

**New Orleans**

Carrollton Ave.

Fontaine Ave.
Gibeau Dr.
Broad Pl.

Washington Ave.

Tulane Ave.

St. Louis
Canal

Louis
Armstrong
Park

Barracks Esplanade

St. Louis
Cem. No.2

St. Louis
Cem. No.1

Earhart Blvd.
(Calliope St.)

Duncan Plaza
Civic Center

French
Quarter

Chartres
Decatur

Jackson
Square

Audubon Blvd.

Broadway

Melpomene Ave.

Louisiana
Pkwy.

Tuledano

St. Charles Ave.

Loyola
University

Audubon Pl.

S. Claiborne
Ave.

Jefferson Ave.

Napoleon Ave.

Washington Ave.

Jackson Ave.

Superdome

Loyola Ave.

Poydras

Lafayette
Square

Piazza
d'Italia

Zoo Cruise

Riverwalk

**Audubon**

**Park**

Exposition Blvd.

Loyola

Howard
Ave.

Felicity

Lee
Circle

St. Charles Ave.

The Greater
New Orleans
Bridge

**Zoo**

Dryades
Baronne
Carondelet

St. Charles Ave. Streetcar

**Garden
District**

Prytania
Coliseum

St. Charles Ave.
Lafayette
Cem. No. 1

Magazine

Zoo Cruise

Magazine

Tchoupitoulas

Louisiana Ave.

Tchoupitoulas

M i s s i s s i p p i   R i v e r

N

500 m

tern pro Stunde Richtung Golf und krümmt sich vor den Augen der Stadt wie ein gewaltiges Croissant. Das brauchte man dann nur noch ins Englische zu übersetzen: »Crescent City« - so nennt sich die Stadt gern.

Wo der *misi sipi* fließt, das »große Wasser«, da dürfen natürlich die Schaufelraddampfer nicht fehlen. Also auch nicht die »Natchez«, die täglich Romantiker an Bord hat. Von einem Ausflugdampfer erscheinen die Dimensionen des Flusses noch gewaltiger als vom Ufer aus. »Fünfundzwanzigmal so viel Wasser wie der Rhein« führe der Mississippi, notierte Mark Twain.

Abends übernehmen die Neons die Lichtregie für ein Nachtleben ohne Sperrstunde. Sie inszenieren den Gourmet- und Musik-, Kneipen- und Strip-Tourismus im Quadrat, das **French Quarter** und dort insbesondere Bourbon Street, die reine T-Shirt-, Sex-Show- und Klangmeile. Die vereinzelten Einheimischen, die sich zu dieser Zeit noch vor die Tür wagen, um noch ein paar letzte Einkäufe zu erledigen, sind die eigentlichen Fremden hier.

Die Stadt liegt hart an der Grenze - zwischen öffentlicher Lebenskunst und Neppbetrieb. Viele Fassaden täuschen. Unversehens können die Annehmlichkeiten kreolischer Mansardenhäuser, spanischer Arkaden und viktorianischer Pfefferkuchenhäuser umschlagen in Versatzstücke einer großen Desillusion - die Spielcasinos der jüngsten Vergangenheit eingerechnet. Also, man muss schon ein bisschen wählerisch sein, um im aufgeblasenen Kuchen eines ausgefuchsten Nachtlebens die Rosinen zu finden, kulinarische ebenso wie musikalische. Schließlich rühmt sich New Orleans nicht von ungefähr, die Wiege des Jazz zu sein, seit sich Sklaven von den Westindischen Inseln sonntags auf dem Congo Square (im heutigen Louis Armstrong Park) treffen durften und dort um die Jahrhundertwende afrikanische Rhythmen und Tänze praktizierten, die als Jazz um die Welt gingen.

Preservation Hall ist heute nur eine der unverwüstlichen Adressen, wo dieses Erbe weiterlebt – Dixieland, Ragtime und Blues. Wer (tagsüber) Glück hat, erwischt ein Jazz-Begräbnis, eine Art Echternacher Springprozession. Während die Blech-Band auf dem Weg zum Friedhof respektvoll Trauermusik anstimmt, synkopiert sie den Rückweg durch beschwingtere Töne.

## Stadtrundgang

Der **French Market** eignet sich als Startpunkt, dort, wo die Stadt ihren Anfang nahm, wo die Choctaw-Indianer Handel trieben. Seit Ende des 18. Jahrhunderts der wichtigste Basar für exotische Früchte und lange ein Sklavenmarkt, reihen sich am French Market heute Straßencafés aneinander, touristisch-mondäne und solche für die arbeitende Bevölkerung, die in aller Herrgottsfrühe öffnen. Um diese Zeit kurven die Gabelstapler und Sackkarren zwischen Melonenhaufen, Zwiebeltürmen und Knoblauchbergen.

Die Hallen mit den grünen Eisenträgern wölben sich zwischen Ursulines und Barracks Street. Auf **Decatur Street**, zwischen St. Philip und Dumaine, werden die besten Spezialitäten aus Italien, Griechenland und Spanien angeboten – europäisches Flair im Kolonialwarenladen.

Ein paar Blocks weiter sitzt das **Old Ursuline Convent**. In dem französischen Kolonialbau lebten seit 1734 die Ordensfrauen, die aus Frankreich nach New Orleans gesandt wurden, um sich der Gesundheit und Schulbildung der Kolonisten anzunehmen. Sie folgten den Sträflingen, die das unwirtliche Sumpfland entwässern sollten, um dem Ruf von Louisiana als einem Paradies Genüge zu tun.

Ein knappes Jahrhundert später verkauften die Nonnen an den Erzbischof, der es zu seiner Residenz machte. Heute hat sich hier das Archiv der Erzdiözese eingerichtet.

Gegenüber vom Konvent prangt die gefällige Fassade des **Beauregard-Keyes House**, das mit seinem Bindestrich zwei Namen unterschiedlicher Provenienz zusammenschließt: den eines Südstaatengenerals und den einer Schriftstellerin. Drei Häuser weiter schließt sich das **Soniat House** an, eine feine Herberge, deren Fassade mit einem kunstvollen »Eisenvorhang« am Balkon *(gallery)* überzogen ist.

An der Ecke Governor Nichols und Royal Street liegt ein kleiner Deli-Laden, und er ist nicht der einzige im French Quarter. Im Gegenteil. Trotz touristischer Inflation hat sich die Altstadt als ein sozial weitgehend intaktes Viertel erhalten, in dem Tante-Emma-Läden, die rund um die Uhr geöffnet haben, Drogerien, Wäschereien (z.B. eine »LaunDRYteria«) und voll gepackte Kioske überleben.

Das Grün der Baumkronen greift auf das üppige Rankenwerk und die Topfpflanzen-Idyllen der Balkone über. Manchmal sieht man bunte Perlenketten in den Behängen verwoben – Reminiszenzen an die karnevalistischen Paraden des Mardi Gras, wenn solche Perlengebinde unters Volk geworfen werden wie die »Kamelle« (Bonbons) im Kölner Rosenmontagszug.

Die Balkonkultur von New Orleans hat viele praktische Seiten. Mal kann man sich unter ihnen vor der Sonne, mal vor dem Regen retten, der die Touristen oft scharenweise in Klarsichtfolien hüllt und sie wie muntere Müllsäcke zum Hüpfen bringt – von einem Balkonvorsprung zum nächsten.

Linker Hand folgt das **Gallier House Museum**, die Residenz von James Gallier Jr., dem einst berühmtesten Architekten in New Orleans. Bemerkenswert ist der die Hausfront überziehende eiserne Vorhang aus ornamentalen Balkongittern. Mehr und mehr entpuppen sich die Mansarden und »Gingerbread«-Häuschen an Royal Street als Länden für Antiquitäten und alte Bücher, in denen man vielerorts bis Mitternacht stöbern kann.

*Balkon-Kultur à la New Orleans*

*Gastlichkeit hinter Gittern:*
*Cornstalk Fence Hotel*

Maiskolben wachsen eisern am **Cornstalk Fence**, einem der prächtigen Eisenzäune der Stadt, in Philadelphia gefertigt. Er schützt den Vorgarten einer wahren Hochzeitstorte, des ehemaligen Hauses eines Richters, den Harriet Beecher-Stowe einst besuchte, von der es heißt, dass sie sich beim Anblick der nahe gelegenen Sklavenbörse (Ecke Royal und St. Louis Street) zu ihrem Roman »Uncle Tom's Cabin« habe inspirieren lassen. Kurz vor der Ecke Royal Street und Dumaine kann man eines der vielen Holztreppchen sehen, die, ob nun aus Holz oder Stein, zur entsprechend höher gelegenen Haustür führen – eins der vielen Anzeichen für die Überschwemmungsängste.

Zu den ältesten Bauten der Stadt zählt das schlichte **Haus von Madame John's Legacy** (632 Dumaine St.) im französischen Kolonialstil und dem Typus nach ein *raised cottage* (Neubau von 1788) – mit überhängenden Dächern und hohen Mansardenfenstern, das heute zum Louisiana State Museum gehört. Ebenfalls an Dumaine Street liegt das **Voodoo Museum**, das ebenso historisch wie praxisnah den geheimnisvollen Riten und Zeremonien huldigt, die Ende des 18. Jahrhunderts die Sklaven aus Afrika mitbrachten.

Zurück zur **Royal Street**. Zwischen Antik-Shops, Maskenläden, Galerien, Büchern und Kunstgewerblichem offenbart sich der eine oder andere sehenswerte Innenhof, wie etwa am Ende der alten Kutscheneinfahrt des Hauses Nr. 821 oder, jenseits von St. Ann Street, die Nr. 731 (Maison Montegut), den ein anmutiger Cupido-Brunnen schmückt, den man, wenn das Tor geschlossen ist, freilich nur erblinzeln kann.

Die stille **Pirate's Alley** ist ein hübsches Gässchen, in dem William Faulkner Mitte der 1920er Jahre seine erste Prosa schrieb, unter anderem die Genrestudien der »New Orleans Sketches« und »Soldiers Pay«, seinen ersten Roman. In dem zitronengelben Haus (Nr. 624) befindet sich eine Buchhandlung. Faulkner war nicht der einzige prominente Autor, der New Orleans zeitweise zum *Genius loci* der Literatur machte. Mark Twain besuchte verschiedentlich die Stadt, und Sherwood Anderson und Tennessee Williams lebten hier in den 1920er Jahren.

*Tennessee Williams*
*machte die Straßenbahn*
*weltberühmt*

Die dreigliedrige **Saint Louis Cathedral** verkörpert die städtische Hochburg des Katholizismus. New Orleans und der Süden von Louisiana sind überwiegend katholisch, während im Norden die Baptisten und Methodisten das Sagen haben. Die verschiedenen Glaubensrichtungen unterhalten eine Menge lokaler Kontroversen, zum Beispiel beim Thema Glücksspiel (die Katholiken sind dafür, die Baptisten strikt dagegen), beim Thema Abtreibung (die Katholiken lehnen sie ab, die Baptisten sind eher dafür). Generell halten die moralisch meist strengen Louisianer New Orleans für viel zu liberal. Allerdings mag man sich mit der Kritik auch nicht allzu weit aus dem Fenster lehnen, schließlich kommt das meiste Steuergeld des Landes aus der Stadt. Die Kathedrale grenzt mit ihrer ästhetisch nicht gerade überwältigenden Breitfront ganz an den **Jackson Square**, den ehemaligen Place d'Armes – Parade- und Exerzierplatz.

Statt Drill sorgen heute Schnellzeichner, Gaukler und Feuerschlucker für ein munteres Durcheinander. Die Porträtmaler bringen ein Stückchen Montmartre an den Mississippi – vielleicht die letzten Nachwehen einer Visite von Edgar Degas, der 1873 hier Verwandte besuchte und auch malte.

Dennoch: trotz Action, üppiger Bananenstauden und General Andrew Jacksons scheuendem Pferd – so richtig offen ist der Platz nicht. Durch den Eisenzaun werden die meisten nur um ihn herumgeschleust.

Flankiert wird die Kathedrale von zwei baulichen Zwillingen, dem **Cabildo** und dem **Presbytere**, in dem die Sammlungen des **Louisiana State Museum** untergebracht sind. Dessen historische Schatzkammern verteilen sich auf mehrere Gebäude in der Innenstadt, unter anderem auch auf die am Ende des French Market aufragende Old Mint. Denkt man sich die nachträglich hinzugefügten Mansardengeschosse weg, trägt der Cabildo typisch spanische Züge.

An zwei Seiten wird der Jackson Square von den Pontalba Apartments begrenzt, den ältesten Mietshäusern in den USA, aufgelockert durch schattige Arkaden und feingliedrige Eisengrills an den Balkonen der ersten und zweiten Etage. Innerhalb dieses Komplexes kann man das **1850 House** besichtigen, dessen edle Einrichtung viel vom Lebensstil der kreolischen Aristokratie jener Zeit erhalten hat.

Wer beim originellen **Pharmacy Museum** noch ein paar Schritte in gleicher Richtung weitergeht, endet an der Ecke am **Napoleon House**, das der Legende nach von Napoleon-Fans dazu bestimmt gewesen sein soll, dem exilierten Herrscher ein komfortables Versteck zu bieten. Aber Napoleon starb vor dem Angebot. So blieben Bar und Restaurant dem Volk erhalten, das hier gern für eine Gumbo und ein Gläschen einkehrt und unter den schwingenden Ventilatoren die Pause genießt, in einem Raum, dessen orangefarbenes, halbdunkles Interieur jede »Bohème«-Aufführung bereichern würde. Ob abgewetzte Innenräume oder abblätternder Putz draußen – theatralische Patina haben viele Bauten in New Orleans angesetzt.

In der **Historic New Orleans Collection** (533 Royal St.) sollte man einen Blick auf die gerade gezeigte Ausstellung, in den Museumsshop und den hübschen Innenhof werfen. Der lohnt sich auch gegenüber, hinter dem Eingang Nr. 520: Brunnen und Bänke, Töpfe und Blumenkübel möblieren diesen kühlen *Hortus conclusus*.

*St. Charles Avenue Streetcar*

Auf Toulouse stehen noch ein paar tapfere, schöne alte Häuser aus dem 18. Jahrhundert, die Casa Hove (Nr. 723, leider oft mit verschlossener Tür zum kleinen Patio), und gegenüber (Nr. 722) das **Louis Adams House** von 1788, in dem Tennessee Williams einmal wohnte und das jetzt die Manuskriptsammlung der Historic New Orleans Collection beherbergt.

Unumgänglich ist die **Bourbon Street**, die berühmteste und berüchtigtste, auf jeden Fall aber bekannteste Straße von New Orleans. Vielleicht hat es Vorteile, dass diese Honky-Tonk-Meile existiert, denn sie zieht Nachtfalter und Pornofreaks, T-Shirt-Fans und Bierselige an und gibt der Nachbarschaft ein wenig Ruhe. Morgens freilich herrscht auf Bourbon Street gewöhnlich Ausnüchterung. Müll wird abgeräumt, Bürgersteige werden abgespritzt, die dekorierten Schuppen gelüftet. Samuel Hermann, jüdischer Immigrant aus Frankfurt am Main und in Louisiana im Schiffs- und Kreditgewerbe zu Reichtum gekommen, ließ sich das **Hermann-Grima House** bauen, das sich heute in wohl erhaltenem Zustand befindet und eindrucksvoll die üppige Wohnkultur von New Orleans vor dem Bürgerkrieg spiegelt. Als Hermanns Finanzimperium verfiel, musste er das Haus an die kreolische Familie von Alex Grima verkaufen.

Jäh endet Bourbon Street an Iberville Street, und damit lässt man schnell das gesamte French Quarter hinter sich. An Canal Street, der breitesten Main Street in den USA, hängt die erste Ampel des heutigen Vormittags. Vor lauter Schreck, so scheint es, lassen die Straßen jenseits von Canal ihre Namenshüllen fallen. Aus Bourbon wird Carondelet, aus Straßen werden Schneisen, aus Häusern Bürokästen, aus New Orleans eine normale amerikanische Großstadt.

Damit nicht alles in Desillusion endet, wartet an der Ecke eine altmodische Straßenbahn, die für ein paar Cents neuen Regionen entgegenrumpelt und -rasselt. Die **St. Charles Avenue Streetcar** wird von *locals* und Touristen gleichermaßen benutzt. Ein Ahne von ihr erlangte literarischen Weltruhm mit Tennessee Williams' »A Streetcar Named Desire«, der »Endstation Sehnsucht«.

Durch den Business District der Hochhausschluchten, Parkplätze und Schnellstraßen strebt die olivgrüne Tram Stadtbezirken zu, die zeigen, dass New Orleans nicht nur aus dem French Quarter besteht.

Da ist zunächst der **Friedhof Lafayette**, der im Gegensatz zu den berühmten Verwandten St. Louis I und St. Louis II als »sicherer« Friedhof gilt, weil er an kein ethnisches Wohnviertel grenzt, das heißt an keine der Kehrseiten der schönen Medaille der Stadt, die sich in einer beängstigenden und vergleichsweise hohen Kriminalität ausdrückt.

Dabei zählt New Orleans noch zu den integriertesten Großstädten der USA. Das hat Gründe, die weit in die Geschichte reichen, als die Häuser der Schwarzen in unmittelbarer Nähe der Stadthäuser der Weißen lagen. Aber seit der fortschreitenden Ghettobildung hat sich das geändert; die kriminelle Drogenszene hat, wie auch sonst in den USA, inzwischen horrende Ausmaße angenommen.

Die Steine im Karree von Lafayette tragen auch deutsche Namen und Texte, die verraten, woran diese Menschen einst gestorben sind: zum Beispiel an Gelbfieber oder Cholera.

Sollte der Friedhof geschlossen sein, kann man über den Zaun blicken und hat mehr Zeit, sich im **Garden District** umzusehen, der, im Gegensatz zum europäisch-westindischen Charakter des Vieux Carré, ein gepflegter Spielraum viktorianischer Bau-Fantasie ist.

*Grabhäuser auf dem Friedhof Lafayette*

*Beim Mardi Gras, dem
Superfest in New Orleans,
gehören zünftige Kapellen
zum Umzug*

Das Viertel verleugnet sein vordringlich amerikanisches Siedlungserbe keineswegs. Was hier als Nachlass eleganter Residenzen ehemaliger Zuckerpflanzer, Kaufleute und Zeitungsverleger vorkommt, könnte man getrost als eine Art Beverly Hills von New Orleans bezeichnen, wäre da nicht ein kleiner Unterschied. Denn im Gegensatz zur kalifornischen Gepflogenheit baute man in New Orleans nicht wie man wollte, sondern wie es sich gehörte. Dabei wurden die gängigen Stilformen des 19. Jahrhunderts verwendet, alles, was aus dessen abgeleitetem Formenschatz verfügbar war und Ansehen genoss. Statt kreolischer Innenhöfe beherrschen großzügige Gärten mit Brunnen, Statuen und Pavillons die stille Wohnszene.

Zurück zur Elektrischen. Der weitläufige **Audubon Park** ist nach Amerikas berühmtestem Ornithologen benannt, nach John James Audubon, der hier als junger Mann, um sich etwas nebenher zu verdienen, Musik- und Malunterricht gab und der viele seiner später bekannten Zeichnungen für die »Birds of America« Anfang des 19. Jahrhunderts in New Orleans anfertigte.

Im **Audubon Zoo**, unter altehrwürdigen Eichen oder tropischer Vegetation, Wasserfällen und Lagunen leben über tausend exotische Tiere und im Areal der Louisiana Swamp Exhibit das Nonplusultra: kleine weiße Alligatoren mit blauen Augen.

### Service & Tipps:

**ℹ New Orleans Metropolitan
Convention & Visitors Bureau**
2020 St. Charles Ave.
New Orleans, LA 70130
✆ (504) 566-5011, 1-800-672-6124
www.neworleanscvb.com

**ℹ Information Center**
529 St. Ann St. (Jackson Sq.)
New Orleans, LA 70116
✆ (504) 568-5661, tägl. 9–17 Uhr

**ℹ French Quarter Visitor Center**
419 Decatur Blvd.
New Orleans, LA 70130
✆ (504) 589-2636
Tägl. 9–17 Uhr, tägl. 9.30 Uhr einstündiger *Riverfront History Walk* zum Mississippi
Informiert über die Geschichte und Traditionen der Stadt.

**⛴ New Orleans Steamboat
Company**
400 N. Peters St.
New Orleans, LA 70130
✆ (504) 569-1401
www.steamboatnatchez.com
Für Schaufelrad-Romantiker: tägl. 11.30 und 14.30 Uhr zweistündige Hafenrundfahrten; 19 und 21 Uhr *Dinner Jazz Cruise.*

### 🚋 Saint Charles Avenue Streetcar

Endhaltestelle Canal & Carondelet Sts. (bzw. Canal St. & St. Charles Ave.)
New Orleans, LA 70130
www.norta.com, tägl. alle 10–15 Min.
Seit 1835 gibt es Straßenbahnen in New Orleans, seit 1923 fährt diese Elektrische. Kleingeld möglichst passend *(exact change)* bereithalten (einfache Fahrt $ 1.25, Umsteigen $ 0.25). Wenn man unterwegs aussteigt und später weiterfahren will, muss man erneut bezahlen. Deshalb lohnt sich evtl. ein *1-Day Jazzy Pass* für $ 3 oder der 3-Tage-Pass für $ 9, mit dem man auch die Busse benutzen kann. Wer einen Fensterplatz ergattern möchte, steigt schon an der Haltestelle Carondelet ein.

### 🐠 🦋 Audubon Aquarium of the Americas

1 Canal St. (Woldenberg Riverfront Park), New Orleans, LA 70130
📞 (504) 581-4629, 1-800-774-7394 (auch für Zoo)
www.auduboninstitute.org
Tägl. außer Mo 10–17 Uhr, Eintritt $ 22.50/16, mit IMAX $ 29/23, mit Zoo, IMAX und Butterfly Garden $ 44.50/31.50
Aqua-Show mit über 7500 quirligen Lebewesen in 4 Mill. Litern Salz- und Süßwasser. Riesige Schaufenster, 180-Grad-Panoramen und transparente Tunnel simulieren karibische Korallenriffe, das Mississippi-Delta, den Golf, den tropischen Regenwald am Amazonas. IMAX-3-D-Kino.

*Blauäugig: weißer Alligator im Audubon Zoo*

### 🐊 🎡 🦋 Audubon Zoo

6500 Magazine St.
New Orleans, LA 70118
📞 (504) 581-4629, 1-800-774-7394
www.auduboninstitute.org
Tägl. außer Mo 10–17 Uhr
Eintritt $ 17.50/12, Kombitickets siehe Aquarium
Der Park mit seinen schattigen Lagunen, Golfplatz und Schwimmbad entstand in den 1870er Jahren aus einer Zuckerrohrplantage. Fahrradverleih. Von St. Charles Ave. fährt in Höhe der Haltestelle Nr. 36 (25-Minuten-Spaziergang) ein Shuttlebus kostenlos zum Zoo. Viele bedrohte Spezies wohnen hier. Der Louisiana Swamp ist von besonderem Interesse; für Kinder vermutlich der Ritt auf einem Elefanten.

### 📷 Saint Louis Cathedral

615 Pere Antoine Alley (Jackson Sq.)
New Orleans, LA 70116
📞 (504) 525-9585
www.stlouiscathedral.org
Mo–Sa 9–17, So 13–17 Uhr
Eintritt kostenlos
New Orleans bekannte Kathedrale am Jackson Square. Bau von 1724, abgebrannt 1788, wieder aufgebaut 1794.

### 🚌 Gray Line Hurricane Katrina Tour

400 N. Peters St.
New Orleans, LA 70130
📞 (504) 569-1401, 1-800-233-2628
www.graylineneworleans.com
Tägl. 13 Uhr, Tickets $ 48/30, im Gray Line Ticket Office Toulouse St. direkt am Fluss
Dreistündige, von Augenzeugen begleitete, informative Bustour durch die 2005 von »Katrina« und den Überschwemmungen betroffenen Viertel der Stadt.

### 📷 The Cabildo

701 Chartres St. (Jackson Sq.)
New Orleans, LA 70116
📞 (504) 568-6968, 1-800-568-6968
www.crt.state.la.us
Tägl. außer Mo 9–16.30 Uhr, Führungen $ 6/5
Französischer, spanischer, konföderierter und US-Regierungssitz; jetziges Gebäude von 1795. In einem Raum des ersten Stocks wurde 1803

*Magisches Inventar im Voodoo Museum*

über den »Louisiana Purchase« verhandelt. Teil des Louisiana State Museum.

**Beauregard-Keyes House**
1113 Chartres St.
New Orleans, LA 70116
✆ (504) 523-7257, www.bkhouse.org
Führungen stündlich Mo–Sa 10–15 Uhr
Eintritt $ 10/4
Klassizistische Residenz und schöner magnolienbestandener Garten von 1826.

**Old Ursuline Convent**
1112 Chartres St.
New Orleans, LA 70116
✆ (504) 529-3040
Führungen Mo–Sa 10–16 Uhr
Eintritt $ 5/3
1745 für die aus Frankreich kommenden ursulinischen Nonnen errichtet.

**Gallier House Museum**
1132 Royal St.
New Orleans, LA 70116
✆ (504) 525-5661, www.hgghh.org
Führungen Mo, Do/Fr 10–14, Sa 12–15 Uhr, Di/Mi nach Vereinbarung, Führung $ 12/10 mit Hermann-Grima House $ 20/18
Strenger und solider Bau von ca. 1860. Das Innere kombiniert viktorianische Dekorfülle mit den Segnungen des technischen Fortschritts (Sanitäres, Belüftung etc.).

**Pharmacy Museum**
514 Chartres St.
New Orleans, LA 70130
✆ (504) 565-8027
www.pharmacymuseum.org
Di–Fr 10–14, Sa 10–17 Uhr
Eintritt $ 5/4
Hübsche Apotheke von 1823 mit alten Heilmittelchen und Rezeptbüchern, mundgeblasenen Flaschen, Flakons und Voodoo-Zaubermitteln.

**The Historic New Orleans Collection**
533 Royal St.
New Orleans, LA 70130
✆ (504) 523-4662
www.hnoc.org, Di–Sa 9.30–16.30 Uhr
Eintritt kostenlos
Im Merieult House von 1792: Archiv mit historischen Landkarten, Büchern und Fotos. Wechselnde thematische Ausstellungen zur Stadtgeschichte. Museumsshop.

**Voodoo Museum**
724 Dumaine St., zwischen Bourbon & Royal Sts.
New Orleans, LA 70116
✆ (504) 680-0128
www.voodoomuseum.com
Tägl. 10–18 Uhr
Eintritt $ 5
Zaubermittel, Praxis und Geschichte des Voodoo-Kults. Vermittelt auch Shows der Rituale und Rundgänge zu den Friedhöfen.

**Hermann-Grima House**
820 St. Louis St.
New Orleans, LA 70112

✆ (504) 525-5661
www.hgghh.org
Mo/Di und Do/Fr 10–14, Sa 12–15
Uhr, Mi nach Vereinbarung, Führung
$ 12/10, mit Gallier House $ 20/18
Aufwendig möbliertes Haus von
1831: korinthische Säulen, Kristall-
leuchter, üppige Stuckdecken und interessante Trompe-l'oeil-Effekte. Außerdem kann man den Stall und die
Sklavenquartiere besichtigen. Don-
nerstags wird zwischen Oktober und
Mai kreolische Kochkunst demons-
triert.

◉ **Lafayette Cemetery No. 1**
Washington Ave. (Garden District)
New Orleans, LA 70115
www.lafayettecemetery.org
www.nolacemeteries.com
Mo–Fr 7–14.30, Sa 7–12 Uhr
Sehenswerter historischer Friedhof.

🏛 📺 ⓘ **New Orleans Museum of
Art (NOMA)**
1 Collins C. Diboll Circle (City Park)
New Orleans, LA 70124
✆ (504) 658-4100, www.noma.org
Di–Do 11–18, Fr bis 21, Sa/So 11–17
Uhr, Eintritt $ 10/6
Vor allem europäische und amerikanische Kunst mit Schwerpunkten in
der französischen (17.–19 Jh.), nieder-
ländischen, flämischen (17. Jh.) und
italienischen Malerei (15.–18. Jh.).
U.a. Werke von Pissarro, Renoir, Mo-
net, Gauguin, Degas (der anlässlich

*Sonderangebot: French
Market*

eines Verwandtenbesuchs 1871/72
nicht weit vom Museum entfernt ge-
malt hat), Sisley, Braque, Vlaminck,
Modigliani, Kandinsky, Picasso, Ernst,
Magritte, Schwitters, Man Ray, Miró,
Chagall und Dubuffet.
     Außerdem angewandte Kunst und
schöne Prunkeier von Peter Carl
Fabergé (1846–1920), dem Hofjuwe-
lier des letzten russischen Zaren. –
Außer städtischen Zuschüssen erhält
das Institut Unterstützung von Spon-
soren wie Exxon, Chevron, Hyatt,
Amexco und Saks Fifth Avenue.
Museumsshop, Café mit Blick auf
Lagunen und Magnolien.

◉ **Blaine Kern's Mardi Gras
World**
1380 Port of New Orleans Place
New Orleans, LA 70130
✆ (504) 361-7821
www.mardigrasworld.com
Tägl. 9.30–17.30 Uhr
Führungen $ 20/13
Mardi-Gras-Museum am Ostufer des
Mississippi. Alles über die Geschichte
und die Traditionen des Karnevals in
New Orleans. Man kann den Künst-
lern bei der Arbeit an den Wagen und
Skulpturen zuschauen.

✖ **Café du Monde**
800 Decatur St. (French Market)
New Orleans, LA 70116
✆ (504) 525-4544, 1-800-772-2927
www.cafedumonde.com

Seit 1862 führend für Café au Lait und *beignets*. Rund um die Uhr geöffnet. $

### ☒ Fiorella's
45 French Market Place
New Orleans, LA 70116
✆ (504) 523-2155, tägl. 12–21 Uhr
Zünftige Imbissstube für Marktarbeiter. $–$$

### ▽ ☒ ▭ Napoleon House Bar & Café
500 Chartres St. (St. Louis)
New Orleans, LA 70130
✆ (504) 524-9752
www.napoleonhouse.com
Mo 11–17.30, Di–Do 11–22, Fr/Sa bis 23 Uhr
Bar, Café, Restaurant. Exzellente *Seafood Gumbo* (mit *roux*, Tomatensoße und *ocra*) unter quirlenden Ventilatoren bei rollenden Impromptus oder appetitanregendem Rossini. Lunch ($) und Dinner. $–$$

### ☒ Gumbo Shop
630 St. Peter St.
New Orleans, LA 70116
✆ (504) 525-1486
www.gumboshop.com
Traditionelle kreolische Küche in einem restaurierten Haus von 1795 mit hübschem Patio. Äußerst beliebt. Tipp: *Seafood Gumbo!* Große Auswahl an offenen Weinen. Lunch und Dinner. $–$$

### ☒ Bayona
430 Dauphine St.
New Orleans, LA 70112
✆ (504) 525-4455, So geschl.
www.bayona.com
Speisen mit mediterranem Flair in einem alten kreolischen Haus. Lunch ($) und Dinner. $$$

### ☒ Bon Ton Café
401 Magazine St.
New Orleans, LA 70130
✆ (504) 524-3386
www.bontoncafe.com
Mo–Fr 11–14 und 17–21 Uhr
Cajun-Küche nach Familienrezepten. Besonders beliebt zum Lunch. $$–$$$

### ☒ Galatoire's Restaurant
209 Bourbon St.
New Orleans, LA 70130
✆ (504) 525-2021, www.galatoires.com

Mo geschl., Lunch und Dinner
Helles, elegantes Bistro – für die *locals*. Küche: *French creole*. Keine Reservierungen, aber Warten lohnt. $$–$$$

### ☒ Felix's Restaurant & Oyster Bar
739 Iberville St.,
New Orleans, LA 70116
✆ (504) 522-4440, www.felixs.com
Beliebt sind Austern und andere kreolische Delikatessen in diesem seit über 70 Jahren existierenden Restaurant. Auch für Nachteulen. $–$$

### ☒ Mother's Restaurant
401 Poydras St. (Tchoupitoulas St.)
New Orleans, LA 70130
✆ (504) 523-9656
www.mothersrestaurant.net
Populäre Cafeteria mit herzhafter kreolischer Küche. $

### ☒ ♬ The Court of Two Sisters
613 Royal St.
New Orleans, LA 70130
✆ (504) 522-7261
www.courtoftwosisters.com
Das französisch-kreolische Jazz-Brunch-Büfett (tägl. 9–15 Uhr) im hinreißenden Innenhof ist die Ouvertüre zu New Orleans – kulinarisch und musikalisch. Tagsüber mit grünbewachsenem Baldachin, abends (17.30–22 Uhr) mit Sternenzelt. Kein Wunder, dass sich hier schon Mark Twain wohlfühlte. $$–$$$

### ☒ Antoine's
713 St. Louis St.
New Orleans, LA 70130
✆ (504) 581-4422, www.antoines.com
Mo–Sa Lunch und Dinner
Ältestes (seit 1840) und namhaftes Restaurant, das seine französische Herkunft nicht verleugnet. Kreolische Gerichte mit viel Geschmack, serviert in hellen Speisesälen, lockere Atmosphäre.
Viele der schwarzberockten Ober sind schon jenseits der Pensionsgrenze und versehen ihren Dienst mit dem Charme emeritierter Professoren. Reservierung empfohlen. Beträchtliche Weinauswahl. $$$

### ♪ Preservation Hall
726 St. Peter St.

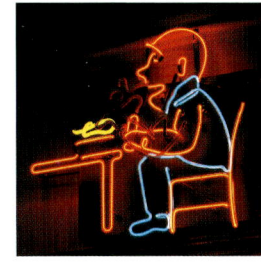

**Gumbo**
*Der kulinarische Dauerbrenner der Cajun-Küche ist die Gumbo, die Bouillabaisse der Südstaaten – eine dicke Klunkersuppe, in der der tierische Reichtum der Region inmitten saftiger Gemüse-Kombos aus Zwiebeln, Stangensellerie und Cayennepfeffer Geschmack annimmt. Die Gumbos – mit Fisch, Schalentieren oder Fleisch – entstehen in Eisentöpfen, in denen die Schwitze (»roux« aus Okra oder Mehl und Butter) behutsam auf kleiner Flamme gebräunt wird, bevor die klein gehackten Gemüse, Kräuter und schließlich die übrigen Zutaten darin zu köcheln beginnen.*

*Preservation Hall*

New Orleans, LA 70116
✆ (504) 522-2841
www.preservationhall.com
Tägl. 20–23 Uhr, Eintritt $ 15
Musikalisch-archäologisches Museum mit traditionellem Jazz in Reinkultur: Zuhören ist alles – im Stehen oder auf dem Boden. Meist lange Warteschlangen, da keine Reservierung möglich. Kinder aller Altersstufen sind willkommen! Seit 1961.

### ♫ Tipitina's
501 Napoleon Ave.
New Orleans, LA 70115
✆ (504) 895-8477, www.tipitinas.com
Live-Entertainment, gute Stimmung: Jazz, R&B, Zydeco, Cajun, Reggae, Rock 'n' Roll. Es gibt auch etwas zu essen ($$). Unter gleichem Namen auch im French Quarter: 233 N. Peter St.

### ♫ ✕ Mulate's
201 Julia St., New Orleans, LA 70130
✆ (504) 522-1492, www.mulates.com
Bekömmliches Arrangement: Cajun-Musik, Tanz und Cajun-Küche. $–$$

### ♪ ✕ Palm Court Jazz Café Inc.
1204 Decatur St.
New Orleans, LA 70116
✆ (504) 525-0200
www.palmcourtcafe.com
Mo/Di geschl.
Live-Jazz zu französisch-kreolischen Speisen. Nur Dinner. $$

### ✕ ♫ Michaul's
840 St.Charles Ave.
New Orleans, LA 70130
✆ (504) 522-5517
www.michauls.com
So geschl.
Cajun-Gerichte, Cajun- und Zydeco-Musik und -Tanz (auch kostenloser Tanzunterricht). $$

### ✕ ⍨ Old Absinthe House
240 Bourbon St. (Bienville St.)
New Orleans, LA 70130
✆ (504) 523-3181
www.oldabsinthehouse.com
Tägl. 9.30–24 Uhr
Populärer alter Kasten von 1798–1806. Restaurant und Bar.

### ♪ ✕ Snug Harbor Jazz Bistro
626 Frenchmen St. (nordöstl. vom French Market)
New Orleans, LA 70116
✆ (504) 949-0696
www.snugjazz.com
Musikclub für Jazz-Kenner, auch R&B; Restaurant (ab 19 Uhr). $$

### ⍨ Lafitte's Blacksmith Shop Bar
941 Bourbon St.
New Orleans, LA 70116
✆ (504) 593-9761
www.lafittesblacksmithshop.com
Der Bruder des legendären Piraten ging hier seinem Handwerk nach. Das spelunkige, windschiefe Haus passt in jeden Seeräuberfilm. Schon Ten-

*Mardi-Gras-Umzug in New Orleans*

nessee Williams soll hier häufig an der Bar gestanden haben.

### 🐚 Mardi Gras

Das Superfest von New Orleans findet am Karnevalsdienstag statt, aber die Festivitäten beginnen schon am Wochenende davor. Bei aller brachialen Ausgelassenheit spiegelt es die Hierarchie der städtischen Sozialstruktur wider. Mitglied in einem der mehr als 60 mächtigen Karnevalsvereine *(krewes)*, die Bälle und Paraden organisieren, wird man nur als alteingesessener *New Orleanian* – mit viel Geld! www.mardigrasneworleans.com.

*Ausflugsziele:*

### 🌀🍀 Destrehan Plantation

13034 River Rd. (SR 48)
Destrehan, LA 70047
📞 (985) 764-9315
📞 1-877-453-2095
www.destrehanplantation.org
Tägl. 9–16 Uhr, Eintritt $ 18/7
Diese 1787 im westindischen Stil gebaute Pflanzervilla ist die älteste noch intakte im unteren Mississippi-Tal und typisch für die Plantagen an der »Côte d'Allemands«. Sie liegt in einem großen, eichenbestandenen Garten zusammen mit alten Sklavenhütten.

### 🍀🌀 Barataria Preserve/Jean Lafitte National Historical Park

Südl. von New Orleans, via Hwy. 45 S.
Park Visitor Center: 6588 Barataria Blvd.
Marrero, LA 70072
📞 (504) 689-3690
www.nps.gov/jela/barataria-preserve.htm
Tägl. 9–17 Uhr
Visitor Center, Stege und Wasserwege durch eine der ursprünglichsten Sumpflandschaften Louisianas, auch Bayous und Marschland, mit vielen Tieren und Pflanzen. Kajak- und Kanutouren möglich.

### 🌀 Honey Island Swamp Tours

41490 Crawford Landing Rd.
Slidell, LA 70461
📞 (985) 641-1769
www.honeyislandswamp.com
Fahrpreis $ 23/15
Durch die Sümpfe im Mündungsbereich des Pearl River. Tags zuvor telefonisch anmelden; entweder wird man am Hotel abgeholt (dann dauert die Tour alles in allem 4 Std.) oder man fährt selbst zum Anleger (Bootstour: 2 Std.): I-10 nach Osten über den Lake Ponchartrain, Exit 266 in Slidell, rechts die US 190 (Gause Blvd.), 2 Meilen bis zur Ampel an der Kreuzung mit Military Rd. (S 1090), dort links und Schildern folgen, über die I-10 hinweg und gleich dahinter rechts in die Service Rd. bis zu deren Ende am Fluss (ca. ³/₄ Std. Fahrt von New Orleans). 🌀

# Cajun Country
## Louisiana

»Es gibt Leute auf dem Land, die abends ins Bett gehen und nicht wissen, ob sie morgens als Farmer oder Fischer wieder aufwachen«, erzählt der Mann aus Kraemer am Bayou Lafourche im südlichen Louisiana. Er hat mit Überschwemmungen so seine Erfahrungen gemacht. Den Wasserreichtum dieses Staates könnte man kaum besser beschreiben, es sei denn, man setzt sich ins Flugzeug. Dann sieht das golfnahe Louisiana wie eine zersplitterte Glasscheibe aus. Allein der Mississippi hatte sieben Deltas, die er im Laufe der Zeit aufgegeben hat. Das wirkte wie eine Sprinkleranlage in einem Riesengarten. Heute, nach der Eindeichung, sind die Sümpfe trockener geworden, zumal die Kanäle für die Schifffahrt und die Pipelines der Gas- und Ölgesellschaften dies vorantreiben.

Dennoch: Die Wasserlandschaft des Deltas besteht zu 40 Prozent aus Sumpf und deren »Hauptstadt« New Orleans liegt zum

größten Teil rund anderthalb Meter unterhalb des Meeresspiegels. Das hat sogar Auswirkungen auf die Bestattungsriten des Landes und diese wiederum auf die Gräber. Die Verstorbenen werden über der Erde in steinernen Totenhäusern begraben. Normalerweise existiert ein Grab in New Orleans nur ein Jahr, dann wandern die Überreste in einen Holzkasten, werden verbrannt, und ein neuer Toter rückt nach.

Zwischen den labyrinthischen Flüssen, Seen und Bayous: Hausboote, Teppiche aus grünen Sumpfgräsern und Entengrütze, Zieh- und Drehbrücken – ein Hauch von Holland? Nein, das Schild PARISH stellt klar, was Sache ist. In Louisiana unterteilt man das Land in kirchliche Bezirke und nicht, wie sonst in den USA, in Counties.

An den River Roads von Mississippi und Bayou Teche verbreiten die Plantation Homes die Aura des Alten Südens. Nirgendwo hat der Pflanzer-Mythos weißere und tragendere Säulen gefunden als in diesen Herrschaftsarchitekturen aus der Feudalzeit vor dem Bürgerkrieg. Kultur, Sozialstruktur und Glaubensordnung waren in dieser aus England exportierten »Nobility«-Welt aufs Engste und Selbstverständlichste verschränkt. Ehre, Status und Unterwerfung schufen klare Hierarchien und Rollenverteilungen zwischen den Plantation Masters und ihren Söhnen über Frauen und Töchter bis zu den weißen Abhängigen und schwarzen Sklaven.

Der nördliche Landesteil des »Pelican State und Sportsman's Paradise« – so der Spitzname von Louisiana – trägt andere Züge. Maisbrot, *bisquits, catfish* und *hush puppies, pecan pie* mit Kaffee und *beans-and-greens* als Gemüse-Dinner zählen hier zu den Spezialitäten. Shreveport und Bossier City am Ufer des Red River gelten als Vertreter des »anderen« Louisiana, das heißt als Finanz-, Kultur- und historische Zentren des nordwestlichen Landesteils. Besucher, die aus dem südlichen Flachland hierher kommen, treffen auf eine hügelige Landschaft mit hoch gewachsenen Nadelbäumen.

*Sabberbärte, Engelshaar, Lametta – das Spanische Moos hat viele Namen*

*Thema Einäscherung: »Uncle Henry«, erzählt ein wenig zimperlicher Local, »wog lebend immerhin 180 Pfund. Nach einem Jahr Totsein füllte er gerade noch eine halbe Einkaufstüte. So schnell geht das bei uns. Die Jungs in den Krematorien sind wahre Schnellköche. Sie führen bald Mikrowellenherde ein.«*

# ❶ Alexandria

Alexandria, geographisches Zentrum des Staates Louisiana und Hafenstadt am Red River, lange prosperierend durch Baumwoll-, Zucker und Holzhandel, wurde im Bürgerkrieg sehr gebeutelt und weitgehend niedergebrannt. Heute leben die knapp 47 700 Alexandriner insbesondere von den Bildungseinrichtungen und vom Militär.

*Service & Tipps:*

ℹ **Alexandria/Pineville Area Convention & Visitors Bureau**
707 Second St.
Alexandria, LA 71301
☎ (318) 442-9546, 1-800-551-9546
www.apacvb.org

🏛 **Alexandria Museum of Art**
933 Second St.
Alexandria, LA 71301
☎ (318) 443-3458
www.themuseum.org
Di-Fr 10–17, Sa 10–16 Uhr
Eintritt $ 4/2
Präsentiert seit 1977 moderne Kunst und Kunsthandwerk Nord-Louisianas in einem historischem Gebäude von 1898.

✕ 👬 **Cracker Barrel**
6108 W. Calhoun Dr.
Alexandria, LA 71301
☎ (318) 767-0500
www.crackerbarrel.com
Populäres und preisgünstiges Familienrestaurant im Country Style. Frühstück, Lunch und Dinner. Mit dem bunt sortierten **Cracker Barrel Country Store**. $

✕ **Outlaw's Bar-B-Q**
818 MacArthur Dr.
Alexandria, LA 71303
☎ (318) 443-8723
www.outlawsbarbecue.com
Richtige Adresse für gutes BBQ: Steaks und Geflügel. Das Sortiment der Bar beschränkt sich auf Bier. Lunch und Dinner. $

# ❷ Avery Island

Die Quelle der Tabasco-Soße, die seit Mitte des 19. Jahrhunderts hier produziert wird, erreicht man über eine mautpflichtige Brücke. Der Ort sitzt auf einem riesigen Salzdom, dessen Salz im Süden lange Zeit als Konservierungsmittel diente.

*Service & Tipps:*

✿ 🗡 🦅 **Jungle Gardens & Bird Sanctuary**
Nähe SR 329 (Avery Island Rd.)
Avery Island, LA 70513
☎ (337) 369-6243
www.junglegardens.org
Tägl. 9–17 Uhr, Eintritt $ 8/5
Üppiger botanischer Garten mit subtropischer Flora – ein Blütenmeer

zwischen Nov. und Juni. Vogelhaus, Alligatoren und Wild.

◉ **McIlhenny Company**
Nähe SR 329
Avery Island, LA 70513
☎ (337) 365-8173, 1-800-643-9599
www.tabasco.com, tägl. 9–16 Uhr
Touren kostenlos
Seit 1868 wird hier die feurige Tabasco-Soße hergestellt.

# ❸ Baton Rouge

Über der Hauptstadt von Louisiana, Baton Rouge (ca. 230 000 Einwohner), flatterten schon sieben diverse Flaggen: von Frankreich, England, Spanien, West Florida, vom Sovereign State of Louisiana, der Konföderation und den USA. Dennoch, die Ursprünge (1699) der bedeutenden Hafenstadt sind französisch, allem voran der Name. Der »Rote Stock« spielt auf geschälte Zypressenstöcke an, mit denen man erlegte Tiere aufspießte, um die Grenze zwischen zwei indianischen Jagdgründen zu markieren.

Heute mildern Zypressen und hübsche Antebellum-Villen den Eindruck, Baton Rouge sei letztlich nichts anderes als eine Chemiemetropole am Nordende der petrochemischen Goldküste, die sich von New Orleans am Mississippi entlangzieht.

Das neugotische, aus dem Jahre 1847 stammende **Old State Capitol** (100 North Blvd./River Rd.), von Mark Twain einst als »Ungeheuer vom Mississippi« bezeichnet, das neuere **Louisiana State Capitol** (State Dr./Third St.) und die restaurierte **Old Governor's Mansion** (502 North Blvd.) setzen sehenswerte Akzente in der Innenstadt. Die neueren Spielkasinos folgen dem Trend vieler Südstaaten, sich so zusätzliche Einnahmequellen zu verschaffen. Sie umgehen dabei geschickt die Anti-Kasino-Gesetze, die an Land gelten, indem sie die Kasinos in Schiffen unterbringen, auf den Flüssen oder vor der Küste im Golf.

Baton Rouge, mitten in der »Sugar Bowl of America« ist eine Großstadt mit scharfen Gegensätzen, denn neben der bizarren Industrie blühen die Magnolienbäume, reihen sich Seen und Bayous, kurvige Sträßchen und Erinnerungen an den Bürgerkrieg. In den ausgedehnten Hafenanlagen ankern riesige Ozeankähne, und am anderen Ufer des Mississippi erstrecken sich die großen Zuckerplantagen.

## Service & Tipps:

ℹ️ **Louisiana Visitor Information Center**
1051 N. 3rd St.
Baton Rouge, LA 70802
☎ (225) 342-8119
☎ 1-800-994-8626
Fax (225) 342-8390
www.louisianatravel.com

ℹ️ **Baton Rouge Area Convention & Visitors Bureau**
359 3rd St.
Baton Rouge, LA 70801
☎ (225) 383-1825
www.visitbatonrouge.com

🏛 **LSU Rural Life Museum**
4600 Essen Lane (Exit 160 von I-10), Baton Rouge, LA 70808
☎ (225) 765-2437
www.rurallife.lsu.edu
Tägl. 8.30–17 Uhr
Eintritt $ 7/6
Das von der staatlichen Universität (LSU) geführte Institut widmet sich der Kulturgeschichte des ländlichen Louisiana: Geräte, historische Bauten, Schiffe, Eselskarren etc.

✕ **Ralph & Kacoo's**
6110 Bluebonnet Blvd.
Baton Rouge, LA 70809
☎ (225) 766-2113
www.ralphandkacoos.com
Regionale Küche, hauptsächlich Meeresfrüchte. Cocktail Lounge. Lunch ($) und Dinner. $–$$

✕ 🎵 **Boutin's – A Cajun Music & Dining Experience**
8322 Bluebonnet Blvd.
Baton Rouge, LA 70810
☎ (225) 819-9862, www.boutins.com
Beliebtes Cajun-Restaurant: Geflügel, Meeresfrüchte und Steaks. Spezialität *jambalaya* mit gebratenem Alligator. Cocktail Lounge. Oft Livemusik (Mi-Sa). Lunch ($) und Dinner. $–$$

✕ **Juban's Restaurant**
3739 Perkins Rd. (Acadiana Shopping Center)
Baton Rouge, LA 70808
☎ (225) 346-8422, www.jubans.com
Erstklassiges Bistro an einer Stelle, wo man so etwas nicht vermutet – am Parkplatz eines Supermarkts. Probieren Sie die Shrimps-Ravioli. Sa kein Lunch. So geschl. $$$

*Shotgun Houses*
*Im LSU Museum gibt es auch ein »shotgun house« zu besichtigen: ein im Süden allgemein verbreiteter Wohnhaustyp aus Holz, der so schmal gebaut ist, dass eine Gewehrkugel das Haus komplett durchschlagen kann.*

*»Louisiana Crawfish«*

*Von Lafayette 15 Minu-
ten auf Hwy. 94 nach
Osten.*

## ❹ Breaux Bridge

Breaux Bridge besitzt eine originelle Backsteinkirche, deren Türme wie rote runde Mützen aussehen. Da jede zweite amerikanische Kleinstadt sich als Mittelpunkt der Welt fühlen möchte, hat sich Breaux Bridge auch etwas überlegt: »Crawfish Capital of the World«. Jedes Jahr im Mai wird dies auf einem Festival ausgelassen gefeiert.

### Service & Tipps:

**ℹ Bayou Teche Visitors Center/
Breaux Bridge Area Chamber of
Commerce**
314 E. Bridge St.
Breaux Bridge, LA 70517
✆ (337) 332-8500, 1-888-565-5939
www.breauxbridgelive.com

**✖ ♫ Pont Breaux Cajun Restaurant**
325 Mills Ave. (südl. I-10, Exit 109)
Breaux Bridge, LA 70517
✆ (337) 332-4648
So–Do 11–22, Fr/Sa 11–23 Uhr
Populäres Cajun-Restaurant: Meeresfrüchte zu Fidel und Akkordeon. Leger und beliebt, manchmal etwas touristisch. Cajun- und Zydeco-Musik, abends Tanz. $–$$

**✖ Café Des Amis**
140 E. Bridge St.
Breaux Bridge LA 70517
✆ (337) 332-5273
www.cafedesamis.com
Mo geschl.
Treff der *locals* zum Frühstück (Fr–So), Lunch und Dinner. $–$$

**✖ Bayou Boudin & Cracklin**
100 W. Mills Ave. (Bayou Teche, Hwy. 94)
Breaux Bridge, LA 70517
✆ (337) 332-6158
www.bayoucabins.com
Mo geschl.
Restaurant mit Cajun-Spezialitäten, z.B. *boudin* (Wurst mit Reisfüllung). Angeschlossen ist ein B & B mit 11 unterschiedlich eigerichteten, rustikalen Hütten ($–$$). $–$$

## ❺ Burnside

Auf ehemaligem Land der Houmas-Indianer errichtete 1840 John Burnside, der »Zuckerprinz von Louisiana«, sein Haus auf der größten Zuckerrohrplantage des Staates. Die heutige eigentliche Attraktion von Burnside, **Houmas House Plantation & Gardens**, war nur eine von zwölf Pflanzungen und 3000 Sklaven, die John Burnside gehörten. Nach seinem Tod 1881 setzten die Nachfolger weiter auf Zuckerrohr, doch um die Jahrhundertwende wurde das Land verkauft und die Häuser verkamen. Seit 1940 befindet sich die Villa wieder in Privatbesitz und nähert sich seither ihrem Originalzustand von 1840.

Unter ihresgleichen nimmt sie eine Sonderstellung ein, denn die Inneneinrichtung ist weitgehend authentisch. Es lohnt sich also, der freundlichen Einladung der verkleideten Schönen mit den rosa Bäckchen, der Southern Belles, zu folgen.

Verbunden durch kunstvoll angelegte Treppen, entfaltet sich der innere Reichtum des Hauses auf Schritt und Tritt. Da gibt es wahre Museumsstücke früher lokaler Handwerkskunst zu sehen, unter anderem eine bemerkenswerte Sammlung hölzerner Kleiderständer. Aufschlussreich sind außer den diversen Zimmern auch der Musikraum, die Bibliothek und die noch komplett ausgestattete koloniale Küche mit ihrem Messing- und Kupferhausrat, ein Arbeitsplatz, der sogar noch in Betrieb ist.

In den vorzüglich gepflegten Gärten sorgen Magnolienbäume, Oliven, Eichen und Azaleen für Abwechslung. Eine kleine Rarität bilden die hübschen Garçonnières, sechseckig gemauerte Gasthäuschen für Besucher und Durchreisende, die einst mit Pferd oder Boot in Houmas Station machten.

Hausputz im Houmas
House, Burnside

### Service & Tipps:

🖼 **Houmas House Plantation & Gardens**
40136 River Rd. (SR 942)
Darrow, LA 70725
℡ (225) 473-9380
www.houmashouse.com
Führungen Mo/Di 9–17, Mi–So 9–20 Uhr, Eintritt $ 20 für Haus und Garten, $ 10 nur für den Garten Stattlicher Landsitz mit Belvedere *(cupola)*. Filmkulisse für »Hush, Hush, Sweet Charlotte«, den legendären Film mit Bette Davis und Joseph Cotton.

✕ **The Cabin Restaurant**
Kreuzung Hwy. 44 & 22
Burnside, LA 70738
℡ (255) 473-3007
www.thecabinrestaurant.com
Restaurant in der historischen Sklavenhütte einer ehemaligen Plantage. In ihrem Inneren kann man die originale Zedernholzdecke noch sehen und auch, wie früher Wände isoliert wurden (mit Lagen von Zeitungen, die mit Mehlpampe geklebt wurden).
Früher kochte man auf der Monroe-Plantage, wie allgemein üblich im Süden, draußen, heute drinnen: *gumbo, catfish, crab, po-boys*. Eistee oder Bier werden in großen Marmeladengläsern serviert. Lunch und Dinner. Cocktails. $

*»Hush, Hush, Sweet Charlotte«*
*Eine Leserin berichtet von einer Tour durch das Houmas House:*
*»Wir hatten Glück und bekamen eine wunderbar intensive Führung mit allerlei Geschichten und sogar Gesang ...«*

## ❻ Eunice

Fruchtbarer Boden lockte die Akadier, sich hier gegen Ende des 19. Jahrhunderts niederzulassen. Noch heute spürt man in der Kleinstadt (10 000 Einwohner) ihren französischen Einfluss.

### Service & Tipps:

ℹ **Eunice Tourist Information Center**
200 S. C.C. Duson Dr.
Eunice, LA 70535
℡ (337) 457-2565
www.eunice-la.com

🏛 **Cajun Music Hall of Fame and Museum**
240 South C.C. Duson Dr.
Eunice, LA 70535
℡ (337) 457-6534, im Sommer Di–Sa 9–17, sonst 8.30–16.30 Uhr, Mo geschl.
Bewahrt die Erinnerungen an die Cajun-Musik und ihre Musiker.

*Louisiana zählt zu den fischreichsten Staaten der USA*

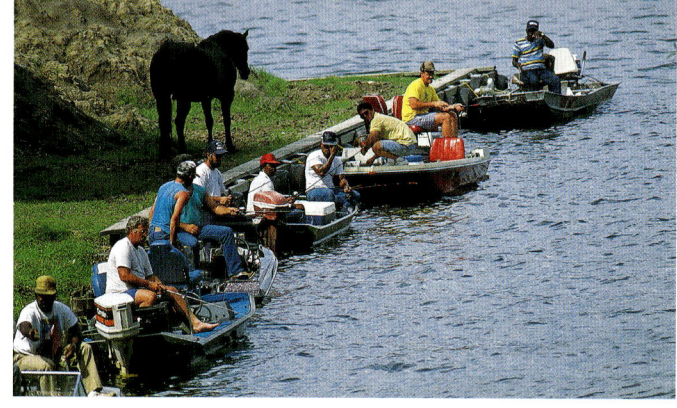

CAJUN COAST

## ❼ Franklin

Dass die Altstadt von Franklin, die Zucker-(Raffinerie)-und-Salz-(Abbau)-Stadt mit 7700 Einwohnern, wie ein Bilderbuch der Südstaatenarchitektur wirkt, merkt man bei einem Bummel über die **Main Street**. Die gute Verfassung verdankt der nach Benjamin Franklin benannte Ort der Tatsache, dass die Yankees so von ihr beeindruckt waren, dass sie die Stadt im Bürgerkrieg verschonten.

### Service & Tipps:

**ℹ️ Cajun Coast Visitors & Convention Bureau**
15307 Hwy. 90 W. Frontage Rd.
Franklin, LA 70538
✆ (337) 828-2555
✆ 1-800-256-2931
www.cajuncoast.com
Mo–Sa 8.30–16.30 Uhr

**◉ 🌳 Oak Lawn Manor**
3296 Oaklawn Dr.
Franklin, LA 70538
✆ (337) 828-0434, tägl. außer Mo 10–16 Uhr, Eintritt $ 15/10
Die Greek-Revival-Villa von 1837 lag auf einer der ersten Zuckerplantagen Louisianas. Erlesene Audubon-Grafiken schmücken das Interieur, schöne Gärten seine Umgebung.

## ❽ Grand Coteau

Der kleine, hübsche Ort ist eine richtige ästhetische Freude, mit alten vermoosten Eichen, kreolischen Cottages und stillen Enklaven – Schulen und Seminarien, die von alters her der inneren und praktischen Weiterbildung dienen. Gleich neben dem schönen Holzbau der Church of St. Charles tagen mitunter die Jesuiten in ihrem Kolleg, und das Schild BITTE NICHT STÖREN lässt die Intensität ihres Trainingsprogramms ahnen. Um die Ecke liegt die weithin gerühmte **Academy of the Sacred Heart**, ein altehrwürdiges katholisches Mädchenpensionat mit einer hinreißenden Eichenallee.

### Service & Tipps:

**◉ Academy of the Sacred Heart**
1821 Academy Rd.
Grand Coteau, LA 70541
✆ (337) 662-5275
www.sshcoteau.org
Führungen nach Absprache Mo–Fr 9–14 Uhr, Eintritt $ 5
1821 gegründet, damit die zweitältes-
te Schule westlich des Mississippi.
Schöner Garten.

**✖ Catahoula's A Restaurant**
234 Martin Luther King Rd.
Grand Coteau, LA 70541
✆ (337) 662-2275, 1-888-547-2275
Ungewöhnlich schmackhafte New Orleans Küche. Lunch ($) und Dinner. Cockails. Mo geschl. $$

# 9 Houma

Houma (33 700 Einwohner) gehört zur Terrebonne Parish, die vor allem wegen ihres Austern- und Krabbenreichtums bekannt ist. Das wundert nicht, wenn man weiß, dass neben einem Kanal und dem Intracoastal Waterway hier sieben Bayous zusammenfließen. Dementsprechend gibt es jede Menge Brücken (über 50) und Ausgangspunkte für **Bootstouren in die Swamps**.

*Service & Tipps:*

ℹ️ **Houma Area Visitors Bureau**
114 Tourist Dr., Gray, LA 70359
✆ (985) 868-2732, 1-800-688-2732
www.houmatravel.com

**A Cajun Man's Swamp Cruise**
Über SR 182 15 Meilen westl. von Houma 251 Marina Dr., Gibson, LA 70356
✆ (985) 868-4625, www.cajunman.com
Zwei Stunden durch den Swamp
(Mo–Sa) $ 25/15.

**Wildlife Gardens**
5306 N. Bayou Black Dr.
Houma, LA 70356, ✆ (985) 575-3676
www.wildlifegardens.com
Tägl. geöffnet, Eintritt $ 8/3.25
Kleiner Tierpark mit Flora und Fauna der Sümpfe. Dazu vier urige Trapperhütten mitten im Sumpf ($$).

**Mandalay National Wildlife Refuge**
3599 Bayou Black Dr., 10 km südwestl. von Houma, LA 70360
✆ (985) 853-1078
www.fws.gov/mandalay
Das Naturschutzgebiet ist nur per Boot zugänglich und die Heimat von Alligatoren und Weißkopfseeadlern. (Letztere halten sich Okt.–Mai im Refuge auf.) Öl- und Gasquellen sowie Deiche und Kanäle koexistieren als Spuren menschlicher Eingriffe in den Naturhaushalt.

✖️ **Dave's Cajun Kitchen**
6240 W. Main St.
Houma, LA 70360
✆ (985) 868-3870
Mo nur Lunch, So geschl.
Beliebt und gemütlich: schmackhafte Cajun-Küche und Cocktails. $–$$

# 10 Kraemer

In Kraemer, dem abgelegenen Cajun-Dorf, sitzen die Frauen auf den Veranden oder vor dem Haus und schwatzen. Jedes Mal, wenn Fremde vorbeikommen, wechseln sie die Sprache, hören plötzlich auf, Englisch zu sprechen, und verfallen in ihr *Cajun*, einen akadischen Dialekt, der zum Teil auf altem Französisch beruht. Jedenfalls hatte Simone de Beauvoir bei ihrem Besuch nach dem Zweiten Weltkrieg hier alle Mühe, ihre »Landsleute« zu verstehen. In Kraemer starten Boote durch den **Bayou Lafourche**, der ein wenig Amazonas-Dschungel vor die Haustür bringt – durch die Vegetation, die Schwüle, die unbändigen Lianen und das satte Grün der Zypressenkronen. Kein Wunder, dass hier die ersten Tarzanfilme gedreht wurden. Der Bayou liegt inmitten reicher Jagdgründe. Die gut getarnten Schlangen, Schildkröten und Alligatoren kann man vom Boot aus sehen. Den Rest meist nicht: Biber, Nerze, Waschbären und Otter.

*Service & Tipps:*

**Torres' Cajun Swamp Tours**
101 Torres Rd. (SR 307)
Kraemer, LA 70301
✆ (985) 633-7739, tägl. 9–17 Uhr
www.torresswamptours.net
Fahrtdauer 1 gute Std., Preis $ 15/8
Durch den Bayou Lafourche mit erfahrenem Trapper. (Anfahrt von

New Orleans: über die Brücke US 90 nach Westen über Boutte, Des Allemands, LA 307 rechts nach Kraemer.)

**Zam's Bayou Swamp Tours & Restaurant**
136 Kraemer Bayou Rd.
Thibodeaux, LA 70301
✆ (985) 633-7881, tägl. 10–16 Uhr
Touren in die Sümpfe.

**REGION 8
Louisiana**

*Terrebonne Parish heißt in der Sprache der Cajuns »God's Country« – wegen der wild wachsenden Orchideen in den Swamps und des Reichtums an Wildvögeln und Fischen. Die Hauptstadt Houma schmückt sich wegen ihrer zahlreichen Wasserstraßen mit dem Titel »Venice of America«. Fischfabriken und Ölindustrie tun dem Stolz keinen Abbruch.*

159

# ⓫ Lafayette

Lafayette, das bis zur Ankunft der Eisenbahn in den 1880er Jahren Vermilionville hieß und noch am gleichnamigen Bayou liegt, ist heute mit seinen knapp 121 000 Einwohnern das Zentrum des *Cajun Country* und seiner Öl-Industrie. Bei der Ankunft machen sich freilich erst einmal *Nowhere*-Gefühle breit. Das liegt daran, dass die Stadt trotz ihres Slogans »The Capital of French Louisiana« typisch amerikanisch ist, also beherrscht vom Prinzip des *urban sprawl*, durch den alles auf eine dezentralisierte Mall rausläuft und nicht auf ein vitales Zentrum. Daran ändert auch die Tatsache nichts, dass die meisten Straßen der Innenstadt nicht nach dem *grid system* gebaut sind, sondern mehr oder weniger krumm. Und verschiedene Abschnitte derselben Straße tragen auch noch verschiedene Namen.

The Heart of French Louisiana

Die alte Hauptstraße in Lafayette heißt Rue Jefferson und sie führt natürlich vorbei am neuromanisch, eigenwillig-filigranen Backsteinbau der **St. John's Cathedral**, ihrem hübschen Friedhof und ihrer uralten Eiche. Sonntags, wenn Downtown im Tiefschlaf ruht, ist dies der einzige Ort, an dem was los ist. Um die Ecke, im **Alexandre Mouton House**, liegt das kleine Lafayette Museum. Ansprechend zeigt sich auch die gegliederte Fassade der Old City Hall, in der heute das Center for French Studies untergebracht ist. Wen die akadische Siedlungs- und Kulturgeschichte interessiert, der hat die Qual der Wahl, denn es gibt gleich drei Stellen, wo man einiges dazu erfährt: das Jean Lafitte Acadian Cultural Center, das nachgebaute Vermilionville oder das Acadian Village.

## Service & Tipps:

**ℹ Lafayette Convention & Visitors Bureau**
1400 N. W. Evangeline Thruway (zwischen Cameron & Willow)
Lafayette, LA 70501
✆ (337) 232-3737, 1-800-346-1958
www.lafayettetravel.com
Mo–Fr 8.30–17, Sa/So 9–17 Uhr

**🏛 Jean Lafitte Acadian Cultural Center**
501 Fisher Rd.
Lafayette, LA 70508
✆ (337) 232-0789, www.nps.gov/jela
Tägl. 8–17 Uhr
Eintritt kostenlos
Ausstellung und Filme dokumentieren die Besiedlungsgeschichte der Akadier in den Prärien, Bayous und Marschen von Süd-Louisiana. Teil des Jean Lafitte National Historic Park.

**🏛 ◉ Alexandre Mouton House**
1122 Lafayette St.
Lafayette, LA 70501
✆ (337) 234-2208
Di–Sa 9–16.30, So 13–16 Uhr
Eintritt $ 3
In diesem Haus mit ansehnlicher Cupola ist das Lafayette Museum untergebracht. Seine Baugeschichte

reicht bis ins Jahr 1800 zurück, als Jean Mouton, der Gründer von Lafayette, sich hier als einer der ersten Siedler im Westen Louisianas niederließ. Sein Sohn Alexandre wurde der erste demokratische Gouverneur des Staates.

**🏛 Acadian Village**
200 Greenleaf Dr. (LA 342)
Lafayette, LA 70506
✆ (337) 981-2364
✆ 1-800-962-9133
www.acadianvillage.org
Di–Sa 10–16 Uhr, Eintritt $ 8/6
Das nachgebaute Bayou-Dorf erinnert an das Leben der Akadier im frühen 19. Jh. in Louisiana. Das ebenfalls hier befindliche Mississippi Valley Museum verfolgt die Geschichte bis in indianische Zeiten zurück. (Johnston St. stadtauswärts, an W. Broussard Rd. rechts, den Schildern folgen.)

**🏛 Vermilionville**
300 Fisher Rd.
Lafayette, LA 70508
✆ (337) 233-4077
www.vermilionville.org
Di–So 10–16 Uhr, Eintritt $ 10/6
Replikate, aber auch einige Originalbauten, die die akadische und Cajun-Kultur der Jahre 1765–1890 nachstel-

len, während kostümierte Künstler und Handwerker für historisches Entertainment sorgen.

### Ⓒ Cathedral of St. John the Evangelist

914 St. John St.
Lafayette, LA 70501
☏ (337) 232-1322
Niederländisch filigrane Backsteinkirche, 1913–16, Sitz der Diözese Lafayette. Die mächtige Eiche nebenan ist älter: über 500 Jahre. Auf dem schönen alten Friedhof liegen neben zahlreichen Gründervätern der Stadt auch zwei Bürgerkriegsgeneräle.

### ✕ ♫ Randol's Restaurant & Cajun Dancehall

2320 Kaliste Saloom Rd.
Lafayette, LA 70508
☏ (337) 981-7080, 1-800-YO-CAJUN
www.randols.com
Herzhaftes Essen und gute Cajun-Musik in einer lebhaften und deftigen Holzscheune. Karierte Plastiktischdecken bilden die Grundlage für Hummerklopfer und Krabbenpuler.

Stärken der Speisekarte: *Seafood* und *Voodoo Chicken*. Während Babys, unrasierte Gesichter mit Baseball-Kappen, Großfamilien, Senioren und junge Pärchen munter futtern, wiegen sich im *Salle de danse* die louisianischen Herzen im Dreivierteltakt. $–$$

### ✕ Café Vermilionville

1304 W. Pinhook Rd.
Lafayette, LA 70503
☏ (337) 237-0100, www.cafev.com
Mo-Fr Lunch ($) und Mo-Sa Dinner, So geschl.
Hervorragende Fischgerichte mit Cajun-Geschmack. Hübsches Häuschen. $$–$$$

## ⑫ Lake Charles

Franzosen gründeten diese heutige Industrie- und Hafenstadt. In jüngster Zeit sollen die Kasinobauten (z.B. Harrah's oder Isle of Capri) vor allem texanisches Geld in die Stadt locken.

*Service & Tipps:*

### ⓘ Southwest Louisiana/Lake Charles Convention & Visitors Bureau

1205 N. Lakeshore Dr.
Lake Charles, LA 70601
☏ (337) 436-9588
☏ 1-800-456-7952
Fax (337) 494-7952
www.visitlakecharles.org

### ✕ La Truffe Sauvage

815 W. Bayou Pines Dr.
Lake Charles, LA 70601
☏ (337) 439-8364
www.thewildtruffle.com
Di-Fr Lunch ($$) und Di-Sa Dinner, So/Mo geschl.
Edles Speiselokal mit ungewöhnlichen Geschmackskombinationen mediterraner und louisianischer Herkunft. $$–$$$

## ⑬ Morgan City

Zwei Ereignisse pointieren die Stadtgeschichte von Morgan City (12 400 Einwohner) am Atchafalaya River: eine erfolgreiche Ölbohrung 1947 (sie verdrängte die Jumbo-Shrimp-Industrie) und der erste »Tarzan«-Film, der hier 1917 gedreht wurde.

*Cajun Jambalaya*
*(für 4–6 Personen)*
*Zutaten:*
*125 g in Scheiben geschnittener Schinkenspeck*
*1/2 Tasse klein gehackte Zwiebeln*
*2 mittelgroße grüne Paprikaschoten (gewürfelt)*
*1 Tasse roher Reis*
*1 Teelöffel klein gehackter Knoblauch*
*1 gutes Pfund gehäutete Tomaten (wahlweise eine große Dose Tomaten)*
*1/2 Teelöffel getrockneter Thymian*
*1 1/2–2 Tassen gekochtes Hühnerfleisch (zerkleinert)*
*250 g geräucherte Wurst (in Scheiben geschnitten)*
*1 Pfund rohe, geschälte Shrimps*
*2 Teelöffel frische Petersilie (gehackt)*
*Salz, Tabasco (ca. 1/2 Teelöffel) oder Cayennepfeffer Wasser nach Bedarf*

*Zubereitung:*
*Speck in einer Kasserolle auslassen; Wurst und Paprika anbraten (nicht zu braun). Tomaten, Zwiebeln, Knoblauch hinzugeben und zum Kochen bringen. Danach Reis und alle übrigen Zutaten (außer Petersilie) hinzufügen. Bei schwacher Hitze ca. 30 Minuten köcheln lassen (bis der Reis gar ist). Vor dem Anrichten Petersilie dazugeben.*

***Service & Tipps:***

ⓘ **Morgan City Tourist Center**
725 Myrtle St.
Morgan City, LA 70380
℗ (985) 384-3343, www.cityofmc.com
Tägl. 8–17 Uhr

☒ **Jane's Steakhouse & Grill**
1205 Clothilde St.
Morgan City, LA 70380
℗ (985) 385-6800
www.janessteakhousegrill.com
Südstaatenkost, vor allem Steaks und
Rippchen. $–$$

## ⑭ Napoleonville

Zwei Meilen südlich des 700-Seelen-Örtchens liegt die prächtige

◉☒ **Madewood Plantation**
4250 Hwy. 308 (Bayou Lafourche)
Napoleonville, LA 70390
℗ (985) 369-7151
www.madewood.com
Tägl. 10–16 Uhr
Eintritt $ 10 für geführte Touren

Opulente *Greek Revival Mansion* von
1846 auf einer ehemaligen Zucker-
rohrplantage – mit einem seltenen
Spiegel aus Meißen.
   Auch Dinner in entspannter
Atmosphäre und Übernachtung.
$$$$$

*Madewood Plantation in
Napoleonville*

## ⑮ Natchitoches

Im Jahre 1714 als französischer Handelsposten gegründet, ist Natchitoches
(18 300 Einwohner) heute die älteste europäische Siedlung, die durch den
»Louisiana Purchase«, den gigantischen Landkauf von Thomas Jefferson, 1803
an die USA fiel. Ihr Name stammt von Caddo-Indianern, aber man schert sich
wenig um seine komplizierte Schreibweise, man spricht ihn einfach »NÄK-a-
tish« aus.
   Zwischen dem 18. und 19. Jahrhundert war Natchitoches eine bedeutende
Handelsstadt. Doch als der Cane River 1825 völlig unerwartet aufgrund diverser Überschwemmungen sein Bett um fünf Meilen weiter östlich verlegte, blieb
der Hafenstadt nur noch ein See. Und das ausgerechnet im Zeitalter der Dampf-
schiffe! Bis dahin stellte der Fluss die lebenswichtige Schiffsverbindung zum
Golf von Mexiko her: Er floss in den Red River und dieser in den Mississippi.

Seine Mischung aus *Southern Comfort* und kreolischem Charme hat das Städtchen bewahrt – als eine Art französisch geprägtes Fossil. Nirgendwo merkt man das besser als bei einem Bummel über die Front Street in der Altstadt, die parallel zum attraktiven Cane River Lake verläuft. Die eisernen Balkongitter erinnern an New Orleans. Das handwerklich vielleicht gelungenste schmiedeeiserne Beispiel ist eine verzierte Wendeltreppe im Hof von **Luckey's Store** im 700er-Block.

Wo man heute am Seeufer im Schatten mächtiger Eichen sitzen kann, standen früher die Werften. Heute klappern im Sommer die Pferdehufe der Kutschen über die mit Klinker gepflasterten Straßen unter dem Spanischen Moos der Eichen. Viele der historischen Häuser dienen inzwischen als Bed & Breakfast Inns oder Boutiquen. Verständlich, dass sich das pittoreske Städtchen wiederholt als Kulisse für Hollywoodfilme anbot. Zu den Highlights gehören der alte Kramladen **Kaffie-Frederick General Mercantile** (758 Front St.) sowie der alte **Friedhof** (American Cemetery) an der Second Street.

*Service & Tipps:*

**ℹ Natchitoches Parish Tourist Commission**
781 Front St.
Natchitoches, LA 71457
℗ (318) 352-8072, 1-800-259-1714
www.historicnatchitoches.com

**🏛 Old Courthouse Museum**
600 2nd St.
Natchitoches, LA 71457
℗ (318) 357-2270
Mo–Sa 9–17 Uhr, Eintritt $ 3/2
Heimatmuseum. Oft Sonderausstellungen zu regionalen Themen.

**⦿ Fort St. Jean Baptiste State Historic Site**
155 Rue Jefferson
Natchitoches, LA 71457
℗ (318) 357-3101, 1-888-677-7853
www.crt.state.la.us/parks/iftstjean.aspx
Di–Sa 9–17 Uhr, Eintritt $ 2/0
Rekonstruktion des französischen Forts und Trading Post von 1732.

**✕ 🍸 Mariner's Restaurant**
5948 Hwy. 1 Bypass
Natchitoches, LA 71457
℗ (318) 357-1220
www.marinersrestaurant.com
Mitten im Wasser: beliebtes Familienrestaurant mit Cajun-Küche und Seeblick. Steaks und Meeresfrüchte dominieren den Speisezettel. Cocktail Lounge. Lunch ($) und Dinner. $$

**✕ Lasyone's Meat Pie Restaurant**
622 2nd St., Natchitoches, LA 71457
℗ (318) 352-3353, www.lasyones.com
Cajun- und kreolische Küche: lange

schon berühmt für seine saftigen, mit Fleisch gefüllten Teigwaren *(meat pie)*, die nach einem alten Rezept hergestellt werden – neben anderen regionalen Gerichten. Frühstück, Lunch, Dinner bis 19 Uhr. So geschl. $–$$

**✕ 🍸 The Landing Restaurant & Bar**
530 Front St., Natchitoches, LA 71457
℗ (318) 352-1579
Mo geschl.
www.thelandingrestaurantandbar.com
Munteres Bistro: regionale Küche in der Altstadt. Cocktails, Lunch ($) und Dinner. $–$$

**✕ Merci Beaucoup**
127 Church St.
Natchitoches, LA 71457
℗ (318) 352-6634
www.mercibeaucouprestaurant.com
Lunch und Sunday Brunch
Cajun- und kreolische Gerichte, die auch draußen serviert werden. Zahlreiche Weine. $–$$

*Ausflugsziel:*

**⦿ Melrose Plantation**
3533 Hwy. 119
Melrose, LA 71452
℗ (318) 379-0055
www.explorernatchitoches.com
Tägl. außer Mo 12–16 Uhr
Eintritt $ 10/5
Die Plantage am Cane River besteht aus 8 restaurierten Gebäuden (z.B. Yucca House von 1796, das African House von 1800 oder Big House von 1833). William Faulkner und John Steinbeck zählten zu den Gästen.

*Marie Therese Coin-Coin aus dem Kongo war Sklavin bei Claude T.P. Metoyer. Mit seinem Tod wurde sie frei und bekam das Land von der französischen Krone. Geschäftstüchtig baute sie später mit ihrer Familie das Herrenhaus Melrose.*

*Romantisch gelegenes Herrenhaus: Shadows-on-the-Teche*

## 16 New Iberia

In dem 1779 von spanischen Siedlern gegründeten und von den aus Nova Scotia geflohenen französischen Akadiern besiedelten New Iberia (30 600 Einwohner) wirft eine der elegantesten Villen des Südens ihren Schatten auf den Bayou: **Shadows-on-the-Teche**, seit 1830 Wohnsitz eines Zuckerbarons. Daher der Beiname »Zuckerschüssel« *(sugar bowl)* für die Region um den Bayou Teche. »Teche« heißt in der Sprache der Indianer »Schlange«.

*Service & Tipps:*

**i Iberia Parish Convention & Visitors Bureau**
2513 Hwy. 14, New Iberia, LA 70560
℮ (337) 365-1540, 1-888-942-3742
www.iberiatravel.com, tägl. 9–17 Uhr

**Shadows-on-the-Teche**
317 E. Main St. (SR 182)
New Iberia, LA 70560
℮ (337) 369-6446, 1-877-200-4924
http://shadowsontheteche.word

press.com
Touren Mo-Sa 9–16.30, So 12–16.30 Uhr, Eintritt $ 10/6
Traumhaus von 1834 in romantischer Lage am Bayou.

**⊠ Theriot's Deli**
330 Julia St.
New Iberia, LA 70560
℮ (318) 369-3871
Mo-Fr 10–17, So 10–14 Uhr
Kleines Restaurant-Café mit typischen Cajun-Gerichten. $

## 17 Opelousas

Die nach den Opelousas-Indianern (in ihrer Sprache heißt *Opelousas* »Schwarzbein«) benannte und 1720 als Trading Post gegründete Stadt (Einwohner: 16 600) ist vor allem stolz auf ihren bekanntesten Sohn: auf Jim Bowie, Erfinder des nach ihm benannten Messers, der nach Texas ging, nachdem seine Familie durch eine Cholera-Epidemie ums Leben kam, und der im Kampf um The Alamo 1836 starb. Das zweite besondere Kennzeichen Opelousas ist seine Verbundenheit mit der Tradition der **Zydeco-Musik**. Prompt hat man daraus einen werbeträchtigen Spitznamen für die Stadt geformt: »Zydeco Capital of the World«.

*Service & Tipps:*

**ℹ St. Landry Parish Visitor Center**
978 Kennerson Rd. (I-49, Ausfahrt 23)
Opelousas, LA 70570
✆ (337) 948-8004, 1-877-948-8004
www.cajuntravel.com

**🏛 Opelousas Museum &
Interpretive Center**
315 N. Main St., Opelousas, LA 70570
✆ (337) 948-2589
www.cityofopelousas.com
Mo–Fr 9-17, Sa 10-15 Uhr
Eintritt kostenlos
Heimatmuseum der einstigen Hauptstadt des konföderierten Lousiana:

Dokumente der Ur- und Früh-, Land-
wirtschafts-, Kultur- und Bürger-
kriegsgeschichte, außerdem eine eindrucksvolle Puppensammlung.

**✗ Palace Cafe**
135 W. Landry St.
Opelousas, LA 70570
✆ (337) 942-2142
Alteingesessener Diner und Coffeeshop. $

**🎉 Feiern & Feste**
Am Labor-Day-Wochenende Anfang
September steigt in Opelousas das
Southwest Louisiana-Zydeco-Music-
Festival. www.zydeco.org.

## 🔴18 Reserve

5 km flussaufwärts liegt die

**San Francisco Plantation**
2646 Hwy. 44 (River Rd.)
Garyville, LA 70051
✆ (504) 535-2341, 1-888-509-1756
Eintritt $ 15

www.sanfranciscoplantation.org
April–Okt. tägl. 9.30-16.30, sonst
9–16 Uhr
Authentisch restauriertes Herrenhaus von 1856.

## 🔴19 Saint Francisville

In Saint Francisville, 40 km nördlich von Baton Rouge auf US 61, lebte im 19.
Jahrhundert beinahe die Hälfte aller US-Millionäre. Die Kleinstadt mit knapp
2000 Einwohnern, lang gezogen und äußerst schmal, hat ein paar historische
Leckerbissen zu bieten, die sich mühelos zu Fuß erschließen lassen. Und die
schönen Gärten der nahe gelegenen **Plantage Rosedown** sind etwas ganz
Besonderes.
   Das vorzüglich restaurierte Bauensemble mit klassizistischem Herrenhaus, separatem Wohntrakt, Küchenhaus etc. und nach Versailler Vorbild
angelegten (schattigen) Gärten stammt aus dem Jahr 1835. Bald nach seiner
Fertigstellung stieg das Anwesen zum gesellschaftlichen Mittelpunkt der riesigen Baumwollplantage von Mr. und Mrs. Turnbull auf. In den 1840er Jahren
machte sich Rosedown einen Namen wegen seiner üppigen Gala-Dinners,
Hochzeitsfeiern, Bälle und Jagdausritte. Zu dieser Zeit brachten Schiffe die
rohen Stoffe nach New Orleans und kehrten mit feinen Sachen zurück: mit
kostbaren Möbeln und Kunstwerken, eleganten Wandtapeten aus Paris, Sil-
ber- und Marmorstatuen aus Italien. Gleichzeitig lebte das kunstsinnige Pflan-
zer-Ehepaar seine Sammelleidenschaft gleich vor Ort aus, in Europa, wo man
neben den (vor allem transportablen) schönen Künsten die Gärten von Ver-
sailles, Italien und England bewunderte.
   Die Folge war, dass die Gartenbaukunst der Alten Welt auch in der Zypres-
senwildnis des Mississippi zur Blüte kam – im französischen Stil des 17. Jahrhundert. Wer heute den Garten durchstreift, kann sich je nach Jahreszeit an
den blühenden Nachkommen jener Kamelien und Azaleen erfreuen, die seinerzeit als erste Exemplare importiert wurden.

ℹ️ **West Feliciana Parish Tourist Commission**
11757 Ferdinand St. (Hauptstraße u. Hwy. 10), Saint Francisville, LA 70775
✆ (225) 635-4224, 1-800-789-4221
www.stfrancisville.us
Mo–Sa 9–16, So 13–16 Uhr
Freundliche Damen stehen Rede und Antwort zum historischen Saint Francisville.

👁 **Rosedown Plantation State Historic Site**
12501 Hwy. 10 (800 m östl. US 61)
Saint Francisville, LA 70775
✆ (225) 635-3332, 1-888-376-1867
www.crt.state.la.us/parks/irosedown.aspx, tägl. 9–17 Uhr, Eintritt $ 10/4

✖️ **Magnolia Cafe**
5689 E. Commerce St.
Saint Francisville, LA 70775
✆ (225) 635-6528
www.themagnoliacafe.net
Nett, einfach und beliebt: Pizza, Salat, *Muffaletta* und andere Südstaaten-Snacks. Tägl. Lunch, Dinner Do–Sa Livemusik. $

# ⑳ Saint Martinville

Saint Martinville (6100 Einwohner) hält sich zugute, der Schauplatz von Romeo und Julia der Südstaaten zu sein, denn hier steht (am Ende von Port Street) eine malerische Eiche, die **Evangeline Oak**. Darunter traf in Longfellows Gedicht »Evangeline« die literarische Heldin ihren Liebhaber wieder, nachdem beide in Nova Scotia getrennt worden waren. Eine zutiefst romantische Sache also. Sie macht denn auch den Baum zu den meistfotografierten in den USA. Außerdem besitzt der kleine Ort einen reizvollen zentralen Square.

ℹ️ **Saint Martinville Tourist Information Center**
215 Evangeline Blvd.
Saint Martinville, LA 70582
✆ (337) 394-2233, 1-888-565-5939
www.cajuncountry.org

👁 **Longfellow-Evangeline State Historic Site**
1200 N. Main St. (LA 31, am Bayou Teche)
Saint Martinville, LA 70582
✆ (337) 394-3754, 1-888-677-2900
www.crt.state.la.us/parks/ilongfell.aspx
Tägl. 9–17 Uhr, Eintritt $ 4

Museum, das die Siedlungsgeschichte der Akadier am Bayou Teche erzählt und einige historische Gebäude (wie das Maison Olivier) mit den typischen Baustoffen im schattigen parkähnlichen Garten platziert hat: Zypressenstämme, zusammengehalten von einer Mischung aus Spanischem Moos, Lehm *(moss and mud)* und Ziegel.

✖️ **St. John Restaurant**
211 E. Bridge St.
St. Martinville, LA 70582
✆ (337) 394-9994
Nettes, kleines Restaurant mit Cajun-Küche – *Seafood Gumbo, Crawfish Etoufée* etc. $

*Die Romero Brothers spielen in Saint Martinville, Louisiana*

# 21 Shreveport

Viele Planwagen, die während der amerikanischen Westwärtsbewegung unterwegs waren, zogen durch Shreveport. Und zwar genau dort, wo heute Texas Street und Texas Avenue verlaufen. Der Name des Wanderpfads: *Old Texas Trail*. Auch das Gangsterpärchen Bonny und Clyde sind in die Stadtgeschichte eingegangen, nachdem sie 1934 von Texas Rangern in einen Hinterhalt gelockt und erschossen wurden, östlich von Shreveport beim Ambrose Mountain.

Der **Red River** war länger als andere Wasserläufe im Süden unbefahrbar, was die Entwicklung dieses Gebiets beträchtlich hemmte. Seine Wasseroberfläche war völlig mit Baumstämmen zugedeckt, die über 165 Meilen von Arkansas bis südlich von Campti alles blockierten. An vielen Stellen konnte man sogar trockenen Fußes über den Fluss gelangen. Daraufhin wurde 1833 Captain Henry Miller Shreve von der Regierung beauftragt, den Holzstau, den man das »große Floß« nannte, abzuräumen. Der Captain erfand ein eigenes Boot für diese Aufgabe, das *snag boat*. Fünf Jahre lang »schnappte« es auch zu und fischte die Baumstämme aus dem Wasser. Aus Dankbarkeit benannte man die Stadt nach dem erfolgreichen Captain.

Heute gilt Shreveport (200 000 Einwohner), zusammen mit seiner Schwesterstadt Bossier City, als ein kulturelles Zentrum im Norden Louisianas, zu dessen Finanzierung nicht zuletzt die Spielbanken auf dem Fluss beitragen.

## Service & Tipps:

**ℹ Shreveport-Bossier Convention & Vistors Bureau**
629 Spring St., Shreveport, LA 71101
✆ (318) 222-9391, 1-800-458-4748
www.shreveport-bossier.org

**🏛 R. W. Norton Art Gallery**
4747 Creswell Ave., Shreveport, LA 71106, ✆ (318) 865-4201
www.rwnaf.org
Di–Fr 10–17, Sa/So 13–17 Uhr

Eintritt und Führungen kostenlos Neben europäischen und amerikanischen Tafelbildern, Plastiken und angewandter Kunst sowie flämischen Tapeten bedeutende Western Art.

**✕ Anthony's Steak and Seafood**
7504 Mansfield Rd.
Shreveport, LA 71108
✆ (318) 688-6830
www.anthonyssteakandseafood.com
Steaks, Fisch und Meeresfrüche.
$$–$$$

# 22 Thibodaux

Trotz der hiesigen Vorkommen an Öl und Erdgas lebt Thibodaux (gesprochen: TIP-o-dou) in erster Linie vom Zuckerrohr.

## Service & Tipps:

**ℹ Lafourche Parish Tourist Commission**
4484 SR 1, Raceland, LA 70394
✆ (985) 537-5800, 1-877-537-5800
www.visitlafourche.com

**✕ Flanagan's Creative Food & Drink**
1111 Audubon Dr., Thibodaux, LA 70301, ✆ (985) 447-7771
www.fremins.net
Gehobenes amerikanisches Grillrestaurant mit Cajun-Touch. Große Auswahl, freundlicher Service. Cocktail

Lounge. Mo–Fr Lunch ($) und täglich Dinner. $–$$

*Maisbrot, »hot biscuits«, »catfish« und »hush puppies«, »pecan pie« mit Kaffee und »beans-and-greens« als Gemüse-Dinner: Das sind die Spezialitäten von Nord-Louisiana.*

*Shreveport und Bossier City am Ufer des Red River gelten als Vertreter des »anderen« Louisiana, d. h. als Finanz-, Kultur- und historische Zentren des nordwestlichen Landesteils. Besucher, die aus dem südlichen Flachland hierher kommen, treffen auf eine hügelige Landschaft mit hoch gewachsenen Nadelbäumen. Der Kalender der gesellschaftlichen Ereignisse ist gewöhnlich reich gespickt: Pferderennen, Paraden, Kunstmarkt und Countrymusic-Events.*

*Texaco Country: Louisiana strotzt vor ölverarbeitender Industrie*

 **Vacherie**

Der kleine Ort wurde, anders als sein Name erwarten lässt, am Anfang des 18. Jahrhunderts von deutschen Siedlern gegründet, ihnen folgten später Akadier.

Highlight in Vacherie und die Ikone von Louisiana überhaupt ist **Oak Alley**, ein Herrenhaus von 1837–39 mit klassizistischem Säulendekor.

Auf geradezu märchenschlossartige Weise scheint der Baukörper mit einer herrlichen Eichenallee verwachsen zu sein. Daher konnte sich auch sein ursprünglicher Name (»Bon Sejour«) nicht halten. Er musste den grandiosen Eichen weichen.

Meist heißen landfrische Mädchen in Antebellum-Kostümen den Besucher wie Schneeweißchen und Rosenrot willkommen und laden zu einer Führung durchs Haus ein. Man kann aber auch entspannt durch den Garten laufen, vor allem durch das vielblättrige Längsschiff der Eichen, vorbei an Büschen und Bäumen, die das Jahr über verschieden blühen.

Dogwood macht im Frühjahr den Anfang, dann folgen die Magnolien, im Herbst bleiben die weißen Blüten der Myrte übrig. Die Blütenfülle verdankt die Nachwelt Monsieur Jacques Telesphore Roman, dem reichen französischen Zuckerpflanzer, der sie für seine Frau inszenierte. Mit Präzision ließ er ihr diese Heimstatt bauen, denn die Anzahl der 28 dorischen Säulen korrespondiert exakt mit der Zahl der Eichen, die er bereits vorfand, weil ein unbekannter französischer Siedler sie schon im frühen 18. Jahrhundert gepflanzt hatte. Das prächtige Anwesen überstand den Bürgerkrieg, nicht aber eine Auktion von 1866. Oak Alley verkam.

Für lange Zeit. Erst 1925 fand sich ein neuer Besitzer, dessen Angestellte noch heute hier tätig sind und die Gäste betreuen. An den Rändern des Besitztums kann man gut erkennen, wie säuberlich Oak Alley aus den sie umlagernden Zuckerrohrfeldern herausgeschnitten ist, deutlich getrennt von ihrem industriellen Pendant, der Zuckerfabrik von St. James.

**Service & Tipps:**

*Die herrliche Eichenallee bei Vacherie gab der Plantage ihren Namen: Oak Alley Plantation*

👁 ✕ 🛏 **Oak Alley Plantation**
3645 LA Hwy. 18
Vacherie, LA 70090
☎ (225) 265-2151, 1-800-442-5539

www.oakalleyplantation.com
Führungen tägl. 9–17 Uhr
Eintritt $ 20/7.50
Auch B & B-Übernachtungen in Cottages ($$$), Frühstück und Lunch im Restaurant ($–$$).

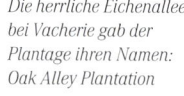

## 24 White Castle

Hier steht mit **Nottoway Plantation** die wohl grandioseste und größte Plantagenvilla des Südens von 1859. Sie genoss nach ihrer Fertigstellung den Ruf
des »Weißen Schlosses von Louisiana«. Harmonisch eingebettet in einen
Eichenhain, oberhalb eines soliden Souterrains und gestützt von rund zwei Dutzend viereckigen Holzsäulen aus Zypressenholz, wirkt das weiß getünchte Zie-
gelhaus rundum fast beschwingt, eine eklektische Mischung aus Stilelemen-
ten des Greek-Revival- und des Italianate-Stils.

Auch das Innenleben der 64 Räume schöpft aus dem Vollen. Ob Marmor-
verkleidungen, Gipsmedaillons, Kristalllüster oder Porzellan-Türgriffe aus
Dresden – nirgendwo hat der Zuckerbaron John Randolphe bei der Ausstattung gespart.

Warum Nottoway den Bürgerkrieg unbeschadet überstand, erklärt eine
Anekdote. Ein Kanonenboot-Offizier der Yankees ließ Gnade walten, weil er
schon mal im Haus übernachtet hatte. Später verfiel die weiße Pracht am Mississippi wie die meisten ihrer Artgenossen.

Erst in den 1980er Jahren fiel sie einem Allround-Talent aus Bauunterneh-
mer, Kunstfreund und Makler in die Hände, der sich darauf spezialisiert hatte, heruntergekommene Mansions sorgfältig instand zu setzen und anschließend wieder zu verkaufen.

### Service & Tipps:

**◉ ✕ Nottoway Plantation**
31025 LA 405, etwa 3 km nördl.
von White Castle, LA 70788
✆ (225) 545-2730, 1-866-527-6884
www.nottoway.com
Tägl. 9–17 Uhr
Eintritt $ 12/6, Führung $ 20/6

Nach dem Rundgang gibt es im
**Le Cafe** eine Kleinigkeit zu essen.
Dient auch als Bed & Breakfast.

Im Restaurant **The Mansion**
kann man stilvoll in historischem
Ambiente und mit aufmerksamem
Service speisen (tägl. Frühstück,
Lunch und Dinner, So Brunch).
$$–$$$ ✹

*Einer der hinreißendsten
Baukörper im Süden: Not-
toway Plantation bei White
Castle*

# The Heart of Dixie
## Alabama

Der »Goldammer-Staat« *(Yellowhammer),* wie der Spitzname Alabamas lautet, gibt sich alle Mühe, es touristisch vielen recht zu machen: dem gestressten Stadtmenschen und dem Geschichtsfan, dem Sports- ebenso wie dem Architekturfreund (Eufaula, Selma). Von den Stränden der Golfküste bis zum Appalachengebirge und den Wasserflächen des Tennessee River im Norden (Lake Guntersville), von den mysteriösen Tempelhügeln aus grauer Vorzeit (Moundville) bis zum Skylab des Raumfahrtzeitalters (Huntsville) beheimatet Alabama so ziemlich alles, was zu einer Südstaatenreise gehört.

Das sind die pittoresken Baptistenkirchen, die alten Friedhöfe der ersten Siedler und späteren Bürgerkrieger, Baumwollfelder und blühende Azaleen, aber auch Brathähnchen im

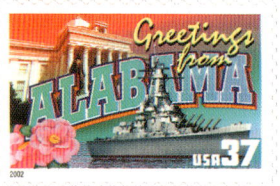

Stil des *down-home southern cooking* und jede Menge Shrimps – im oder auch ohne Schlafrock. Und natürlich die Antebellum-Paläste, wo verspiegelte Ballsäle die Kristalllüster reflektieren und der süßliche Duft der Magnolien durch die offenen Verandatüren weht.

P.S.: Alabama besitzt die weltweit größte Kette an Golfplätzen – allein 60 liegen auf der Strecke zwischen Huntsville und Mobile.

## ❶ Birmingham

Birmingham mit fast 212 200 Einwohnern ist die größte Stadt Alabamas und zugleich auch eine seiner jüngsten. Seit ihrer Gründung 1871 mutierte sie sozusagen von Null auf Boom zu einer blühenden Stahlstadt, denn Kohle, Eisen und Kalkstein gab es ringsum im Überfluss. So erwarb sich Birmingham für eine Zeit lang den Ruf eines Pittsburghs des Südens. Doch das Stahlgeschäft lief nach dem Zweiten Weltkrieg aus. Außerdem machten Rassenunruhen der Stadt seit den 1960er Jahren zu schaffen. Heute sind die meisten Probleme der Vergangenheit gelöst. Die Industrie hat sich auf viele Branchen verteilt, vor allem auf das Gesundheitswesen, und die Verwaltung hat Repräsentanten der ethnischen Minderheiten integriert. Wer Zeit mitbringt, der sollte das beachtliche **Museum of Art** und die hübschen **Arlington Antebellum Home and Gardens** nicht auslassen.

*Service & Tipps:*

ℹ️ **Greater Birmingham Convention & Visitors Bureau**
2200 Ninth Ave. N.
Birmingham, AL 35203
✆ (205) 458-8000, 1-800-458-8085
Fax (205) 458-8086
www.birminghamal.org

🏛 **Birmingham Museum of Art**
2000 Rev. Abraham Woods Jr. Blvd. N.
Birmingham, AL 35203

✆ (205) 254-2565, www.artsbma.org
Di–Sa 10–17, So 12–17 Uhr
Eintritt kostenlos
Amerikanische und europäische Malerei, darunter auch die Sammlung Kress (Werke aus der Renaissance). Außerdem afrikanische und indianische Kunst sowie kunstgewerbliche Exponate.

👁 **Arlington Antebellum Home and Gardens**
331 Cotton Ave. S.W.

**REGION 9**
*Alabama*

Birmingham, AL 35211
✆ (205) 780-5656
www.informationbirmingham.com/
arlington/index.htm
Di-Sa 10–16, So 13–16 Uhr, Führungen, Eintritt $ 5/3
Villa im Greek-Revival-Stil der 1840er Jahre, historische Inneneinrichtung.

🏛 **Birmingham Civil Rights Institute**
520 16th St. N., Birmingham, AL 35203
✆ (205) 328-9696, 1-866-328-9696
www.bcri.org
Di-Sa 10–17, So 13–17 Uhr
Eintritt $ 12/6
Geschichte der Bürgerrechtsbewegung in Birmingham.

🏛 🎵 **Alabama Jazz Hall of Fame**
1631 4th Ave. N.
Birmingham, AL 35203
✆ (205) 254-2731
www.jazzhall.com
Di-Sa 10–17 Uhr, Eintritt $ 2
Dokumentation der Jazz-Größen von Alabama, u.a. Ella Fitzgerald, Nat King Cole, Duke Ellington, Lionel Hampton. Manchmal gibt's auch Konzerte. Führungen nach Verabredung.

✗ **Café Dupont**
113 20th St. N.
Birmingham, AL 35203
✆ (205) 322-1282,
www.cafedupont.net
Feines Restaurant mit urbanem Flair und rustikalen Elementen im historischen North End. Lunch Di-Fr ($$–$$$), Dinner Di-Sa. $$$

✗ 🍷 **Bottle Tree Café**
3719 3rd Ave. S.
Birmingham, AL 35222
✆ (205) 533-6288
ww.thebottletree.com
Di-Sa 9–23 Uhr, Bar länger
Café-Restaurant mit einer abwechslungsreichen Küche. Viele jahreszeitlich wechselnde vegetarische Gerichte mit Gemüse aus der Region. Live-Musik. $

✗ **John's City Diner**
112 Richard Arlington Jr. Blvd.
Birmingham, AL 35203
✆ (205) 322-6014
www.johnscitydiner.com, So geschl.
Beliebt und solide, amerikanische Gerichte, frische Fische und Gemüse. Cocktail Lounge. Lunch ($) und Dinner. $–$$

---

## ❷ Cullman

Die Gründung von Cullman (14 800 Einwohner) basiert auf der fixen Idee des deutschen Siedlers John G. Cullman, der 1872 hier »Die Deutsche Kolonie von Nord Alabama« ins Leben rief und damit eine autonome Siedlung plante. Was die fünf Gründerfamilien zustande brachten, erwies sich anfangs als so erfolgreich, dass Alabama dieses Experiment offiziell genehmigte. Leider zerrüttete der Erste Weltkrieg den Traum von einer eigenständigen Gemeinde. Heute gedenkt man alljährlich beim Oktoberfest der utopischen Gründung. Das **Cullman County Museum** zeigt Dokumente dieser deutschen Gründungsphase. Die nahe gelegene **Ave Maria Grotto** zählt zu den touristischen Highlights von Alabama.

*Service & Tipps:*

ℹ **Cullman Area Chamber of Commerce, Convention & Tourism Bureau**
301 2nd Ave. S.W., Cullman, AL 35056
✆ (256) 734-0454, 1-800-313-5114
www.cullmanchamber.com

🏛 **Cullman County Museum**
211 2nd Ave. N.E.

Cullman, AL 35055
✆ (256) 739-1258, 1-800-533-1258
www.cullmancountymuseum.com
Mo-Fr 9–12 und 13–16, So 13.30–16.30 Uhr
Eintritt $ 2
In der Nachbildung des Hauses von Stadtgründer John G. Cullman wird die Geschichte der Landwirtschaft und des deutschen Siedlungserbes dargestellt.

## Ave Maria Grotto
1600 St. Bernard Ave. S.E.
Cullman, AL 35055
℡ (256) 734-4110
www.avemariagrotto.com
April–Sept. tägl. 9–18, sonst 9–17 Uhr
Eintritt $ 7/4.50
Mehr als 40 Jahre brauchte der Benediktiner Joseph Zoettl, um die Grotte (auf dem Grundstück einer Abtei) zu einem kuriosen Gesamtkunstwerk zu gestalten – mit biblischen Szenen und Miniaturen berühmter Kirchen.

## ✖ Johnny's Bar-B-Q
1401 4th St. S.W.
Cullman, AL 35055
℡ (256) 734-8539, 1-866-468-6527
Solide BBQ-Gerichte (Fleisch und Fisch), freundlicher Ton. Lunch und Dinner. So/Mo geschl. $

# ❸ Demopolis

Die Kolonie Demopolis entstand 1817 auf Indianerland. Heute ist sie auf 7500 Einwohner angewachsen. Anfangs waren es verbannte Anhänger Napoleons, die am Zusammenfluss des Tombigbee mit dem Black Warrior River Land zugesprochen bekamen, mit der Auflage allerdings, eine Oliven- und Weinproduktion ins Werk zu setzen. Aber die französischen Offiziere und ihre Damen erwiesen sich in landwirtschaftlichen Belangen nicht nur als standesgemäß hilflos, auch Böden und Klima spielten nicht mit. Enttäuscht zogen die edlen Siedler wieder ab. Erst als in den 1830er-Jahren die Baumwolle (und mit ihr die entsprechende Herrschaftsarchitektur) erblühte, kam die Stadt richtig auf die Beine.

**Main Street** vermittelt einen guten Eindruck vom gehobenen Wohnstil der (weißen) Demopolitaner, deren wirtschaftliche Grundlage heute diversifiziert ist: durch Papier-, Zement- und Holzindustrie. An die Stelle der Baumwolle sind Sojabohnen und Rinderzucht gerückt, denen die Böden des »Black Belt« besonders förderlich seien sollen. Die Bezeichnung für dieses Flachland, das sich von der Mitte Alabamas und dem Norden Mississippis bis nach Tennessee hinzieht, leitet sich von dessen dunklen fruchtbaren Böden ab.

Unter den Antebellum-Palästen belegt das imposante **Gaineswood** zweifellos den Spitzenplatz. Der Bauherr, ein eigenwilliger General, war Architekt, Ingenieur, Vorarbeiter und Handwerker in einer Person. Die ebenso raumgreifende wie strahlende klassizistische Anlage entwickelte sich ursprünglich

*Einst Zentrum im »Black Belt«: Gaineswood, Demopolis*

*Der Bürgermeister von Demopolis*
*Seine Sorgen kreisen stets um Naheliegendes, z.B. um die beunruhigenden Ergebnisse der letzten Volkszählung (census), die natürlich auch diese Kleinstadt erfasst hat. »Die sagen, die Einwohnerzahl von Demopolis sei gesunken. Das kann aber nicht sein, denn die Zahl der Neuanmeldungen für Wasseranschlüsse ist gestiegen. Deshalb gehe ich jetzt die Häuser zählen. Die staatlichen Zuschüsse für die Gemeinden bemessen sich nämlich per capita.«*

aus einer simplen Holzhütte, die ein Agent der Choctaw-Indianer hier gebaut hatte. Sie wurde zu einer Art sozialem Zentrum des ehemals an Baumwolle reichen *Black Belt*.

Oberhalb der weißen Kreideufer eröffnet **Bluff Hall** schöne Aussichten auf die Biegung des Tombigbee River, der den Hafen von Mobile mit dem schiffbaren Teil des Tennessee River verbindet. Die schweren Schubschiffe, meist beladen mit Chemikalien, Kohle, Öl und Agrarprodukten, können natürlich mit den spritzigen Wasserski-Cracks nicht mithalten. Zur Vorweihnachtszeit ist auf dem Fluss noch mehr los. Dann bitten die Herrenhäuser zu stimmungsvollen Candle-Light-Touren und der Tombigbee schmückt sich mit festlichen Paraden und buntem Feuerwerk.

### Service & Tipps:

**i Demopolis Area Chamber of Commerce**
102 E. Washington St.
Demopolis, AL 36732
✆ (334) 289-0270
www.demopolischamber.com
Mo–Fr 8.30–17 Uhr

**◉ Gaineswood Antebellum House Museum**
805 S. Cedar Ave.
Demopolis, AL 36732
✆ (334) 289-4846
www.preserveala.org/gaineswood.aspx
Im Sommer Führungen stündlich
Di–Sa 9–16 Uhr, Eintritt $ 5/3
Edel ausgestattete Vorzeigevilla im klassizistischen Stil (1843–61).

**◉ Bluff Hall**
405 N. Commissioners Ave.
(Monroe St.)
Demopolis, AL 36732
✆ (334) 289-9644
www.ruralswalabama.org
Di–Sa 10–17, So 14–17 Uhr
Führungen, Eintritt $ 5/1
Der zunächst 1832 errichtete, kompakte und rechteckige Ziegelbau (ein Hochzeitsgeschenk) erhielt 1850 einen säulenbestückten Portikus. Dann wurde die gesamte Außenhaut weiß getüncht: eine Koketterie mit dem neoklassizistischen Geschmack der Zeit.

Die Villa und ihre aparten Empire- und viktorianischen Einrichtungen stehen unter Denkmalschutz und sind daher in gutem Zustand.

# ❹ Eufaula

Der Ort (13 100 Einwohner) verdankt seinen poetisch klingenden Namen den Eufaula-Indianern, einem Stamm der Creek, die hier zuerst lebten. Unzählige Barsche tummeln sich im Lake Eufaula, Grund genug für die Bürger, ihre Stadt »Bass Capital of the World« zu taufen. Das schön gelegene Städtchen gibt sich Mühe, seine Besucher ohne Umschweife gleich in den Salon zu führen – in seinen historischen Kern. Unter den Villen fällt vor allem die **Shorter Mansion** ins Auge, ein mit korinthischen Säulen gestützter Prachtbau mit einem mit Blattwerk ornamentfreudig geschmücktem Fries.

### Service & Tipps:

**i Eufaula Barbour County Chamber of Commerce**
333 E. Broad St., Eufaula, AL 36027
✆ (334) 687-6664, 1-800-524-7529
www.eufaulachamber.com
Mo–Fr 8.30–16.30, Sa 9–12 Uhr

**i Historic Chattahoochee Commission**

211 N. Eufaula Ave. (Hart-Milton House)
Eufaula, AL 36072
✆ (334) 687-9755, 1-877-766-2443
www.hcc-al-ga.org
Infos zu allen Attraktionen des Chattahoochee Trace, des mit historischen, kulturellen und erholsamen Highlights gespickten Grenzlandes zwischen Alabama und Georgia entlang dem gleichnamigen Fluss.

### ⊚ Shorter Mansion

340 N. Eufaula Ave.
Eufaula, AL 36027
℡ (334) 687-3793, 1-888-383-2852
Mo–Sa 10–16 Uhr, Eintritt $ 5/3
Neoklassizistische Villa (ursprünglich
von 1884) eines Baumwollpflanzers,
die 1906 erweitert und erheblich
umgebaut wurde. Heute residieren
hier das Stadtmuseum und die Eufaula Heritage Association, die u.a. Auskunft über die jährliche Pilgrimage
and Antique Show gibt (www.eufau
lapilgrimage.com).

### ⊚ Fendall Hall

917 W. Barbour St., Eufaula, AL 36027
℡ (334) 687-8469
www.preserveala.org/fendallhall.aspx
Tägl. außer Mi 10–16 Uhr, Eintritt $ 5/3
Im *Italianate Style* 1854–60 erbaut,
diente das Haus als Hospital für Kon-
föderierte. Bemerkenswert ist die
handbemalte Eingangshalle (siehe
auch Eufala Pilgrimage).

### ⊚ Couric-Smith Home

325 N. Eufaula Ave.
Eufaula, AL 36027-1517
Ein Schmuckstück im Greek-Revival-
Stil von ca. 1854. Der Fries sitzt auf
6 quadratischen dorischen Säulen.

### ⊚ Dean-Page Hall

539 N. Randolph Ave.
Eufaula, AL 36027
Feingliedrige Villa von 1850 im *Italianate Style* mit neugotischem Dach-
häubchen *(Cupola)*.

### ⊚ Kendall Manor Inn

534 W. Broad St., Eufaula, AL 36027
℡ (334) 687-8847
Antebellum-Haus (ca. 1860) unter
Denkmalschutz; im *Italianate Style*
mit besonders zierlichen Säulchen
und Ausguck. Steht auch als gastfreundlicher B & B offen. $$–$$$

### ☒ River City Grill

209 E. Broad St.
Eufaula, AL 36027
℡ (334) 616-6550, www.rcgrill.com
Kleines Steak- und Seafood-Restaurant in der Innenstadt. Große Weinlis-
te. Lunch Mo–Fr ($) und Dinner Mo–
Sa. $–$$

### 🏵 Feiern & Feste

Alljährlich im April feiert Eufaula
sich selbst auf diversen **Pilgrimage**-
Touren. Zur Azaleen- und Dogwood-
Blüte führen reifberockte *Southern
Belles* durch viele der fast hundert
erhaltenen Häuser und Gärten –
ergänzt durch ein buntes Rahmen-
programm mit Musik, Antiquitäten-
shows, romantischen Touren bei
Kerzenlicht, viel Käse und Wein
(www.eufaulaprilgrimage.com).

*Filigran: Kendall Manor,
Eufaula*

# ❺ Gulf Shores

Das Seebad (5000 Einwohner) südöstlich von Mobile bietet gute Bedingungen für Wassersportarten wie Schwimmen, Segeln oder Parasailing und zum Angeln. Sein Trumpf sind die schneeweißen, schier endlosen Sandstrände und die hervorragende touristische Infrastruktur.

### *Service & Tipps:*

### ℹ Gulf Shores & Orange Beach Tourism
3150 Gulf Shores Pkwy.
Gulf Shores, AL 36542
✆ (251) 968-7511, 1-800-745-7263
www.gulfshores.com

### 🐾 Alabama Gulf Coast Zoo
1204 Gulf Shores Pkwy.
Gulf Shores, AL 36542
✆ (251) 968-5732
www.alabamagulfcoastzoo.org
Tägl. 9–16 Uhr, Eintritt $ 10/7
Kleiner, aber feiner Zoo. Neue Adresse ab Mitte 2013: Oak Park Rd.

### 🐾🦉🦋 Bonsecours National Wildlife Refuge
12295 SR 180, Gulf Shores, AL 36542
✆ (251) 540-7720
www.fws.gov/bonsecours
Strände, Salzmarschen, Sümpfe u. a. Biotope bieten ein dichtes, grünes Refugium für die Meeres- und Küstenbewohner Alabamas, darunter verschiedene Seeschildkrötenarten, die *Alabama Beach Mouse* u.a. zahlreiche Vogelarten.

### 🅟 🏛 Fort Morgan
51 SR 180 W.
33 km westl. von Gulf Shores, AL 36542
✆ (251) 540-7127, www.ft-morgan.com
Museum tägl. 9–17 Uhr, Fort tägl. im Sommer 8–19, im Winter bis 17 Uhr
Eintritt $ 5/3
Strategisch gut für den Schutz der Mobile Bay gelegenes Bürgerkriegsfort. Die Konföderierten mussten es 1864 aufgeben. Nahe der Fähre nach Dauphin Island.

### ✕ 🎒 🅟 The Wharf
4550 Main St., Gulf Shores, AL 36561
✆ (251) 224-1000, 1-877-942-7325
www.thewharfal.com
Beliebtes Vergnügungsviertel am Intracoastal Waterway. Livemusik, Geschäfte, Restaurants, Apartments, Amphitheater, Jachthafen, Golfplatz und das wohl größte Riesenrad der Südstaaten.

### 🅟 Gulf State Park Pier
20115 SR 135, Gulf Shores, AL 36542
✆ (251) 967-3474, Eintritt $ 3
Der mit 469 m zweitlängste Pier an der Golfküste, der gern von Spaziergängern und Anglern genutzt wird, ersetzt den 2004 durch Hurricane »Ivan« zerstörten, kürzeren Pier.

### ✕ 🅓 🅟 ♫ Lulu's Restaurant at Homeport Marina
200 E. 25th Ave.
Gulf Shores, AL 36542
✆ (251) 967-5858
www.lulubuffett.com, tägl. ab 11 Uhr
Lulu Buffetts (ja, die Schwester des Sänger Jimmy Buffett!) populäres Restaurant unterhalb der Hwy.-59-Brücke, mit luftiger Terrasse direkt am Intracoastal Waterway. Fabelhafte Burger und Fischgerichte, dazu *Fried Okra, Fried Green Tomatoes* u. a. Südstaatenleckereien. Tägl. Livemusik, dazu ein großer Souvenirshop und ein Sandstrand für die Kinder. $$

### ✕ Cobalt's
28099 Perdido Beach Blvd.
Orange Beach, AL 36561
✆ (251) 923-5300
www.cobaltrestaurant.net
Trendiges Restaurant westlich von Gulf Shores an der Perdido Bay. Auf der Speisekarte stehen *Zydeco Chicken, Gulf Shrimps* und andere Spezialitäten der Südstaatenküche, vor allem Austern. $$–$$$

### *Ausflugsziele:*

### Dauphin Island
Die Fähre in der Nähe von Fort Morgan setzt zur Insel über, einem Eiland voller gepflegter Villen und parkähnlicher Avenues. Keine Frage, die Mobilianer haben sich ihren ebenso adretten wie stillen Zweitwohnsitz

etwas kosten lassen! Ein großer Teil der Insel bleibt dennoch einem Vogelschutzgebiet vorbehalten.

### Service & Tipps:

**ℹ️ Dauphin Island Chamber of Commerce**
401 La Vente St.
Dauphin Island, AL 36528
✆ (251) 861-5524, 1-877-532-8744
www.dauphinislandcoc.com

**🍽 Lighthouse Bakery**
919 Chaumont Ave., am kleinen Leuchtturm
Dauphin Island, AL 36528
✆ (251) 861-2253
Frisches auf die Hand: Sandwiches, Backwaren, Kaffee.

**Bellingrath Gardens**
Im Frühjahr blühen u. a. Azaleen, im Sommer Rosen und Hibiskus, im Herbst und Winter Chrysanthemen und Poinsettias. 200 Vogelarten leben dauerhaft in den Gärten oder haben hier ihr Winterquartier.

### Service & Tipps:

**✿🍽 Bellingrath Gardens**
12401 Bellingrath Gardens Rd.

Theodore, AL 36582
✆ (251) 973-2217, 1-800-247-8420
www.bellingrath.org
Haus und Gärten tägl. 8–17 Uhr
Southern Belle River Cruise tägl.
März–Nov. 18.30–21 Uhr
Eintritt Haus und Gärten $ 20/12
Flusskreuzfahrt $ 49, Reservierungen unter ✆ (251) 973-1244

**Bayou La Batre**
1786 im Zuge der französischen Besiedlung gegründetes, reizvolles Dorf mit 3200 Einwohnern, das am 29. August 2005 von »Katrina« verwüstet wurde. Von der Ziehbrücke an der Hauptstraße sieht man die Kutterflotte, die alljährlich Anfang Mai gesegnet wird. Sie spielte auch eine Rolle im Film »Forrest Gump«, wo Bubba davon träumt, in seiner Heimatstadt Bayou La Batre nach dem Vietnamkrieg die »Bubba Gump Shrimp Company« aufzubauen.

### Service & Tipps:

**ℹ️ Bayou La Batre Chamber of Commerce**
308 S. Wintzell Ave.
Bayou La Batre, AL 36509
✆ (251) 824-4088
www.bayoulabatrechamber.com

*Das Deftige und das Feine:
Obst in Bayou La Batre*

# ❻ Huntsville

**Huntsville** (180 000 Einwohner) zu besuchen, sollte zumindest für Raum-fahrt-Fans selbstverständlich sein, denn hier steht das **U.S. Space and Rocket Center**, eins der bedeutendsten Raketen- und Raumfahrtmuseen der USA. Schließlich ist Huntsville die Wiege der amerikanischen Raumfahrt – was ihm den Namen »Space City« beschert hat. Hier wurde unter anderem die Saturn V Mondrakete gebaut – von Wernher von Braun und seinem Team von 147 deutschen Wissenschaftlern und Technikern aus Peenemünde, die die Amerikaner 1946 an diese Stelle verfrachtet hatten. Als dann 1960 die NASA hier ihre Arbeit aufnahm, bekam das kleine Baumwollstädtchen Auftrieb. Heute kann sich der Besucher von Huntsville über eine gepflegte Innenstadt ebenso freuen wie über den erholsamen glasklaren **Lake Guntersville** in der Nähe, einem aus dem Tennessee River aufgestauten See, der für Bade-, Segler-, Angler- und Wasserskifreuden sorgt.

### Service & Tipps:

**ℹ️ Huntsville/Madison County Convention & Visitors Bureau**
500 Church St.
Huntsville, AL 35801
✆ (256) 551-2270, 1-800-772-2348

Fax (256) 551-2324
www.huntsville.org
Mo-Sa 9–17, So 12–17 Uhr

**🏛 U.S. Space and Rocket Center**
One Tranquility Base (off I-565)
Huntsville, AL 35805

℡ 1-800-637-7223
www.spacecamp.com
Tägl. 9–17 Uhr
Eintritt $ 20/15, Kombiticket inkl.
Film $ 25/20, nur IMAX $ 8/7
Größtes Weltraum-Hardware-Museum der Welt: Raketensammlung,
simulierte Raumflüge, Laser Light
Show und »Space Dome«, ein IMAX-
Kino, in dem auf einer riesigen Rund-
projektionsfläche Weltraumfilme
gezeigt werden, und eine NASA-Tour.

☒ **Rosie's Mexican Cantina**
6196 University Dr.

Huntsville, AL 35816
℡ (256) 922-1001
So geschl.
www.rosiesmexicancantina.com
Lebhaft und lecker: *fajitas, chile
rellenos* und *mexican lasagne*.
$–$$

☒ **Little Paul's-Gibson Barbecue**
815 Madison St.
Huntsville, AL 35801
℡ (256) 536-7227
So geschl.
Herzhaftes BBQ und freundliche
Atmosphäre. $

# ❼ Mobile

An der Mündung des gleichnamigen Flusses gelegen, war Mobile bis 1722
Hauptstadt des französischen Territoriums Louisiana. Sehenswert: das historische Viertel zwischen Canal, Aater, Broad und Bearegard Street – mit Architektur aus besseren Zeiten. Auch die mit schönen alten Eichen bestandene und
von Parks gesäumte **Government Street** blättert die wechselvolle Geschichte der Hafenstadt (195 000 Einwohner) auf. Besonders hoch geht es hier heute bei den Mardi-Gras-Feiern her.

ℹ️ **Mobile Bay Convention &
Visitors Bureau**
One S. Water St., Mobile, AL 36602
℡ (251) 208-2000, 1-800-566-2453
www.mobilebay.org

👁 **Mobile's Historic Districts**
Das architektonische Erbe von Mo-
bile umfasst **Church Street East**
(zwischen Water und Broad Sts.), **De
Tonti Square, Lower Dauphin
Street Commercial District** (zwi-
schen Water und Broad Sts.), **Oak-
leigh Garden District** (umfasst
**Oakley Mansion** und Washington
Square), **Old Dauphin Way** und
**Spring Hill**. Infos im **Fort Condé
Welcome Center**, 150 S. Royal &
Church Sts.

👁🔬 **Gulf Coast Exploreum
Science Center**
65 Government St.
Mobile, AL 36602
℡ (251) 208-6873, 1-877-625-4386
www.exploreum.com
Di–Sa 9–17, Sa 10–17, So 12–17 Uhr
Eintritt Museum $ 12/10, IMAX
$ 8.75/6.50, Kombiticket $ 16/13.50

Vielseitiges Wissenschaftsmuseum
für Kinder, in dem aber auch Erwachsene ihren Spaß finden.

🏛 **Museum of Mobile**
111 S. Royal St., Mobile, AL 36602
℡ (251) 208-7569
www.museumofmobile.com
Di–Sa 9–17, So 13–17 Uhr
Eintritt $ 5/3
300 Jahre Stadtgeschichte unterhaltsam und informativ präsentiert: u.a.
indianische Besiedlung, Seefahrt
Industrie und Technik, Freizeitgestal-
tung in und um Mobile.

👁 **USS »Alabama«**
Battleship Pkwy. (US 90)
Mobile, AL 36601
℡ (251) 433-2703
www.ussalabama.com
April–Sept. tägl. 8–18, sonst 8–16 Uhr
Eintritt $ 15/6
Ausgemustertes und historisch
detailgetreu aufgearbeitetes Kriegs-
schiff der US-Marine aus dem Zwei-
ten Weltkrieg. Im USS Alabama
Memorial Park am Ufer der Mobile
Bay.

🏛 **Mobile Museum of Art**
4850 Museum Dr. (Langan Park)
Mobile, AL 36608
℃ (251) 208-5200
www.mobilemuseumofart.com
Mo-Sa 10–17, So 13–17 Uhr
Eintritt $ 10/6
Attraktiver Neubau mit umfangreicher Sammlung angewandter Kunst aus Amerika und Afrika.

❌ **Riverview Cafe & Grill**
64 S. Water St. (Adam's Mark Hotel)
Mobile, AL 36602
℃ (251) 438-4000
Alles, was der Golf zu bieten hat, kommt auf den Tisch – mit Blick auf die Bay. Lunch ($), Dinner, Sunday Brunch. $–$$

❌ 🍸 **Dauphin Street Taqueria**
661 Dauphin St.
Mobile, AL 36602
℃ (251) 432-2453
Tacos, Burritos u. a. mexikanische Speisen. Zusammen mit einer Bar im alten Gebäude der Old Bike Factory. $

*Ausflugsziele:*

**Fairhope**
Das hübsche Ausflugsstädtchen mit Altstadtcharakter schmiegt sich an das östliche Ufer der Mobile Bay. Es gewinnt vor allem durch seine Strandnähe und die historische Atmosphäre mit den vielen kleinen Geschäften und Stöberläden.

*Service & Tipps:*

ℹ️ **Fairhope Welcome Center**
20 N. Section St.
Fairhope, AL 36532
℃ (251) 928-5095
www.cofairhope.com

📖 🍽 **Page and Palette**
32 S. Section St.
Fairhope, AL 36532
℃ (251) 928-5295
www.pageandpalette.com
Mo–Fr 8–18, Sa 9–18, So 12–17 Uhr
Hier trifft man sich: gemütlicher Buchladen mit legerem Café.

**REGION 9**
*Alabama*

# ⑧ Montgomery

In Montgomery wurde 1861 die »Confederacy« gegründet. Doch die Karriere der ersten Hauptstadt der Konföderierten dauerte nicht lange, denn der Regierungssitz wechselte ins strategisch besser gelegene Richmond. Dennoch erinnert heute vieles noch an den Krieg, immerhin begann er ja auch hier, als Südstaatenpräsident Jefferson Davis den Befehl zum Angriff auf Fort Sumter bei Charleston gab.

Das alte **State Capitol** von 1851 (600 Dexter Ave.) tut seinen Dienst als Parlamentssitz der Regierung von Alabama und auch das **White House of the Confederacy** steht noch. Weil es von Kriegszerstörungen weitgehend verschont blieb, erfreuen sich Montgomery und seine rund 205 700 Einwohner heute der angenehmen Stadt mit viel Grün und guten Restaurants – dank der Präsenz der Politiker und der über 6000 Studenten des Alabama State College.

Nicht weniger bedeutsam wurde die Rolle der Stadt im Zusammenhang mit der amerikanischen Bürgerrechtsbewegung. Martin Luther King Jr. predigte in der **Dexter Avenue Baptist Church** – unweit des Regierungskomplexes, in dem die rassistischen Probleme des Staates unter Gouverneur Wallace hoch kochten. Auch **Rosa Parks** wurde 1955 nach ihrem sogenannten Bus-Boykott zum Symbol des Widerstands der Schwarzen gegen die Segregation: Sie weigerte sich, im Bus ihren Sitzplatz für einen weißen Fahrgast zu räumen. Seit 1989 erinnert das **Civil Rights Memorial** an die Opfer der Auseinandersetzungen (South Poverty Law Center, 400 Washington Ave.).

Außer von bürgerkriegerischen Erinnerungen lebt Montgomery aber auch von musikalischen und literarischen Reminiszenzen. Hank Williams ist hier begraben, das **Hank Williams Museum** und ein lebensgroßes Standbild erinnern an den in Alabama geborenen Countrysänger (Perry St., gegenüber vom Rathaus). Ja, und die Autorin Zelda Fitzgerald wurde 1900 in Montgomery geboren, wuchs hier auf und lebte später mit ihrem Mann F. Scott Fitzgerald in der Stadt (919 Felder Ave.).

### Service & Tipps:

**i** **Alabama Bureau of Tourism and Travel**
401 Adams Ave.
Montgomery, AL 36103
✆ (334) 242-4169 oder 1-800-252-2262
www.touralabama.org

**i** **Montgomery Area Chamber of Commerce/Union Station**
300 Water St.
Montgomery, AL 36104
✆ (334) 262-0013
www.montgomerychamber.com
Im prächtig restaurierten Bahnhof (Union Station).

**🏛** **Rosa Parks Museum**
252 Montgomery St.
Montgomery, AL 36104
✆ (334) 241-8661
http://montgomery.troy.edu/rosa
parks/museum
Mo-Fr 9-17, Sa 9-15 Uhr
Eintritt $ 7.50/5.50
Interessantes Museum zu Rosa Parks und der Geschichte des Bus-Boykotts.

**☉** **First White House of the Confederacy**
644 Washington Ave.
Montgomery, AL 36104
✆ (334) 242-1861
www.firstwhitehouse.org
Mo-Fr 8-16.30, Sa/So 9-16 Uhr
Eintritt kostenlos
Hier residierte Jefferson Davis, als Montgomery die Hauptstadt der Konföderierten war. Der Bau stammt aus den Jahren 1832-35 und enthält historische Möbel, Kriegsdokumente und Gegenstände aus dem persönlichen Besitz von Davis.

**☉** **Dexter Avenue King Memorial Baptist Church**
454 Dexter Ave.
Montgomery, AL 36104
✆ (334) 263-3970
www.dexterkingmemorial.org
Führungen Di-Fr 10-16, Sa 10-14 Uhr

(Voranmeldung erbeten), $ 2
Hier wirkte Martin Luther King Jr. 1954-60 als Pastor.

**☉** **Civil Rights Memorial**
400 Washington Ave.
Montgomery, AL 36104
✆ (334) 956-8200
www.splcenter.org, Eintritt kostenlos
Denkmal der Bürgerrechtsbewegung, rund um die Uhr geöffnet.

**🏛** **Hank Williams Museum**
118 Commerce St.
Montgomery, AL 36104
✆ (334) 262-3600
www.thehankwilliamsmuseum.com
Mo-Fr 9-16.30, Sa 10-16, So 13-16 Uhr, Eintritt $ 8/3
Zur Ehre und Erinnerung an den berühmten Country-Musiker.

**☉** **Old Alabama Town**
301 Columbus St.
Montgomery, AL 36104
✆ (334) 240-4500 oder
✆ 1-888-240-1850, Mo-Sa 9-16 Uhr
www.oldalabamatown.com
Eintritt $ 10/5
Historisches Freilichtmuseum mit Dutzenden von restaurierten Gebäuden und Werkstätten, die Leben und Arbeit in Alabama im 19. und beginnenden 20. Jh. illustrieren.

**ii** **New South Bookstore**
105 S. Court St.
Montgomery, AL 36104
✆ (334) 834-3556
www.newsouthbooks.com
Kleiner Buchladen in Downtown. Gute Auswahl an lokaler und regionaler Geschichte.

**✕** **Jubilee Seafood**
1057 Woodley Rd. (Cloverdale Plaza)
Montgomery, AL 36106
✆ (334) 262-6224, So/Mo geschl.
Angenehmes kleines Lokal für frische und delikat zubereitete Meeresfrüchte. Cocktail Lounge. Nur Dinner.
$-$$

*Harry Belafontes Erinnerung an Rosa Parks:*
*»Eine schwarze Frau saß in einem Bus in Montgomery, Alabama, und man kann nicht tiefer in das Herz der Rassentrennung und der Unterdrückung vordringen als in Montgomery, Alabama. Es war der schwierigste Ort in den ganzen USA. Niemals hätte jemand erwartet, dass dort die Revolution starten würde oder die Mini-Revolution, wie wir sie nennen. Aber dieser schwarzen Frau taten die Füße weh, und sie weigerte sich, hinten im Bus zu sitzen, wie es das Gesetz vorschrieb, und wo ihr Vater schon saß und ihr Großvater. Sie sagte nur, meine Füße tun mir weh, und ich will das alles nicht mehr.«*

# ⑨ Selma

In Selma (20 800 Einwohner) hat die überwiegend schwarze Bevölkerung Süd-
staaten-Geschichte geschrieben, die von der Ära der Plantagen bis zur Bürgerrechtsbewegung reicht. Glaubt man indianischen Quellen, dann wurde Selma auf der Stelle eines alten Indianerdorfs (Piachee) errichtet, genau dort, wo
einst der Häuptling Tuskaloosa mit Hernando de Soto zusammentraf. Wie dem
auch sei, zuerst wurde Selma 1732 als Ecor Bienville, später dann (1815) als
die Siedlung von Moore's Bluff kodifiziert und 1820 als Stadt gegründet. Ihr
Name bedeutet »Hochsitz« oder »Thron«, allem Anschein nach wegen der überragenden Lage oberhalb des Alabama River.

Schiffs- und Waffenbau machten Selma im Bürgerkrieg zu einem militärischen Versorgungszentrum der Konföderierten, was sich freilich blutig räch-
te, als Unionsgeneral Wilsons Truppen den Arsenalen und Teilen der Stadt den
Garaus machten. Dennoch überlebten einige Antebellum-Villen ebenso wie
deren Kontrapunkte, die Shotgun-Häuser der Schwarzen.

Im Umkreis der Kreuzung Broad Street und Water Avenue hat man sich in
den letzten Jahren erfolgreich um die Pflege einer Reihe von historischen Bauten gekümmert, die aus der Blütezeit der Stadt stammen, als die Eisenbahn
kam und Selma zu jenem landwirtschaftlichen Handelszentrum heranwuchs,
das es heute noch ist. Auf dem schönen alten Friedhof **Live Oak Cemetery**
liegt unter anderem das Grab von Benjamin S. Turner, einem ehemaligen Sklaven aus Selma, der 1870 als erster Schwarzer Kongressabgeordneter von Alabama wurde.

Zu den weiteren Highlights der Stadt zählen die elegante **Sturdivant Hall**
aus der guten alten Pflanzerzeit und **Brown Chapel**, ein bedeutendes Memo
des *Civil Rights Movement*, der amerikanischen Bürgerrechtsbewegung.

Die Kirche geriet in die nationalen Schlagzeilen, als Martin Luther King sie
zu seinem Hauptquartier machte. Nicht, dass Selma eine besonders rassistische Stadt gewesen wäre. Doch King und seine Freunde hatten den Ort be-
wusst gewählt, weil dort ein ausgesprochen reaktionärer Sheriff das Sagen
hatte, was viel Publicity in den Medien versprach.

Und tatsächlich kam es schlimm an jenem 21. März 1965, einem Sonntag,
als eine Demonstration niedergeknüppelt wurde. Der Tag ging als »Bloody Sunday« in die Stadtgeschichte von Selma ein. Drei Wochen später setzte sich abermals eine Demonstration in Bewegung: 25 000 Schwarze, angeführt von King
(unter ihnen auch der jugendliche Jesse Jackson) marschierte nach Montgomery.

*Stolz von Selma: Sturdivant
Hall*

*Wenn Eichen Trauer tra-
gen: Live Oak Cemetery,
Selma*

### Service & Tipps:

**ℹ Selma Welcome Center**
132 Broad St., Selma, AL 36701
✆ (334) 875-7485
Mo–Fr 10–16, Sa 11–15 Uhr

**ℹ Selma-Dallas County Chamber of Commerce**
912 Selma Ave., Selma, AL 36701
✆ (334) 875-724, 1-800-457-3562
www.selmaalabama.com

**🏛 National Voting Rights Museum and Institute**
6 US 80 E., Selma, AL 36701
✆ (334) 418-0800, www.nvrm.org
Mo–Fr 9–17, Sa 10–15 Uhr, So nach
Vereinbarung, Eintritt $ 6.50/4.50
Veranschaulicht Kampf und Erfolge
der Bürgerrechtsbewegung beim
Erwerb und der Ausführung des
Stimmrechts für Afroamerikaner.

**◉ Sturdivant Hall**
713 Mabry St., Selma, AL 36701
✆ (334) 872-5626
www.sturdivanthall.com
Führungen Di–Sa 10–16 Uhr
Eintritt $ 5/2
Die 1852/53 errichtete Villa ist heute
ein Museum.

**◉ Brown Chapel A.M.E. Church**
410 Martin Luther King St.
Selma, AL 36703
✆ (334) 874-7897
www.historicbrownchapelamec-sel
ma.org
Keimzelle der Bürgerrechtsbewegung
von Martin Luther King Jr. und dessen Hauptquartier, wo die Namen jener Toten in Stein gehauen sind, die
im Namen seines »Traums« starben.
Besichtigung nach Voranmeldung.

**◉ Live Oak Cemetery**
110 W. Dallas Ave. (zwischen Pettus
St. u. Valley Creek)
Selma, AL 36701
✆ (334) 874-7897
Friedhof mit dem Grab von Benjamin
S. Turner.

**✕ Restaurant on Grambles Alley**
1300 Water Ave. (Downtown)
Selma, AL 36701
✆ (334) 872-2006, So geschl.
Gourmet-Pub mit herzhaften Gerichten und Blick auf den Alabama River.
Cocktails, Lunch ($) und Dinner. $–$$

**✕ 🍷 The Troup House Restaurant**
1200 Water Ave. (im St. James
Hotel), Selma, AL 36701
✆ (334) 872-3234
www.historic-hotels-lodges.com/
saint-james-hotel.htm
Eleganter, historischer Speisesaal,
amerikanische Küche. $$–$$$

**✕ Tally-Ho Restaurant**
509 Mangum Ave., (von US 80 nördl.
auf die Summerfield Ave.)
Selma, AL 36701
✆ (334) 872-1390, So geschl.
www.tallyhoselma.com
Alte Blockhütte, spezialisiert auf
Fisch und Steaks. $$

**🎉 Historic Selma Pilgrimage**
✆ (334) 412-8590
http://pilgrimage.selmaalabama.com
Ende März: Tag der offenen Tür für
ein Dutzend viktorianische und Antebellum-Häuser. Zum Rahmenpro-
gramm gehören eine Antiquitäten-
schau und andere Festivitäten.

**🎉 Battle of Selma**
Ende April wird die Schlacht um Selma noch einmal geschlagen, begleitet
von Schiffskorso, Paraden und Bäl-
len. www.battleofselma.com

*»Pumpkin Power« in Selma, Alabama*

# ❿ Tuscaloosa

Im Namen Tuscaloosa fließen zwei Wörter aus der Sprache der Choctaw-Indi-aner zusammen, *tusko* »Krieger« und *loosa* »schwarz«. 1909 wurde die Stadt der »Schwarzen Krieger« gegründet, aber letztlich mussten die Indianer ver-schwinden, weil weiße Siedler aus dem Süden nachrückten, die die Stadt Tus-caloosa tauften. Heute haben sich noch einige Villen erhalten, vor allem in der Nähe der Queen City Avenue im Druid City District.

Die Universitätsstadt (90 500 Einwohner) machte 1997 durch die Ansied-lung einer Mercedes-Benz-Fabrik Schlagzeilen. Fast kostenloses Bauland, schwache Gewerkschaften, finanzielle Zuschüsse und langfristige Steuervor-teile begründeten die Ortswahl. In der Nähe, an der I-59, heißt die zum Werk führende Autobahnabfahrt 89 »Mercedes Drive«.

*Service & Tipps:*

**ℹ Tuscaloosa Convention & Visitors Bureau**
1305 Greensboro Ave.
Tuscaloosa, AL 35403
✆ (205) 391-9200, 1-800-538-8696
www.tcvb.org

**✗ Cypress Inn**
501 Rice Mine Rd. North
Tuscaloosa, AL 35406
✆ (205) 345-6963, Sa geschl.
www.cypressinnrestaurant.com
Reiche Auswahl an Meeresfrüchten – mit Blick auf den Black Warrier River. Cocktails. Lunch ($) und Din-ner. $$

*Ausflugsziel:*

**◉ Moundville Archaeological Park**
Westlich von SR 69 am Stadtrand von Moundville, AL 35474
✆ (205) 371-2234, Park tägl. 8–20, Museum tägl. 9–17 Uhr, Eintritt $ 8/6
www.moundville.ua.edu/
Mehr als ein Dutzend gut erhaltene Tempelhügel und Museum. Die Indi-anerkultur der *Mound Builders* (Hügelbauer) erreichte ihren Höhe-punkt zwischen 1200 und 1600 n. Chr. Sie hinterließen mächtige Erd-hügel, die als Terrassen für Tempel-bauten dienten. Picknickplätze am Flussufer. Campingplatz.

# ⓫ Tuskegee

Das 9900-Einwohner-Kreisstädtchen von Macon County hat seinen Namen von einem Indianerdorf geerbt, das *Taskigi* hieß. Heute verbindet man seinen Namen mit dem 1881 gegründeten **Tuskegee Institute**, das durch Forschung und Lehre eine bedeutende Rolle in der Erziehung und Lehrerausbildung der Schwarzen spielte. Booker T. Washington und George Washington Carver ge-hörten zu seinen renommierten Präsidenten.

*Service & Tipps:*

**ℹ Tuskegee Area Chamber of Commerce**
121 S. Main St., Tuskegee, AL 36083
✆ (334) 727-6619
www.tuskegeeareachamber.org

**🏛 Carver Museum**
1212 West Montgomery Rd.
Tuskegee, AL 36088
✆ (334) 727-3200, www.nps.gov/tuin
Tägl. 9–16.30 Uhr, Eintritt kostenlos
Dokumentiert den Lebensweg von George Washington Carver als Künst-

ler, Lehrer und Wissenschaftler. Das konservierte Labor zeigt seine land-wirtschaftlichen Experimente.

**◉ Tuskegee Institute National Historic Site**
1212 West Montgomery Rd. (SR 126)
Tuskegee, AL 36088
✆ (334) 727-6390 (National Park Ser-vice Headquarters)
Ein Rundgang durch den historischen Campus und die Universitätskapelle zeigt die Wirkungsstätten des ehemali-gen Sklaven, berühmten Lehrers und Rektors Booker T. Washington.

# Mississippi
## Der Fluss, das Delta, die Küste

»Mississippi«, das indianische Wort für »Vater der Gewässer«, schmückt Fluss und Land zugleich. Wer als Kind Mark Twains »Tom Sawyer« oder »Huckleberry Finn« gelesen hat, entwickelte damals seine Vorstellung vom Mississippi: ein breiter, unendlich breiter Fluss, eher ein länglicher See, der träge dahinfließt, zerfranst, mit Inselchen durchsetzt und umgeben von sumpfigen Uferwäldern. Folglich wird jeder, der über die Wassermassen des Mississippi schaut, erwarten, im nächsten Moment einen alten Raddampfer oder gar das Floß Huck Finns am Horizont auftauchen zu sehen.

Meistens aber sind es heute Lastschlepper – bis zu 400 Meter lang und fähig, etwa 22 500 Tonnen Gewicht zu transportieren. Doch man sieht sie selten. Meist wirkt der Fluss wie ein ruhiger, riesiger Badesee. Es folgen immer wieder einzelne Anlegestellen, einige kleine sandige Strände, die zum Baden einladen, Wiesen, Weiden, Wälder.

Im Nordwesten des Staates, zwischen Memphis und Vicksburg, weitet sich das an *catfish*, Baumwolle und Bluesmusik reiche Delta, während Vicksburg und an erster Stelle Natchez die glorreiche Vergangenheit der Pflanzerkultur bewahren – zwei regelrechte Antebellum-Hochburgen der Südstaaten.

Beflügelt wurde der Mythos auch durch literarische Vorbilder. Schon Twain kritisierte den verheerenden Einfluss von Walter Scott auf die Menschen im Süden. »Die alte, gesunde Zivilisation des 19. Jahrhunderts merkwürdig vermischt und verwirrt mit der falschen Zivilisation des Mittelalters von Walter Scott«, schreibt er in »Leben auf dem Mississippi« und fährt fort: »so dass man praktischen, gesunden Menschenverstand, fortschrittliche Ideen und fortschrittliche Taten vermischt mit Duellen, schwulstigen Reden und der leeren Romantik einer albernen Vergangenheit findet ... Ohne die Walter Scottsche Krankheit wäre die Einstellung des Südstaatlers vollständig modern statt modern mittelalterlich vermischt und der Süden wäre jetzt um eine ganze Generation weiter.« Scott sei es letztlich auch gewesen, schreibt er, der »den Herren diese Schwindelarchitektur wertvoll« gemacht habe.

Dass der Hang zur Erfindung ritterlicher Vergangenheiten noch heute lebendig ist, entspricht vielleicht dem ungestillten Bedürfnis vieler Südstaatler nach Trost für die erlittene Niederlage. Manche bilden sich nur allzu gern ein, zu nobel und gut gewesen zu sein, um die industriellen Wogen aufzuhalten. Auch diese Einstellung fand ihre literarischen Nieder-

*Pomp und Posen sind keine Fremdwörter für die Southern Belles*

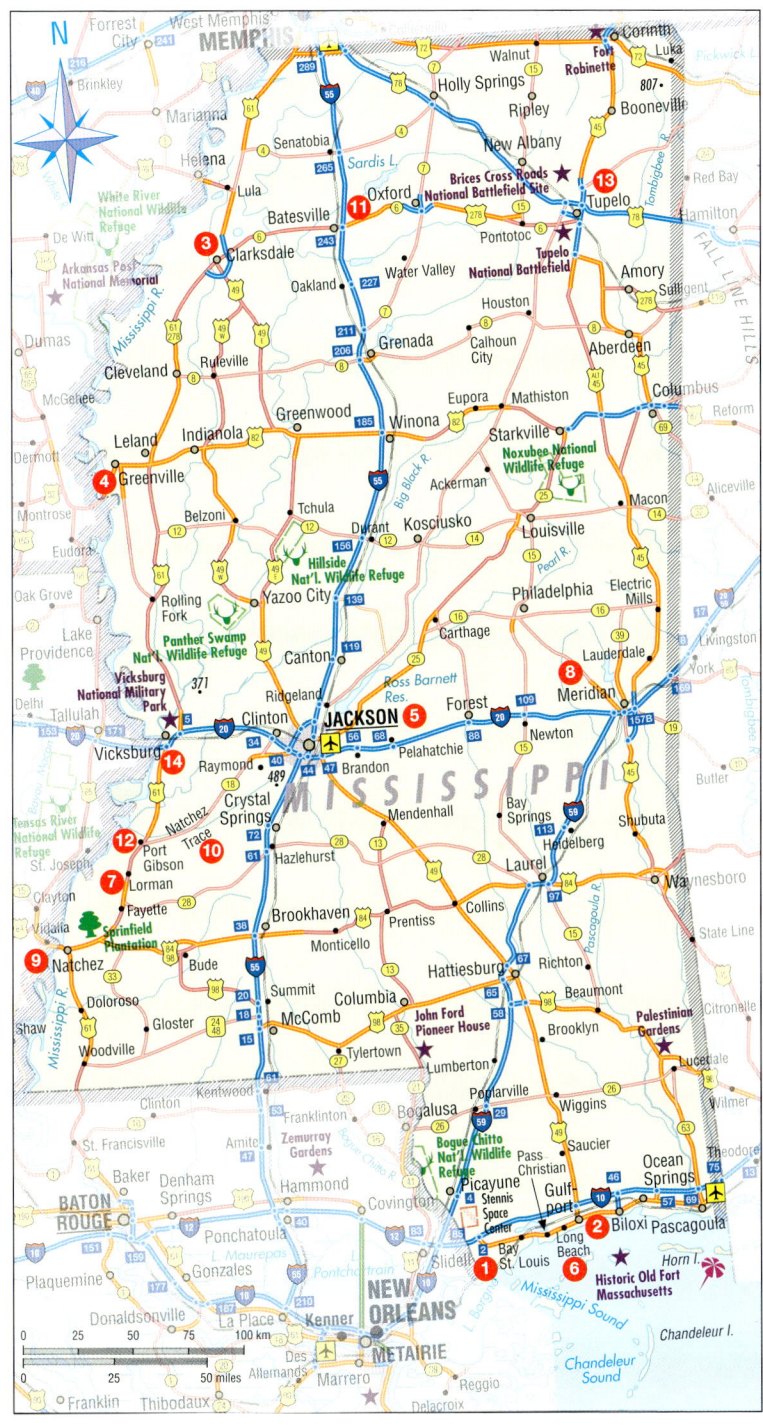

schläge – von Faulkners »Absalom, Absalom« bis zu Mitchells »Gone With the Wind«. Faulkner (neben Elvis Presley) zählt zur den größten Söhnen des »Magnolia State«.

Und so wird heute in Natchez oder Vicksburg mit der Geschichte Theater gespielt. Schlachten werden nachgestellt, rauschende Ballnächte in historischen Kostümen durchtanzt, und vor den edlen Plantagenhäusern warten wieder die Primadonnen des Südens, die *Southern Belles*, um die Yankee-Gäste mit ihrer Wohnkultur ins Staunen zu versetzen. »Step back« nennt sich dieser Trick mit der Zeitmaschine.

Anders der durch zahlreiche Casinos ermunterte Küstenzipfel am Golf: die schönen Strände von Pass Christian, Gulfport oder Biloxi. Dazwischen malen Buchten und Bayous mitunter eine Art Holland der Karibik – mit zahllosen Kanälen, Ziehbrücken und Zypressen, Entengrütze und Spanischem Moos. Ja, diese Bärte! Matratzenfüllung oder Melancholie? Weihnachtsbaumschmuck oder schmutzige Wäsche?

## ❶ Bay Saint Louis

Das kleine Artsy-craftsy-Nest gilt als Schickimicki-Geheimtipp. Es heißt, viele prominente Musiker und Künstler aus New Orleans hätten sich hier in aller Stille einquartiert.

*Service & Tipps:*

ℹ **Hancock County Tourism Development Bureau**
1928 Depot Way
Bay Saint Louis, MS 39520
✆ (228) 463-9222, 1-800-466-9048
www.mswestcoast.org

🍽 👥 **Cypress Café**
300 S. Second St.

Bay Saint Louis, MS 39520
✆ (228) 466-4877
www.cypresscafebsl.com
Mo und Sa 10–14, Di–Fr 10–16 Uhr
Das Frühstücks- und Lunchcafé ist 2010 in das ehemalige Rathaus von 1905 nahe dem historischen Depot District umgezogen. Verkauf von kleinen Geschenkartikeln, regionalen Spezialitäten und Gewürzen. $

*Letzte Feinheiten, ehe die Preisrichter kommen: Sandskulpturen-Wettbewerb in Biloxi*

## ❷ Biloxi

*An der Küste des Golfs von Mexiko: Biloxi*

Ob Gold, Silber, Öl oder Gambling: Bonanza-Runs haben in den USA allenthalben Spuren hinterlassen. Schon vor »Katrina« hatten monströse Kasinobauten – allen voran das strahlende Palace Casino Resort und das gigantische Beau Rivage Resort – den Küstenort (44 000 Einwohner) gründlich verändert und ihn zum Monte Carlo des Südens gemacht. Zusammen mit der Golfküste von Mississippi rangiert das Spielerparadies von Biloxi mit insgesamt elf Kasinos inzwischen auf Platz 5 in den USA.

Im Bürgerkrieg boykottierte man hier jede Ankunft von Yankee-Schiffen, indem man einfach die Gaslichter nicht anmachte. Letztendlich wurde Biloxi von den Unionstruppen doch eingenommen. Weit heftiger und später als der Krieg schlugen 1969 Hurricane »Camille« und 2005 »Katrina« zu.

Im Biloxi Visitor Center am Leuchtturm tun freundliche Damen und Herren alles, um ihre Stadt – 1699 von Pierre d'Iberville gegründet und damit eine der ältesten der USA – ins beste Licht zu rücken. »Was ist noch da, was ist übrig geblieben, was ist neu, was stand dort … und dort …?« – noch Jahre, nachdem »Katrina« die Küste Mississippis grundlegend verwüstet und ihr Antlitz für immer verändert hat, hören sie ständig diese Fragen der Touristen. Verwunderlich ist das nicht, stehen doch die Besucher unter dem Eindruck, den die unglaublichen Fernsehbilder von der Zerstörung in ihre Wohnzimmer geliefert hatten.

Längst geht das Leben weiter in Biloxi und Umgebung, wie es hier schon immer geschah. Die Menschen – wenn sie nicht weggezogen sind, um ihr Glück woanders zu suchen – schauen vorwärts, packen an, bauen auf und sind stolz auf das, was sie seit 2005 geschafft haben. Nie wieder wird es so sein wie vorher, aber das wiederauferstandene Biloxi wartet in neuem Glanz und mit gewohnter Gastfreundlichkeit der Südstaaten auf seine Gäste. Architekturbüros, Anwaltspraxen residieren in den historischen oder neu erbauten Häusern, auserwählte Berufsgruppen, die sich die (noch immer) noblen Adressen leisten können: Denkmalpflege und Wertsteigerung, das passt nun mal gut zusammen.

Das **Katrina Memorial** am Town Green, dem Hauptplatz der Stadt, erinnert still an die Naturkatastrophe am 29. August 2005. Als weitere stumme Denkmäler prägen die **Chainsaw Sculptures** das Stadtbild, eindrucksvolle Skulpturen, die durch den künstlerischen Einsatz von Kettensägen aus den vom Sturm zerfetzten alten Live Oaks entstanden.

Die Glitzerwelten der Kasinos öffnen längst wieder ihre Pforten, größer und moderner als je zuvor. Neue und alte Restaurants servieren Südstaatenküche vom Feinsten. Manche Lokale sind noch da, viele in anderer Umgebung, in neuen Gebäuden, manche gibt es auch einfach nicht mehr. 2012 eröffnet das historische **Magnolia Hotel** wieder seine Pforten. Sein nostalgisches Flair erin-

nert an die touristischen Sternstunden von Biloxi, als die Stadt ein beliebtes Seebad war.

Und von jeher warten die feinen weißen Sandstrände aufgeräumt und gepflegt auf Badegäste. **The Old Lighthouse**, Biloxis alter Leuchtturm von 1848, hat die Stürme der Zeit überstanden, neuerbaut streckt sich der Pier dem Meer entgegen.

Ein Blickfang am US Highway 90, dem zugegeben nicht besonders schönen, aber praktischen Beach Boulevard, der immer dem Strandverlauf folgt, ist das avantgardistische **Ohr-O'Keefe Museum of Art**, dessen Bauten schon einmal kurz vor ihrer Vollendung standen, als sie 2005 von »Katrina« weggefegt wurden. Nunmehr erstrahlt das Museum endlich in seinem innovativen Design, entworfen vom Stararchitekten Frank O. Gehry. 2012 eröffnet mit dem **City of Biloxi Center for Ceramics** der letzte Teil des vielseitigen Museumskomplexes.

Am westlichen Ortsende liegt **Beauvoir**, ein 1850 von einem Pflanzer erbautes und wegen seines beneidenswerten Blickes auf den Golf so getauftes Haus, in dem Südstaaten-Präsident Jefferson Davis (1861–65) die letzten zwölf Jahre seines Lebens zubrachte. Er nutzte Beauvoir als kreatives Refugium nach zwei Jahren Gefangenschaft in Virginia. Hier schrieb er seine Werke »Aufstieg und Fall der Konföderierten-Regierung« und »Geschichte der Konföderierten Staaten von Amerika«.

*… Gumbo, Shrimp-Cocktails und Salate in Biloxi*

### Service & Tipps:

ℹ️ **Biloxi Visitors Center/Mississippi Gulf Coast CVB**
1050 Beach Blvd., Biloxi, MS 39530
☎ (228) 374-3105, 1-800-BILOXI-3
www.gulfcoast.org, www.biloxi.ms.us
Mo-Sa 8–17, So 10–16 Uhr
Im Juli 2011 nahe dem Leuchtturm eröffnet. Mit einem kleinen Museum zur Geschichte der Stadt und ihrer Verbundenheit mit dem Meer.

🏛 **Beauvoir (Jefferson Davis Home)**
2444 Beach Blvd. (US 90)
Biloxi, MS 39531
☎ (228) 388-4400, www.beauvoir.org
Tägl. 9–16 Uhr, Eintritt $ 9/5
Letzter Wohnort von Jefferson Davis, der 1889 in New Orleans starb. Museum mit Konföderierten-Memorabilien und Friedhof. Gründlich renoviert seit 2005.

🚢 **Biloxi Schooners**
367 Beach Blvd., Biloxi, MS 39530
☎ (228) 435-6320
www.maritimemuseum.org
Tickets $ 30/15, Zeiten erfragen
Die zwei, historischen Austernfischerbooten nachgebildeten Zweimaster am neuen Schooner Pier Complex sind Teil des **Maritime & Seafood Industry Museum** und fahren ganzjährig auf den Golf hinaus.

🚢 **Biloxi Shrimping Trip**
693 Beach Blvd. & Main St.
Biloxi, MS 39530
☎ (228) 392-8645, 1-800-289-7908
www.biloxishrimpingtrip.com
Mitte März–Anfang Aug. tägl. 10.30, 13.30 und 15.30 Uhr, Dez.–Mitte Feb. geschl., im Frühjahr und Herbst tägl. 10.30 und 13.30 Uhr, Tickets $ 15/10
70 Minuten lang geht die »Sailfish« auf Krabbenfang. Der Captain erklärt alles, was ins Netz geht. Abfahrt vom Small Craft Harbor.

🏛 **Ohr-O'Keefe Museum of Art**
386 Beach Blvd. & Kuhn St.
Biloxi, MS 39530
☎ (228) 374-5547
www.georgeohr.org
Di-Sa 10–17 Uhr, Eintritt $ 10/5
Vom Stararchitekten Frank O. Gehry designte, ultramoderne Museumsbauten als Blickfang am US Hwy. 90. Ein Tribut an George E. Ohr (1857–1918), den selbsternannten »Mad Potter of Biloxi«, und an seine bizarren, oft abstrakten Kunst- und Gebrauchsgegenstände aus dem Lehm und Ton Mississippis. Museumsgeschäft und Café im Mississippi Welcome Center.

🎰 **Palace Casino Resort**
158 Howard Ave., Biloxi, MS 39530
☎ (228) 386-2462, 1-800-PALACE-9
www.palacecasinoresort.com

*The Old Lighthouse, Biloxis alter Leuchtturm von 1848*

Luxuriöses Kasinoresort mit 1100 Spielautomaten und 26 Tischen, Restaurants, Cafés und Bars. Steak- und Fischgerichte sowie exzellente Weine und Desserts serviert das elegante Dinnerrestaurant **Mignon's** (Di–So, $$$$). Legerer geht es zu im **Palace Café & Bakery** ($–$$) und eine riesige Speisenauswahl bietet das **Palace Buffet** ($$–$$$).

### Infinity at NASA Stennis Space Center

Nahe I-10, westl. des Mississippi Welcome Center
Stennis Space Center, MS 39529
℡ (228) 533-9025
www.infinitysciencecenter.org
Mo–Sa 10–16 Uhr, Eintritt $ 8/6
Neu seit 2013: modernes, interaktives Wissenschafts- und Raumfahrtmuseum am Stennis Space Center. Mit Erd- und Weltraumgalerien, 3-D-Kino, interaktiven Experimenten etc.

### Mary Mahoney's Old French House

138 Rue Magnolia & Beach Blvd.
Biloxi, MS 39530
℡ (228) 374-0163
www.marymahoneys.com
Südstaatenambiente par excellence: Gemütlich, aus diversen Wohnzimmern zusammengesetzter, verschachtelter Fuchsbau in einem der ältesten Häuser des Landes (1737) – dazu eine hervorragende Küche mit exzellenten Fischgerichten! $$$–$$$$

### Half Shell Oyster House

125 Lameuse St., Biloxi, MS 39530
℡ (228) 432-5050
http://halfshelloysterhouse.com

Frische Austern – ob naturbelassen, gegrillt, überbacken oder nach Rockefeller-Art – sind Namengeber und Spezialität des Hauses. Doch auch *Shrimp 'n Grits, Chicken Alfredo* und andere Köstlichkeiten der Speisekarte sind empfehlenswert. In einem historischen Bankgebäude im Innenstadtbereich. Lunch und Dinner. $$$

### Ausflugsziele:

### Ocean Springs

Ein hübsches, freundliches Städtchen mit viel Grün breitet sich abseits der all-amerikanischen Betriebsamkeit des US Highway 90 aus. Unter schattigen Bäumen spaziert man vorbei an Kunstgalerien und kleinen Läden, freundlichen Cafés und Restaurants mit subtropischem Flair und köstlichen regionalen Gerichten auf der Speisekarte. Eine Fülle von farbenprächtigen regionalen Kunstschätzen zeigt das von außen eher unscheinbar wirkende **Walter Anderson Museum of Art**.

Einen kurzen Abstecher widmen sollte man dem kunstvollen Mosaik an der Ostseite der Biloxi-Ocean Springs Bridge. In idyllischer Umgebung gedenkt das aus unzähligen Kachelsplittern zusammengefügte Wandbild der Zerstörungen der Küstenregion durch »Katrina«. Seinerzeit waren von der Brücke mit der Hauptverkehrsstraße nur die Pfeiler im Wasser stehen geblieben.

Naturliebhaber zieht es zum **Davis Bayou** und seinem vegetationsreichen Küstengebiet mit den so zauber-

haft verschlungenen Wasserwegen, an denen zahlreiche Wasservögel und -tiere ihre Heimat haben. Das Visitor Center mit seinen informativen Ausstellungen und Filmen ist Ausgangspunkt für zahlreiche Aktivitäten wie Reiten, Wandern, Angeln, Kajakfahren, Camping, etc.

### Service & Tipps:

**ℹ Ocean Springs Chamber of Commerce**
1000 Washington Ave.
Ocean Springs, MS 39564
✆ (228) 875-4424
www.oceanspringschamber.com
Mo–Fr 9–16 Uhr

**🏛 Walter Anderson Museum of Art**
510 Washington Ave.
Ocean Springs, MS 39564
✆ (228) 872-3164
www.walterandersonmuseum.org
Mo–Sa 9–16.30, So 12–16.30 Uhr
Eintritt $ 10/5
Aus dem Leben und Schaffen des Walter Inglis Anderson (1903–65): Wasserfarben- und Ölgemälde, Zeichnungen, Drucke, Keramiken u. a. Kunstwerke mit Pflanzen und Tieren. Visueller Höhepunkt im angrenzenden **Ocean Springs Community Center:** ein farben- und formenreiches Ganzraum-Wandgemälde mit dem Zyklus der Jahreszeiten.

**🌲🚶🍴📷 Davis Bayou/Gulf Islands National Seashore**
3500 Park Rd.

Ocean Springs, MS 39564
✆ (228) 875-9057, www.nps.gov/guis
Wunderbare natürliche Küstenlandschaft bei Ocean Springs, mit Bayous und einem hervorragenden Visitor Center. Gehört zu den Inseln und Küstenbereichen des Meeresnationalparks an der Golfküste. Schwimmen, Angeln, Camping, geführte Wanderungen; Reit- und Wanderwege. Eine hübsche Kurzwanderung ist der Davis Bayou Trail über 1,5 km. (Siehe auch West Ship Island, S. 191.)

**✕ 🛏 Bayview Gourmet**
1010 Robinson St.
Ocean Springs, MS 39564
✆ (228) 875-4252
http://bayviewgourmet.com
Di–So 7.30–14.30 Uhr
Frühstücks- und Lunchcafé: bunt, tropisch, floridianisch …, so beginnt ein guter Urlaubstag! $

**✕ 🍺 🎬 🎵 The Shed – Barbecue & Blues Joint**
7501 Hwy. 57 (I-10, Exit 57)
Ocean Springs, MS 39565
✆ (228) 297-2628
www.theshedbbq.com
Rustikales Lokal mit brutzelnden Burgern u.a. leckeren Gerichten und allerlei Zierrat an den Wänden. Geheimtipp: die regelmäßigen Blues-Abende. $$

### Ausflugstipps:

**Gulfport/West Ship Island**
Das geruhsame Gulfport (68 000 Ein-

*Vor der Küste von Biloxi: »Shrimp boat« im Golf von Mexiko*

wohner) schließt sich westlich an Biloxi an. Wie auch in Biloxi und im benachbarten kleineren Ort **Pass Christian** sind Wohn- und Geschäftsanlagen vis-à-vis vom Golf begehrt. Seit 1926 bringt Ship Island Excursions seine Passagiere sicher von Gulfport auf die wunderschöne Strandinsel knapp 20 km vor der Küste. Schon unterwegs sind häufig Delfine und Pelikane zu sehen. Hurricane »Camille« war es, der 1969 West Ship Island in eine östliche und eine westliche Insel teilte.

Glasklares, bis zu 30 Grad warmes Meerwasser und ein strahlend weißer Sandstrand samt Dünengürtel empfangen die Besucher auf der baumlosen Insel, die zur streng geschützten, dem Festland vorgelagerten Inselkette der Gulf Islands National Seashore gehört. Inklusive der Besichtigung des gut erhaltenen **Fort Massachusetts** von 1868 kann man hier einen geruhsamer Strandtag verbringen, bis Captain Louis um Punkt 14.30 Uhr bzw. im Hochsommer noch mal um 17 Uhr sein Schiff wieder zurück zum Festland steuert.

*Service & Tipps:*

ℹ️ **Mississippi Gulf Coast Convention & Visitors Center**
Vgl. Biloxi, S. 188.

🏠🌴🏝 **Ship Island Excursions**
Gulfport Yacht Harbor (Kreuzung US 90 & US 49)
☎ (228) 864-1014, 1-866-466-7386
www.msshipisland.com
Mitte März–Mitte Mai und Mitte Aug.–Ende Okt. Abfahrten Mi–Fr 9, Sa 9 und 12, So 12 Uhr; Mitte Mai–Mitte Aug. Abfahrten tägl. 9 und 12 Uhr; Rückfahrten jeweils 14.30 und 17 Uhr
Tickets $ 27/17 hin und zurück
Optionale Miete von Sonnenschirm

und 2 Strandstühlen $ 20
Einstündige Fährfahrt nach West Ship Island. Weiße Sandstrände, glasklares, warmes Wasser und Fort Massachusetts. Umkleiden, Toiletten und Duschen in Strandnähe.

🌴🏝 **West Ship Island/Gulf Islands National Seashore**
3500 Park Rd.
Ocean Springs, MS 39564
☎ (228) 875-9057, www.nps.gov/guis
West Ship Island ist Teil der Inselkette und Küstenbereiche der Golfküste in Florida, Alabama und Mississippi. (Siehe auch Davis Bayou, S. 190, Ocean Springs, S. 189 f.)

👁️🚸 **Lynn Meadows Discovery Center**
246 Dolan Ave., Gulfport, MS 39507
☎ (228) 897-6039, www.lmdc.org
Di-Sa 10–17, So 12–17 Uhr, Juni/Juli auch Mo
Eintritt $ 8, Mi nachmittags $ 3, So $ 5
Interaktives Museum für Kinder und Erwachsene. Zum Lernen und Lachen: Experimente aus Wissenschaft, Ökologie, Technik etc.

❌ **Koi Sushi Japanese Steak House & Hibachi Grill**
9415 US 49, Gulfport, MS 39503
☎ (228) 868-9588
www.koisushigulfport.com
Japanisches Steakrestaurant. Gegrillt wird über dem offenen Feuer: Steaks, Fisch und Meeresfrüchte. Lunch und Dinner. $$–$$$

❌ **Lookout Steakhouse**
1301 26th Ave., Gulfport, MS 39501
☎ (228) 248-0555
www.lookoutsteakhouse.com
Steak- und Seafood-Restaurant in einem 1903 erbauten ehemaligen Bankgebäude in Historic Downtown Gulfport. Lunch und Dinner. $$–$$$

❸ **Clarksdale**

Tennessee Williams besuchte zwar häufig seinen Großvater in Clarksdale, aber der Rede wert ist der 18 000-Einwohner-Ort wegen seines Beitrags zur Geschichte des Blues. Viele der Musikpioniere wurden hier geboren: unter anderem Muddy Waters, John Lee Hooker, Charlie Patton und W.C. Handy.

**Service & Tipps:**

**ⓘ Clarksdale-Coahoma County Chamber of Commerce**
1540 De Soto Ave.
Clarksdale, MS 38614
✆ (662) 627-7337
www.clarksdale-ms.com

**🏛 Delta Blues Museum**
1 Blues Alley, Clarksdale, MS 38614
✆ (662) 627-6820 oder 1-800-626-3764
www.deltabluesmuseum.org

März–Okt. Mo–Sa 9–17, sonst 10–17 Uhr, Eintritt $ 7/5
Dokumentation der Musik des Deltas: auf Video, Fotos u.a.

**✕ 🍸 Madidi**
164 Delta Ave.
Clarksdale, MS 38614
✆ (662) 627-7770
www.madidires.com, So/Mo geschl.
Intimes Restaurant mit schmackhaften Mischungen aus französischen und südstaatlichen Rezepturen. Dinner only. Mit Bar. $$–$$$

## ❹ Greenville

Früher wegen der fruchtbaren Böden entlang des Mississippi reich an Baumwolle, später durch Überschwemmungen des Flusses heftig gebeutelt, hat sich Greenville nach dem Bau der Deiche heute als bedeutende Hafenstadt mit 34 000 Einwohnern positioniert.

*Ob Ragtime oder Blues, in den Clubs oder Parks – von jeher hat die Musik bei den Schwarzen eine bedeutende Rolle gespielt – von den Arbeitsliedern der »cane songs« auf den Zuckerrohrfeldern in Mississippi und Louisiana über die Voodoo-Zeremonien bis zu Gospels und Spirituals.*

**Service & Tipps:**

**ⓘ Delta Economic Development Center**
342 Washington Ave.
Greenville, MS 38702
✆ (662) 378-3141
www.greenvilleareachamber.com
Mo–Fr 8–17 Uhr

**✕ Doe's Eat Place**
502 Nelson St., Greenville, MS 38701
✆ (662) 334-3315
www.doeseatplace.com, So geschl.
Eingang durch die Küche: einfache Gerichte, weithin berühmt für üppige Steaks und *tamales*. $$–$$$

**Ausflugsziel:**

**Leland**, 13 km östlich von Greenville auf der US 82, heißt die Kleinstadt, in der 2002 in einem alten Kino das **Blues Museum** eröffnete.

**🏛 ♫ Highway 61 Blues Museum**
400 N. Broad St., Leland, MS 38756
✆ (662) 686-7646
www.highway61blues.com
Di–Sa 10–17 Uhr
Das Museum zeigt Ausstellungsstücke bekannter Delta-Blues-Musiker wie Jimmy Reed, Willie Foster, B.B. King und Sam Chatmon und veranstaltet Blues-Festivals.

## ❺ Indianola

Die US-Highways 49 und 82 durchqueren die weiten Landstriche des Mississippi-Deltas, des Lands zwischen Yazoo und Mississippi River, dessen meilenlange Baumwollfelder nur von gelegentlichen Baumreihen und Zypressensümpfen unterbrochen werden. Die Highways sind wie ein langes Band, als hätten sie es überaus eilig, weiter und schnell von hier wegzukommen. Wie einst B. B. King, der weltberühmte Bluesmusiker, der in diesem Landstrich das Licht der Welt erblickte und schon früh den Traum hatte, wegzugehen, am besten nach Memphis, wo man etwas erreichen konnte, wenn man Bluesmusiker werden wollte.

So umgehen die Highways Indianola ohne viel Federlesen und lassen den Autofahrer im Glauben, hier gäbe es weiter nichts zu sehen. Doch fasst man sich ein Herz und folgt dem unscheinbaren Straßenschild nach Downtown, eröffnet sich allmählich ein Kaleidoskop von Straßen, Geschäften, Kneipen und Menschen einer Kleinstadt, die ihre gelebte Geschichte gerade wiederzufinden beginnt. Mitten durch den Ort zieht sich der malerische, grüne **Indian Bayou** mit seinen moosbehangenen Zypressen im Wasser.

Am Ortsrand eröffnete 2008 das **B. B. King Museum** seine Pforten und ehrt den großen Sohn der Region mit einer abwechslungsreichen, interaktiven Ausstellung, in der vor allem die Musik, die Herkunft und die Weggefährten Kings dargestellt werden. Dieses Museum gleicht einem Juwel in einer scheinbar vergessenen Landschaft, über die man sinnieren kann, während man im **Blue Biscuit** gegenüber sitzt.

*Im 2008 eröffneten B. B. King Museum in Indianola sind auf 20 000 Quadratmeter Ausstellungsfläche unter anderem sechs Originalgitarren des Meisters ausgestellt*

### Service & Tipps:

🏛 **B. B. King Museum and Delta Interpretive Center**
400 Second St., Indianola, MS 38751
✆ (662) 887-9539
www.bbkingmuseum.org
April–Okt. Di–Sa 10–17, So/Mo 12–17 Uhr, Eintritt $ 12/5
Empfehlenswertes Museum, das auf 20 000 qm mit Musik, in Bildern und Worten vom Leben und Schaffen des legendären Bluesmusikers (geb. 1925) und seiner Heimat, dem Mississippi-Delta, erzählt. Unter anderem sind sechs Originalgitarren des Meisters ausgestellt.

🎵 ❌ 🛏 **The Blue Biscuit**
501 Second St.
Indianola, MS 38751
✆ (662) 645-0258, 302-2080
www.thebluebiscuit.com
Blueskneipe und Restaurant gegenüber dem B. B. King Museum. Regelmäßig Blues- und andere Live-Konzerte.

Restaurant an Wochenenden zum Dinner geöffnet, im Sommer wochentags auch zum Lunch. Speisekarte mit Burgern, Catfish, Barbecue sowie *Peach Cobbler* und anderem typischen *Soulfood* der Südstaaten. Übernachtungen in den **Blue Biscuit Bungalows**. $

# ❻ Jackson

Aus dem ehemaligen Trading Post mit dem Namen *Le Fleur's Bluff* hat sich eine Großstadt mit rund 173 500 Einwohnern entwickelt: Jackson, die Hauptstadt des Staates. Nachdem sie im Bürgerkrieg niedergebrannt wurde und nur noch Schornsteine aus Schutt und Asche ragten, hatte Jackson kurzfristig (1863) seinen dritten Namen weg: *Chimneyville.*

Heute steht die Stadt im ärmsten US-Bundesstaat vergleichsweise gut da. Dank ihrer zentralen Lage bewährt sie sich als ein wichtiges Handels- und Distributionszentrum im Tiefen Süden. Gastfreundlich lockt sie vor allem mit einer interessanten Museumspalette.

### *Service & Tipps:*

**ℹ️ Metro Jackson Convention & Visitors Bureau**
111 East Capitol St., Suite 102
Jackson, MS 39201
✆ (601) 960-1891, 1-800-354-7695
www.visitjackson.com

**🏛 Mississippi Museum of Art**
380 South Lamar St.
Jackson, MS 39201
✆ (601) 960-1515
www.msmuseumart.org
Di–Sa 10–17, So 12–17 Uhr
Eintritt $ 5/3
Zu den Glanzpunkten der permanenten Sammlung gehören u.a. Werke von Renoir, Picasso, Rauschenberg und Georgia O'Keeffe sowie die Ausstellung »The Story of Mississippi« mit diversen Werken von und aus Mississippi.

**🏛 Old Capitol Museum of Mississippi History**
100 S. State St., Jackson, MS 39205
✆ (601) 359-6920
http://mdah.state.ms.us/oldcap
Di–Sa 9–17, So 13–17 Uhr
Eintritt frei
Der eindrucksvolle Bau – einer der wenigen, der die Zerstörung der Stadt im Bürgerkrieg unbeschadet überlebte – diente zwischen 1839 und 1903 als Regierungssitz des Staates. Historische Ausstellungen zu den Themen Baumwolle, Bürgerkrieg und Bürgerrechtsbewegung.

**🏛 The Oaks House Museum**
823 N. Jefferson St.
Jackson, MS 39202
✆ (601) 353-9339
www.theoakshousemuseum.org
Di–Sa 10–15 Uhr, Eintritt $ 4.50/3.50

In diesem 1846 errichteten klassizistischen Haus wohnte einst Sherman. Beachtliche Renovierung, zeitgenössisches Mobiliar.

**🏛 🎫 Mississippi Agriculture and Forestry Museum**
1150 Lakeland Dr.
Jackson, MS 39216
✆ (601) 713-3365
Mo–Sa 9–17, Eintritt $ 5/3
Sehenswert präsentierte Geschichte der regionalen Landwirtschaft und der Siedlungskultur von den frühen Ureinwohnern bis heute. Neben Geräten, Werkzeugen und Maschinen gibt es Dioramen früherer Arbeitsbedingungen zu sehen und kunstvolle Stillleben, in denen historische Haushalte, Läden, Schulen und Arztpraxen originalgetreu nachgebildet sind. Attraktiv für Kinder: ein nachgebautes altes Dorf, eine Zuckermühle und ein kleiner Zoo.

**🏛 🎫 Mississippi Children's Museum**
2145 Highland Dr.
Jackson, MS 39202
✆ (601) 981-5469, 1-877-793-5437
www.mississippichildrensmuseum. com, Di–Sa 9–17, Mi 12–17, So 13–18 Uhr, Eintritt $ 8
Lernen mit Spaß: interaktives Museum für Kinder aller Altersstufen und für Erwachsene gleichermaßen. Dynamische Ausstellungsbereiche zu Kultur, Wissenschaft und Technik.

**🏛 🎫 Mississippi Museum of Natural Science**
2148 Riverside Dr.
Jackson, MS 39202
✆ (601) 576-6000
www.msnaturalscience.org
Mo–Fr 8–17, Sa 9–17, So 13–17 Uhr

*Jackson: The Mississippi State Capitol*

Eintritt $ 6/4

Mississippis naturwissenschaftliches Museum mit Aquarien, Teichen, Gartenanlagen und Gewächshäusern mit vielen Tier- und Pflanzenarten. Spazierwege verbinden die zahlreichen Ausstellungsbereiche.

### ✕ Primos Café & Bake Shop

2323 Lakeland Dr. (östlich von Downtown, Richtung Flughafen)
Flowood, MS 39232
✆ (601) 936-3398
www.primoscafe.com, So geschl.
Gemütlicher, alteingesessener Familienbetrieb, gute amerikanische Küche. Drinnen und draußen. Frühstück, Lunch und Dinner. $–$$

### ✕ Nick's

3000 Old Canton Rd.
Jackson (Fondren), MS 39216
✆ (601) 981-8017, Mo geschl.

www.nicksrestaurant.com
Elegantes Restaurant: leckere Meeresfrüchte, große Weinauswahl. Lunch ($$) und Dinner. $$$–$$$$

### ✕ Bravo!

244 Highland Village
Jackson, MS 39211
✆ (601) 982-8111
www.bravobu22.com
Preisgekröntes, munteres italienisches Restaurant. Ergiebige Weinkarte. Lunch ($–$$) und Dinner. Mo geschl. $$–$$$

### ✕ 🍽 Sal & Mookie's

565 Taylor St.
Jackson, MS 39216
✆ (601) 368-1919
www.salandmookies.com
Populäres Familienrestaurant für Lunch und Dinner. Große Dessertauswahl an der Eistheke. $–$$

# ❼ Lorman

Eigentlich ist das verschlafene Nest nicht der Rede wert – aber *einen* Stopp sollte man sich gönnen, und zwar beim

### ✕ Old Country Store

18801 US 61 & C 522
Lorman, MS 39096
✆ (601) 437-3661

Seit 1875 ein altmodischer Tante-Emma-Laden, heute ein *All-You-Can-Eat Grocery Store*. Lunch und Dinner, Sa/So auch Frühstück. $

# ❽ Meridian

Meridian hatte seinen Namen weg, seit sich hier zwei Eisenbahnlinien kreuzten. Die verkehrsgünstige Lage brachte ihm dennoch auf die Dauer wenig. Erst legten Unionstruppen es in Schutt und Asche, dann machten eine Gelbfieberepidemie und ein Hurrikan das Wiederaufgebaute erneut zunichte. Immerhin: Heute profitiert Meridian (41 000 Einwohner) von seinem Andenken an den »Vater der Countrymusic« und Eisenbahner Jimmie Rodgers, der hier geboren wurde.

*Kudzu – der Konföderierten-Knöterich*
*Diese fleischige Pflanze aus der Familie der Bohnen überzieht den Süden wie ein grüner Pullover. Wider Erwarten, denn Tempo und Ausmaß der Überwucherungen waren nicht vorauszusehen. Die Japaner brachten die grünen Blätter Ende des 19. Jahrhunderts eher zufällig ins Land – als Deko-Material für eine Ausstellung. Später pflanzte man sie hier und da zur Beschattung der Veranden. Aber seit in den 1930er Jahren das Agrarministerium Kudzu im großen Stil importierte, um die Bodenerosion zu stoppen, verselbstständigt sich der »grüne Würger« im Zeitraffertempo und verleibt sich alles ein, was im Weg steht: Bäume und Autos, Schuppen und Schilder. Sein loses Blattwerk modelt und rundet, verformt und verhüllt – und legt dabei eine plastische Gestaltungskraft an den Tag, deren vegetabile Ergebnisse oft unterhaltsam wirken.*

***Service & Tipps:***

ℹ️ **Meridian/Lauderdale Country Tourism Bureau**
212 Constitution Ave.
Meridian, MS 39301
✆ (601) 482-8001
www.visitmeridian.com

🏛 **Jimmie Rodgers Museum**
1725 Jimmie Rodgers Dr.
Meridian, MS 39304
✆ (601) 485-1808
www.jimmierodgers.com
Di–Sa 10–16 Uhr, Eintritt $ 8/3
Führung nach Vereinbarung
Dem Country-Star gewidmet: Zu sehen gibt es seine Gitarre, persönliche Memorabilien, Kostüme.

🎠 **Dentzel Carousel**
41st Ave. (Highland Park)
Meridian, MS 39302
✆ (601) 485-1904

www.meridianms.org/pr_carousel.htm
Juni/Juli tägl. 13–17, Aug.–Okt. und April/Mai nur Sa/So, Nov.–März nur So, Tickets $ 1/0.50
Buntes und eins der ältesten Karussells *(merry-go-round)* in den USA, vom deutschen Emigranten Gustav Dentzel 1896 für die Weltausstellung in St. Louis in siebenjähriger Arbeit geschnitzt (28 Holzpferde) und bemalt.

❌ **Weidmann's Restaurant**
210 22nd Ave. (Downtown)
Meridian, MS 39301
✆ (601) 581-5770
www.weidmanns1870.com
Mo–Do 11–21.30, Fr/Sa 11–23, So 10–24 Uhr
Alteingesessenes Speiselokal (seit 1870) mit traditioneller lokaler Küche – Flunder und Krebse, Filets und Hochrippen. Außerdem Balcony Bar für Cocktails. $$

# ❾ Natchez

Natchez (15 700 Einwohner), die älteste Siedlung am Mississippi, ist ein offenes Nachschlagewerk der Antebellum-Residenzen. Keine andere Stadt der Südstaaten hat einen reicheren Fundus an Symbolen der glorreichen Vergangenheit. Nirgendwo sonst wurde der Formenkanon der Antike versierter ausgespielt und erfüllt mit den Baustoffen vor Ort, dem Holz aus den Zypressenwäldern und dem Lehm von den Ufern des Mississippi.

Also kommen die Besucher von weit her, vor allem aus dem Norden. Reisebusse und Kränzchen neugieriger Yankee-Omas freuen sich auf einen Blick zurück auf ehemaliges Feindesland – zumindest darauf, was davon übrig geblieben ist. Während es die männlichen Pilger eher zu den Schlachtfeldern zieht, geraten die Damen bei den Highlights verflossener Pracht schier aus dem Häuschen.

Da steht **Stanton Hall**, ein spätes, klassizistisch dekoriertes Beispiel des Greek Revival und vom damaligen Hausherrn Frederic Stanton, einem betuchten Baumwollmakler, durch eigens aus Europa eingeführte Schätze nicht minder opulent eingerichtet. Eher zurückhaltend dagegen **Twin Oaks** mit seiner weiten Vorhalle und den quadratischen Säulen. **Dunleith**, die elegante Fas-

sung eines sogenannten *raised cottage* – wegen der Feuchtigkeit erhöht über dem Boden errichtet und rundum von Säulen umstellt –, zeichnet sich durch den umliegenden Englischen Garten und seine französischen Antiquitäten aus. **Longwood** (1859-61) gehört wohl zu den schönsten Palästen des Südens, schon durch seine oktogonale Grundform, in erster Linie aber durch seine zwiebelturmähnliche Kuppel, die einen Hauch von Orient verbreitet. Den lichten Bau von **The Elms**, ebenfalls noch im 18. Jahrhundert in spanischer Zeit mit weiten, umlaufenden Veranden erbaut, umgeben Zisterne, Gazebo und altmodisch schöne Gärten voller Immergrün und Blütenfarben. Er gehört zu den umschwärmtesten Adressen.

**Magnolia Hall**, die jüngste Villa in der Runde, kurz vor Ausbruch des Bürgerkriegs erbaut und währenddessen heftig beschädigt, dient heute als Museum. Ein Schlenker zum **National Cemetery** (41 Cemetery Rd.) lässt sich anschließen.

Zur Happy Hour zieht es viele Besucher abwärts, das heißt zum Anleger, wo der Mississippi am romantischsten aussieht, in die Bars und Restaurants an der **Silver Street**, *down by the riverside*. Schon zu Mark Twains Zeiten galt diese tief gelegene Gegend als das »Sodom of the Mississippi«, denn hier machten die Männer von den Flusskähnen, Outlaws und Desperados gewöhnlich Station. »Sie waren starke Trinker, die rohe Vergnügungen liebten, wie man sie damals in den Spelunken von Natchez-Under-the-Hill fand …«, schreibt Twain in seinem »Leben auf dem Mississippi«.

Heute ankert hier ein hübsches Kasinoschiff, außerdem legen wieder die beiden luxuriösen Schaufelraddampfer an, die »Mississippi« und die »Delta Queen«.

### Service & Tipps:

**ℹ Natchez Visitor Center**
640 S. Canal St., Natchez, MS 39120
✆ (601) 446-6345, 1-800-647-6724
www.natchezontheriver.com
www.visitnatchez.org
März–Okt. tägl. 8.30–18, Nov.–Feb.
tägl. 8.30–17 Uhr
Zur alljährlichen **Natchez Pilgrimage**
vgl. auch www.natchezpilgrimage.com.

**⊛ Magnolia Hall**
215 S. Pearl St.
Natchez, MS 39120
✆ (601) 442-6672
www.natchezgardenclub.com/magnolia.html

Do–Sa 10–15 Uhr
Touren halbstündlich, Eintritt $ 12/3
1858 von einem Pflanzer und Kaufmann erbaut und vom Natchez Garden Club in alter Pracht wiederhergestellt. Beachtliche Sammlung früher Möbel, Textilien und Kostüme.

**⊛ Longwood**
140 Lower Woodville Rd.
Natchez, MS 39120
✆ (601) 442-5193
www.natchezpilgrimage.com
Tägl. 9–16.30 Uhr
Führungen alle 30 Min., Eintritt
$ 12/8
Größter oktogonaler Baukörper
(1860/61) in den USA.

*Palast mit acht Ecken:
Longwood Plantation,
Natchez*

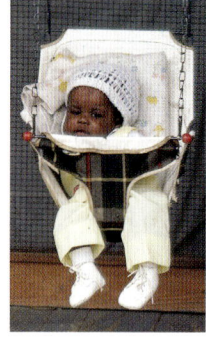

## Stanton Hall
400 High & Pearl Sts.
Natchez, MS 39120
(601) 442-6282, 1-800-647-6742
www.stantonhall.com
Tägl. 9–16.30 Uhr, Führungen jede
halbe Std., Eintritt $ 12/8
Die Villa (1857), die den Ruf der
Queen unter ihresgleichen in Natchez
genießt, gehört dem örtlichen Pilgrimage Garden Club und ist denn auch
das Hauptquartier der Plantagen-Pil-
ger. Mit **Carriage House Restaurant**.

## Monmouth Plantation
36 Melrose Ave. (am John A. Quitman
Pkwy.), Natchez, MS 39120
(601) 442-5852, 1-800-828-4531
www.monmouthplantation.com
Die Plantagenvilla von 1818 dient
heute als romantische Herberge mit
eleganten Räumen und Suiten im
Herrenhaus und in sieben Nebenge-
bäuden. Man kann durch den Park

spazieren und im **Restaurant 1818**
stilecht in Antebellum-Ambiente
speisen. $$–$$$

## The Elms
801 Washington St., Natchez, MS 39120
http://theelms-natchez.com
Kreolisches Landhaus von ca. 1782
mit Putzwänden und geräumigen
Veranden. Heute ein B & B. Nur während der Pilgrimage öffentlich zugänglich (März/April und Sept./Okt.).

## Dunleith
84 Homochitto St., Natchez, MS 39120
(601) 446-8500, 1-800-433-2445
www.dunleith.com
Tägl. 9–12 Uhr, Eintritt $ 7
Eine der schönsten Greek-Revival-
Residenzen überhaupt (ca. 1856),
rundum von Park umgeben, berühmt
für ihre französischen Antiquitäten
des 18. und 19. Jh. Mit dem Restau-
rant **The Castle**. $$

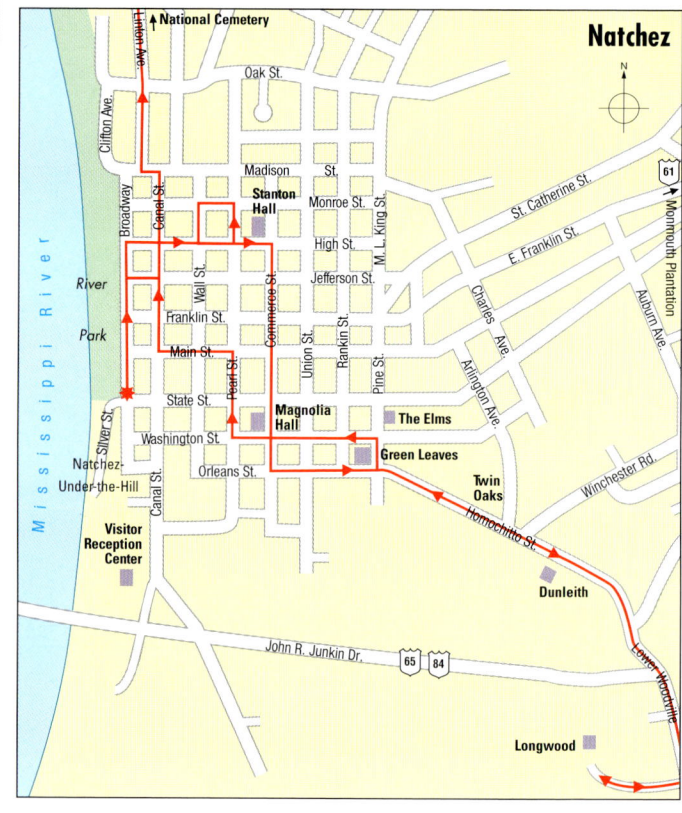

### Isle of Capri Casino
53 Silver St., Natchez, MS 39120
℗ (601) 445-0605, 1-800-722-5825
Kasinoschiff tägl. 24 Std.

### Kutschfahrten
Natchez Southern Carriage Rides
℗ (601) 442-2151, und Magnolia Carriage Tours, ℗ (601) 807-0802, bieten Kutschfahrten durch das historische Städtchen.

### Natchez National Historical Park
1 Melrose-Montebello Pkwy.
Natchez, MS 39120
℗ (601) 442-7047, www.nps.gov/natc
Nationalpark zur Geschichte von Natchez. Mit **William Johnson House** (freier Eintritt) und **Melrose Plantation** ($ 10) beide tägl. 9–17 Uhr.

### Magnolia Grill
49 Silver St.
Natchez-Under-the-Hill, MS 39120
℗ (601) 446-7670
www.magnoliagrill.com
Angenehmes Lokal am Mississippi-Ufer. Gute Fischgerichte! Designer-Sandwiches. Lunch ($) und Dinner. $$–$$$

### Uptown Grocery
531 S. Canal St., Natchez, MS 39120
℗ (601) 445-9111

Zum Lunch Pizza, Salat und Eistee o.Ä., auch zum Mitnehmen aus dem kleinen Laden. $

### Natchez Coffee Company
509 Franklin St., Natchez, MS 39120
℗ (601) 304-1415
Kleines Café-Restaurant gegenüber dem Turning Pages Bookstore. $

### Turning Pages Books & More
520 Franklin St., Natchez, MS 39120
℗ (601) 442-2299, 1-800-246-2269
www.turningpagesbooks.com
Gemütlicher kleiner Buchladen. Stöbern ist ausdrücklich erwünscht.

### Under The Hill Saloon
25 Silver St., Natchez, MS 39120
℗ (601) 446-8023
www.underthehillsaloon.com
Nette Kneipe am Fluss mit Live-Entertainment – auch bei den Locals beliebt.

### *Ausflugsziele:*

### Mammy's Cupboard
555 US 61 S., südl. von Natchez, MS 39120
℗ (601) 445-8957
Im Umkreis der weiß schimmernden Baumwollfelder setzt die knallrote »Mammy« ihren unübersehbaren Farbakzent, eine Imbissbude am

*Abends am Fluss: Kasinodampfer in Natchez-under-the-Hill*

*Blickfang: Mammy's Cupboard südlich von Natchez*

Straßenrand in Form einer Schwarzen-Mammy, die unter ihrem roten Backsteinrock Schutz und Lunch (Di–Sa, $) für unterwegs bietet.

Dieser Oldtimer (eine Art versteinerte Nachbildung der »Mammy« aus »Vom Winde verweht«) zählt zu den wenigen noch erhaltenen Beispielen von Gebäuden »in Form von«, die in den frühen Jahren der amerikanischen Autokultur für Entertainment sorgten. $

### Rosemont Plantation
1 Meile östl. der US 61 am Hwy. 24
Woodville, MS 39669
℗ (601) 888-6809
www.rosemontplantation1810.com
März–Dez. Di–Sa 10–16.30 Uhr
Eintritt $ 10/5
Elternhaus von Jefferson Davis (1808–1898), das er oft besuchte. Fünf Generationen seiner Familie lebten hier. Übernachtungsmöglichkeit in einem hübschen Cottage auf der Plantage.

## ⑩ Natchez Trace

Die historische Handelsstraße, der **Natchez Trace Parkway**, führte einst von New Orleans nach Nashville und verband das Mississippi-Territorium mit dem Rest der Nation. Mit kleinen Unterbrechungen hat man sie inzwischen wieder rekonstruiert. Wer die grüne Route heute mit dem Auto befährt, kann sich schwer vorstellen, wie lange es einst dauerte, sie zu Fuß zurückzulegen – so wie die Indianer und auch der Entdecker des Mississippi, Hernando de Soto, der dieses Gebiet bereits Mitte des 16. Jahrhunderts kartographierte. Später waren hier Händler unterwegs, die nach dem Verkauf der Ladung ihrer Schiffe diese in New Orleans zerlegten und als Bauholz verhökerten, weil sie für die Rückfahrt flussaufwärts nichts taugten.

Der Weg durch das Land der Choctaw- und Chickasaw-Indianer war nicht immer ohne böse Überraschungen, so dass um 1800 die Armee die Sicherung der Straße übernahm. Mit der Einführung des Dampfboots 1812 erlosch die Funktion des Trails, denn für Transport und Reisen begann eine neue Ära. Heute führt der Pfad an indianischen Hügelgräbern *(mounds)*, Schlachtfeldern des Bürgerkriegs und hübschen Kleinstädten vorbei, Elvis Presley's Geburtsstadt Tupelo eingeschlossen. Er bietet außerdem schöne Wanderwege, hervorragende Campingplätze und ein reiches Angebot für Kanufreunde.

### Service & Tipps:

### Natchez Trace Parkway
2680 Natchez Trace Pkwy.
Tupelo, MS 38804
℗ (662) 680-4025, www.nps.gov/natr
Visitor Center, Tourenprogramme,
Angel-, Picknick- und Campingplätze, Reit- und Wanderwege, Schwimmen, Bootfahren. Länge: 714 km/444 mi. Reisedauer: mind. 2–3 Tage; am besten vom späten März bis April wegen der Blumenblüte und Sept./Okt. wegen des Herbstlaubs.

*Kudzu-Canyon bei Natchez*

# ⓫ Oxford

90 Kilometer südöstlich von Memphis, 80 km östlich von Tupelo. Mit Speck fängt man Mäuse, dachten die hiesigen Stadtväter, als sie sich um die Mitte des 19. Jahrhunderts den Namen Oxford (19 000 Einwohner) aussuchten. Man wollte sich als Universitätsstandort empfehlen, und das klappte sogar. 1848 öffnete hier die University of Mississippi (kurz *Ole Miss* genannt) ihr Pforten.

Aber nicht die Universität, sondern die Literatur William Faulkners machte den im leicht hügeligen Terrain des nördlichen Mississippi gelegenen Ort berühmt, den er *Jefferson* nannte – den Mittelpunkt in seinem

*Rowan Oak: Hier wohnte William Faulkner*

fiktiven »Yoknapatawpha County«. Auf dem Courthouse Square sitzt er in Bronze auf der Bank. Auch wer kein Kenner oder Fan des Autors ist, wird an dem freundlichen 12 000-Seelen-College-Städtchen Gefallen finden – an seiner historischen Architektur, seinen schattigen Straßen (etwa South Lamar Blvd.) oder einem Glas Wein auf dem Balkon der City Grocery.

### *Service & Tipps:*

ℹ️ **Oxford Convention & Visitors Bureau**
102 Ed Perry Blvd., Oxford, MS 38655
☎ (662) 232-2367, 1-800-758-9177
www.oxfordcvb.com

👁 **Rowan Oak**
Old Taylor Rd., 1/2 Meile südl. von Oxford, MS 38655
☎ (662) 234-3284, www.rowanoak.com
Di–Sa 10–16, So 13–16 Uhr, Eintritt $ 5
Hier wohnte der Nobelpreisträger William Faulkner und schrieb die meisten seiner Romane. Er kaufte das 1844 errichtete Haus und lebte hier bis zu seinem Tod 1962.

📖 **Square Books**
160 Courthouse Sq.
Oxford, MS 38655
☎ (662) 236-2262, 1-800-648-4001
Bekannte Buchhandlung mit gutem Sortiment an regionaler Literatur.

❌ **City Grocery**
152 Courthouse Sq.
Oxford, MS 38655
☎ (662) 232-8080, So geschl.
www.citygroceryonline.com
Baskisches Geflügel, Peking-Enten und andere eklektische Gerichte lockern die Standard-Angebote von Steaks und Meeresfrüchten auf. Lunch ($) und Dinner. Cocktails auf dem Balkon. $$

*Oxford: Regionalliteratur findet man bei Square Books*

# ⓬ Port Gibson

Dass Port Gibson (ca. 2000 Einwohner) vom Feuer verschont blieb, verdankt das Städtchen dem Nordstaaten-General Grant. »Zu schön zum Niederbrennen«, fand er. Heute bedeutet das praktisch Denkmalschutz. Eine unübersehbare Rarität des ohnehin kirchenreichen Städtchens (allein acht stehen an Church Street) bietet die **First Presbyterian Church** an der Hauptstraße. Auf ihrer Turmspitze deutet eine goldene Hand streng zum Himmel wie ein Finger Gottes. Die Erdenbürger können ihn durch das Grün der Bäume blinken sehen. Warnt er? Und wenn ja, wovor? Etwa vor den Gefahren des nahen Atomkraftwerks, das als gar nicht so sicher gilt? Wie auch immer, im Innern der Kirche leuchtet es, denn die Lüster des Mississippi-Dampfschiffs »Robert E. Lee« haben hier eine neue Bleibe gefunden.

Zwischen Natchez und Port Gibson geht es so richtig wildwüchsig zu. Kudzu de luxe, ein fleischiger Urwald aus hölzernen Tanzbären mit grünem Pelz. Das hört auch westlich von Port Gibson nicht auf, nicht bis zu den 23 Säulen der **Windsor Ruins**, einer malerisch ausgebrannten Residenz, die, zumindest für kurze Zeit, zu den verwegensten im Süden gehört haben muss. Sie überlebte die Attacken der Unionstruppen, nicht aber die lodernden Folgen der achtlos weggeworfenen Zigarette eines Partygastes um 1890, 30 Jahre nach ihrer Fertigstellung. Literarisch fand die Residenz Windsor Beachtung bei dem Mississippi-Lotsen Mark Twain, der die Säulen, wie er berichtet, als Orientierungspunkt nutzte. Auch filmisch kam der Ort zu Ehren: als Kulisse für den 1957 gedrehten Streifen »Raintree Country«, in dem Liz Taylor in die Rolle einer Southern Belle im Bürgerkrieg schlüpfte.

*Service & Tipps:*

**i Port Gibson/Claiborne County-
Chamber of Commerce**
1601 Church St., Port Gibson, MS 39150
℗ (601) 437-4351
www.portgibsononthemississippi.com
Mo–Sa 9–16, So 12–16 Uhr

**Windsor Ruins**
Hwy. 522 W., westl. von Port Gibson,
MS 39150
℗ (601) 437-4351, tägl. von Sonnen-
auf- bis Sonnenuntergang
Ruinöse Reste von 23 Säulen einer
1860 von rund 600 Sklaven erbauten,
einst berühmten, weil besonders aufwendigen Villa, die den Bürgerkrieg
überstand, aber 1890 abbrannte. Um
sie zu finden, muss man inzwischen
genau hinsehen, denn sie sind fast
zugewachsen.

# ⑬ Tupelo

Kleinstadt mit ca. 34 500 Einwohnern, in der Elvis Presley am 8. Januar 1935 in einem einfachen Shotgun-Haus geboren wurde. Die Eltern: Vernon und Gladys Presley. 1948 zog die Familie nach Memphis. Im August 1999 veranstaltete die Stadt zum ersten Mal ein Elvis-Festival unter dem Motto A HOMETOWN TRIBUTE TO THE KING OF ROCK & ROLL.

*Service & Tipps:*

**i Tupelo Convention & Visitors
Bureau**
399 E. Main St., Tupelo, MS 38802
℗ (662) 841-6521, 1-800-533-0611
www.tupelo.net

**☻ Elvis Presley Birthplace**
306 Elvis Presley Dr.
Tupelo, MS 38801
℗ 662) 841-1245
www.elvispresleybirthplace.com
Mo–Sa Mai–Sept. 9–17.30, Okt.–April
9–17, So immer 13–17 Uhr
Eintritt $ 12/6
Museum, Gedächtniskapelle, Souvenirladen. Ausstellung und *Story Wall*.

**🏛 Tupelo Automotive Museum**
1 Otis Blvd., Tupelo, MS 38804
℗ (662) 842-4242
www.tupeloauto.com
Mo–Sa 9–16.30, So 12–16.30 Uhr

Eintritt $ 10/5
Über ein Jahrhundert Automobilge-
schichte: Chronologisch geordnet ver-
eint dieses Automuseum über 100
Oldtimer.

**🛍 Tupelo Hardware Store**
114 West Main St.
Tupelo, MS 38802
℗ (662) 842-4637
www.tupelohardware.com
Mo–Fr 7–17.30, Sa 7–12 Uhr
Kleiner Bau- und Heimwerkermarkt
von 1926. Hier kaufte Mutter Gladys
im Januar 1945 ihrem Sohn Elvis die
erste Gitarre – Preis $ 7.75!

**✕ Vanelli's**
1302 N. Gloster St.
Tupelo, MS 38804
℗ (662) 844-4410, www.vanellis.com
Italienisch und griechisch. Eigene
Bäckerei. Reiche Salatbar. Cocktail
Lounge. Lunch ($) und Dinner. $–$$

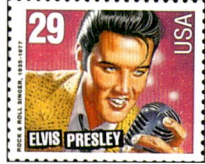

# ⑭ Vicksburg

Üppiger Kudzu und viele Baumwollfelder umrahmen Vicksburg. Am besten begibt man sich gleich zum Vista Point bei den Kanonen oberhalb des Mississippi, von dem aus man nicht nur die beiden Brücken und das Flusspanorama überblicken, sondern auch nachvollziehen kann, warum Vicksburg im Bürgerkrieg strategisch so wichtig war. Wegen der überragenden Lage am Fluss galt die Stadt als uneinnehmbare Festung, als »Gibraltar der Konföderierten«. Letztendlich aber musste Vicksburg sich doch General Grants Armee und Admiral Porters Panzerschiffen ergeben.

An den Kanonen kann auch eine Stadtrundfahrt beginnen, denn die Vicksburger Tourismusverwaltung hatte die geniale Idee, die Ampeln an den Straßenkreuzungen zu nummerieren. Afroamerikaner bilden die Mehrheit dieser knapp 24 000-Seelen-Stadt. Baumwolle, Sojabohnen und Holz sind Vicksburgs wichtige Wirtschaftsgüter, aber an erster Stelle steht die Tourismusindustrie.

Das **Cedar Grove Mansion** gehört zu ihren hervorragenden Leistungsträgern – eine grüne, von Vögeln bezwitscherte Villen-Oase mit adretten Klinkerwegen und alter Zisterne. Nach dem Regen durchzieht der schwüle Duft der Magnolienbäume den kleinen Paradiesgarten. Wie bei den meisten Museumshäusern ist man auch hier stolz darauf, dass noch ein paar Kugeln der Yankees in den Wänden stecken. Vicksburg hat wegen seiner spezifischen Rolle in der Kriegsgeschichte überhaupt den Kanonenboot-Tourismus gepachtet. Stundenlang fahren die Nostalgiker der Konföderation im weitläufigen **Vicksburg National Military Park** herum.

Jenseits der Bahnlinie treiben träge die braunen und grün gesäumten Fluten des **Yazoo River** vorbei. Er brachte die Stadt wieder ans Wasser zurück, nachdem der Mississippi kurz nach dem Bürgerkrieg für einige Zeit seinen Lauf geändert und damit Vicksburg *high and dry* gelegt hatte. Durch den Bau des Yazoo Canal gelang es den Technikern, den Yazoo River praktisch ins alte Mississippi-Bett umzuquartieren und Vicksburg den Status einer Hafenstadt zurückzugeben.

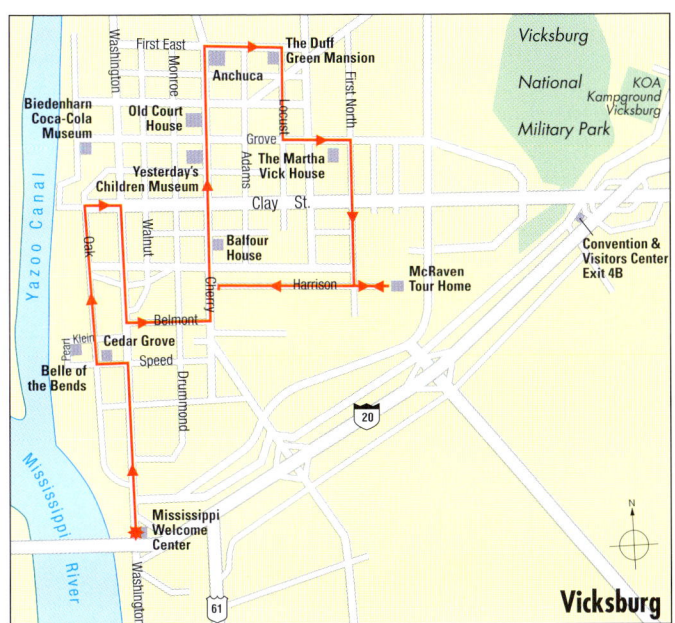

203

*Brücken im Doppelpack: die Old Vicksburg Bridge neben der neueren Vicksburg Bridge*

Spätestens auf Cherry Street merkt man, wie hügelig die Stadt ist, in deren Steilufer sich einst die Menschen eingruben und in Höhlen versteckten, um während der 47-tägigen Belagerung dem Kugelhagel der Blauröcke zu entgehen. »Es waren eher Löcher, Tunnels, die in die senkrechten Lehmwände getrieben worden waren und sich dann Y-förmig im Innern verzweigten«, schreibt Mark Twain in »Vicksburg in der Kampfzeit«.

Dabei waren die Einwohner eigentlich eher widerwillige Rebellen, denn Vicksburg war eine Stadt der Händler und ein Sammelbecken für sehr unterschiedliche Nationalitäten, also von konföderiertem Starrsinn weit entfernt. Als der Staat Mississippi sich von der Union lossagte, war Vicksburg dagegen. Die Yankees beschossen sie trotzdem. Das brachte die Wende.

Als Vorzeigestück gilt das **Balfour House**, ein schlichter und wohl proportionierter Backsteinbau, dessen zierlicher Eingang eher wie ein Understatement wirkt, weil es auf die häufig pompöse Portikus-Dramaturgie verzichtet. Das Haus diente, als Vicksburg kapitulierte, den Siegern als Hauptquartier.

Unübersehbar auf dem höchsten Hügel der Stadt thront das klassizistische **Old Court House** (1858) mit Glockenturm und Cupola, das auf eine lange Liste prominenter Besucher (Präsidenten, Generäle) zurückblickt und heute ein durchaus sehenswertes und kurzweiliges Stadtmuseum beheimatet. Das hübsche **Anchuca** wirkt nicht nur gastlich, sondern ist es auch – eine feine Country-Inn-Adresse und ein Vergnügen für Antiquitätenfreunde. Wahrscheinlich würde man am **Martha Vick House** (1300 Grove St.) achtlos vorbeifahren, wäre da nicht ein wichtiges Stück Stadtgeschichte untergebracht. Der unscheinbare Ziegelbau trägt den Namen der Tochter von Newit Vick, dem Methodistenpfarrer und Stadtgründer zu einer Zeit, als die Baumwolle noch im Kurs stand und Vicksburg zum bedeutenden Baumwollhafen machte. Die Nähe von Mississippi und Natchez Trace, der 1803 eröffnet wurde, steigerten seinen Standortvorteil noch.

Lebendigen Geschichtsunterricht möchte auch das **McRaven Tour Home** erteilen und kann es auch, weil nämlich seine einzelnen Bauabschnitte die verschiedenen Perioden der Siedlungsgeschichte widerspiegeln. Im weitläufigen Garten der Residenz, wo einst die heimischen Truppen kampierten, werden heute die alten Schlachten noch einmal geschlagen. Diesmal ohne Verlierer.

### Service & Tipps:

**i Vicksburg Convention & Visitors Bureau**
3300 Clay St., Vicksburg, MS 39181
✆ (601) 636-9421, 1-800-221-3536
www.visitvicksburg.com

**i Mississippi Welcome Center**
4210 S. Washington St. (Brückennähe, ausgeschildert)
Vicksburg, MS 39180
✆ (601) 638-4269, 1-866-733-6477
www.visitmississippi.org
Tägl. 8–17 Uhr

**Balfour House**
1002 Crawford St., Vicksburg, MS 39180
℡ (601) 638-7113, 1-800-294-7113
Feine Antebellum-Villa von ca. 1835.

**⊙✕ Anchuca**
1010 First East St., Vicksburg, MS 39183
℡ (601) 661-0111, 1-888-686-0111
www.anchucamansion.com
Do–So 12–16 Uhr, Führungen $ 6
Stattliche Greek-Revival-Villa von ca.
1830. (*Anchuca* heißt »glückliches
Haus« in der Sprache der Indianer.)
Mit Café-Restaurant.

**⊙✕ Martha Vick House**
1300 Grove St., Vicksburg, MS 39180
℡ (601) 638-7036
www.marthavickhouse.com
Mo–Sa 9–17, So 13–17 Uhr, Eintritt $ 8
In diesem Haus von 1830 wohnte die
Tochter des Stadtgründers Newitt
Vick; authentische Einrichtung aus
dem 18. und 19. Jh.

**⊙❀ McRaven Tour Home**
1445 Harrison St., Vicksburg, MS 39180
℡ (601) 636-1663
www.mcraventourhome.com
Mo–Sa 9–17, So 10–17 Uhr, Eintritt
$ 5, 1 ½-stündige, lohnende Führung
Im weitläufigen Garten der Residenz
aus der ersten Hälfte des 19. Jh., wo
einst die Konföderierten kampierten,
werden heute die alten Schlachten
noch einmal geschlagen. Bauphasen:
1797, 1836 und 1849.

**🏛 Biedenharn Coca-Cola Museum**
1107 S. Washington St.
Vicksburg, MS 39180
℡ (601) 638-6514, www.biedenharn
coca-colamuseum.com
Mo–Sa 9–17, So 13.30–16.30 Uhr
Eintritt $ 3.50/2.50
Joseph A. Biedenharn zog 1894 als
erster Coca-Cola auf Flaschen.

**🏛 Old Court House Museum**
1008 Cherry St., Vicksburg, MS 39180
℡ (601) 636-0741
www.oldcourthouse.org
Im Sommer Mo–Sa 8.30–17, So 13.30–
17 Uhr, sonst kürzer, Eintritt $ 5/3
Nach dem Unionssieg nahm General
Grant vom Portikus eine Militär-
parade ab. Innen gibt es Artefakte der
Mississippi-Indianer, des Bürgerkriegs und der Dampfer-Ära zu sehen.

**⊙ Vicksburg National Military
Park**
3201 Clay St., Vicksburg, MS 39183
℡ (601) 636-0583, www.nps.gov/vick
Eintritt $ 8 pro Fahrzeug
Einfahrt von US 80: Forts, Schützen-
gräben und Artilleriestellungen.
Auch Führungen.

**✕ Monsour's at the Biscuit
Company**
1100 Washington Ave.
Vicksburg, MS 39180
℡ (601) 638-1571
Meeresfrüchte, Steaks und libanesi-
sche Küche. Dinner Mo–Sa. $$

**✕ Jacques' Café In The Park**
4137 I-20 Frontage Rd. (im Battlefield
Inn; Clay St. stadtauswärts, links an
Frontage Rd.)
Vicksburg, MS 39183
℡ (601) 638-5811, 1-800-359-9363
www.battlefieldinnms.com
Cajun (Catfish) und gute Steaks. Nur
Dinner. $–$$

**⊙✕ Cedar Grove Mansion
Restaurant**
2200 Oak St., Vicksburg, MS 39180
℡ (601) 636-1000, 1-800-862-1300
www.cedargroveinn.com
Führungen tägl. 9–11 und 13–16 Uhr
Mo geschl., Eintritt $ 6
Vorzügliches Restaurant mit romanti-
schem Kerzenlicht und freundlichem
Service. $$–$$$

**🐚** Die alljährliche **Vicksburg
Spring Pilgrimage** (Ende März/An-
fang April) ist keineswegs, wie Spöt-
ter meinen, die bloße Ausrede für den
Frühjahrshausputz, sondern eine
Gelegenheit, auch jene Antebellum-
Häuser zu besichtigen, die in Privatbesitz und sonst nicht zugänglich
sind. Pastellfarben gekleidete Petti-
coat-Damen öffnen dann Türen und
Kabinette besonders weit. Tickets
beim Visitor Center, Info ℡ (601) 638-
2000, www. vicksburgbedandbreak
fast.com.
Am »Bürgerkriegswochenende«
Anfang Juli wird es laut in der Stadt,
weil dann das kriegerische Szenario
von 1863 rekonstruiert wird – mit
Kanonengetöse und historischer
Kostümschau. Infos unter ℡ (601)
636-0583, www.nps.gov/vick. 🔆

*Kasinoschiff in Vicksburg*

# Tennessee
## Memphis, Nashville und das östliche Tennessee

Tennessee und das Wasser … Land der Flüsse, Talsperren, Seen, Teiche, Wasserfälle und tropfenden Höhlen, so dass man angesichts dessen, was da so alles fließt, ruht, sich staut, gurgelt und strömt, Tennessee getrost zu den nassesten Bundesstaaten zählen darf. Vom behäbigen Mississippi im Westen bis zu den rauschenden Bächen im östlichen Bergland erhebt sich Tennessee aus den fruchtbaren Delta Plains über das sanft-hügelige Cumberland Plateau in seiner Mitte weiter zu den waldreichen Höhen der Great Smoky Mountains im Osten. Vom Highway aus beeindruckt Tennessee durch liebliche Landstriche voller Baumwolle, Büsche, Hecken und gelber Wildblumenwiesen, ulkiger Kudzu-Figuren und schroffer Steinwände – und das stundenlang.

Wasser oder Musik – es fragt sich, wovon Tennessee mehr zu bieten hat. Bei der Musik hat es sich herumgesprochen, nicht

nur wegen Memphis und Nashville. Schließlich geben jede Menge Newcomer und ganz und gar Unbekannte auf diversen Sessions, Festivals und Open-Air-Shows ihren musikalischen Ton an. Besonders im Frühjahr und Sommer greifen die Nachfahren der *hillbillies* in den Kaffs des Berglands zu Fiedel, Banjo und Harmonika und bringen ihre ruppigflotte Volksmusik zu Gehör, auch ohne dicke Plattenverträge und Millionenpublikum.

Wasser und Whiskey – auch die passen. Nicht zuletzt deshalb ist das pittoreske Lynchburg der Nabel der Sour-Mash-Produktion. Ein Besuch bei Mr. Jack Daniel's darf daher auf keiner Reise durch Tennessee fehlen.

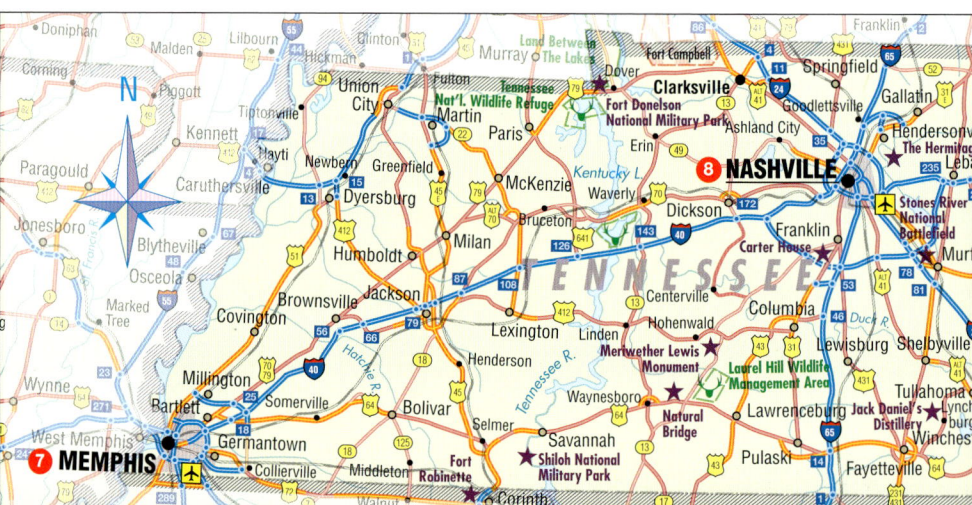

# ❶ Chattanooga

**REGION 11**
*Tennessee*

»Pardon me, boys, is that the Chattanooga Choo Choo?« Dieser Frage von Meister Miller verdankt die Stadt eine Menge. Im Zweiten Weltkrieg avancierte der Song zur zweiten Nationalhymne; prompt kamen allen GIs die Heimweh-Tränen. Bis 1970 dampfte der gleichnamige Zug tatsächlich hier entlang. Dann war Feierabend, bis ein cleverer Investor den historisch und musikalisch bewährten Bahnhof von Chattanooga wieder aufleben ließ.

Ganz so einfach war die Sache nicht. Die mit 165 000 Einwohnern viertgrößte Stadt in Tennessee machte zunächst Karriere als Stahlstadt, in den 1970er Jahren pumpten die letzten Gießereien schwarzem Qualm in die Luft, die Gewässer waren verseucht und die Innenstadt abends ausgestorben. Das war der Wendepunkt, alle Kräfte der Stadt erarbeiteten einen Plan zur Revitalisierung, der in den folgenden 30 Jahren umgesetzt wurde: Auf Brachflächen entstanden Parks, Tennessee River und Luft wurden gereinigt und größter Erfolg war, dass VW 2008 seine erste nordamerikanische Fertigungsstätte in Chattanooga baute und 5000 Arbeitsplätze schaffte.

Heute präsentiert sich die Innenstadt fußgängerfreundlich, in die alten Kontorhäuser an der neugestalteten Riverfront mit Schiffsanleger sind Restaurants und Cafés eingezogen, die alte Eisenbahnbrücke wurde zur Radfahrer- und Fußgängerpromenade, darüber thront der Glasbau des Aquariums. Ein kostenloser elektrischer Downtown-Shuttlebus verbindet das Visitor Center im Minutentakt mit der **Chattanooga Choo Choo Station** im Southside District. Und rund 380 Meter über dem Stadtgebiet erhebt sich der mächtige bewaldete Rücken des Lookout Mountain, der mit Ruby Falls, Rock City und der Incline Railway ein beliebtes Ausflugsziel ist.

Zahlreiche Augen- und Gaumenfreunde bietet der **Bluff View Arts District** mit dem **Hunter Kunstmuseum** hoch über dem Fluss. In seiner Umgebung finden sich zahlreiche Restaurants, Cafés, Kunstgalerien, hübsche Gärten und Parkanlagen.

*Service & Tipps:*

ℹ️ **Chattanooga Area Convention & Visitors Bureau**
215 Broad St., Chattanooga, TN 37402
✆ (423) 756-8687, 1-800-322-3344
www.chattanoogafun.com
Tägl. 8.30–17.30 Uhr

🏛 **Hunter Museum of American Art**
10 Bluff View, Chattanooga, TN 37403
✆ (423) 267-0968
www.huntermuseum.org
Mo/Di, Fr/Sa 10–17, Do 10–20, Mi, So 12–17 Uhr, Eintritt $ 10/5
Hoch über dem Fluss: beachtliche

*Die Blues-Sängerin Bessie Smith (1895–1937) wurde in Chattanooga geboren und verunglückte tödlich auf der Fahrt zu einem Konzert zwischen Memphis und Clarksdale. Ihr Tod inspirierte Edward Albee zu dem Theaterstück »The Death of Bessie Smith«*

Sammlung amerikanischer Malerei (u.a. Winslow Homer und Andrew Wyeth), Plastik und Fotografie vom 19. Jh. bis heute. Vom Skulpturengarten auf dem Dach hat man schöne Aussichten auf den Tennessee River.

### ⬆ 🖫 Tennessee Aquarium

1 Broad St., Chattanooga, TN 37402
✆ 1-800-262-0695, www.tnaqua.org
Tägl. 10–18 Uhr
Eintritt $ 25/15, IMAX $ 10/8.50;
Flussfahrten mit dem Katamaran »River Gorge Explorer« $ 29/21.50,
Kombi mit Aquarium $ 45/33
Ein Tropen- und Subtropen-Aquarium und eins der größten Süßwasser-Aquarien der Welt mit über 4000 Tier- und Pflanzenarten. IMAX-3-D-Theater.

### 🖫 🛏 ✗ Chattanooga Choo Choo

1400 Market St.
Chattanooga, TN 37402
✆ (423) 266-5000, 1-800-872-2529
www.choochoo.com
Eintritt Modelleisenbahnmuseum $ 4/2
Bahnhof aus der Zeit um 1900, bis 1970 in Gebrauch, heute ein Hotel. Restaurierte Waggons, in denen man übernachten kann – Komfort auf dem Abstellgleis. Modelleisenbahn, Restaurant.

### 🏛 Battles for Chattanooga Electric Map & Museum

1110 E. Brow Rd.,
Chattanooga, TN 37350
✆ (423) 821-2812, 1-800-854-0675
www.battlesforchattanooga.com
Im Sommer tägl. 9–18, im Winter 10–17 Uhr, Eintritt $ 8/6

Museum mit nachgestellten, elektronischen Bürgerkriegsschlachten in und um Chattanooga.

### 🏛 🖫 🛏 Tennessee Valley Railroad Museum

4119 Cromwell Rd.
Chattanooga, TN 37421
✆ (423) 894-8028, 1-800-397-5544
www.tvrail.com, tägl. geöffnet
Eintritt $ 15/9
Seit über 50 Jahren: Eisenbahnmuseum mit historischen Waggons und Lokomotiven. Tägl. mehrmals Dampfzugfahrt zur Mission Ridge.

### ✗ 212 Market Restaurant

212 Market St. (gegenüber vom Aquarium), Chattanooga, TN 37402
✆ (423) 265-1212
www.212market.com
Südwest-Dekor, internationale Küche – ob Suppen oder Lachs, Wild, Lamm oder Ente. Großes Sortiment an offenen Weinen. Cocktail Lounge. Lunch ($) und Dinner. Zertifiziert als »Grünes Restaurant« – *dinegreen*. $$

### 🛏 ✗ »Southern Belle« – Chattanooga Riverboat Company

201 Riverfront Pkwy., Pier 2
Chattanooga, TN 37402
✆ (423) 266-4488, 1-800-766-2784
www.chattanoogariverboat.com
Dinner Cruise $ 36.50/19.50
Um 19 Uhr gemütliche Dinnerkreuzfahrt mit dem Schaufelraddampfer auf dem Tennessee River. Mit Musik und Bar. Tagsüber auch Sightseeingfahrten.

### ✗ 🛏 Cracker Barrel Restaurant

2346 Shallowford Village Rd.

*Chattanooga: mit dem Schaufelraddampfer auf dem Tennessee River*

*Blick auf Chattanooga vom
Lookout Mountain*

Chattanooga, TN 37421
✆ (423) 892-0997
www.crackerbarrel.com
Tägl. 6–22, Fr/Sa bis 23 Uhr
Populäres Familienrestaurant einer
nationalen Kette. Mit dazugehörigem
Country Store. $

### ⦿ 🏛 Lookout Mountain Incline Railway
3917 St. Elmo Ave.
Chattanooga, TN 37350
✆ (423) 821-4224, 1-800-825-8366
www.ridetheincline.com
www.lookoutmountain.com
Tickets $ 14/7 hin und zurück, Kom-
biticket mit Ruby Falls und Rock City
$ 49.50/24
Der Welt steilste Standseilbahn
zuckelt mit wunderbarer Aussicht
und bis zu 72,7 % Steigung mehrmals
stündlich von St. Elmo auf den Lookout Mountain und wieder zurück.
St. Elmo Station (s. o.) und Lookout
Mountain Station, 827 E. Brow Rd.

### ⦿ 🌳 Point Park
110 Point Park Rd.
Lookout Mountain, TN 37350
✆ (423) 821-7786
www.nps.gov/chch
Tägl. im Sommer 9–18, im Winter bis
17 Uhr, Eintritt $ 3
Auch auf dem Lookout Mountain:
Park mit weiter Aussicht auf Chattanooga und den Tennessee River. New
York Peace Monument mit einem
Unions- und Konföderierten-Solda-
ten, die sich die Hände schütteln. Teil
des Chickamauga & Chattanooga
National Military Park.

### *Ausflugsziele:*

**RUBY FALLS** und **ROCK CITY!** Steht
auf Scheunendächern ringsum zu
lesen. Der Werbegag wurde 1936
kreiert, und über lange Jahre waren
die PR-Leute von Rock City die erfolgreichsten Dach-Werber. »Auf dem
Höhepunkt von 1956 hatten wir
mehr als 800 dekorierte Schuppen in
18 Staaten. Bis rauf nach Kanada und
so westlich wie Texas. Ich habe gehört, eine Scheune mit SEE ROCK
CITY stände sogar an einer Straße
zwanzig Meilen von San Francisco«,
erzählt der heutige Manager der Touristenattraktion von Rock City.
Einen schweren Schlag für die
Text-aufs-Dach-Idee brachte 1965 der
*Highway Beautification Act*, ein staat-
liches Verschönerungsprogramm, das
den Wildwuchs der Reklame an den
Highways zurückstutzen sollte. Viele
der SEE ROCK CITY-Zeichen ver-
schwanden von der Bildfläche.

### *Service & Tipps:*

### ⦿ Ruby Falls
1720 South Scenic Hwy. (SR 148)
Chattanooga, TN 37409
✆ (423) 821-2544, www.rubyfalls.com
www.lookoutmountain.com
Ganzjährig tägl. 8–20 Uhr, Eintritt
$ 18–20, Kombiticket mir Rock City
$ 34/19

Seit 70 Jahren eine der berühmtesten Touristenattraktionen im Süden: illuminierter Wasserfall (ca. 50 m hoch) in den Lookout-Mountain-Höhlen, zu dem ein Aufzug hinabfährt.

### 🌀 Rock City Gardens
1400 Patten Rd., Lookout Mountain, GA 30750, 5 Meilen südwestl. von Chattanooga via SR 58 und SR 157

☎ (706) 820-2531, 1-800-854-0675
www.lookoutmountain.com
www.seerockcity.com
Im Sommer tägl. 8.30–17 Uhr
Eintritt $ 19/11, Kombiticket siehe Ruby Falls
Pfade und Schwingbrücken winden sich um Tunnels und Höhlen der Sandsteinformationen. Schöne Aussichten vom Gipfel.

## ❷ Clinton

Die bekannteste Attraktion der kleinen Stadt auf dem Cumberland Plateau im Norden Tennessees ist das **Museum of Appalachia**, das die Thematik des Farmerlebens in den Bergen aufarbeitet.

*Service & Tipps:*

### 🏛 🌀 ✖ Museum of Appalachia
2819 Andersonville Hwy. (I-75 N., Exit 122), Clinton, TN 37716
☎ (865) 494-7680
www.museumofappalachia.org
Mai–Okt. tägl. 9–18 Uhr, sonst kürzer
Eintritt $ 15/5

Eintauchen in die Welt der Farmer aus den Appalachenbergen. Hier im Freilichtmuseum kann man ihre Landwirtschaftsmethoden kennenlernen, ihre Lebensweise, ihre Familienverhältnisse, ihre Gärten, ihre Gerätschaften, ihre Musik etc. Cafeteria mit typischen Speisen und gutes Museumsgeschäft.

## ❸ Franklin

62 500 Einwohner zählt der malerische Ort im Süden von Nashville, den viele von dort aus besuchen. Zu Franklins bekanntesten historischen Ereignissen zählt die Bürgerkriegsschlacht von 1864. Heute bezaubert mehr die fußgängerfreundliche, historische Innenstadt mit dem säulenbestandenen Public Square und der malerischen Main Street mit ihren kleinen Geschäften, den familienfreundlichen Restaurants und dem wunderbar restaurierten historischen Theater. Schafft man es, zu Festivitäten wie dem Pumpkin Fest Ende Oktober in Franklin zu sein, erlebt man die volle Bandbreite des Lebens in einer liebenswerten Kleinstadt im mittleren Tennessee.

*Service & Tipps:*

### ℹ Franklin/Williamson County Visitor Center
209 E. Main St., Franklin, TN 37064
☎ (615) 591-8514, 1-866-253-9207
www.visitfranklin.com
Mo–Do 9–16, Fr/Sa 9–17, So 13–16 Uhr

### 🌀 Carter House
1140 Columbia Ave.
Franklin, TN 37064

☎ (615) 791-1861
www.battleoffranklintrust.org
Mo–Sa 9–17, So 12–17 Uhr
Führung $ 15, Kombiticket mit Lotz House und Carnton Plantation $ 30
Originalhaus der Carter-Familie aus Franklin. In den Wänden Einschusslöcher aus der Schlacht von Franklin am 30. November 1864.

### 🌀 Lotz House
1111 Columbia Ave.

Franklin, TN 37064
✆ (615) 790-7190, www.lotzhouse.com
Mo–Sa 9–17, So 13–16 Uhr
Eintritt $ 10/5, Kombiticket mit
Carter House und Carnton Plantation
$ 30
Ebenfalls ein Privathaus aus Bürgerkriegszeiten. Einblicke in den Einrichtungsstil und die Gepflogenheiten zur
Mitte des 19. Jh.

### ◉ ✿ Carnton Plantation
1345 Carnton Lane
Franklin, TN 37064
✆ (615) 794-0903, www.carnton.org
www.battleoffranklintrust.org
Mo–Sa 9–17, So 12–17 Uhr, Führung
$ 15/8, Kombiticket siehe Lotz House
Historisches Plantagenhaus mit Säulen und Veranda. Gärten aus dem
19. Jh., Confederate Cemetery und
Museumsgeschäft.

### 🎭 Franklin Theatre
419 Main St., Franklin, TN 37064
✆ (615) 538-2075
www.franklintheatre.com
Prächtig renoviertes historisches
Theater in Historic Downtown, 2010
wiedereröffnet für Konzerte, Filme
und Theaterstücke.

### 🚶 🚌 Natchez Trace Parkway
New Hwy. 96 W., Franklin, TN 37064
✆ 1-800-305-7417, www.nps.gov/natr
Franklin liegt östlich des Parkway,
der in Natchez, Mississippi, beginnt
und nach 714 km kurz vor Nashville
sein nördliches Ende erreicht. Sightseeing, Wandern, Radfahren, Camping, Fotografieren, Tierbeobachtungen.

### 👜 Avec Moi
418 Main St., Franklin, TN 37064
✆ (615) 791-9121
www.avecmoifranklin.com
Hübscher Kunstgewerbeladen im
Herzen Franklins, gegenüber dem
Franklin Theatre.

### ✕ ♫ Puckett's Grocery & Restaurant
120 Fourth Ave. S.
Franklin, TN 37064
✆ (615) 794-5527
www.puckettsgrocery.com
Populäres Familienrestaurant mit
Tradition. Aus der Küche u.a.: *Meat &
Three* (Fleisch und drei Beilagen),
*Sweet Potato Fries, Fried Green Tomatoes, Peach Cobbler, Hot Apple Pie* ...
Tägl. Frühstück, Lunch und Dinner.
Livemusik. $–$$

### ✕ Merridee's Breadbasket
110 Fourth Ave. S.
Franklin, TN 37064
✆ (615) 790-3755
www.merridees.com
Frühstück, Lunch und Dinner in legerem Ambiente. Seit 1981. So geschl.
$–$$

### ✕ Stoney River Steakhouse
1726 Galleria Blvd.
Franklin, TN 37067
✆ (615) 778-0230
www.stoneyriver.com
Vorzügliches Steakrestaurant nahe
der Galleria Mall.

### 🍷 🎵 Arrington Vineyards
6211 Patton Rd.
Arrington, TN 37014
✆ (615) 395-0102
www.arringtonvineyards.com
Mo–Do 11–20, Fr/Sa 11–21, So 12–18
Uhr
Seit 2005 werden auf dem Weingut
des berühmten Countrysängers Kix
Brooks (einst Teil des Duos »Brooks &
Dunn«) im sanften Hügelland 15 km
südöstlich von Franklin regelmäßige
Weinproben angeboten.
  Zu den Gratis-Jazzkonzerten
»Music in the Vines« (Fr 17–21, Sa 14–
18 Uhr) kann vor Ort auch das eine
oder andere Gläschen bestellt werden, und einen Picknickkorb darf
man auch dazu mitbringen!

# ❹ Gatlinburg

Die Zeiten, in denen hier die Schaukelstühle auf den Veranden wippten und
Gäste in simplen Hütten nächtigten, sind längst vorüber. Inmitten der stillen
Berge kann Gatlinburg, 13 Kilometer südlich von Pigeon Forge, einen argen

*Sonnenuntergang über dem Great Smoky Moun-tains National Park* ▷

Schock bewirken, nicht nur, weil man schwer einen Parkplatz findet, sondern auch wegen des Überangebots an Souvenirshops, Minigolfplätzen, Imbissbuden, Flipperhallen und 08/15-Motels. Die Shops im Chalet-Stil sorgen für die Karikatur eines Schweizer Dorfs am Eingang zum Great Smoky National Park.

**Service & Tipps:**

**ℹ️ Gatlinburg Department of Tourism**
303 Reagan Dr.
Gatlinburg, TN 37738
✆ (865) 436-2392, 1-800-343-1475
www.gatlinburg-tennessee.com

**✈ 🛍 Ripley's Aquarium of the Smokies**
88 River Rd., Gatlinburg, TN 37738
✆ 1-888-240-1358
www.ripleyaquariums.com/gatlinburg
Ende Mai–Anfang Sept. tägl. 9–23,
sonst So–Do 9–21, Fr/Sa 9–23 Uhr
Eintritt $ 25/15, Kombitickets mit
anderen Attraktionen
Größtes Aquarium in der Region mit
rund 10 000 Wasserbewohnern aus
aller Welt, von den Tropen bis zum
Eismeer.

**🛏 ✕ Great Smoky Arts and Crafts Community**
100 Glades Rd., US 321, 5 km östl. von
Gatlinburg, TN 37738

✆ (865) 671-3600
www.gatlinburgcrafts.com
Kooperative von Kunsthandwerkern,
die ihre Waren in den Shops und Studios zugleich herstellen und verkaufen. Restaurant.

**✕ 🍷 The Park Grill**
1110 Parkway
Gatlinburg, TN 37738
✆ (865) 436-2300
www.parkgrillgatlinburg.com
Die als Park Ranger verkleidete Bedienung passt zum rustikalen Lodge-Charakter des Lokals ebenso wie zur Küche: Steaks, Lamm und Geflügel. Aber auch Vegetarisches, Fisch und Pizza. Bar. Nur Dinner. $$-$$$

**✕ Smoky Mountain Trout House**
410 N. Parkway
Gatlinburg, TN 37738
✆ (865) 436-5416
www.gatlinburgtrouthouse.com
Die Zuchtforellen werden in 14 verschiedenen Varianten der Zubereitung angeboten. Nur Dinner. $$

---

## ⑤ Great Smoky Mountains National Park

*Weißwedelhirsch im Great Smoky Mountains National Park*

Die **Great Smoky Mountains** am Südende des Gebirgszugs der Appalachen sind mit knapp zehn Millionen Besuchern im Jahr der meistfrequentierte Nationalpark der USA – noch vor dem Grand Canyon.

Die Cherokee-Indianer, die hier seit mehr als 10 000 Jahren ansässig sind, erfanden den Namen »Land of Thousand Smokes«. Ihre Heimat in der Berglandschaft ist inzwischen zu einem Reservat am Südrand des Nationalparks geschrumpft. Rund 12 000 Indianer leben heute in den Canyons, Bergen und auf dem umgebenden Farmland von North Carolina unter Selbstverwaltung, im größten Reservat östlich des Mississippi. Auf der landschaftlich attraktiven US 441 kann man in die Berge (Newfound Gap Rd.) fahren und parallel zu einem Teil des Appalachian Trail zum **Clingman's Dome**, der traumhafte Aussichten gewährt.

**Service & Tipps:**

**ℹ️ 🏞 Great Smoky Mountains National Park**
107 Park Headquarters Rd.
Gatlinburg, TN 37738

✆ (865) 436-1200
www.nps.gov/grsm
Eintritt frei
Reiche Flora und Fauna, Wandern, Angeln und Reiten. Camping. Diverse Besucherzentren.

# ❻ Jonesborough

Auf den ersten Blick zählt Jonesborough zu jenen typischen amerikanischen Kleinstädten, in denen die Welt rundum in Ordnung ist. Jeder kennt jeden und alle sind freundlich, zueinander wie zu Fremden – ein bescheidener Kosmos von rund 4000 Menschen, die nichts anderes im Sinn zu haben scheinen, als unbeirrt jene Ideale zu verkörpern, die Thornton Wilder in seinem Nachkriegsstück »Unsere kleine Stadt« so rührend auf die Bühne gebracht hat.

Die altmodische Schreibweise von Jonesborough, die der Vereinfachung von »borough« zu »boro« getrotzt hat, bestätigt diese Eindrücke nicht nur, sondern beruft sich darüber hinaus auf gute Gründe, denn schließlich ist dies die älteste Stadt von Tennessee, und sie wird respektvoll von manchen auch als dessen »Mutter« gesehen. Im Jahr 1779 gegründet, wurde Jonesborough fünf Jahre später sogar Hauptstadt des sogenannten *State of Franklin* – eine eigensinnige und von niemandem jemals anerkannte Staatsgründung auf einem von North Carolina an die Bundesregierung abgetretenen Territorium. Die Region fühlte sich daraufhin im Stich gelassen und den Drang, zu den Gründerstaaten zu gehören. Doch der Versuch, sich als 14. im Bunde mit den 13 ursprünglichen Gründerstaaten zu etablieren, war von kurzer Dauer. North Carolina nahm sich das Land gewaltsam zurück, es floss Blut und den Bürgern von Jonesborough blieb fortan nur das nostalgische Andenken an den »Lost State of Franklin«.

An seiner Stelle entstand das heutige Tennessee; 1796 trat es als 16. Staat der Union bei. Jonesborough wurde wichtige Wegstation der Pioniere in Richtung Westen und tat sich vor allem im Presse- und Verlagswesen mit Anti-Sklaverei-Publikationen hervor. Die mehr oder weniger offenen Sympathien für die Union bescherten der Stadt vergleichsweise harmlose Visiten der Konföderierten.

**Main Street**, überragt vom Washington County Courthouse, dient auch Jonesborough als Aushängeschild. Wie anderswo ähnlich, präsentiert es sich als gefällige Mixtur der unterschiedlichsten Stile. Kein Wunder, denn die Baumeister waren meist keine gelernten Architekten, sondern Zimmerleute und andere Handwerker, die dem jeweils herrschenden Zeitgeschmack unbekümmert hinterherbauten. Außerdem mischten die Hausbesitzer kräftig mit. So kommt es, dass Main Street letztlich eine muntere Kombination von Versatzstücken aus dem klassizistischen und viktorianischen Baukasten darstellt. Die Läden präsentieren vorwiegend lokales Kunsthandwerk, Keramik, Bleiverglasung und immer wieder Quilts, die vor Ort gefertigt werden. Überhaupt übt das Städtchen eine starke Anziehungskraft auf die traditionellen Handwerkerberufe aus. So werden etwa in alter Manier und mit historischen Werkzeugen Möbel hergestellt.

Es passt also ins Bild, dass sich ausgerechnet Jonesborough um die Renaissance der Plaudertaschen, das *storytelling*, verdient gemacht hat. Hier treffen sich die Erzähler, um ihre Anekdoten, Legenden und Lügengeschichten zum Besten zu geben – zur Unterhaltung, aber auch, um sie vor dem Vergessen zu bewahren. Der jährliche Treff der *storyteller* basiert auf einer Tradition mündlicher Erzählkultur, deren Repertoire aus späten und insgesamt pragmatischeren Nachkommen der europäischen Märchen besteht. Den Geschichten fehlen durchweg nicht nur die übernatürlichen und fantastischen Züge, sie sind auch insgesamt kürzer, humoristischer und werden meist von Männern erzählt. *Storytelling sessions* gibt es heute vielfach im Süden, vom Okefenokee Swamp in Georgia bis zum Mississippi-Delta. Die Gebrüder Grimm hätten ihre helle Freude gehabt, und selbst Baron Münchhausen hätte noch dazulernen können.

---

*Service & Tipps:*

ℹ️ ⓔ **Historic Jonesborough Visitors Center**

117 Boone St.
Jonesborough, TN 37659
☎ (423) 753-1010, 1-866-401-4223
www.jonesboroughtn.org

*Indianer als Geschichtener-
zähler auf dem jährlichen
Storytelling Festival in
Jonesborough*

Mo–Fr 8–17, Sa/So 10–17 Uhr
Informationen, Diashow und wechselnde Ausstellungen zur Stadtgeschichte.

### ℹ️ 🌐 International Storytelling Center
116 W. Main St.
Jonesborough, TN 37659
☎ (423) 753-2171, 1-800-952-8392
www.storytellingcenter.net
Di–Sa 10–17 Uhr
Das Haus mit der hübschen Holzveranda entstand Ende des 18. Jh. und
hat nicht nur zahlreiche Präsidenten
beherbergt, sondern auch Charles
Dickens. Heute residiert hier das Info-
Zentrum zum Thema Storytelling,
Souvenirshop; in den Sommermonaten gibt ein Erzähler Geschichten zum
Besten.

### 🏛️ Tennessee Quilts
114 Boone St., Jonesborough, TN 37659
☎ (423) 753-6644
www.tennesseequilts.com
Mo–Sa 9.30–17.30 Uhr
Regionale Quilt-Decken; Material und
Anregungen zum Selbermachen.
Ende Juli Quilt-Fest.

### ☕ Main Street Cafe
117 W. Main St.
Jonesborough, TN 37659
☎ (423) 753-2460
Mo–Fr 11–19, Sa 11–16 Uhr, So/Feier-
tage geschl.
Deli im alten Postamt – auch zum
Draußensitzen.

### 🍴 ☕ The Cranberry Thistle
107 E. Main St.
Jonesborough, TN 37659
☎ (423) 753-0090
www.thecranberrythistle.com
Uriges, kleines Lokal in der Ortsmitte.
Abends oft Bluegrass Jam Sessions
mit lokalen Musikern. Tipp zum Dinner: *Fried Green Tomatoes* mit *Grits*. $

### 🎉 Wichtigstes Fest:
Das berühmte **National Storytelling
Festival** mit über 80 Geschichten-
erzählern am ersten Oktoberwochen-
ende. Zimmerreservierung dringend
angeraten.

# 🔴7 Knoxville

Am Zusammenfluss von Holston und Tennessee River liegt Knoxville, die führende Industrie- und Handelsstadt im Osten des Staates mit 179 000 Einwohnern, Sitz auch der University of Tennessee und der **Tennessee Valley
Authority** (TVA), der einzigen Behörde für koordinierte Regionalplanung in
den USA. Die Gesellschaft ist für die gesamte Wasserbewirtschaftung von Ten-

nessee zuständig und damit für die Stromversorgung und Bodenpflege, Überschwemmungen, Wiederaufforstung, industrielle Diversifikation und die Anleitung der Farmer bei der Wahl geeigneter Düngemittel.

Knoxville selbst besitzt den liebenswerten Charme einer Kleinstadt, durch seine Theater, Musikbühnen und Museen jedoch die kulturellen Angebote und das Flair einer Großstadt. 1982 fand in Knoxville die Weltausstellung statt, daran erinnert im **World's Fair Park** die goldglänzende Kugel des Sunsphere Tower, der einen Gratis-Rundum-Blick auf das hügelige Stadtbild bietet. In der Umgebung der College-Stadt bieten die grünen Berge der Appalachen und das Cumberland Plateau Ausflugsmöglichkeiten.

### *Service & Tipps:*

**ℹ Knoxville Tourism and Sports Corporation**
901 South Gay St.
Knoxville, TN 37902
✆ (865) 523-7263, 1-800-727-8045
www.knoxville.org, tägl. 8.30–17 Uhr

**🏛 💬 Knoxville Museum of Art**
1050 World's Fair Park Dr.
Knoxville, TN 37916
✆ (865) 525-6101, www.knoxart.org
Di-Sa 10–17, So 13–17 Uhr
Eintritt kostenlos
Ansehliches Gebäude: ständige Sammlung zeitgenössischer amerikanischer Kunst. Wechselausstellungen. Museumscafé und -shop.

**🌐 Blount Mansion**
200 W. Hill Ave.
Knoxville, TN 37902
✆ (865) 525-2375
www.blountmansion.org
Mo-Sa 9.30–17, im Winter Di-Sa 10–16 Uhr, Eintritt $ 7/5
Originalhaus und Gouverneurssitz von 1792, heute umgeben von Hochhäusern der Innenstadt. Wegen seiner vielen Fenster von den Indianern einst *house with many eyes* genannt. Ausstellungen zur Geschichte des Staates.

**🏛 Frank H. McClung Museum**
1327 Circle Park Dr.
Knxoville, TN 37996
✆ (865) 974-2144
http://mcclungmuseum.utk.edu
Mo-Sa 9–17, So 13–17 Uhr
Eintritt frei
Interessante Ausstellungen zu Archäologie und den Ureinwohnern Tennessees, zu Geologie und Fossilien u.v.a.m.

**🏛 👥 Museum of East Tennessee History**
601 S. Gay St.
Knoxville, TN 37902
✆ (865) 215-8830
http://easttnhistory.org
Mo-Fr 9–16, Sa 10–16, So 13–17 Uhr
Eintritt $ 5/0, So frei
Alles über die regionale Geschichte: die Cherokee-Indianer, den Bürgerkrieg, die Countrymusic etc. Guter Museumsladen. Große Bibliothek.

**🏛 Women's Basketball Hall of Fame**
700 Hall of Fame Dr.
Knoxville, TN 37915
✆ (865) 633-9000, www.wbhof.com
Anfang Mai–Anfang Sept. Mo-Sa 9–17, Sept.–April Di-Fr 11–17, Sa 10–17 Uhr, Eintritt $ 8/6
Ein riesiger orangefarbener Basketball ist das Symbol des interaktiven Museums zur Geschichte des Frauen-Basketballs, das 1999 eröffnete.

**🎭 Tennessee Theatre**
604 S. Gay St., Knoxville, TN 37902
✆ (865) 684-1200, 1-877-995-9961
(Knoxville Tickets)
www.tennesseetheatre.com
Tickets ab $ 37
Prachtvoll restauriertes historisches Theater im Herzen der Stadt. Im kulturellen Angebot: klassische Musik sowie historische Filme.

**🎭 ✖ Bijou Theatre**
803 S. Gay St., Knoxville, TN 37902
✆ (865) 522-0832,
www.knoxbijou.com
Tickets ab ca. $ 20
Seit 1909 existiert Tennessees ältestes Theater in seinem ältestem Bürogebäude. Im 19. Jh. residierten hier zuerst eine Taverne, dann ein Hotel.

Konzerte und Bühnenstücke. Mit Bistro.

### 🍽 ✕ Tennessee Riverboats
300 Neyland Dr.
Knoxville, TN 37902
℃ (865) 525-7827, 1-800-509-2628
www.tnriverboat.com
Genaue Zeiten erfragen
Sightseeing Cruise $ 14/9
Schaufelraddampferfahrten auf dem Tennessee River ab Volunteer Landing. Auch Lunch- und Dinnerfahrten.

### 🏛 Mast General Store
402 S. Gay St., Knoxville, TN 37902
℃ (865) 546-1336
www.mastgeneralstore.com
Seit 1883 das Kaufhaus in der Innenstadt, und wie in alten Tagen findet man hier Haushaltswaren, nostalgische Spielsachen, Wander- und Campingzubehör etc.

### ✕ Pete's Coffee Shop
540 Union Ave., Knoxville, TN 37922
℃ (865) 523-2860

www.petescoffeeshop.com
Mo–Fr 6.30–14.30, Sa 7–14 Uhr
Frühstücks- und Lunchrestaurant, im Familienbesitz seit 1986. Beliebt sind vor allem die frisch zubereiteten Pancakes aller Arten. Außerdem Hamburger, Sandwiches, Salate. $

### ✕ Tomato Head
12 Market Sq., Knoxville, TN 37902
℃ (865) 637-4067
www.thetomatohead.com
Trendlokal am historischen Market Square. Kreative und innovative Küche mit Spezialitäten wie *Ginger Peanut Soup* und *Baked Tofu Salad*. Auch Pizza, Sandwiches, Salate, Burritos etc. Lunch ($), Dinner und So Brunch. $–$$

### ✕ Calhoun's on the River
400 Neyland Dr.
Knoxville, TN 37902
℃ (865) 673-3355
Schöne Lage am Flussufer, klassische BBQ-Gerichte. Auch zum Draußensitzen. Lunch und Dinner. $–$$

## ❽ Lynchburg

Lynchburg liegt an der Quelle – an der Quelle des Whiskeys, denn hier liegt die **Jack Daniel's Distillery**, wo 1866 der unter Kennern beliebte *Tennessee Sour Mash* erfunden wurde. Nüchtern und anschaulich wird den Besuchern die Genesis des Unternehmens vorgeführt. Der Whiskey-Export geht heute in über 100 Länder.

*Schwer fassbar: Whiskey-Versand bei Jack Daniel's*

*Pittoresk: County Court-
house in Lynchburg*

Von jeher erwächst Wiskey aus Mais, Roggen, Gerstenmalz und dem mineralienfreiem Wasser der Quelle der nahen Kalksteinhöhle, die Mr. Jack einst kaufte. Die Maische wird gekocht und gärt dann in riesigen Schüsseln, anschließend sickert das Destillat durch einen Berg zertrümmerter Holzkohle.

So erfolgreich sein alkoholisches Imperium, so traurig das Ende von Mr. Jack. Er trat gegen seinen Tresor, brach sich den Zeh, der sich entzündete, so dass trotz Amputation letztlich nichts mehr zu retten war.

Pikanterweise liegt die Brennerei in einem *dry county*, so dass man zwar ein Fläschchen mitnehmen, es aber vor Ort nicht öffnen darf. Das Auge des Gesetzes ruht überhaupt sehr streng auf den Destillateuren. An den Fabriktoren baumeln dicke Schlösser der Finanzbehörden, damit kein Tropfen das Haus verlässt, bevor er nicht in der melde- und steuerpflichtigen Flasche gelandet ist. Würde man sich der Schlösser entledigen, wären zur Strafe die Steuern für den stets vier Jahre lagernden Gesamtbestand in den dicken Fässern im Voraus fällig. Die Verkoster, die regelmäßig über die Qualität der scharfen Sachen wachen, müssen vor ihrer Einstellung bis ins dritte Glied ihres Familienstammbaums nachweisen, dass sie und die Ihren niemals Schluckspechte waren – *that they don't swallow.*

Das hübsche Lynchburg liegt bei der Brennerei um die Ecke. Sein alter Marktplatz scheint dem amerikanischen Bilderbuch entsprungen, gerade recht für einen Kaffee oder ein Sandwich.

**Service & Tipps:**

ℹ **Lynchburg-Moore County Chamber of Commerce**
421 Route 3, Lynchburg, TN 37352
✆ (931) 759-4111
www.lynchburgtn.com

◉ **Jack Daniel's Distillery**
Hwy. 55, Lynchburg, TN 37352
✆ (931) 759-6357
www.jackdaniels.com, tägl. einstündige Führungen 9–16.30 Uhr
1866 gegründete und damit älteste Brennerei des Landes. Eine große Quelle in unmittelbarer Nähe entschied über die Wahl des Standorts. Die (kostenlose) Führung durch die Genesis des berühmten *Sour Mash Whiskey* umfasst weite Wege und viele Treppen.

✕ **Miss Mary Bobo's Boarding House**
295 Main St., Lynchburg, TN 37352
✆ (931) 759-7394
www.jackdaniels.com
Zu Gast bei Jack Daniels Urgroßnichte Lynne Tolley: Vollgedeckte Tische für bis zu 12 Personen, und die vielen Schüsseln mit den köstlichen regionalen Speisen werden jeweils immer weiter gereicht. Lunch, das hier *Dinner* heißt, gibt es Mo–Sa 11 und 13 Uhr. Unbedingt rechtzeitig reservieren! $$

*W.C. Handy machte die Straße durch seinen »Beale Street Blues« unsterblich. Nach Jahren der Depression ist der Blues zurückgekehrt*

# ❾ Memphis

Ausnahmsweise darf hier einmal ein Hotel den Anfang machen, denn seine Lobby gilt von alters her sprichwörtlich als der eigentliche Beginn des Mississippi-Deltas: die hinreißende Empfangshalle des **Peabody Hotels**, wo in der frohen Cocktailrunde, untermalt von dezenten Klängen des Flügels, die berühmten hauseigenen Enten sorglos im Brunnen plantschen. Tag für Tag und stets genau bis 17 Uhr. Dann erscheint der Enten-Trainer und nötigt die gefiederte Schar über den roten Teppich in Richtung Aufzug, der sie zum Nachtquartier und dem Hoteldach befördert. Das kuriose Ritual zieht täglich Scharen an. Beim Auf- und Abmarsch der Entenparade, um 11 Uhr morgens und, wie gesagt, um 17 Uhr am Nachmittag, herrscht Gedränge am Teppichrand beim Kampf um den besten Fotowinkel.

*Downtown Memphis und
die den Wolf River queren-
de Mud Island Monorail*

Ja, das »Peabody«! Es ist zwar nicht gerade das Waldorf-Astoria, aber dennoch eins der Grandhotels, die zwischen Boston und San Francisco querbeet durch die USA konservative Eleganz auf Lager halten, die ihren auf optimale Raumausnutzung getrimmten modernen Nachfolgern fremd ist. Der Riesenkasten, seit über 100 Jahren Inbegriff südstaatlicher Gastfreundlichkeit, wurde erst in den frühen 1950er Jahren mit privaten Mitteln wieder funktionstüchtig gemacht, ein Signal, das in der damals schon totgesagten Downtown eine städtebauliche Wende einleitete.

Sie ist keineswegs abgeschlossen, denn die Mittel sind begrenzt – trotz der Dollars der Elvis-Pilger, die wie Sterntaler ins Stadtsäckel purzeln. Baumwollbörse, Holzhandel, chemische Industrie und Universität allein jedenfalls reichen nicht, um genügend Fremde in die Fast-Millionenstadt zu locken, in der übrigens mehrheitlich Schwarze leben. Unvermindert treffen daher noch hypermoderne Pyramiden-Architektur (Memphis!) und ramponierte Jahrhundertwende, Bausünden und vereinzelte Stadterneuerungen, gegenwärtige Leere und historische Schmuckstücke aufeinander. **Beale Street**, die bekannteste Straße der Stadt, bildet die Ausnahme, denn man hat sie über die Jahre ansehnlich aufgepäppelt. Der schwarze Musiker, Bandleader und »Vater des Blues«, W. C. Handy (1873–1958), machte sie mit dem »Beale Street Blues« unsterblich. Kurz zuvor erschien sein ebenfalls legendärer »Memphis Blues«, der erste Blues, der überhaupt verlegt wurde. Das war am Anfang des Jahrhunderts, als Beale Street das Zentrum der Habenichtse und armen Baumwollpflücker bildete, mit Pfandhäusern, Prostitution, Tanzschuppen und Saloons. Doch je populärer der Blues wurde, umso mehr geriet dessen Wiege ins Hintertreffen. Handy verließ Memphis und ging nach New York, und in den 1930er Jahren machte die Depression viele Läden der Straße dicht. Nachts wurde sie unsicher; 1950 bezeichnet den Tiefpunkt ihrer Geschichte.

Der Blues ist zurück. Nicht nur bei den jährlichen Musikfesten – dem **Beale Street Music Festival** oder dem **Cotton Carnival** (beide im Mai), dem Mardi Gras von Memphis. Ob Blues, Ragtime oder Dixie, Pop oder Bluegrass – viel Livemusik tönt durch die zahlreichen Clubs, Bars und Restaurants in Downtown.

Von Beale Street ist es zu Fuß nicht weit zum Fluss, vorbei an der nett hergerichteten Main Street, über die die aus Portugal importierte, putzige Straßenbahn fährt. Die alten Lagerhallen am **Cotton Row Walk** schlagen ein weiteres Kapitel der Stadtgeschichte auf. Im vorigen Jahrhundert brüstete sich Memphis nämlich mit Recht, größter Sklavenmarkt des Südens und die »Cotton Capital of the World« zu sein. Maulesel brachten die Ballen von den fruchtbaren Böden des Umlandes zu den Docks am Fluss. In diese Boom-Zeit fielen auch die berühmt-berüchtigten Dampferwettfahrten, die freilich nicht immer nur unterhaltend waren. Da explodierte auch schon mal ein Dampfkessel oder übersprühende Funken setzten die hölzernen Hochzeitstorten im Nu in Brand. Hunderte kamen dabei um.

Die Zeiten, als Memphis noch berühmter war als New Orleans, sind allerdings längst passé. Die für den Süden schlechthin traurige Periode, die *Reconstruction* nach dem Bürgerkrieg, setzte der Stadt hart zu. Erst langsam hat sie sich seither erholt und zuletzt auch teilgenommen am Aufschwung im Neuen Süden. Sicher, die beiden letzten Überlebenden der Superdampfer, die »Mississippi« und die »Delta Queen«, kommen immer noch vorbei, aber sie tun nur so, als dampften sie um die Wette.

Auch der Fluss ist längst gezähmt, die Lustfahrten nicht minder. Und doch spricht nichts dagegen, am Spätnachmittag oder frühen Abend mit der »Memphis Queen« auf die mächtigen Fluten hinauszufahren, deren Ähnlichkeit mit dem Nil der Stadt 1819 ihren ägyptischen Namen einbrachte. Die dazu passende über 100 Meter hohe Pyramide wurde 1991 am Flussufer errichtet. Heute steht das als Veranstaltungsarena gedachte Bauwerk leer und akzentuiert die Skyline.

### Service & Tipps:

**ℹ Memphis Convention & Visitors Bureau**
47 Union Ave., Memphis, TN 38103
✆ (901) 543-5300, 1-800-873-6282
www.memphistravel.com

**ℹ Tennessee State Welcome Center**
119 N. Riverside Dr. (Höhe Mud Island), Memphis, TN 38103
✆ (901) 543-5333, 1-888-633-9099
Im Sommer tägl. 9–18, sonst 9–17 Uhr

**🏛 The National Civil Rights Museum**
450 Mulberry St.
Memphis, TN 38103
✆ (901) 521-9699
www.civilrightsmuseum.org
Mo und Mi–Sa 9–18, So 13–18, im Winter bis 17 Uhr, Eintritt $ 13/9.50
Museum auf dem Grundstück des **Lorraine Motel**, wo M. L. King 1968 einem Attentat zum Opfer fiel, mit Exponaten zur Geschichte der amerikanischen Bürgerrechtsbewegung.

**🏛 Memphis Rock 'n' Soul Museum**
191 Beale St., Suite 100
Memphis, TN 38103
✆ (901) 205-2533, Fax (901) 205-2534
www.memphisrocknsoul.org
Tägl. 10–19 Uhr, Eintritt $ 11/8
In Zusammenarbeit mit der Smithsonian Institution: eine Retrospektive der Ursprünge des Blues, Soul und Rock 'n' Roll.

**🏛 ℹ Stax Museum of American Soul Music**
926 E. McLemore Ave.
Memphis, TN 38106
✆ (901) 942-7685, 1-888-942-7685
www.staxmuseum.com
April–Okt. Mo–Sa 10–17, Nov.–März Di–Sa 10–17, So immer 13–17 Uhr
Eintritt $ 12/9
Das 2003 eröffnete Museum dokumentiert die Geschichte der Soul-Musik auf dem Gelände der ehemaligen Stax Studios in Soulsville. Museumsshop.

**🎧 🎵 💻 Center for Southern Folklore & Cafe**
119 S. Main St. (Pembroke Sq. am Peabody Place), Memphis, TN 38103
✆ (901) 525-3655
www.southernfolklore.com
Tägl. 10–17 Uhr
Private Non-profit-Organisation rund um die regionale Volkskunst: Livemusik, Memphis-CDs, Kunstgewerbe, Bücher, Blues-Brunch, Gospelkonzerte, Filme. Kaffee und Snacks.

**🏛 ✎ Mississippi River Museum**
125 N. Front St. (Mud Island)
Memphis, TN 38103
✆ (901) 576-7241, 1-800-507-6507
www.mudisland.com
Mitte April–Ende Okt. tägl. außer Mo 10–17 Uhr, Eintritt $ 10/7
Der klobig wie ein betoniertes Fort wirkende Museumskomplex und Ausstellungspark liegt auf Mud Island, einer Flussinsel in Höhe von Downtown Memphis, leicht zu erreichen vom Riverside Drive aus zu Fuß oder mit der Monorail, einer Art Schwebebahn.
Neben einem aus labyrinthischen Gängen und diversen Galerien gebau-

*Mark Twain im Mississippi River Museum*

ten Museum, das die Siedlungs- und Kulturgeschichte der Region seit der Zeit der prähistorischen Indianer veranschaulicht, gibt es beeindruckende Schiffsmodelle zu sehen. Hauptattraktion ist jedoch das fließende Modell des Mississippi. Da man im Gegensatz zur braunen Brühe des Originals durch das Wasser des Modells hindurchblicken und dabei Grund und Untiefen erkennen kann, versteht man plötzlich die Lotsenängste eines Mark Twain besser. Nirgendwo kommt man jedenfalls dem Fluss trockenen Fußes so nah wie hier – man kann sogar über ihn springen. Und die Kinder können plantschen.

### ⊙ The Inn at Hunt Phelan

533 Beale St., Memphis, TN 38103
✆ (901) 525-8225
www.huntphelan.com
Führungen März bis Memorial Day tägl. 10–17, Memorial bis Labor Day tägl. 9–17, sonst Do–Mo 10–17 Uhr
Edle Villa von 1828–32 mit wertvollen Möbeln und Kunstgegenständen. Heute Bed & Breakfast mit 10 Zimmern und Restaurant (Mi–Sa Dinner, So Brunch).

### ⊙ ♟ Elvis Presley's Graceland

3765 Elvis Presley Blvd. (US 51S)
Memphis, TN 38116
✆ (901) 332-3322
✆ 1-800-238-2000, www.elvis.com
März–Okt. Mo–Sa 9–17, Juni–Aug. auch So 9–16, März–Mai und Sept./Okt. So 10–16, Nov. tägl., Dez.–Feb. tägl. außer Di 10–16 Uhr
Eintritt je nach Tour $ 33–70/15–70, Dauer 1–3 Std.
Start- und Endpunkt der klimatisierten Bustour ist ein Shopping Center: klingende Andenken gegen klingende Münze. Der Handel mit CDs und Fotos blüht. Hier, wo früher Wiesen grünten, grasen heute Touristen die Souvenirregale ab. Im August ist besonders viel los und Geduld gefragt, dann jährt sich der Todestag der Ikone, der 16. August 1977.

Doch es geht nicht nur ums Geschäft. Den meisten Fans ist auch wichtig, über *ihn* zu sprechen. Einer im Laden erzählt: »Am Radio hielten sie ihn anfangs für einen Schwarzen, wegen seiner Stimme.« Elvis hörte damals die bei Weißen verpönten

schwarzen Radiosender und spielte die Musik der Ghetto-Idole auf einer billigen Gitarre nach. Erst später tauschte er sie gegen jene ein, von der man sagt, sie habe die Welt verändert. Auch das Personal lässt sich mitreißen. »Gott hat ihn uns nur geliehen. Daher sein früher Tod«, erklärt die Verkäuferin mit glänzenden Augen im Coffeeshop in der Nähe von Graceland.

Ab und zu zieht die eine oder andere Verkäuferin unterm Ladentisch die wahren Sachen hervor: Amateurfotos vom *King*, Familienbilder, die noch nicht millionenfach vervielfältigt wurden, alle eigentlich unverkäuflich. Aber dann doch nicht.

Anschließend folgt die Besichtigung von Haus und Grab. Graceland Mansion: das mit Memorabilien vollgestopfte langjährige Wohnhaus von Elvis, Garten und Grab des Meisters. Sie signalisierte seinerzeit den Aufstieg ihres Eigentümers – angesichts der bescheidenen Hütte, in der er geboren wurde, einem typischen *Shotgun*-Haus in Tupelo, Mississippi.

Im Innern finden die Pilger reichlich Stoff. Ein goldener Konzertflügel, jede Menge Goldene Schallplatten und die von Top-Designern und Innenarchitekten ausstaffierten Räume (jeder in einem anderen Stil). Überraschend: die zahllosen Spiegel, die, wohin man sieht, Wände und Decken verkleiden und mitunter so raffiniert zueinander gedreht sind, dass sich der Betrachter wie in einem Kaleidoskop unendlich oft gebrochen sieht. Man munkelt, dass der Hausherr sie allesamt verhängen ließ, als er mit seinen leiblichen Pfunden zu wuchern begann, die auch beim Squash Court im Garten nicht abbauen konnte.

Andere Installationen enthüllen Elvis als Medien- und Elektronikfanatiker: die Monitoren des perfekten Überwachungssystems ebenso wie rund 30 TV-Schirme, die innerhalb des Hauses so verteilt sind, dass es praktisch keinen fernsehlosen Winkel gibt. Draußen sind rund ums Grab bunte Votiv-Eckchen arrangiert, Blumengebinde aus Plastik und Natur, Herzen aus rotem Damast und Schmuck, mit dem man sich sonst bei wohltätigen Madonnen bedankt. Die

*Elvis' Grab in »Graceland«*

*Hauptstraße des Blues:
Beale Street, Memphis*

Fans, das sieht man, haben sich ihre Liebe etwas kosten lassen.

### 🅔 🍸 ⓘ Beale Street Historic District
203 Beale St., Memphis, TN 38103
✆ (901) 526-0115
www.bealestreet.com
Historischer Straßenzug mit Jahrhundertwende-Architektur, Bars, Musikkneipen und **A. Schwab Dry Goods Store** (Hausnummer 163, Mo–Fr 10–18, Sa 10–24 Uhr) – einer Institution seit 1876!

### 🅔 Sun Studio
706 Union Ave.
Memphis, TN 38103
✆ 1-800-441-6249
www.sunstudio.com
Tägl. 10–18 Uhr, Führungen $ 12
Geburtsstätte des Rock 'n' Roll mit Original-Aufnahmegeräten und Fotos aus den 1950er Jahren, als hier der junge Elvis, Carl Perkins, Jerry Lee Lewis, Johnny Cash, Muddy Waters u.a. ihre ersten Hits aufnahmen. Kostenlose Hörproben.

### 🅔 🎵 Orpheum Theatre
203 S. Main & Beale Sts.
Memphis, TN 38103-3905
✆ (901) 525-3000
www.orpheum-memphis.com
Der alte Vaudeville-Palast von 1928 erstrahlt wieder in theatralischem Glanz – bei Broadway-Stücken, Filmvorführungen und Konzerten.

### 🅔 C. H. Nash Museum Chucalissa
1987 Indian Village Dr.
Memphis, TN 38109
✆ (901) 785-3160
www.cas.memphis.edu/chucalissa
Di–Sa 9–17, So 13–17 Uhr
Eintritt $ 5/3
Aufschlussreiches anthropologisches Museum auf dem Boden einer Indianersiedlung (1000–1500 n. Chr.) mit Bibliothek und einem Dorf mit Ausgrabungen und rekonstruierten Hütten. (*Chucalissa* heißt »verlassene Häuser« in der Sprache der Choctaw-Indianer.)

### 🛥 Memphis Queen Line Riverboats
45 S. Riverside Dr. (Ende von Monroe St., am Fluss), Memphis, TN 38103
✆ (901) 527-2628, 1-800-221-6197
www.memphisriverboats.net
April–Sept. tägl. 1¹/₂-stündige Sightseeing Cruises, Tour $ 22/11

### ⓘ 🚶 ✕ Peabody Place Retail & Entertainment Center
Vom Mississippi-Ufer bis zur Beale St., Downtown Memphis
www.belz.com
Teil der Stadterneuerung: Neben Büroräumen und Apartments gibt es 22 Kinoleinwände (einschließlich

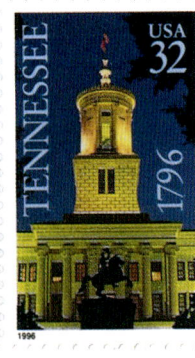

IMAX-3D-Theater), Bowling-Bahnen, jede Menge Boutiquen und Restaurants.

### ℹ️ Gibson Beale Street Showcase

145 Lt. George W. Lee Ave. (Downtown)
Memphis, TN 38103
☏ (901) 544-7998, www.gibson.com
Mo–Sa 10–16, So 12–16 Uhr
Führungen $ 10
Gitarren in Handarbeit. Sie gelten als die Cadillacs der Gitarren, wie z.B. die berühmte »Lucille« von B.B. King.

### ✕ Gus's World Famous Fried Chicken

310 S. Front St., Memphis, TN 38103
☏ (901) 527-4877
Einfaches, aber überaus populäres Restaurant südlich von Downtown. $sche Küche. $$–$$$

### ✕ Paulette's

50 Harbor Town Sq.
Memphis, TN 38103
☏ (901) 260-3300, www.paulettes.net
Gegrillter Lachs, Forelle und hausgemachte Suppen (und die himmlischen Nachtische!) sind hier besonders beliebt. An milden Tagen wird auch auf der Dachterrasse gedeckt. Cocktail Lounge. Lunch ($) und Dinner. $$–$$$

### ✕ Chez Philippe

149 Union Ave. (Peabody Hotel)
Memphis, TN 38103
☏ (901) 529-4188
www.peabodymemphis.com/dining

Schmackhafte klassische französische Küche, 7-Gänge-Menüs, angenehme Atmosphäre. Beeindruckende Weinkarte. Dinner Mi–Sa. $$$

### ✕ Charlie Vergo's Rendezvous

52 S. 2nd St. (Hintereingang)
Memphis, TN 38103
☏ (901) 523-2746, 1-888-464-7359
www.hogsfly.com, So/Mo geschl.
»Seit Adam war keine Rippe berühmter ...« heißt der Slogan dieses urigen und beliebten BBQ-Souterrains der trockenen, scharfen Rippchen. Dazu fließt massig Bier. Nur Dinner.  $–$$

### ✕ Sekisui Midtown

25 S. Belvedere Blvd.
Memphis, TN 38104
☏ (901) 725-0005
www.sekisuiusa.com
Japanische Köstlichkeiten, ergiebige Sushi-Bar. Cocktails. Lunch ($) und Dinner. $$–$$$

### ✕ 🎵 B. B. King's Blues Club

143 Beale & 2nd Sts.
Memphis, TN 38103
☏ (901) 524-5464
www.bbkingclubs.com
Zu *Catfish* und Gumbo gibt es Live-Blues. Lunch und Dinner. $–$$

### 🎵 ✕ Rum Boogie

182 Beale St., Memphis, TN 38103
☏ (901) 528-0150
www.rumboogie.com
Live-Blues und Tanz  – dazu gibt es Leckerbissen aus der Cajun-Küche. $–$$

*»Delta Queen« – einer der letzten beiden Überlebenden der Mississippi-Superdampfer*

# ⑩ Nashville

Nashville – schon der Name verbreitet Wohlklang, heißt es, aber so angenehm er sein mag, beim Anblick der realen Stadt (627 000 Einwohner) macht sich erst mal Nüchternheit breit. Dennoch gibt es Aufwärtstrends, der Broadway zum Beispiel. Diese einst schäbige *(seedy)* Gegend ist langsam wieder im Kommen. Auffällig über allem thront das 192 Meter hohe, mächtige **AT&T Building**, wegen seiner seitlichen Spitzenaufsätze im Volksmund auch Batman Building genannt, und gegenüber **The Pinnacle at Symphony Place** und das **Schermerhorn Symphony Center**. Kühn sogar und mit Glasturm: die **Bridgestone Arena**, eine Mehrzweckhalle für Konzerte und Sportveranstaltungen.

Auch und vor allem Lower Broad, der dem Fluss zugewandte Teil der Straße, hat sich gemausert. Hier waren ohnehin schon tapfere Oldtimer zu Hause, der Ernest Tubb Record Store oder Tootsie's Orchid Lounge. Seit einiger Zeit macht auch die auf den ersten Blick völlig unscheinbare **Robert's Western World** von sich reden, eine unnachahmliche Combo aus Bar und *boot shop*, und andere *small joints*, in denen die sogenannten »B-boys« auftreten, Musiker aus der zweiten Reihe, die sich aber durchaus hören lassen können.

Nashvilles Selbstbewusstsein war stets ausgeprägt. Lange sonnte sich die Stadt im Ruf eines Athens des Südens, einer wegen seiner zahlreichen Bildungseinrichtungen und kulturfreundlichen Gesinnung geachteten Hochburg. Dem sollte auch der Nachbau des **Parthenon** in Originalgröße Ausdruck verleihen. Seit 1931 umschließen 46 dorische Säulen den Bau, der heute vielen Kunstgalerien und wechselnden Ausstellungen einen würdigen Rahmen bietet, gelegentlich auch klassischem Theater.

Das Kultur-Image wurde abgelöst durch das der Finanzen. Die Konzentration von Banken und Versicherungen machte Nashville zur *Wall Street of the South*. Die Geldinstitute führen nach wie vor die Wirtschaft an, dicht gefolgt von der Gesundheitsindustrie und dem Druckereigewerbe, das insbesondere den religiösen Markt bedient – mit Bibeln am laufenden Band. Zusammen mit seinen sage und schreibe 700 Kirchen ist Nashville eine feste Burg der Fundamentalisten, eine Art Vatikan der Protestanten, ja, die Schnalle im Bibelgürtel. Und während man in Las Vegas zum Beispiel auf der Straße kleine Infozettel mit einschlägigen Adressen von Nude Shows oder Bordellen zugesteckt bekommt, werden in Downtown Nashville hier und da kleine Bibelsprüche verteilt, die denen der alten Pfuschlexika für die Lateinarbeit ähneln.

Ein in alles in allem weiter Weg, wenn man an die bescheidenen Anfänge des **Fort Nashborough** denkt, mit dem die Stadt 1779 ihren Ausgang nahm. Wer über Broadway hinunter zum Cumberland River spaziert, trifft auf das alte Fort. Bescheiden steht es da, solide mit wehrhaftem Palisadenzaun.

*Ryman Auditorium in Nashville, die neugotische »Mutterkirche« der Country Music*

Wie sich die Zeiten geändert haben! Music City U.S.A., das Nashville von heute, hat ja ganz andere Grundlagen. Man sieht sie nicht, aber man kann sie hören. »Diese Stadt ist auf Songs gebaut«, weiß ein erfolgreicher Musikproduzent. Musiker, Plattenfirmen, Studios, Musikverleger und Agenturen – in Nashville wimmelt es davon. Hinter Los Angeles belegt die Stadt Platz zwei auf der Skala der amerikanischen Musikindustrie. Die rustikale Holzfällersiedlung schottischer und irischer Pioniere wandelte sich längst zur Großstadt des klingenden Kapitals. Dabei war das lukrative Geschäft mit den C&W-Noten keineswegs vorauszusehen. Die spröde Musik der Hinterwäldler stand nicht gerade hoch im Kurs. Was diese Leute aus den verschlafenen Bergnestern von Tennessee, Kentucky und den Carolinas vortrugen, war eben *hillbilly* oder *bluegrass sound*, schlichte Klänge von Tennen und

*Nashvilles Cumberland-River-Panorama: links das AT&T Building, rechts daneben The Pinnacle*

Scheunen – nichts Feines fürs Ohr und schon gar nichts für den Export. Und so lag zu der Zeit, als der Rock'n' Roll Ende der 50er Jahre Wirkung zeigte, Nashville musikalisch noch im Tiefschlaf. Viele im lokalen Musik-Establishment waren sogar sauer auf Elvis, weil sie glaubten, sein »Heartbreak Hotel« zum Beispiel würde ihrer Musik die Schau stehlen und ihnen das Geschäft vermasseln.

Aber genau das Gegenteil trat ein. Der Rock'n'Roll leitete den bis heute ungebrochenen Boom der Countrymusic ein. Elvis, Jerry Lee Lewis, Buddy Holly oder die Everly Brothers gewöhnten Millionen von jungen Zuhörern an einen Sound, der bis dahin allenfalls älteren Farmern das Herz erwärmte. Dieser musikalische Trittbrettfahrer-Effekt hielt in den 60er und 70er Jahren an, denn Bob Dylan, Linda Ronstadt oder Gruppen wie Buffalo Springfield, Creedence Clearwater Revival, The Band und The Eagles boten – instrumental und textlich – populäre Annäherungen an die C&W-Musik. Dabei leisteten Radiosendungen und TV-Shows (vor allem die von Johnny Cash) Schützenhilfe. Cash war überhaupt eine der zugkräftigsten Integrationsfiguren, weil er zwischen älterem und jüngerem Publikum vermittelte. Für die Teens und Twens spielte er mit Joni Mitchell und Bob Dylan zusammen, und den gereifteren Jahrgängen bot er Lagerfeuer-Romantik und todtraurige Geschichten aus den Pionierzeiten des Wilden Westens im Sprechgesang.

Seither ist C&W dick im Geschäft. Robert Altmans bissiger Hollywoodfilm »Nashville« hat daran nichts ändern können. Millionen Besucher strömen jährlich herbei, um den Nashville Sound mal am eigenen Leibe zu spüren und dabei den Stars so nah wie möglich zu sein, am liebsten natürlich im Bayreuth der Branche, in der **Grand Ole Opry**. Sie ist seit Längerem aus dem altehrwürdigen **Ryman Auditorium** in einen aufwendigen, mit hochmoderner Elektronik ausgestatteten Konzertsaal umgezogen. Freitags- und samstagsabends geht hier die älteste Radioshow der Welt über die Bühne, mit Top-Stars am laufenden Band, live für den Kanal 650 WSM: eine zwei- bis dreistündige perfekte Mischung aus mitreißender Musik, andächtigem Starkult und aggressiver Werbesendung vor der malerischen Kulisse der roten Scheune.

Wer keine Tickets bekommen hat, am »falschen« Tag in Nashville ist oder die andauernden *commercials* während der Show in der Opry nicht ertragen kann, den versorgt die Stadt auch sonst reichlich mit Musik, in den zahlreichen Bars, Tanzlokalen und Restaurants. Die meisten Aufnahmestudios konzentrieren sich an der Music Row, einer Quadratmeile im Süden von Downtown, wo die Talente und Aufsteiger Schlange stehen. »Ein guter Song«, erklärt ein Produzent, »bleibt in dieser Stadt nicht länger als fünf Minuten geheim. Die meiste Zeit suche ich nach so einem. Es ist wie in einer Diamantmine. Oft muss man erst zehn Tonnen Dreck wegschaufeln, bevor man einen Edelstein findet.« Was soll's, das *show biz* von Nashville blüht durchaus auch mit manchem Halbedelstein. Dasselbe gilt für seine unmittelbare Umgebung, wo sich die Stars, unter ihnen Roy Acuff, Barbara Mandrell, Conway Twitty, Johnny Cash und Loretta Lynn, ihre Villen oder Ranches zu ganzen musikalischen Vergnügungsparks ausgebaut haben. Musikliebe und Reiselust – auf den Punkt gebracht.

Nahe der Grand Ole Opry soll bis zum Sommer 2014 ein neuer großer Themenpark entstehen. Der erste **Wasser-und-Schnee-Park** in den USA ist ein gemeinsames Projekt des Freizeitparks Dollywood, den die Country-Ikone Dolly Parton betreibt, und von Gaylord Entertainment. Der Fokus wird im Sommer auf »energiegeladenen Aktivitäten« mit Wasser liegen, im milden Winter der Südstaaten auf künstlichem Schnee.

*Solo in der Bull Pen Lounge*

---

### Service & Tipps:

**ℹ Nashville Convention & Visitors Bureau**
150 4th Ave. N., Suite G-250
Nashville, TN 37219

☎ (615) 259-4730, 1-800-657-6910
www.nashvillecvb.com

**ℹ Nashville Visitor Information Center**
501 Broadway (im Glasturm der

Bridgestone Arena)
Nashville, TN 37203
℘ (615) 259-4747, tägl. 8.30–17.30 Uhr
Infos, Reservierungen, verbilligte
Tickets.

### 🏛 Country Music Hall of Fame & Museum
222 5th Ave. S., Nashville, TN 37203
℘ (615) 416-2001, 1-800-852-6437
www.countrymusichalloffame.com
Tägl. 9–17 Uhr, Eintritt $ 24/17
Spektakulärer, knapp 40 Millionen
Dollar teurer Neubau des Mauso-
leums der C&W-Musikgeschichte –
Kostüme, Instrumente, Filme und TV-
Clips. Hörproben kann man sich auf
CD brennen lassen; Chancen für neu
aufgelegte, bisher vergriffene Platten.
Unter den Highlights auch der *solid
gold cadillac* und der ebenso goldene
Flügel von Elvis Presley.

### 🎦 Historic RCA Studio B
222 5th Ave. S., Nashville, TN 37219
℘ (615) 416-2096, www.countrymusic
halloffame.com/studiob
Tägl. 10.30–14.30 Uhr, Eintritt $ 35/
26 inkl. Country Music Hall of Fame
Nach der Country Music Hall of Fame
kann man das historische Plattenstu-
dio, auch *Home of a 1000 Hits* genannt, besuchen. In dem 1957 eröffneten (und 1977 geschlossenen) Stu-
dio nahmen u.a. Elvis Presley, Char-
ley Pride, Roy Orbison und Dolly Parton Platten auf.

### 🏛 Tennessee State Museum
505 Deaderick St. (James K. Polk Cultural Center), Nashville, TN 37243
℘ (615) 741-2692, www.tnmuseum.org
Di–Sa 10–17, So 13–17 Uhr
Eintritt kostenlos
Breites Spektrum der Landesgeschichte – von Sam Houstons Gitarre
über den Conestoga-Planwagen und
Blockhütten, prähistorische Funde bis
zum Bürgerkrieg und den Suff-
ragetten.

### 🎦 Frist Center for the Visual Arts
919 Broadway, Nashville, TN 37203
℘ (615) 244-3340, www.fristcenter.org
Mo–Mi und Sa 10–17.30, Do/Fr 10–21,
So 13–17.30 Uhr, Eintritt $ 10
Wechselnde Ausstellungen bedeuten-
der lokaler, regionaler und landes-
weiter Kunst einerseits und interna-
tionaler Kunst andererseits. Im frühe-
ren Hauptpostamt der Stadt, einem
prächtigen Jugendstilgebäude.

### 🎦 🏛 ✿ The Hermitage
4580 Rachel's Lane
Hermitage, TN 37076
℘ (615) 889-2941
www.thehermitage.com
Anfang April–Mitte Okt. tägl. 8.30–17
Uhr, sonst 9–16.30 Uhr, Eintritt $ 18/8
Haus von Andrew Jackson, dem 7.
US-Präsidenten, der hier zwischen
1804 und 1845 lebte. Heute Museum,
umgeben von Gärten, originalen Holz-
hütten, Jacksons Grab, einer alten Kirche und einem Konföderiertenfried-
hof. Jackson war einst der reichste
Baumwollfarmer in der Umgebung
von Nashville.
**Anfahrt:** I-40 nach Osten, Exit Old
Hickory Blvd., rechts an Rachel's
Lane.

### 🎦 Belle Meade Plantation
5025 Harding Pike
Nashville, TN 37205
℘ (615) 356-0501, 1-800-270-3991
www.bellemeadeplantation.com
Mo–Sa 9–17, So 11–17 Uhr
Eintritt $ 16/8
Restaurierter Landsitz eines berühm-
ten Pferdezüchters im Greek-Revival-
Stil (1853), auch bekannt als die
»Queen of the Tennessee Plantations«.
Verschiedene Wirtschaftsgebäude,
Weingut (Weinproben nach Führung).
**Anfahrt:** 11 km südwestl. der Stadt
über Broadway, der zu West End Ave.
(am Parthenon vorbei) und Harding
Rd. (US 70 S) wird.

### 🎦 Fort Nashborough
170 First Ave. N. (Riverfront Park)
Nashville, TN 37201
℘ (615) 862-8400
Di–So 9–16 Uhr, Eintritt kostenlos
Rekonstruiertes Gründungsfort der
ersten Pioniere Ende des 18. Jh.

### 🏛 The Parthenon
West End Ave. (Centennial Park)
Nashville, TN 37203
℘ (615) 862-8431, www.parthenon.org
Di–Sa 9–16.30, im Sommer auch So
12.30–16.30 Uhr, Eintritt $ 6/4
Eins-zu-eins-Nachbau des griechischen Parthenons, der heute die städtische Kunstsammlung beherbergt.

Ryman Auditorium, Nashville, Tennessee

*Light-Show-Spektakel im Opryland Hotel, Nashville*

### ⊙ ⛪ Ryman Auditorium
116 5th Ave. N.
Nashville, TN 37219
✆ (615) 889-3060 www.ryman.com
Tägl. 9–16 Uhr, Eintritt $ 14/9, Backstage-Tour $ 18/13
Die neugotische »Mutterkirche« der Countrymusic wurde von einem Kapitän als religiöses Tabernakel finanziert, tatsächlich aber als Konzerthalle für Livemusik genutzt (1943–74). Tagsüber Museum. Backstage-Führungen.

### 🚌 Gray Line Tour »Homes of the Stars«
2416 Music Valley Dr.
Nashville, TN 37214
✆ (615) 883-5555, 1-800-251-1864
www.musiccitytours.com
www.graylinenashville.com
13 verschiedene Stadtrundfahrten täglich, darunter die Tour »Homes of the Stars« (ca. 3 ½ Stunden plus Abholzeit vom Hotel). Schauen, wo die Stars wohnen! Oder die Jack Daniel's Distillery, die Grand Ole Opry etc. besuchen.

### 🛍 ⊙ Opry Mills
433 Opry Mills Dr.
Nashville, TN 37214
✆ (615) 514-1100
www.oprymills.com
Mo–Sa 10–21, So 11–18 Uhr
»Entertailing« oder »Shoppertainment« – beides steht für eine Mischung aus Shopping und Unterhaltung, das in Opry Mills umgesetzt wird, eine neue Mega-Mall der Mills Corporation und der Gaylord Entertainment Company, der unter anderem das Grand Ole Opry, das Opryland Hotel und Opryland Productions gehörten. Auf einer Fläche, die 23 Football-Feldern entspricht, werben 200 Anbieter um die Gunst der Kunden.

Der besondere Clou dabei ist *interactive shopping*: Kunden können bei der Herstellung der Produkte zusehen, mitmachen oder sie vor dem Kauf gleich vor Ort testen.

So schaut man bei der **Gibson Guitar Corporation** den Gitarrenbauern über die Schulter, beobachtet bei **Apple Barn & Cider Mill**, wie allerlei süße Verführungen produziert werden, bastelt beim **Build-A-Bear** Workshop seinen eigenen Teddybär

oder testet bei **Sun & Ski Sports** neues Equipment für die Kletterwand.

### 🛍 Ernest Tubb Record Shop
417 Broadway, Nashville, TN 37203
✆ (615) 255-7503
www.etrecordshop.com
Einschlägiger C&W-Musikladen.

### 🛍 RiverGate Mall
1000 Rivergate Pkwy. (I-65 N., Exit 96)
Goodlettsville, TN 37072
# (615) 859-3458
www.rivergate-mall.com
Mo–Sa 10–21, So 12–18 Uhr
Einkaufszentrum im Norden von Nashville. Vier Kaufhäuser, 150 Geschäfte, 15 Restaurants.

### 🛍 Manuel American Design
1922 Broadway, Nashville, TN 37203
✆ (615) 321-5444
www.manuelcouture.com
Mo–Fr 9–18 Uhr
Sa bei Voranmeldung
Für Western-Wear-Fans.

### 🛍 ⊙ Hatch Show Print
316 Broadway, Nashville, TN 37201
✆ (615) 256-2805
http://store.countrymusichalloffame.com/categories/hatch-show-print
Druckereiladen, wo noch per Hand gearbeitet wird. T-Shirts, Poster, Bücher und weitere Bekleidung aus »Music City USA«. Einst wurden hier die Poster für die Grand Ole Opry gedruckt.

### ✗ Pancake Pantry
1796 21st Ave. S.
Nashville, TN 37212
✆ (615) 383-9333
http://thepancakepantry.com
Mo–Fr 6–15, Sa/So 6–16 Uhr
Seit über 50 Jahren stehen hier die Nashvillians geduldig Schlange – zum Frühstück und zum Lunch. Es lohnt sich eben! Die *cheese blintzes* z. B. sind Spitze. $

### ✗ 🍸 Café One Two Three
123 12th Ave., Nashville, TN 37202
✆ (615) 255-2233, So geschl.
Gemütlich ausgeleuchtet und *hip*: kreative amerikanische Küche. Cocktail Lounge. Nur Dinner.
$$–$$$

## Midtown Cafe

102 19th Ave. S., Nashville, TN 37203
✆ (615) 320-7176
www.midtowncafe.com
Intim und freundlich: frische Meeresfrüchte, Lamm, *crab cakes*. Lunch ($)
Mo–Fr, Dinner tägl. $$$

## Sunset Grill

2001 Belcourt Ave.
Nashville, TN 37212
✆ (615) 386-3663
www.sunsetgrill.com
Bistro mit einfallsreichen Gerichten
und kalifornisch dominierter Wein-
karte. Lunch und Dinner. Abends
Reservierung empfohlen. $–$$

## The Stock Yard Restaurant

901 2nd Ave. N. & Commerce (Downtown), Nashville, TN 37201
✆ (615) 255-6464
www.stock-yardrestaurant.com
Gute Steaks und Seafood; Live-Entertainment. Renommierter Weinkeller!
Nur Dinner. $$$

## The Merchant's Restaurant

401 Broadway St., Nashville, TN 37203
✆ (615) 254-1892
www.merchantsrestaurant.com
Beliebtes Restaurant in einem histori-
schen Hotel in Downtown. Bei gutem
Wetter kann man auch draußen sit-
zen. Amerikanische Küche, große
Auswahl an Fisch- und Fleischgerich-
ten. Cocktail Lounge. Lunch ($) und
Dinner. $$–$$$

## Nashville Palace

2611 McGavock Pike
Nashville, TN 37214
✆ (615) 889-1540
www.nashvillepalace.net
Populär, neue Talente, Tanz. Zwi-
schen 17 und 22 Uhr gibt es was zu
essen. ($–$$)

## Wildhorse Saloon

120 2nd Ave. N., Nashville, TN 37201
✆ (615) 902-8200
www.wildhorsesaloon.com
Groß und beliebt: Country Disco, Mix
aus Video- und Live-Entertainment.
Restaurant und Bar.

## Grand Ole Opry

2804 Opryland Dr.
Nashville, TN 37214
✆ (615) 871-6779, 1-888-777-6779
www.opry.com
Shows Fr/Sa
Größtes Musikstudio der Welt, nach-
dem die populäre Radioshow 1974
aus dem Ryman Auditorium in diese
moderne Konzerthalle mit 4400 Sit-
zen umgezogen ist.
Fr/Sa: zweieinhalb Stunden C&W-
Show vor der Kulisse der berühmten
Scheune. Tickets: Grand Ole Opry
Ticket Office.

## Ernest Tubb Midnite Jamboree

2416 Music Valley Dr. (Texas Trouba-
dour Theatre)
Nashville, TN 37214
✆ (615) 889-2474
www.etrecordshop.com
Sa um Mitternacht live Country
Music Radio Show.

## Station Inn

402 12th Ave. S. (Downtown)
Nashville, TN 37203
✆ (615) 255-3307
www.stationinn.com
Tägl. 19–1 Uhr
Club mit Livemusik: vor allem Blue-
grass. Sonntagabends kostenlose
Bluegrass Jam Session.

## Tootsie's Orchid Lounge

422 Broadway, Nashville, TN 37203
✆ (615) 726-0463
www.tootsies.net
Tägl. 10–2 Uhr morgens
Museum und Nachtclub: berühmte
Country Music Bar.

## Robert's Western World

416 B Broadway
Nashville, TN 37203-3931
✆ (615) 244-9552
www.robertswesternworld.com
Mo–Sa 11–3, So 12–3 Uhr
Combo aus Musikkneipe, Bar und
Schuhladen – typisch für die Country-
Szene von *Lower Broad*. So 10.30 Uhr
*Sunday Morning Gospel Fellowship.*

## The Bluebird Café

4104 Hillsboro Rd.
Nashville, TN 37215-2700
✆ (615) 383-1461
www.bluebirdcafe.com
Bekannte Adresse zum Musikhören:
kleiner Raum, Kleinigkeiten zum
Essen (auch Vegetarisches).

# ⑪ Oak Ridge

Das kleine Oak Ridge, dessen Labors im Y-12-Komplex bei der Entwicklung der Atombombe im Rahmen des **Manhattan Project** mitmischten, gilt als ein Beispiel dafür, wie unbemerkt eine Gruppe von Naturwissenschaftlern unversehens in ein ursprünglich rein agrarisches Umfeld eindringen konnte. Viele Dollar aus Washington halfen beim Aufbau der im Zweiten Weltkrieg geheim gehaltenen Forschungsarbeiten. Regierungsagenten erkoren diesen abgelegenen Winkel für die Herstellung von Uran 235 aus, denn die dünn besiedelten Täler und Höhenzüge ebenso wie große Regenmengen kamen ihren Sicherheitsvorstellungen entgegen.

1949, vier Jahre nach dem Abwurf der Bombe über Japan, ließ man die Katze aus dem Sack und gab sich der Öffentlichkeit zu erkennen. Noch heute gehört in »Atomic City« das **Oak Ridge National Laboratory** zu den wichtigsten Nuklearforschungsstätten und in Y-12 wird Uran für die Entwicklung und den Bau von Nukleargeräten, -waffen und anderen diesbezüglichen Technologien angereichert, verarbeitet und gelagert. Hochangereichertes Uran aus Oak Ridge dient beispielsweise als Treibstoff für die atomgetriebenen Flugzeugträger und U-Boote der US-Marine.

*Service & Tipps:*

ℹ️ **Oak Ridge Convention & Visitors Bureau**
102 Robertsville Rd., Suite C
Oak Ridge, TN 37830
✆ (865) 482-7821, 1-800-887-3429
www.oakridgevisitor.com

🏛️📷 **American Museum of Science & Energy**
300 S. Tulane Ave., Oak Ridge, TN 37830
✆ (865) 576-3200, www.amse.org
Mo–Sa 9–17, So 13–17 Uhr
Eintritt $ 5/3
Interaktives, vielseitiges Museum zu Technik und Wissenschaft beim Bau der Atombombe und der Geschichte von Oak Ridge.

📷 **New Hope Visitors Center at Y-12**
602 Scarboro Rd.
Oak Ridge, TN 37830
✆ (865) 574-3280, www.y12.doe.gov
Mo–Do 8–17 Uhr, Eintritt frei
Besucherzentrum und Museum vor den Toren des Y-12-Komplexes, eines der wichtigsten Bereiche des Manhattan Project.

❌ **Flatwater Grill**
100 Melton Lake Peninsula
Oak Ridge, TN 37830
✆ (865) 813-4120
www.theflatwatergrill.com
Schön gelegenes Restaurant am Clinch River. Mo–Fr Lunch ($), Mo–Sa Dinner, So Brunch. $–$$

# ⑫ Pigeon Forge

Dank **Dollywood** und anderen Country-Theatern ist der ehemals stille Bergort regelrecht aus den Fugen geraten und zu einem Imperium der Familienunterhaltung mutiert – mit Fun Parks und Shopping Outlet Malls ohne Ende.

*Service & Tipps:*

ℹ️ **Pigeon Forge Department of Tourism**
2450 Parkway
Pigeon Forge, TN 37868
✆ (865) 453-8574 oder 1-800-251-9100
www.pigeonforge.com

🏛️ **Titanic – The World's Largest Museum Attraction**
2134 Parkway, Pigeon Forge, TN 37863
✆ (865) 868-1197, 1-800-381-7670
www.titanicpigeonforge.com
Eintritt $ 21.50/11
Die »Titanic« wurde in dem im April 2010 eröffneten Museum im Maßstab

1:2 gebaut, allerdings nur das halbe Schiff. Empfehlenswerte Ausstellung mit viel Liebe zum Detail.

### ⚫ ⬤ 🏛 Dollywood
1020 Dollywood Parks Blvd., 1 Meile
nordöstl. von US 441
Pigeon Forge, TN 37863
☎ (865) 428-9488, 1-800-365-5996
www.dollywood.com
Im Sommer tägl. 9–19 bzw. 20 Uhr
Eintritt $ 56/44
Dolly Parton entwarf und leitet diesen Themenpark, der sich des Erbes der Smoky Mountains annimmt: im Crafters' Valley Läden mit viel Folklore, Jahrmarktattraktionen, live Countrymusic und einem Museum, das Dolly Partons Karriere nachzeichnet. Dazu gehört auch der große Wasserpark **Splash Country**.

### 🎵 Country Tonite
129 Showplace Blvd.
Pigeon Forge, TN 37863
☎ (865) 453-2003, 1-800-792-4308
www.countrytonitepf.com

Tickets $ 24/19, genaue Zeiten erfragen
Die Nr. 1 unter den Shows der Stadt: mitreißende Countrymusic, spaßige Gags und hinterher mischen sich die Stars im Foyer unter das Publikum.

### 🍴 ✕ Dolly Parton's Dixie Stampede
3849 Pkwy.
Pigeon Forge, TN 37868
☎ (865) 453-4400, 1-800-356-1676
www.dixiestampede.com
Eintritt $ 44/25, genaue Zeiten erfragen
Tolle Dinnershow mit atemberaubender Artistik und viergängigem Menü (auch vegetarisch).

### 🍴 ✕ Lumberjack Feud Dinner Show
2713 Pkwy.
Pigeon Forge, TN 37863
☎ (865) 428-8688, 1-855-244-3383
www.lumberjackfeud.com
Eintritt $ 40/17, ohne Dinner $ 27/10
Genaue Zeiten erfragen

*»Old Mill Area« von Tennessee: Pigeon Falls*

Holzfällershow mit flotter Musik, unterhaltsamem Klamauk und herzhaftem Dinner.

**Tipp:** Wenn man einmal in Pigeon Forge ist, kommt man online, im Visitor Center oder im Hotel leicht an Coupons für verbilligte Tickets. Kauft man die Tickets für zwei oder drei Shows in Pigeon Forge gleichzeitig, erhält man auch oft Rabatt.

⊠ **Bullfish Grill**
2441 Pkwy.
Pigeon Forge, TN 37863

✆ (865) 868-1000
http://bullfishgrill.com
Hervorragendes Grill- und Seafood-Restaurant an der touristischen Meile. $$

⊠ **Old Mill Restaurant**
175 Old Mill Ave.
Pigeon Forge, TN 37868
✆ (865) 429-3463, 1-877-653-6455
www.oldmillsquare.com/restaurant.htm
Neben der alten Mühle: Südstaatenküche, gemütliches Ambiente. Lunch ($) und Dinner. $–$$

## ⑬ Tennessee Overhill

Tennessee Overhill, eine gering besiedelte Region im südöstlichen Tennessee, punktet mit den bewaldeten Bergen und reizvollen Tälern, den rauschenden Flüssen und stillen Seen des **Cherokee National Forest**. Gewundene kleine Country Roads führen zu den Ausgangspunkten von Wanderwegen, zu interessanten Museen und historischen Stätten der Cherokee Nation und der europäischen Einwanderer, die diese Ecke des Landes ihre Heimat nannten. Zu den populärsten Freizeitaktivitäten zählen Wildwasser- und Floßtrips auf Ocoee und Hiwassee River.

*Service & Tipps:*

ℹ **Tennessee Overhill**
L & N Depot, First Floor
727 Tennessee Ave./Hwy. 411
Etowah, TN 37331
✆ (423) 263-7232, 1-877-510-5765
www.tennesseeoverhill.com
Das südöstliche Tennessee punktet durch seine reizvollen Landschaften mit rauschenden Bächen, bewaldeten Bergen und stillen Seen. Gewundene kleine Country Roads führen durch Dörfer und Wälder zu feinen Museen und historischen Stätten.

**Webb Brothers Country Store**
3708 Hwy. 30, Reliance, TN 37369
✆ (423) 338-2373, 1-877-932-7238
www.webbbros.com
Seit über 75 Jahren: Ein gemütlicher Laden für Reiseverpflegung und Souvenirs sowie eine kleine Tankstelle verlocken zu einem Päuschen (innerhalb des Cherokee National Forest).

Harold Webb bietet familientaugliche Wildwasserfahrten auf Flößen, mit großen Reifen und in aufblasbaren Kajaks auf dem idyllischen Hiwassee River. Viel Erholung versprechen zudem die Übernachtungen in seinem liebevoll restaurierten, nostalgischen Bahnwärterhäuschen auf der anderen Talseite ($$).

**Sequoyah Birthplace Museum**
576 Hwy. 360
Vonore, TN 37885
✆ (423) 884-6246
www.sequoyahmuseum.org
Kleines, aber feines Museum zur Geschichte der Cherokee im östlichen Tennessee anhand der persönlichen Lebensgeschichte des Sequoyah, des Sohns einer Cherokee-Häuptlingstochter und eines Pelzhändlers aus Virginia. Sequoyah hatte 1821 mit Erfolg ein Alphabet für die Cherokee-Sprache eingeführt. Guter Museumsladen.

# Vista Point Route
# durch die Südstaaten

# ❶ Willkommen und Abschied
## Von Atlanta nach Athens

### Route: Atlanta (Rundgang); Atlanta – Athens (110 km/68 mi)

| | |
|---|---|
| **Vormittag** | In Atlanta **Peachtree Center**, mit **MARTA** zur New World of Coca-Cola. |
| **Mittag** | **Underground Atlanta, Georgia Aquarium.** |
| **Nachmittag** | **Ponce de Leon Ave.** (US 78 East) nach **Athens**. (Fahrzeit: ca. 2 Std.) |

*Einen Stadtplan und weitere Informationen zu Atlanta finden Sie auf S. 18 ff.*

*Mega-Thorax: Lobby im Marriott Marquis Hotel, Atlanta*

Ende des 15. Jahrhunderts begleitet der Spanier Ponce de León Kolumbus auf dessen zweiter Expedition nach Amerika. Er wurde später Gouverneur von Boriquen (Puerto Rico, 1510-12) und er-hielt 1512 von der spanischen Krone den Auftrag, nördlich von Kuba den Jungbrunnen zu suchen. Entsprechend erwartungsvoll beginnt unsere Reise durch die Südstaaten auf der Ponce de Leon Avenue (oft liebevoll »ponzi« gesprochen) stadtauswärts nach Osten – auf jener Grenzlinie, die die Wohnviertel der Schwarzen von denen der Weißen trennt. Die Nordseite der Straße ist traditionell weiß, die Südseite schwarz. Die meisten Straßen, die Ponce de Leon kreuzen, wechseln auf mysteriöse Weise ihre Namen, weil die weißen Anwohner nicht den Eindruck erwecken wollen, im Viertel der Schwarzen zu wohnen und umgekehrt.

Schon nach wenigen Minuten schimmern die weißen Konturen der ersten Südstaatenhäuser durch die alten Bäume, die Skulpturen aus Blattwerk ähneln, so sehr hat sie der Kudzu, der »grünen Würger«, überwuchert. Nach einer Weile taucht – wie eine Fata Morgana – plötzlich der glatzköpfige Felsdom des **Stone Mountain** (s. S. 31) auf, so monolithisch, als sei er der Ayers Rock von Georgia.

Die Universitätsstadt **Athens** (s. S. 49 f.) spielt den Part der Ouvertüre zur Reise: atmosphärisch mit ihrem geruhsamen Kleinstadtcharakter, kulinarisch durch die vielleicht erste Berührung mit *jambalaya*, *grits* und *gumbo*.

**Alternativen:** Es spricht vieles dafür, nach der Landung in **Atlanta** am Nachmittag die Stadt gleich zu verlassen und schnurstracks nach **Athens** zu fahren: Flughafen, US 85 North, US 78. Die zwei Fahrstunden bringen bereits erste typische Eindrücke vom ländlichen Georgia und den Vorteil, abends noch ein bisschen in dem kleinen Ort umherlaufen zu können – statt im klimatisierten Peachtree Center. Außerdem »spart« man noch einen ganzen Reisetag. (Für Camper bietet sich diese Lösung ohnehin an.) Atlanta kann man sich auch am Ende der Reise ansehen, vgl. Route 17.
– Der schnellere, weil mehrspurige Weg von Atlanta nach Athens führt über die I-85 nach Norden und den Hwy. 316/US 29 (wird in Athens zur Epps Bridge Rd.), allerdings nicht am Stone Mountain vorbei.

# ❷ Blaue Berge

Durch die Blue Ridge Mountains nach Asheville, North Carolina

**Die Route**

## Route: Athens – Franklin – Cherokee – Asheville (381 km/238 mi)

| km/mi | Zeit | Route |
|---|---|---|
| 0 | 8.30 Uhr | In **Athens** US 441 nach Norden über Commerce, Homer, Cornelia, **Tallulah Gorge State Park** (zum Visitor Center und kurzer Spaziergang über einen der Trails zu den Aussichtspunkten), Clayton, Mountain City (hier lohnt ein kurzer Abstecher: dem Zeichen BLACK ROCK STATE PARK etwa 5 Min. bis zum Overlook folgen), Dillard, Franklin bis |
| 227/142 | 12.00 Uhr | **Cherokee**, Lunch und Museum (ca. 1 1/2 Std.). Über den **Blue Ridge Parkway** nach Osten (*nicht* beim ersten Hinweis auf ASHEVILLE abbiegen, sondern über den French Broad River hinwegfahren) und auf der US 25 nach Norden dem Schild zum |
| 378/236 | 16.00 Uhr | **Biltmore Estate** folgen, Besichtigung (ca. 2–3 Std.). – US 25 (Asheland St.) bis Patton Ave., diese rechts und an Haywood St. links nach Downtown |
| 381/238 | | **Asheville**. |

*Stichwort Mücken*
*Heimlich und meist unhörbar schleicht es näher: das Thema Mücken. Das bedeutet Furcht, Kampf und Leiden durch jene Mini-Vampire, die es fertigbringen, dass wir uns plötzlich um Körperteile wie Zehen und dergleichen so intensiv kümmern müssen wie sonst nie. Stehende Wasser, Schatten und milde Winter fördern diese lästige Brut, die an schlimmen Tagen abends die Kühlergrills wie Leichenwagen aussehen lässt.*

»Green, cool Asheville« – schwärmt die Dame des Hauses im schwülen Athens beim Abschied. Die Höhenlage der Stadt würde für trockenere Luft und Kühle sorgen: gute Aussichten auf das heutige Tagesziel.

Am Weg nach Norden liegt erst einmal das Örtchen **Commerce** mit einer Art Drive-in-Galerie für Südstaaten-Bauweise. Von pompösen Säuleneingängen bis zu verbretterten Buden gibt es hier auf engstem Raum die ganze Palette zu sehen. Das gilt auch für die Route, wo das Grün ab und zu von aufgeworfener roter Erde unterbrochen wird. Antiquitätenläden wechseln ab mit Gerümpel, Gemüsegärten mit Friedhöfen, Flohmärkte mit filigranen Viktorianern, die gut zu Hitchcocks »Psycho« passen würden.

Dann dampfen die ersten *boiled peanuts* an der Straße – in wuchtigen Eisenkesseln an schweren Ketten über offenem Feuer. Es sind ungeschälte Erdnüsse, die wie

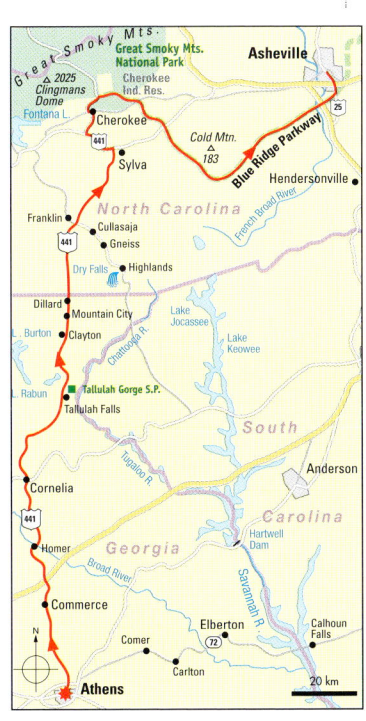

*Herbst am Blue Ridge Parkway*

*Die Bald River Falls im Westen des Cherokee National Forest* ▷

Bohnen schmecken. Mit riesigen Löffeln rühren die Köche darin herum und hoffen auf Kunden, die an ihren Ständen auf die Bremse treten. Dasselbe hoffen die Obsthändler: U PICK STRAWBERRIES ermuntert ein Schild Selbstversorger und Vitaminjäger. Dazwischen immer wieder *yard sales*, denn schließlich ist Samstag, und an diesem Tag räumt – jahraus, jahrein –

ganz Amerika seine Garagen leer, um die Oldies zu verhökern.

Ab **Cornelia** gewinnen die Georgia Mountains Kontur am Horizont, jene Bergregion, die findige Prospektoren und Digger in den ersten Goldrausch der USA versetzte. Dann werden sie langsam von den höheren Blue Ridge Mountains überlagert, deren südwestliches Ende in die Great Smoky Mountains übergeht.

Nächster Stopp: **Cherokee** (s. S. 39 f.), gewissermaßen die Hauptstadt der gleichnamigen Indianer. Hier beginnt der landschaftlich schönste Teil der heutigen Route: über den **Blue Ridge Parkway** (s. S. 36). Bald nach der Auffahrt nähert sich der Highway seinem höchsten Punkt und schlängelt sich zwischen steilen grünen Baumschneisen dahin, um dabei herrliche Ausblicke auf die bewaldeten Berghänge zu eröffnen, während dicht bei der Straße possierliche Opossums seelenruhig vor sich hin mümmeln. Schöner Vista Point für Fotos: Looking Glass Rock. **Asheville** (s. S. 34 ff.) liegt jetzt praktisch um die Ecke – kühle Luft, gute Restaurants, komfortable Hotels.

**Extras und Alternativen:** Wer mehr von den Bergen haben will, der sollte eine zusätzliche Übernachtung in **Dillard oder Franklin** einplanen, vor allem, um durch einen kleinen Abstecher einen der schönsten Seitenwege im Grenzgebiet zwischen Georgia und North Carolina kennenzulernen: das mit schönen Wasserfällen und tollen Aussichten reichlich gesegnete »Dreieck« zwischen Dillard, Highlands und Franklin, das, weil völlig »untouristisch«, durchaus noch als ein Geheimtipp gelten darf.

**Route:** Von Dillard (nördlich von Clayton, an der US 441) die grenzüberschreitende S 246/106 mit den Overlooks (Osage und Blue Valley) und den **Glen Falls** (halbstündige Wanderung) bis nach **Highlands** (mit 1400 m tatsächlich der höchstgelegene Ort östlich des Mississippi). Von dort die US 64 vorbei an weiterer Wasserfällen (**Dry Falls, Cullasaja Falls**) über Gneiss und Cullasaja nach Franklin, wegen der vielen Saphire und Rubine ringsum in den Bergen auch »Gem City U.S.A.« genannt.

**Zwei direkte Routen nach Charleston:**

**1.** Von **Athens** im kühlen Dunst der dampfenden Nebel und in schönem Morgenlicht Richtung Elberton, S 29, S 72 über Colbert nach Comer, wo das Schild WATSON MILL BRIDGE zum Umweg zu einem hübschen Creek und verführerischen Badeplatz am **Broad River** lockt. Von dort über Carlton wieder auf die S 72, über Elberton, das gepflegte Calhoun Falls nach **Abbeville, SC**; weiter über Greenwood, S 178 Business nach Saluda, S 387 Richtung Lexington/Columbia, S 1, I-20 und I-26 nach **Charleston**. Gesamtstrecke inkl. Lunchpause in Abbeville: 596 km, Fahrzeit: 7 Std.

**2.** Noch kürzer ist die Route über Washington, Augusta, Bamberg nach Charleston. Von **Athens**: US 78, I-20, US 78, US 178, I-26 (ca. 365 km, knapp 5 Std.).

## ❸ Grand Strand

Myrtle Beach, South Carolina

**Route: Asheville – Hendersonville – Myrtle Beach (531 km/ 332 mi)**

| km/mi | Zeit | Route |
|---|---|---|
| | 9.00 Uhr | **Asheville:** Besuch des **Thomas Wolfe Memorial** und kurzer Rundgang. |
| 0 | 10.00 Uhr | Ab **Asheville** I-240 West, I-26 South, I-26 East Richtung Hendersonville/Spartanburg. Ausfahrt Hendersonville; dort an Main St. links nach |
| 42/26 | | **Hendersonville**. Weiter über Main St. (US 25) nach Flat Rock, Little River Rd. rechts zum |
| 48/30 | 11.00 Uhr | **Carl Sandburg Home** (ca. ½ Std.). Weiter die US 25 zur I-26. Ausfahrt Nr. 28 (US 221), dann links den Schildern folgen zur |
| 138/86 | 12.30 Uhr | **Walnut Grove Plantation** (ca. 1 Std.). Zurück zur I-26 Richtung Columbia; dort I-20 Richtung Florence. Abbieger US 521 nach |
| 323/202 | | **Camden**, Mittagspause (ca. ¹/₂ Std.). Zurück auf I-20. Vor Florence I-95 (North) bis Ausfahrt Myrtle Beach; US 76 East, S 576, US 501 bis |
| 531/332 | 18.00 Uhr | **Myrtle Beach**. |

Gesäumt von rotem Mohn und gelben Butterblumen zieht sich der Highway von Asheville in Richtung **Hendersonville** (s. S. 43). Der hübsche Ort liegt in einer landschaftlich attraktiven Umgebung, wie sich bald herausstellt, denn die bewaldete Ausfallstraße Richtung Flat Rock führt in eine der ältesten Sommerfrischen in North Carolina voll knuffiger Häuschen, Motels und Golfplätze.

Mittendrin, malerisch an See und Wald gelegen, noch eine Dichterklause, das **Carl Sandburg Home** (s. S. 42), ein Farmhaus mit dem

klangvollen Namen »Connemara«, wo der Schriftsteller Carl Sandburg (1878–1967) mit seiner Familie die letzten rund 20 Jahre seines Lebens wohnte und dichtete, während sich seine Frau, Lilian »Paula« Steichen, um die Farm kümmerte und preisgekrönte Ziegen züchtete.

Der Highway, zunächst noch dem sanften Auf und Ab der bewaldeten Hügel verhaftet, wird jenseits der Grenze zu South Carolina und vor Spartanburg – wo die besten Pfirsiche der Welt gedeihen sollen – langsam, aber merklich flacher.

Die **Walnut Grove Plantation** (s. S. 121) bringt eine ebenso willkommene wie lehrreiche Abwechslung auf dem Weg zum Atlantik. Dabei ist diese erste Plantage auf der Reise eine ganz und gar ungewöhnliche im Vergleich zu den noch folgenden. Dennoch ist Walnut Grove ein typisches Beispiel einer frühen Plantage des *Upcountry*.

Dem kurzen historischen Lehrstück folgen lange Passagen über den Interstate Highway. Der Abzweig nach **Camden**, der ältesten Stadt (1733) im Hinterland von South Carolina, bietet die Gelegenheit zu einer kleinen Verschnauf- und Stärkungspause: eine unscheinbare, aber hübsche Kleinstadt, die sich stolz einen **Revolutionary War Park** hält. Die Abzweigung nach Myrtle Beach

bedeutet das Ende der Interstates. Im Nu weitet sich die *tunnel vision* der grünen Straßenschläuche zur freien Sicht auf das Land ringsum: Felder, einzelne markante Häuser, verrottete oder verrostete Wellblechhütten, aber stets tadellose Kirchen. Die Überquerung des fast zugewachsenen braunflüssigen **Pee Dee River** bringt jede Menge Entenflott zum Vorschein.

Dann folgt viel Jux am Highway: z.B. die zahllosen Reklameschilder für FIREWORKS. South Carolina gehört zu den Südstaaten, wo Pyromanen oder solche, die es werden wollen, Knallfrösche, Kracher und Kanonenschläge legal kaufen können.

Schlag auf Schlag geht es dem Wasser entgegen: Erst enthüllt eine Brücke über die seenartige Erweiterung des Waccamaw River eine aquatische Landschaft voller Taucher, Schwimmer, Angler und Bötchenfahrer, dann folgt die Überquerung des Intracoastal Waterway, jenes Schifffahrtswegs, der sich rund 3200 Kilometer an der Ostküste von Maine bis Miami hinzieht. Zuletzt tauchen grelle Schilder auf, dann das Grellste selbst, der Seaside Amusement Park, der Kirmesplatz in **Myrtle Beach** (s. S. 115 ff.), Treff der berühmt-berüchtigten Jugendkultur mitten im turbulentesten Seebad von South Carolina.

*»Low Tide« – die Atlantik-küste in Myrtle Beach*

## ❹ Urbane Karibik

### Charleston, South Carolina

**Route: Myrtle Beach – Georgetown – Charleston (168 km/ 105 mi)**

| km/mi | Zeit | Route |
|---|---|---|
| 0 | 10.00 Uhr | Von **Myrtle Beach** US 17 nach Süden. |
| 30/19 | | **Brookgreen Gardens**, Besichtigung (ca. 1 ½–2 Std.). |
| 66/41 | 13.00 Uhr | **Georgetown**. Von der US 17 im Ort links am Schild DOWNTOWN HISTORIC DISTRICT bis Front St. Besichtigung des **Rice Museum** und Lunch (ca. 1 ½ Std.). – Über Screven St. wieder auf US 17 bis |
| 150/94 | 15.30 Uhr | **Boone Hall Plantation**, Besichtigung (ca. 1 ½ Std.). |
| 168/105 | 17.30 Uhr | **Charleston**. Ausfahrt Meeting St., Schild DOWNTOWN folgen. |

Der erste Stopp: **Brookgreen Gardens** (s. S. 119). Dann folgen ruhigere Gefilde in der Höhe von Murrells Inlet und Pawleys Island. Die Brücke über den Intracoastal Waterway, diesen fortan treuen Reisebegleiter, eröffnet den ersten Weitblick auf die schöne Marschlandschaft, die das *Low country* prägt.

Doch so ganz ohne Dorn im Auge läuft die Sache nicht, denn über dem saftigen Grün qualmen bald die Papiermühlen von Georgetown, deren Geruch denn auch nicht lange auf sich warten lässt. Kein Wunder, schließlich ist der größte Teil des Landes bewaldet – Futter genug für den Papierhunger der Welt. Jenseits von Pee Dee und Black River macht der historische Kern von **Georgetown** (s. S. 113) dieses Defizit allerdings mehr als wett.

Screven, Broad oder Queen Streets führen auf die US 17 zurück, vorbei an hübschen alten Holzvillen, luftig umhüllt von Veranden, den *porches*. Deren Möblierung trägt der Hitze Rechnung: Wippen und Schaukelstühle, Bänke und Hängematten – *to catch the breeze*.

Der Santee River markiert die Nordgrenze des **Francis Marion National Forest**, der prompt dem Highway ästhetischen Auftrieb gibt – durch Zypressendickichte und abwechslungsreiche Perspektiven. Benannt ist das Sumpfgebiet nach Francis Marion, der seinen Spitznamen (»Swamp Fox«) seiner Ortskenntnis und List verdankt, mit denen er im Unabhängigkeitskrieg die Engländer ins Schwitzen brachte.

**Boone Hall Plantation** (s. S. 105 f.) liefert einen standesgemäßen Einstieg in die Pflanzerkultur rund um Charleston. Zuletzt noch eine schmale Brücke – dann **Charleston** (s. S. 98 ff.).

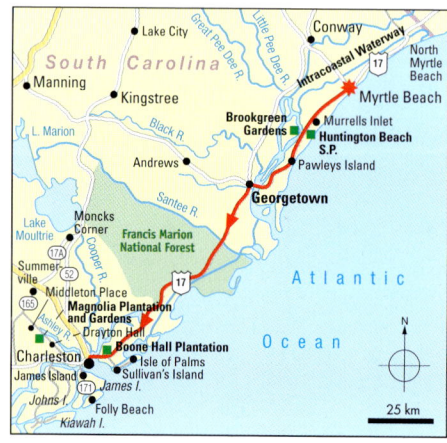

## ⑤ Piazzas und Plantagen
Charleston und Umgebung

### Die Route

### Programm: Charleston und Umgebung

| | |
|---|---|
| Vormittag | **Zu den Plantagen:** Broad oder Calhoun St. führen in westl. Richtung automatisch auf die Ashley River Bridge (US 17 South); an **Ashley River Road** (S 61) rechts und weiter rechts halten (S 61 North), braunen Schildern folgen bis **Drayton Hall** (Besichtigung: 1 knappe Std.). – Weiterhin River Rd. bis **Magnolia Plantation & Gardens** (Parken am Plantation House). Rundgang durch die Gärten und auf dem Rückweg, nahe der Ausfahrt, ein Besuch des **Audubon Swamp Park** (1 gute Std.). – River Rd. nach **Middleton Place** (ca. 1 Std.). – Zurück nach |
| Mittag | **Charleston** (Lunch und Pause). |
| Spätnachmittag | **Stadtrundgang**. |

Einen Stadtplan und Informationen zu Charleston finden Sie S. 98–110.

*Luftig umbaut wie die meisten Villen im Süden: Two Meeting Street Inn*

*Mond über Charleston:*
*Hugenottenkirche*

Morgens, wenn es noch kühl ist und die Jogger durch die noble Welt von Charleston traben, versteht man, warum die alten Pflanzer an den nahen Flussläufen bisweilen die Stadt ihren opulenten Landsitzen vorzogen: aus merkantilen Gründen, aber eben auch aus klimatischen.

So bewegt sich unser Morgenausflug zu den Plantagen landeinwärts in umgekehrter Richtung zu dem Weg der Landbesitzer, die es einst in den Sommermonaten

in ihre Stadthäuser drängte, um der schwülen Hitze und der Malariagefahr zu entrinnen – gemäß dem alten Sprichwort: »Im Frühling ist Carolina das Paradies, im Sommer die Hölle und im Herbst ein Krankenhaus.« Kurz, die Fahrt über die Ashley River Bridge führt nicht nur in die Vergangenheit, sondern auch in höhere Temperaturen.

Die von ausladenden Eichenkronen schattig überwölbte Ashley River Road zu durchfahren ist dagegen ein voller Genuss. Nicht auszudenken, dass hier einst Unionstruppen durchmarschierten und alles niedermachten, was an Plantagenkultur in mehr als anderthalb Jahrhunderten gewachsen war. Nach dem Dreiklang der Plantagen – **Drayton Hall, Magnolia** und **Middleton** (s. S. 107, 108) – kann man zum Lunch zurück nach Charleston fahren, um sich für einen Stadtrundgang zu stärken.

## 🔴 Southern Comfort
Savannah, Georgia

### Die Route

*Einen Stadtplan und Informationen zu Savannah finden Sie S. 80–88.*

**Route: Charleston – Beaufort – Savannah (200 km/125 mi)**

| km/mi | Zeit | Route |
|---|---|---|
| 0 | 9.00 Uhr | Ab **Charleston:** Meeting St. stadtauswärts; Calhoun St. links, die auf die US 17 nach Südwesten führt. Bei Gardens Corner geht es über S 21 links nach Beaufort; aber zunächst kurz über diese Kreuzung hinwegfahren und gleich rechts dem Schild OLD SHELDON CHURCH folgen; kurz darauf schimmern rechts im Wald die |
| 91/57 | | **Sheldon Church Ruins** (ca. ½ Std.). – Zurück zu Gardens Corner, dort US 21 rechts nach Beaufort: Schild HISTORIC DOWNTOWN folgen, Carteret St., an Bay St. rechts bis zum |
| 125/78 | 11.30 Uhr | Waterfront Park in **Beaufort** (Parken). Lunch und Rundfahrt (ca. ½ Std.) im Zickzack-Kurs: Bay St. Richtung Osten, links an New St., rechts an Craven, links an East St., rechts an Federal St. am **William Fripp** und **James Robert Verdier House**, links an Pinckney, rechts an King, dann links an Short St. vorbei zum **Paul Hamilton** und zum **Edgar Fripp House** und zurück. – Abfahrt von Beaufort: Richtung Port Royal S 281, 802, 170, US 17 ALT bis nach |
| 200/125 | 15.00 Uhr | **Savannah**. US 17 ALT führt direkt nach Downtown (Bay St.): **River Walk**. – Hotel-Check-in und anschließender Rundgang (ca. 2 Std.). |

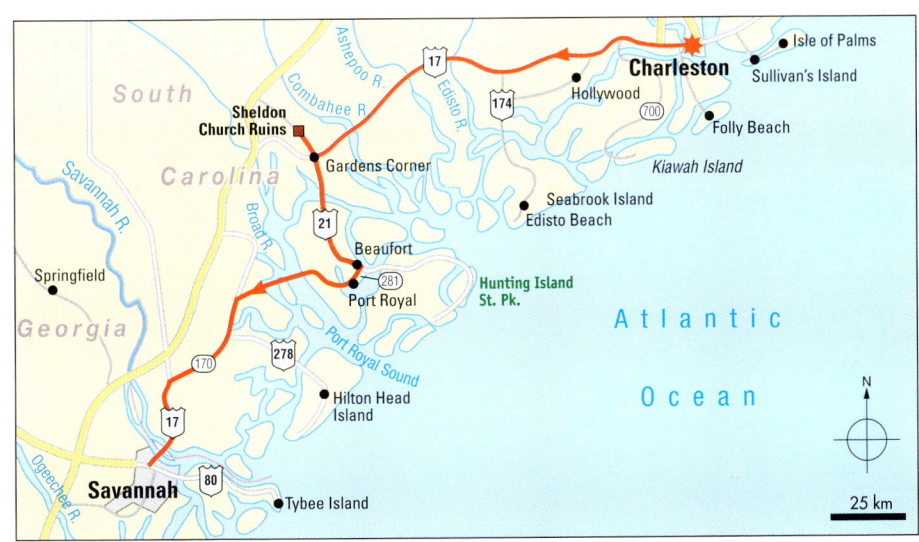

*Jekyll Island mischt Nord-see und Südsee, Herbes und Üppiges aufs Ange-nehmste*

Südlich des Ashley River löst sich Charleston langsam in Creeks und Marschwiesen auf. Doch dann wachsen wieder undurchdringlich scheinende Wände aus Kiefern und Zypressen zu beiden Seiten der Straße, jede Menge Holz, wie es für den Süden typisch ist. Nur gelegentlich sorgen simple Obst-stände und Verkaufsbuden für ein bisschen Abwechslung. Sie breiten das Füllhorn der Landesfrüchte

aus, üppige Wassermelonen oder Pfirsiche, süße Kartoffeln, Toma-ten, Erd- und Walnüsse.

Man muss schon genau aufpas-sen, um die ruinösen Reste der **Sheldon Church** (s. S. 109 f.) nicht zu verpassen, die sich hinter den Bäumen einer schön bewachsenen Seitenstraße verstecken. Hinter dem Abzweig nach Beaufort weitet sich, je näher das Meer rückt, der Blick auf Maisfelder, Marschen und den samtig-grünen Schlickbe-wuchs des Whale Branch River, an dem frische Shrimps und Aale zu haben sind – friedliche Bilder, wie es scheint. Doch an der folgenden Militärbase, einer Marine Corps Air Station, verrät ein Schild, dass und warum es in dieser Idylle auch mal ungemütlich werden kann: THE NOISE IS THE SOUND OF FREEDOM.

Südlich des ansehnlichen **Beau-fort** (s. S. 97 f.) folgt eine Brücke der anderen über Siele und Flüsse bis **Savannah** (s. S. 80 ff.).

## ❼ Juist in Georgia
Jekyll Island

### Route: Savannah – Brunswick – Jekyll Island (149 km/93 mi)

| km/mi | Zeit | Route |
|---|---|---|
| 0 | 10.00 Uhr | Ab **Savannah:** Abercorn St. nach Süden, S 204, I-95; US 17 über **Midway**. Später, links vom Highway, geht es zur |
| 112/70 | 11.30 Uhr | **Hofwyl-Broadfield Plantation**. Besichtigung (ca. 1 Std.). – Weiter Richtung Brunswick, beim Schild DOWNTOWN rechts abbiegen und über Gloucester St. in die Innenstadt von |
| 133/83 | Mittag | **Brunswick**. Kurze Stadtrundfahrt und Lunch (ca. 1 ½ Std.): Gloucester St. bis zum Ende (Shrimp Dock), wenden und Lunch; weiter Gloucester bis Union St., dort rechts, acht Blocks bis Dartmouth St., links bis Egmont, links zurück bis Gloucester St., rechts zur US 17. Über den Ocean Hwy. (US 17, S 25), links an S 520; Schildern folgen nach |
| 149/93 | 16.00 Uhr | **Jekyll Island**. |

*Symbol für die Bedeutung der Baumwollindustrie im Alten Süden: The Old 1886 Cotton Exchange Building in der Bay Street, Savannah ▷*

Beim Abschied entfaltet Savannah sein soziographisches Strickmuster wie die Zwiebel ihre Ringe. Abercorn Street etwa, an ihrem

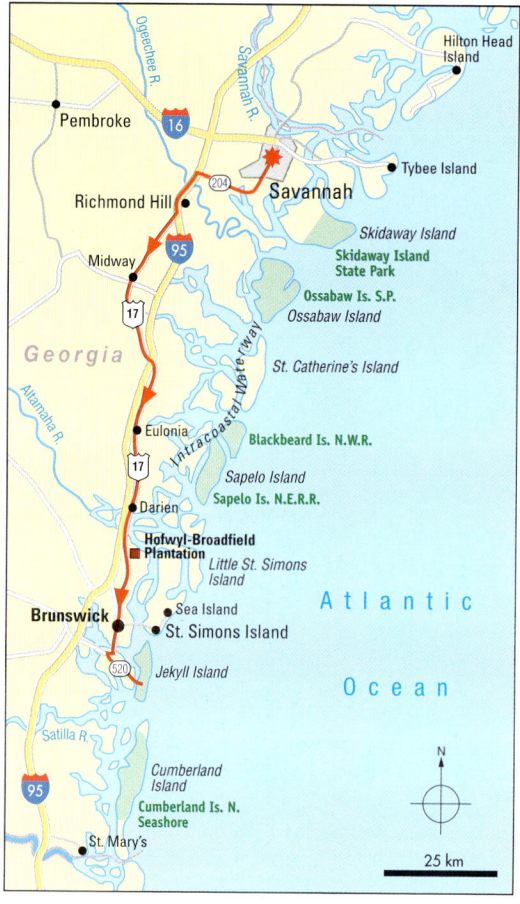

die Schwarzenviertel lediglich einen Puffer zwischen der historischen heilen Welt der Oglethorpeschen Planquadrate und den neueren gepflegten Vororten. Stadtauswärts schließt sich dann die letzte Zone an, diesmal eine typisch amerikanische: die Parade der Malls und Megamärkte. Erst weiter südlich versöhnen die sich durchs Watt windenden Flussläufe das Auge wieder mit den Reizen des *tidal Low country*, seinen Zypressen, Anglern und Libellen.

Die gute alte US 17 schafft willkommene Abwechslung von den immergrünen Baumkulissen entlang der Interstate 95. Das stille **Midway** – *nomen est omen* – markiert tatsächlich in etwa die Hälfte der Tagesstrecke. Die Landstraße führt allerlei zerplatzte Träume vor: verrostete Wellblechdächer, windschiefe Motelruinen, verlassene oder bis auf die gemauerten Schornsteine abgebrannte Häuser, die aussehen wie Filmkulissen aus »Vom Winde verweht«. Den Kudzu kümmern Rost und Reste nicht. Im Gegenteil: Er verschlingt sie alle. Erst die Kutter gewähren vor den im Licht blinkenden Schilfgewässern und wogenden Gräsern des Darien und Butler River schönere Aussichten. Und selbstverständlich stellt sich Glynn County als eine beschauliche Wasserlandschaft vor. Schließlich ist sie nicht eine unter vielen, sondern Heimat jener **Marshes of Glynn**, die durch die Naturlyrik von Sidney Lanier literarisch Furore machten.

Südlich von Darien bringt sich die verflossene Reiskultur durch die **Hofwyl-Broadfield Plantation** (s. S. 65) in Erinnerung. Im Sommer steht im Pförtnerhäuschen der Pfeil des BUG REPORT, der Moskito-Pegel, meist bedrohlich auf MISERABLE, höchste Zeit, sich den Repellentien im Reisegepäck zuzuwenden bzw. sich möglichst zugeknöpft auf den heißen Pfad zur

Anfang eine der Straßen des historischen Viertels, durchzieht bald den viktorianischen und bisweilen angeschlagenen Teil von Savannah, wo in der Mehrzahl Schwarze wohnen. Kaum aber ist der Victory Drive überquert, sind die Straßenfronten wie ausgewechselt – durch prächtige Villen im Beverly-Hills-Geschmack. Wie in Charleston wohnen auch in Savannah, anders als in den US-Städten sonst, die begüterten Weißen vor allem im Stadtzentrum. In Savannah bilden

Plantage zu begeben, der gewöhnlich auch schon mal von Schlangen und Feuerameisen mitbenutzt wird. Viele Besucher verzichten deshalb darauf, bis zu den Ruinen der Reismühle beim Deich am Rand der Süßwassermarsch des Altamaha River vorzudringen. Trotzdem: Immer Sekunden, nachdem man unter einen der Bäume tritt, setzt dort oben das Geschnarre der Zikaden ein, als sei es eine Alarmanlage.

Keine Ampel, sondern ein prächtiges Einfahrtstor begrüßt den Rei-

senden unterwegs nach Jekyll. Eine praktische Funktion hat es nicht, aber wer sie kennt, der schätzt es wie die Pforte zum Paradies. In den endlosen Salzmarschen und Wattwiesen stehen die Silberreiher so unbeweglich da, als wären sie handgeschnitzt. Gleich hinter der Brücke über den Jekyll Creek heißt es STOP am Pförtnerhäuschen. Hier muss man eine kleine pauschale Parkgebühr entrichten, Kurtaxe für den Erhalt des natürlichen Charmes von **Jekyll Island** (s. S. 69 ff.).

*Abschied von der High School*

## 🔴 Reise in Grün
### Durch den Okefenokee Swamp nach Wakulla Springs

**Route: Jekyll Island – Valdosta – Thomasville – Wakulla Springs (429 km/268 mi)**

| km/mi | Zeit | Route |
|---|---|---|
| 0 | 8.00 Uhr | Ab **Jekyll Island:** S 520 (US 17) links dem Schild nach Waycross folgen. Nach Unterquerung der I-95: US 17 nach Süden Richtung Spring Bluff und Waverly. Ab White Oak S 252 bis Folkston. Dem braunen Schild OKEFENOKEE WILDLIFE REFUGE folgen (S 121) zum Eingang des |
| 102/64 | 10.00 Uhr | **Okefenokee Wildlife Refuge:** Swamp-Tour mit dem Boot (ca. 2 Std.). – S 121 weiter nach Süden, in St. George S 94 rechts Richtung Fargo, Statenville und |

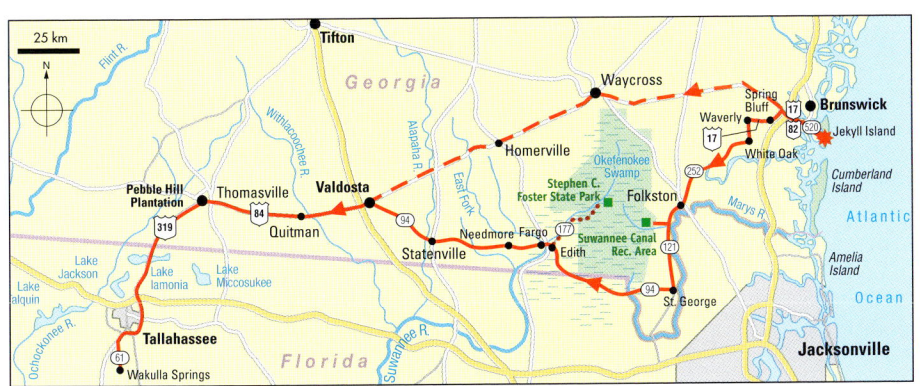

| | | |
|---|---|---|
| 267/167 | 12.30 Uhr | **Valdosta**. Hinter der Ortsgrenze von Griffith Ave. halbrechts auf Patterson St., über die Hochstraße auf Ashley St., auf dieser hinter Magnolia St. links, an Rogers St. links und hinter dem **Barber-Pittman House** (Chamber of Commerce) parken – oder eine kurze Rundfahrt (ca. ½ Std.): Rogers St. weiter bis Patterson, dort rechts vier Blocks bis Gordon St. und links an **The Crescent** parken. Patterson St. zurück und hinter Magnolia St. (vorbei am **Converse-Dalton-Ferrell House**) an Central Ave. rechts US 84 West nach |
| 341/213 | 14.00 Uhr | **Thomasville**. US 84 (Smith St.) mündet in Broad St.: Lunch in Höhe von Jackson St. – Anschließend kurze Fahrt zum **Lapham-Patterson House**, weiter über Broad, rechts an Webster, rechts an Dawson St. (Stopp), rechts an Clay zurück auf Broad St., links bis Jackson St., dort rechts US 319 zur |
| 352/220 | | **Pebble Hill Plantation**, Rundgang (ca. 1 Std.). – US 319 nach Süden Richtung Tallahassee. An der 4. Ampel links einordnen und auf den Capital Circle. Beim Abzweiger S 61 links nach Süden Schild folgen zur |
| 429/268 | 17.30 Uhr | **Wakulla Springs Lodge**: Bad im klaren Quellwasser. |

**Alternativen:** Swamp-Fans, die lieber laufen, als das Boot benutzen wollen, können gleich beim Picknickplatz am Parkeingang den **Swamp Island Wildlife Drive** wählen und nach kurzer Fahrt einen **Swamp Walk** über den Holzsteg machen. – Westlich von Folkston liegt der **Stephen C. Foster State Historic Park**, ein weiterer Parkeingang zum Okefenokee Swamp. Sollten beide Eingänge wegen Wasserknappheit und/oder plötzlicher Flächenbrände geschlossen sein, bleibt zum Trost die Vorfreude auf ausgedehntere Badefreuden in Wakulla Springs. – Wer ohnehin die Bootsausflüge von Wakulla Springs denjenigen auf eigene Faust in Okefenokee vorzieht, sollte gleich die Zeit sparende (weil 72 km kürzere und schnellere) Route nehmen: Jekyll – US 84 über **Waycross** nach Valdosta und weiter.

Die Marschen schimmern im Morgenlicht und die Vögel zwitschern. Eine Weile noch begleitet die gefällige Wattlandschaft die Reise nach Westen, dann schleusen Kiefernhaine den Blick nach vorn, und außer ein paar Brücken über Wasserläufe sorgen nur mächtige Holzlaster für Unterhaltung. Auf Strecken dieser Art grüßen sich die wenigen Autofahrer.

Armadillos liegen tot auf ihren gepanzerten Rücken am Straßenrand. Früher sah man diese Gürteltiere im Südosten der USA nie; erst in den letzten Jahren sind sie eingewandert. Die extrem langsamen Gesellen können den Autos nicht schnell genug ausweichen.

Bei der Annäherung an den Sumpf führt der Straßenstrang wie auf einem Deich durch die Feuchtgebiete; gerodete Flächen wechseln mit Aufforstungen ab, zerzauste alte Kiefern recken ihre langen Hälse und spärlichen Kronen über Armeen von adrettem hölzernen Jungvolk. Hier wie vielerorts im Süden ist man der kommerziellen Verführung erlegen, anstelle von Zypressen schnell wachsende und verwertbare Kiefern zu pflanzen.

Schließlich kündigt ein (gemaltes) Krokodil den Okefenokee Swamp an – genauer gesagt in **Folkston**, dessen zauberhafte Main Street hervorragend in einen alten Western passen würde oder in einen Werbespot für Designer-Jeans im Stil der 1950er Jahre.

Dem **Okefenokee Swamp** (s. S. 74 f.), seit 1936 unter Staatsschutz, geht es ökologisch besser als beispielsweise den Everglades in Florida, die unter Schwund leiden. Zwar hatten es seit Ende des 19. Jahrhunderts verschiedene Firmen durch den Bau von Sägewerken auf die Zypressen abgesehen: erst die Suwannee Canal Company, die den Sumpf durch einen Kanalbau trockenlegen wollte, und später die Hebard Lumber Company, die sogar eine Eisenbahn baute. Aber die Bäume überlebten ebenso wie die Alligatoren, denen es zeitweise so böse an den Kragen ging, dass sie auszusterben drohten.

Schnurgerade durchschneidet das Asphaltband den Wald in Richtung St. George, wo eine malerische Moos-Allee den engen Waldesblick lichtet. Aber nur kurz. Dann kehrt dasselbe in Grün zurück. Urwald, Kahlschlag und Neuanpflanzung: Das bleibt der dominierende Dreiklang, der sich auch beim kurzen Sprung durch Florida nicht ändert. Ab und zu übt sich ein Reiher auf einem Bein in Geduld und macht damit den Vorbeireisenden vor, was zwischen Fargo und Statenville vor allem Sache ist. Ein Flecken nennt sich Needmore. Man könnte es nicht besser ausdrücken.

**Valdosta** (s. S. 92 f.) dagegen hat seine Reize, und pastorale Perspektiven bestimmen den Weg zwischen diesem Städtchen und Thomasville. Nussbaumplantagen folgen den Baumwoll- und Tabakfeldern, alter Baumbestand den Getreidesilos. Irgendwo dazwischen liegt das propere Quitman. Je näher **Thomasville** (s. S. 90 ff.) rückt, umso mehr dominieren die Hügel und die ebenso fruchtbare wie mustergültig gepflegte Landwirtschaft: Erdnussfelder und ordentlich gerollte Strohballen, Schuppen und Scheunen.

Für **Tallahassee** (s. S. 135 f.) bleibt auf der Durchreise nur Zeit für einen Kurzbesuch der **Pebble Hill Plantation** (s. S. 91 f.). Auf der Weiterfahrt blinzelt die bereits tief stehende Sonne durch den »spanischen Schwamm«, wie Simone de Beauvoir das dekorative Moos in den Bäumen des Südens einmal nannte. WELCOME TO FLORIDA. THE SUNSHINE STATE, heißt es am Rand der malerischen Straße, und zuletzt erfreuen wilde Kudzu-Wucherungen, prächtige Eichen und südstaatlich verformte englische Gärten das Auge.

##  **A  Badezeit am Golf**

**Alternativroute: Tallahassee – Panama City Beach – Pensacola – Biloxi (drei Extratage)**

*Bitte nicht füttern!*
*Vom Saint Marks National Wildlife Refuge aus erweist sich die Fahrt zum Lighthouse als wirklich schöne Strecke durch die Marschen zu beiden Seiten der Deichstraße. Hier sonnen sich die Alligatoren gern, umringt von Seerosen und Libellen. FEEDING ALLIGATORS PROHIBITED, ist zu lesen. Es gibt diverse Reiher, Enten, Füchse und Wild. Und wenn es einen von ihnen erwischt hat, sind die schwarzen Aasgeier (vulture) zur Stelle.*

**1. Tag – Route: Tallahassee – Wakulla Springs – Saint Marks – Apalachicola (St. George Island State Park, St. Joseph Peninsula State Park) – Panama City Beach (343 km/214 mi)**

| km/mi | Zeit | Route |
|---|---|---|
| 0 | 9.00 Uhr | In **Tallahassee** S 61 nach Süden. |
| 26/16 | | **Wakulla Springs Lodge**, |
| 46/29 | 10.00 Uhr | Saint Marks und |
| 61/38 | | **Saint Marks National Wildlife Refuge** und zum |
| 72/45 | | Leuchtturm. Rückfahrt zur US 98, diese nach Westen zunächst bis |
| 187/117 | 12.00 Uhr | **Apalachicola** (es sei denn, man wählt kurz zuvor den Abzweiger in Eastpoint, um es sich am Strand im St. George Island State Park bequem zu machen). – Von Apalachicola zum |
| 243/152 | 12.45 Uhr | **St. Joseph Peninsula State Park**. Weiter westlich, bei Mexico Beach, gewinnt man 1 Std. Zeit (Wechsel von *Eastern Time* zu *Central Time*). |
| 343/214 | | **Panama City Beach** (ca. 1 ½ Std. Fahrzeit). |

**2. Tag – Route: Panama City – St. Andrew's State Park – Seaside – Fort Walton Beach – Navarre Beach – Pensacola (155 km/ 97 mi)**

| km/mi | Zeit | Route |
|---|---|---|
| 0 | 9.00 Uhr | In **Panama City Beach** erst einmal den Schildern zur **St. Andrew's State Park** folgen. Von dort auf der Front Beach Rd. (US 98) nach Westen, hinter dem |

252

Ortsausgang links auf die Walton County Rd. 30A (TO BEACHES) nach

| 43/27 | 10.00 Uhr | Seagrove und **Seaside**. Kurz hinter Seaside kommt der Abzweig nach **Grayton Beach**. Wer dort nicht pausieren will, fährt weiter auf der 30A und zurück zur US 98 über Destin, **Fort Walton Beach**, Navarre, **Pensacola Beach** und nach |
| 155/97 | | **Pensacola** (ca. 2 Std. Fahrzeit). |

## 3. Tag – Route: Pensacola – Perdido Key – Gulf Shores – Dauphin Island – Bayou La Batre – Biloxi (311 km/194 mi)

| km/mi | Zeit | Route |
|---|---|---|
| 0 | 9.00 Uhr | Downtown **Pensacola** über Main St. nach Westen, diese wird Cypress, Barrancas Ave. (SR 292 South), Gulf Beach Hwy., Sorrento Rd. Abzweig nach links über Bauer Rd. zur |
| 22/14 | | **Big Lagoon State Park** (Fahrzeit ½ Std.). Von Big Lagoon zum Eingang von |
| 33/21 | 10.00 Uhr | **Perdido Key State Park** (Fahrzeit 15 Min.). Von dort SR 292 weiter nach Westen, 182 West, an SR 59 rechts, dem Schild FERRY folgend, S 180 nach Westen und in Fort Morgan zur Fähre nach |
| 199/124 | | **Dauphin Island** (Fahrzeit ca. 1 Std.). Über die 193 nach Norden, an S 188 nach Westen über Coden und **Bayou La Batre**, US 90, Pascagoula und gleich zweimal über den Singing River nach |
| 311/194 | 17.00 Uhr | **Biloxi** (Fahrzeit 1 ½ Std., vgl. Karte S. 254). |

*»Big Game Fishing« im Atlantischen Ozean: ein Blauer Marlin kann bis zu 600 Kilogramm schwer werden*

### ❾ Zum Golf
## Nach Biloxi

**Route: Wakulla Springs – Panama City Beach – Pensacola Beach – Bayou La Batre – Biloxi (600 km/375 mi)**

| km/mi | Zeit | Route |
|---|---|---|
| 0 | 7.30 Uhr | Von **Wakulla Springs** S 267 nach Norden, US 319 über Crawfordville, US 98 über Panacea nach |
| 74/46 | | **Carrabelle**, Frühstück (ca. ½ Std.). – US 98 nach Westen über Apalachicola nach |
| | 10.00 Uhr | **Mexico Beach**. Zeitgrenze: *Eastern Time* und *Central Time*, d. h. in dieser Fahrtrichtung **eine Stunde Zeitgewinn**. (Bei den folgenden Zeitangaben berücksichtigt.) – Westlich von |
| 205/128 | | Panama City und **Panama City Beach** Abfahrt von der US 98 zum |
| 261/163 | 10.30 Uhr | **Eden Gardens State Park**, Rundgang (ca. ½ Std.) und evtl. Picknick. – US 98 nach Fort Walton Beach und in Navarre links auf S 399 einordnen und über Toll Bridge ($ 1) nach Santa Rosa Island, d. h. zur |
| 349/218 | 12.30 Uhr | **Gulf Islands National Seashore**. Lunch und Badepause in Navarre Beach, Santa Rosa Island oder Pensacola Beach (ca. 2 Std.). – Über den Sund, US 98 nach Westen, I-110, I-10 (North) Richtung Pensacola, I-10 West Richtung Mobile. – Westlich von Mobile: Ausfahrt Nr. 15 A (US 90) und dem Schild folgen nach |
| 507/317 | 16.00 Uhr | **Bellingrath Gardens**, Besichtigung (1 knappe Std.). – S 59 nach Süden, 188 nach **Coden** und **Bayou La Batre**, US 90 über Pascagoula und Ocean Springs nach |
| 600/375 | 18.00 Uhr | **Biloxi**. |

**Alternativen:** Es spart Zeit (ca. 1 Std.) und 30 km, wenn man auf den Seitensprung zu den Bellingrath Gardens verzichtet und von Mobile über die I-10 sofort nach Biloxi fährt.

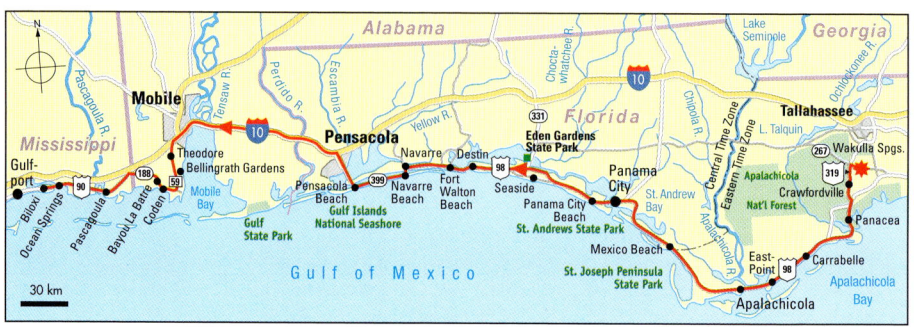

Der Griff der Pfanne Floridas ist lang. Wie sehr, das lässt die heutige Fahrt durch den Panhandle ahnen: Schon die Karte zeigt es, eine stramme Tour! Sie blättert die weniger bekannten Facetten Floridas auf, was nicht heißt, dass sich hier nicht auch einige der weltweit bekannten Merkmale dieses touristischen Superstaats wiederfänden.

Im Morgengrauen hängt der Bodennebel tief über den klaren Wassern der Wakulla-Quelle. Im Berufsverkehr auf der diesigen Landstraße nach Süden fahren alle noch mit Licht. Doch die Sonne siegt, und bald kündigen nautische Symbole die Nähe zum Golf an: Bootsschuppen, Zubehörhandlungen und Reparaturwerkstätten, Läden, wo es Shrimps, Krebse und andere Meeresfrüchte gibt. Wo es auf die Ochlockonee Bay zugeht, tauchen Tümpel und Flussläufe das Festland in Wasser, in dem sich weiße Reiher ergehen. Warum die Häuser hier – wie überall am Golf – hoch auf Stelzen stehen, leuchtet unmittelbar ein: Unter ihnen parken die Boote. Manchmal verrät ein besonderes Straßenschild, wo es langgeht, wenn die Natur die Feuchtigkeit wieder einmal bedrohlich übertreibt: EVACUATION ROUTE. Der nächste Hurrikan kommt bestimmt.

Westlich von **Carabelle** (s. S. 126) unterbricht die schier endlose Gorrie Bridge die Perlenkette der Seebäder, um an ihre Stelle (rechts) den Hafen von Apalachicola und (links) die leuchtend grünen Inseln der Bay zu setzen. Vom Betonband ihrer Abfahrt rollt man nach **Apalachicola** (s. S. 125 f.) hinunter und mündet in einer kleinen Rundfahrt durch das sehr ansprechende Städtchen.

Wie überall am Golf besteht der nicht sehr breite Strand aus blendend weißem und pudrigem Quarzsand, der beim Gehen knirscht

und knurpscht. Die Tyndall Air Force Base, die größte Luftwaffenbasis der Welt, hat allerlei Kriegsgerät an die frische Luft gestellt und dadurch ein martialisches Drive-in-Museum geschaffen – ein Aspekt von Florida, den es übrigens mit den anderen Südstaaten teilt.

Nach dem Reklame-Chaos von Panama City, nach nur kurzer erholsamer Unterbrechung durch die West Bay, naht **Panama City Beach** (s. S. 130 ff.) – eine Parade von Vergnügungsmonstern am Highway, *kitsch as kitsch can*. Durchweg harmlose allerdings, denn nur die Austern werden »oben ohne« serviert, wie am Schild TOPLESS OYSTERS an einem Restaurant zu erkennen ist.

Ein kleiner Umweg landeinwärts: zu den **Eden Gardens State Park** (s. S. 127). Der diensthabende Gärtner bringt die Vorzüge dieser beschaulichen Enklave auf einen kurzen Nenner: Eden State sei schön, liege nicht weit von der Straße und sei für ein schattiges Picknick am Wasser bestens geeignet.

**Destin** (s. S. 127) trumpft wieder auf mit krassem Entertainment, und erst **Fort Walton Beach** (s. S. 128) sorgt für ein beruhigendes Zwischenspiel. Erst recht Navarre, wo es über eine Mautbrücke hinaus zur **Gulf Islands National Seashore** (s. S. 134) geht, eine vorgelagerte Inselgruppe mit (meist) unberührten Dünenketten und feinen Sandstränden.

Auch **Pensacola Beach** (s. S. 133 f.) kann sich sehen lassen. Hier nimmt die private Landnahme zwar wieder ihren Lauf (mit Häuschen, die mitunter so aussehen, als sei ein Ufo gelandet, neben anderen mit oktogonalem Grundriss, Bretterbuden und Spitzdächern), aber dennoch bleibt ausreichend Platz für jedermann. Die Brücke über die Pensacola Bay

*Am Golf von Mexiko*

Kilometerlange weiße Sandstrände und türkis-farbenes Meer: Pensacola Beachfront

zurück zum Festland mündet in einen Highway auf hohen Rampen, die die Fahrbahn über **Pensacola** (s. S. 132 f.) hinwegheben.

Bucht folgt auf Bucht, ohne Rücksicht auf Staatsgrenzen. Die nächste heißt Mobile Bay und liegt bereits in Alabama. Ihre strategische Lage brachte ihr heiße Kämpfe ein und viele Sieger. Einer der Ersten war der Spanier Hernando de Soto, der auf seiner Goldsuche die indianische Siedlung Maubilla zerstörte, von der das heutige **Mobile** (s. S. 178 f.) seinen Namen geerbt hat. Nur wenig westlich der Stadt zweigt eine friedliche Landstraße zu einer weiteren bedeutenden Gartenanlage des Südens ab, den **Bellingrath Gardens** (s. S. 177).

Die nachfolgende Landschaft scheint ganz gut ohne große menschliche Eingriffe und Visionen ausgekommen zu sein, die alten Bäume, die betagten Häuser, die unscheinbaren und deshalb um so reizvolleren kleinen Dörfer, die so aussehen, als gäbe es sie hier seit uralten Zeiten. Die Straße nach Coden (S 188) erweist sich trotz

schnurgerader Teilstrecken durch Nadelgehölz als eine schöne Landstraße, zu der das liebliche **Coden** und **Bayou La Batre** (s. S. 177) durchaus passen.

Die Rückkehr zur US 90 – dem *Old Spanish Trail* – setzt der Beschaulichkeit erst mal einen Dämpfer auf. Werften und Docks bestimmen die Szene am Singing River bei Pascagoula, wo einmal der größte Holzhafen der Welt ansässig war. Der »singende« Fluss kam zu seiner Bezeichnung wegen der manchmal seltsamen Geräusche, die man an ruhigen Nachsommer- und Herbstabenden hören kann. Sie sollen vom Todesgesang der Pascagoula-Indianer stammen, die hier Massenselbstmord begingen, um nicht in die Hände der Biloxi-Indianer zu fallen.

Hektischer Straßenverkehr vermiest bekanntlich jede Lust am Sightseeing. Und so geht es denn Schlag auf Schlag: noch eine lange Brücke, ein Seafood Museum, Kutter auf See, ein schöner Leuchtturm aus dem Mitte des 19. Jahrhunderts: **Biloxi** (s. S. 187 ff.).

# ⑩ Bays and Bayous
## Von Biloxi über Bay Saint Louis nach New Orleans

**Route: Biloxi – Bay Saint Louis – New Orleans (142 km/89 mi)**

| km/mi Zeit | | Route |
|---|---|---|
| | 8.30 Uhr | **Biloxi**, kurzer Stadtrundgang. Start: Beach Blvd. (US 90) beim **Visitors Center** (vgl. S. 188). Parken und zu Fuß: Lameuse, Water, Magnolia St., **Magnolia Hotel, Mary Mahoney's Old French House**, Magnolia St., **Vieux Marché Mall** und zurück. |
| 0<br>8/5 | 9.30 Uhr | Beach Blvd. (US 90) nach Westen und Stopp bei **Beauvoir** (ca. ½ Std.). – Über **Pass Christian** nach |
| 43/27 | 11.00 Uhr | **Bay Saint Louis**, kurzer Rundgang (ca. ½ Std.). – US 90 nach Westen wird im Einzugsbereich von **New Orleans** zum Chef Menteur Hwy., dann zum Gentilly Blvd. Hier nach einer Weile links einordnen für Richtung Broad St., diese bis Esplanade, dort links (nur möglich via Wenden bei erstbester Gelegenheit). Esplanade bis Rampart, wo rechter Hand das |
| 142/89 | 13.00 Uhr | **French Quarter** beginnt. Zum Entree: Jazz Brunch in »The Court of Two Sisters«. |

Schon wenige Minuten nach der Abfahrt von **Beauvoir** und praktisch ohne Übergang liegen das geruhsame **Gulfport** (s. S. 190 f.) und das nach »Katrina« wieder neu erbaute Plantagenhaus **Grass Lawn** am Weg. **Long Beach**, Sitz der University of Southern Mississippi, schmückt sich ebenfalls mit einer beneidenswerten Wohnkultur im Schatten immergrüner Eichen, ähnlich wie **Pass Christian** (s. S. 191), das außer Antebellum-Architektur und schönen Stränden noch eine mit Krabbenbooten vollgepackte Marina zu bieten hat.

Dann fügt sich der Highway einer Ziehbrücke nach der anderen, die ihn sicher und trocken durch die Wasserwelt der Bays und Bayous leiten, und landet, nach einem kurzen Linksabbieger, am Fuße der Brückenabfahrt, in **Bay Saint Louis** (s. S. 186). Whites Bayou, Hausboote, Teppiche aus grünen Sumpfgräsern, Zieh- und

Drehbrücken – fast ein Hauch von Holland?

Am westlichen Ende der gewaltigen Brücke, die zwischen Lake Pontchartrain und dem Golf den Highway weiterführt, blickt man linker Hand auf die strategisch geschickte Anlage von Fort Pike. Danach wird es eng; der Straße bleibt praktisch nur ein deichartig schmaler Landstreifen. Aber so

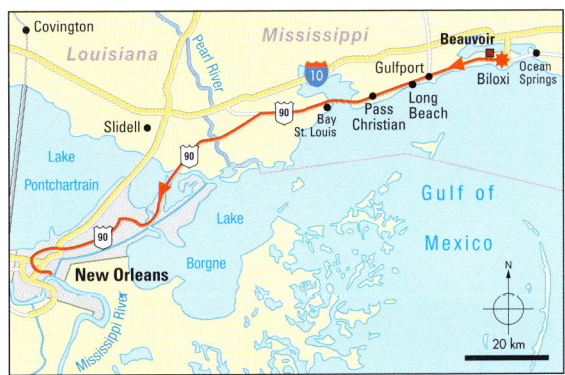

was ist üblich in Louisiana. Wo das Wasser aufhört und das Land beginnt oder umgekehrt, ist oft schwer zu sagen.

Im Umkreis von wogendem Ried, schlingernden Booten, Piers und Marinas haben die Zweithaus-kolonien sichtlich Angst vor nassen Füßen und stehen auf Stelzen. Noch ein Fort, ein bisschen Vorort, ein wenig Swamp – dann beginnt unwiderruflich **New Orleans** (s. S.

straßen oder auch die Tatsache, dass Bezeichnungen wie East, West, North und South ausnahmsweise nichts bedeuten (während sie in den USA sonst fast alles bedeuten), Begriffe wie *lakeside, riverside, uptown, downtown* dafür umso mehr.

Mit der französischen Sprache ist es auch so eine Sache. Wer die Gerichte in den Schlemmerlokalen tatsächlich französisch ausspricht,

*Royal Street im French Quarter, New Orleans*

138 ff.), und zwar mit dem Wichtigsten: dem Hafen, einem der größten der USA.

Graue Vorstädte folgen. Sieht so die Traumstadt New Orleans aus? Erst **Esplanade Avenue** versöhnt mit viel Grün, Villen und Hütten, nachbarschaftlich beieinander. Esplanade ist eine der drei Straßen, die das Vieux Carré vom Rest der Welt in New Orleans trennen.

Zu den verwirrenden ersten Eindrücken der Stadt gehören unter anderem die vielen Einbahn-

hat schlechte Karten. Ihre Schreibweise dient ausschließlich der Preislegitimation. Und nur mit Mühe findet ein Taxifahrer das Hotel an der Dauphin Street oder gar Chartres Street, wenn man die Namen nicht auf Englisch über die Lippen bringt, was erst mal gar nicht so einfach ist.

Ja, und dann überhaupt die Aussprache des Wichtigsten! Von wegen: »nju orl'iiins«! Ganz unpoetisch heißt es »'nolins« oder doch so ähnlich.

## ⑪ The Big Easy
### Ein Tag in New Orleans

Die Route

*Jazz in der Preservation Hall*

#### Programm: New Orleans

| | |
|---|---|
| Morgens | Rundgang im **French Quarter** (s. S. 140 ff.). |
| Mittags | Lunch. Anschließend Ecke Canal St. oder Carondelet/St. Charles Ave.: mit der Straßenbahn über **Charles Avenue** bis Stopp Washington St.; zu Fuß zum **Lafayette Cemetery** und kurzer Blick in den **Garden District**. – Weiter mit der Bahn bis **Audubon Park** (Stopp Nr. 36). Mit dem Shuttlebus oder zu Fuß (25 Min.) durch den Park zum **Zoo**. |
| 17.00 Uhr | Von dort mit dem Auto zurück in die Innenstadt und zu Fuß zurück ins **French Quarter**. |

*Streetcar auf der Canal Street in New Orleans* ▷

*Stadtpläne und Informationen zu New Orleans finden Sie S. 138–151.*

*Dining al fresco: im Court of Two Sisters, New Orleans*

## ⑪A  Cajun Visit

New Orleans – Lafayette – Natchez (2 Tage)

**1. Tag – Cajun-Route: New Orleans – Thibodaux – Napoleonville – Labadieville – Franklin – Jeanerette – New Iberia – Saint Martinville – Breaux Bridge – Lafayette (ca. 318 km/199 mi)**

| km/mi | Zeit | Route |
|---|---|---|
| 0 | 9.00 Uhr | In **New Orleans**: I-10 nach Westen, I-310 (Richtung Houma), US 90 (demnächst I-49) West. In Raceland LA 308 nach |
| 96/60 | 10.00 Uhr | Thibodaux, **Madewood Plantation** und Napoleonville; dort Spitzkehre und über die S 1 und Labadieville, LA 398, US 90 und Ausfahrt nach **Franklin**/Gar- |

den City, LA 182 (Louisiana Scenic Byway) am Bayou
Teche entlang nach

| 264/165 | 14.30 Uhr | New Iberia, **Shadows-on-the-Teche** (Stopp), und |
| 278/174 | 15.30 Uhr | **Saint Martinville**, LA 31 nach Breaux Bridge, dort dem Schild zur I-10 folgen (erst rechts, dann links) |
| 318/199 | 17.00 Uhr | nach **Lafayette**. |

**Die Route**

Die Reise geht am Bayou Lafourche und Teche entlang durchs
*Cajun Country*, das im Wesentlichen von den Nachfahren der akadischen Farmer besiedelt ist, die
sich zum großen Teil heute noch
von kleinen Farmen, vom Fischen
und Fallenstellen in den Swamps
ernähren. Neben den Meeresfrüchten erweisen sich die Bayous
als reiche Jagdgründe für Schildkröten, Biber und Nerze, Waschbären und Otter. Kenner behaupten, dass sich hier mehr als 150
verschiedene Felltiere tummeln.
»Manche Leute haben in den
Swamps 800 Fallen gleichzeitig
liegen. Man kann einzelne Swamp-
Parzellen erwerben und dort ja-
gen«, erzählt ein Mann aus dem
Cajun-Dorf Kraemer.

Viele Cajuns fühlen sich noch
mit der französischen Kultur verbunden, sind zweisprachig, sprechen aber selten französisch, sondern akadischen Dialekt, die
Sprachmelange des sogenannten
*Patois*, das zum Teil auf dem alten
Französisch der Vorfahren beruht,
die einst, weil sie sich nicht der
englischen Krone beugen wollten,
aus Nova Scotia vertrieben wurden und im damals spanischen
Louisiana unterkamen. Dennoch
gibt es eine Menge Cajuns, die
besser französisch als englisch
sprechen. Ähnliche Mischungs-
verhältnisse herrschen auch in
den Kochtöpfen und in der Musikszene.

Grünglitzerndes Entenflott und
Girlanden Spanischen Mooses begleiten den Highway von New Orleans in Richtung Des Allemands,

einer Siedlung, die ausnahmsweise deutschen Ursprungs ist.

Wenn nicht Zuckerrohrfelder
die Szene beherrschen, flankiert
bald darauf gepflegte Wohnkultur
den Bayou Lafourche. Während
der Erntezeit im Herbst sind die
Straßen voll der süßen Rohre, die
von den Lastwagen gepurzelt sind.
Es waren übrigens die Jesuiten,
die um 1726 hier Land kauften,
und das Zuckerrohr aus Santo Domingo mitbrachten, »großes, grünes Gras«, wie sie es nannten, und
das sie anfangs als Süßigkeit zum
Kauen verkauften. Erst Ende des
19. Jahrhunderts gelang es einem
Pflanzer, Zucker zu granulieren.
Damit wuchs eine Industrie der
Zuckerbarone heran, die Louisiana
für mehrere Jahre zum reichsten
ländlichen Gebiet Amerikas machte.

Nördlich von **Thibodaux** (s. S.
167) sorgt die **Madewood Plantation** (s. S. 162) für den ersten ungewöhnlichen Akzent durch ihre
stattliche Greek-Revival-Fassade,
deren weiße Säulen in vornehmer
Distanz zum Highway aufragen.
In **Napoleonville** (s. S. 162) setzt
man über den Bayou, um auf der
anderen Seite in Richtung Süden
weiterzufahren; erst über die S 1,
dann über die attraktive LA 398.
Nach rund einer Stunde ist man in
**Franklin** (s. S. 158) und **New Iberia** (s. S. 164), wo eine der elegantesten Villen des Südens ihre Schatten auf den Bayou wirft: **Shadows-
on-the-Teche** (s. S. 164). Auf **Saint
Martinville** (s. S. 166) und **Breaux
Bridge** (s. S. 156) folgt schließlich
**Lafayette** (s. S. 160 f.).

*Zucker*
*Die hauptsächlichen
Anbaugebiete lagen/
liegen im Mississippi-
Delta und am Bayou
Teche. Große Zucker-
konzerne sitzen in
Baton Rouge, New Ibe-
ria, Thibodaux und
Plaquemine. Jesuiten,
die um 1726 in New
Orleans Land kauften,
brachten aus Santo
Domingo Pflanzen mit,
»großes, grünes Gras«,
Zuckerrohr, das sie
dort anpflanzten und
als süßes Konfekt zum
Kauen verkauften.
Erst Ende des 19. Jahr-
hunderts gelang es
einem Pflanzer, Zu-
cker zu granulieren.
Ein Problem war, den
zähflüssigen Sirup,
der oft seine Substanz
und sein Aussehen
veränderte, zu trans-
portieren. Die lehmar-
tige Masse schmeckte
zwar gut, sah aber
unappetitlich aus. Mit
dem erfolgreichen
Granulierungsverfah-
ren wuchs eine Indu-
strie, die Louisiana für
mehrere Jahre zum
reichsten ländlichen
Gebiet der USA mach-
te. Früher wurden der
Zuckeranbau, Ernte
und Verarbeitung auf
der Plantage durchge-
führt. Das sogenannte
Zuckerhaus lag ge-
wöhnlich zwischen
Herrenhaus und dem
meist angrenzenden
Bayou oder Swamp.
Auf den alten Zucker-
plantagen starben
übrigens die meisten
Sklaven: Es war billi-
ger, sich neue Sklaven
zu kaufen, als die al-
ten gut zu versorgen.*

## 2. Tag – Route: Lafayette – Grand Coteau – Opelousas – Ville Platte – Alexandria – Natchez (325 km/ 203 mi)

*Einen Stadtplan und Informationen zu Natchez finden Sie S. 196 ff.*

| km/mi | Zeit | Route |
|---|---|---|
| 0 | Morgens<br>Mittags | Sightseeing in **Lafayette**.<br>Aufbruch nach Natchez (Fahrzeit ca. 4 Std.). Vom Evangeline Thruway zur I-10 West, Ausfahrt bei Exit 97 auf die LA 93 (über die LA 356 geht es kurz ab nach |
| 27/17 | | Sunset und **Grand Coteau**. Von hier zurück auf die I-49 North, Exit 23 über die LA 167 nach Ville Platte, dort S 29 zurück zur I-49 bis Alexandria, dort S 28 und US 84 über Ferryday und Vidalia nach |
| 325/203 | Spätnach-<br>mittag | **Natchez**. Happy Hour am Fluss in **Natchez-under-the Hill**. |

Nördlich von Lafayette, in der sogenannten *Cajun Prairie*, ändert sich wenig am akkuraten Zustand der Rasenflächen vor den ländlichen Anwesen, dafür umso mehr im landwirtschaftlichen Bereich. Das Zuckerrohr macht Pause und überlässt die Felder dem Getreide und dem Vieh. Weil auch dies ansehnlich inszeniert werden kann, heißt der Highway denn auch *Scenic Byway*, das heißt im Einklang mit dem Frankophilen ringsum *Chemin Pittoresque de Louisiaine*. Die Schilder sind eine Weile lang zweisprachig. Auf dem

*Sonnenuntergang am Lake Martin südlich von Breaux Bridge*

Weg nach Sunset und **Grand Coteau** (s. S. 158 f.) kommen erneut die Rinderfarmen zum Zuge.

Auf Grand Coteau folgen **Ville Platte** und die reizvolle Landstraße (S 29), die den Anschluss zur Interstate sucht und dabei zum ersten Mal zarte Andeutungen von Bodenerhebungen mit sich bringt, die sich in Richtung **Alexandria** (s. S. 154) fortsetzen, dem geographischen Zentrum des Staates am Red River. Zwischen den beiden Orten ein Stück weiter westlich erstreckt sich mit den Orten **Eunice** (s. S. 157) und Mamou das *Music Country* von Louisiana, hier vor allem ist die Cajun-Musik zu Hause. Die Richtung Mississippi führenden Highways bieten von allem im Alten Süden etwas: Baumwollfelder, die vor der Ernte so aussehen, als hätte es geschneit, COLD BEER, Swamps, rostiges Wellblech und Baptistenkirchen.

Dann geht es schnell – Jonesville, vorbei an der alten Eisenbahnbrücke über den Black River, Ferryday, durch Vidalia und über die rechte Seite des eisernen Pärchens der Riesenbrücken über den Großen Fluss – nach **Natchez** (s. S. 196 ff.).

## ⓬ Texaco Country
Von New Orleans nach Natchez, Mississippi

**Die Route**

Die Route finden Sie in
der Karte S. 266.

**Route: New Orleans – Oak Alley – Houmas House – Nottoway
Plantation – Natchez (374 km/234 mi)**

| km/mi | Zeit | Route |
|---|---|---|
| 0 | 8.30 Uhr | Abfahrt von **New Orleans:** z. B. Dauphine (wird westl. der Kreuzung mit Canal St. zu), Baronne St., unterhalb der Stadtautobahn scharf rechts, (nicht auf die I-10), sofort (an Oretha Castle Healey Blvd.) links, und dann rechts dem Schild MISSISSIPPI RIVER BRIDGE folgen, US 90 (Business) bzw. West Bank Expwy. über Westwego bis Boutte, dort LA 52 rechts und an der **Old River Road** (LA 18) links West. Über Edgard, an der **Evergreen Plantation**, und Vacherie vorbei zur |
| 99/ 62 | 10.00 Uhr | **Oak Alley Plantation**, Rundgang (ca. ½ Std.). – LA 18 weiter Richtung Donaldsonville, LA 70 rechts über die Sunshine Bridge (einordnen nach Sorrento), am anderen Ufer gleich rechts über LA 44, LA 942 links am Deich entlang und dem Schild zur Plantage folgen: |
| 134/ 84 | | **Houmas House**, Besichtigung (ca. 1 Std.). – Zur Kreuzung von LA 44 und LA 942 zurück, dort links etwa eine Meile bis |
| | 12.00 Uhr | **The Cabin**, Mittagspause (ca. 1 Std.). – Zurück zur Sunshine Bridge, LA 70 nach Donaldsonville und über die LA 1 nach White Castle, dort Schild rechts folgen zur |
| 176/110 | | **Nottoway Plantation**, Rundgang, Lunchmöglichkeit (ca. 1 Std.). – Weiter LA 1: Plaquemine, hinter North Port Allen einordnen: US 190 nach Westen (identisch mit LA 1). Beim Abzweiger nach New Roads führt die LA 1 nach Norden zum **False River**. In New Roads dem Schild ST. FRANCISVILLE/FERRY folgen (an der kath. Kirche und Ampel links), Fähre über den Mississippi nach |
| 274/171 | 16.30 Uhr | **Saint Francisville**. Dort US 61 nach Norden und |
| 374/234 | 18.00 Uhr | **Natchez**. Auf US 61 links einordnen und dem DOWN-TOWN-Schild folgen: Homochitto St., Orleans St., rechts an Pearl St. bis Stanton Hall (vgl. Stadtplan S. 198). |

**Alternativen und Extras:** Wer auf die Mittagspause in **The Cabin** verzichten oder dort nur einen Eistee trinken möchte, kann sie auf der Nottoway-Plantage nachholen (Lunch 11–15 Uhr), wenn man Glück hat, in der Vor- und Nachsaison, ausnahmsweise im Haupthaus in stilvollem Ambiente. – Ein Besuch der **Rosedown Plantation** bei Saint Francisville verlängert die Tagesroute um zwei Meilen und mindestens eine halbe Stunde. – Die landschaftlich reizvoll gelegene **Rosemont Plantation** bietet eine Alternative zu den Hotels in Natchez; erst recht für einen geruhsamen Extratag in Natchez und Umgebung.

Im Morgendunst schwingt sich die Stadtautobahn über eine Betonrampe auf die Mississippi-Brücke. Das French Quarter bleibt in der Ferne zurück, und die letzten Blicke auf New Orleans müssen sich mit den Bauklötzen von Downtown und dem Superdome begnügen, der wie eine Art steinerner Big Mac im Zentrum hockt. Wie die meisten Ausfallstraßen beschert auch die US 90 keine Augenweiden, sondern platten Kommerz auf beiden Seiten, der langsam und auch nur selten durch Entengrütze in Wassertümpeln und ein paar *egrets* beim Frühstück in diversen Pfützen unterbrochen wird. Ansonsten sieht es so aus, wie Faulkner einst in seinen »Landmäusen« schrieb: »Der Staat Louisiana sauste als grüne Ununterscheidbarkeit – an uns vorbei.«

Erfreulicherweise ändern sich die Bilder in Boutte durch eine liebliche Landstraße, die an Viehweiden und Schwarzenhütten entlang zum Fluss führt. Am Deich beginnt die berühmte **Old River Road**, jene Schnur, deren Windungen die alten Mississippi-Plantagen wie Perlen vergangener Pracht aufreihen. Baumwolle und Zuckerrohr, Indigo und Tabak sorgten hier einst für den gewaltigen Reichtum. Um 1850 lebten im unteren Mississippi-Tal zwischen New Orleans und Natchez mehr als die Hälfte aller amerikanischen Millionäre.

Man kann die Kiesrampen hochfahren (etwa bei der Auffahrt zur

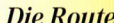
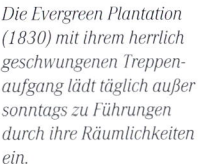

*Die Evergreen Plantation (1830) mit ihrem herrlich geschwungenen Treppen-aufgang lädt täglich außer sonntags zu Führungen durch ihre Räumlichkeiten ein.*

Fähre hinüber zur **Destrehan Plantation**) und einen Blick auf den Fluss werfen; aber mit dem Auto auf dem Deich zu fahren, das ist verständlicherweise nicht erlaubt.

Mit den frisch gemähten Deichwiesen rechter Hand korrespondieren links von der Straße kleine Ortschaften, deren Grundstücke manikürte Rasenflächen und wie aus dem Ei gepellte Häuschen zieren: **Hahnville** zum Beispiel.

Der erste Blickkontakt mit einer Plantage (Homeplace), einem frühen Kolonialbau von 1790, legt den Schluss nahe, grandiose Geschichte und nüchterne Neuzeit lebten noch in idyllischer Eintracht. Doch schon die nächste Kurve kratzt herb an diesem Wunschbild, denn sie legt das Raffineriepanorama des Chemiekonzerns Union Carbide frei. Spanisches Moos und Öl-Tanks, Pipelines und Zuckerrohr, Terminals und alte Eichen: die River Road als Drive-in-Chemie. Und der Atomreaktor von Edgard vollendet das neue Bild vom Alten Süden. Zwischendurch Südstaaten-Nostalgie vom Feinsten: **Oak Alley Plantation** (s. S. 168).

Von der **Sunshine Bridge** gleitet der Blick über den Strom – Öltanker, gewaltige Schubkähne, Raffinerien: Texaco Country. Auch am Ostufer setzen sich die Wechselbäder zwischen romantischer Historie und prosaischer Gegenwart fort: nach DuPont, einem weiteren Chemie-Riesen, das schöne **Houmas House** (s. S. 156 f.) und später dann die **Nottoway Plantation** (s. S. 169). Hier, spätestens, sollte man einmal auf den Deich gehen und einen Blick auf den Fluss werfen!

Nördlich von Plaquemine gehören Himmel und Erde wieder der Chemie: Raffinerien, Tanks, Exxon-Gelände. Kein Zweifel, **Baton Rouge** (s. S. 155), Hauptstadt und Zentrum der chemischen Industrie von Louisiana, rückt näher. Doch der Highway 190 macht alles wieder gut und entpuppt sich als schöne Baumallee durch eine weite Pampa, lange Zuckerrohrschneisen, Baumwollfelder und Nussplantagen. Noch schöner wird's am **False River**, dem beliebten Erholungs- und Wassersportgebiet an einem der toten Arme des Mississippi.

Viel Freizeitbetriebe finden sich weit und breit: Bootsstege, Angler, Jachtklubs und Wochenendhäuschen, die meisten vorsichtshalber auf Stelzen. Etwas zurückgesetzt vom Westufer des ehemaligen Flusses, linker Hand von der Straße, liegen weitere stattliche Antebellum Homes, unter ihnen **Riverlake**, **North Bend**, **Pleasant View** und – **Austerlitz**.

Das **Parlange Plantation Home** aus dem Jahre 1750 thront auf einer alten Indigopflanzung, die später durch Zuckerrohr ersetzt wurde. Das Herrenhaus gilt als architektonischer Prototyp des französich-kreolischen Kolonialstils von Louisiana und ist heute immer noch im Besitz der Gründerfamilie.

In **New Roads**, an der Rampe zur Fähre, werden den Wartenden kleine Stärkungen angeboten, Erdnüsse meist oder *fried pig tails.* Auf der anderen Seite des Flusses warten im hübschen **Saint Francisville** (s. S. 165 f.) weitere historische Schätzchen.

Die US 61 führt durch grüne Blättertunnel, in denen der Kudzu aus einzelnen Bäumen ulkige Tanzbären geformt hat. Jenseits der Staatsgrenze zu Mississippi öffnet sich der Blick auf hügelige Felder und Weiden, auf denen Vieh und kleine Teiche für bukolische Tupfer sorgen. Ein Schild weist zur **Rosemont Plantation** (s. S. 200), dem Elternhaus von Jefferson Davis.

Am Rande weiß schimmernder Baumwollfelder sorgt eine knallrote Imbissbude für einen Farbklecks am Straßenrand: **Mammy's Cupboard** (s. S. 199 f.), die unter ihrem roten Backsteinrock Schutz und Erfrischungen für unterwegs bietet, meist allerdings nur zur Lunch-Zeit.

Am Spätnachmittag ist es in **Natchez** (s. S. 196 ff.) unten am Fluss am schönsten. Still treibt das große braune Wasser und auf ihm die Container-Konvois im Dämmerlicht dahin. Während der *twilight zone* werden im Kasinoschiff (s. S. 197, 198 f.) von Minute zu Minute mehr Lichter angeknipst. Shuttlebusse der Hotels spucken die ersten Besuchergruppen aus.

Schwarze rollen in dicken Chromschlitten vorbei, und ab und an eilt uniformiertes Kasinopersonal zum funkelnden Boot – in silbrigen Westen und schwarzen Fracks, als wären sie auf dem Weg zu einer Premiere bei den Salzburger Festspielen.

*Kudzu, der grüne Würger, hat die Südstaaten fest im Griff*

# ⑬ Grüße von Palladio

## Die Route

*Einen Stadtplan und Informationen zu Vicksburg finden Sie S. 203 ff.*

**Route: Natchez – Emerald Indian Mound – Port Gibson – Windsor Ruins – Vicksburg (139 km/87 mi)**

| km/mi | Zeit | Route |
|---|---|---|
| | 9.00 Uhr | Rundfahrt durch Natchez (ca. 2 Std.): **River Park, Stanton Hall**, **Twin Oaks**, **Dunleith**, **Green Leaves**, **The Elms** und **Magnolia**. – Von dort zum alten **Friedhof:** Pearl St., an Main St. links, an Canal St. rechts und dem Schild NATIONAL CEMETERY folgen, Clinton St. – Auf der Rückfahrt vom Friedhof an der ersten Gabelung links halten (Maple St.), an den Schwarzensiedlungen vorbei und an Madison St. rechts zum Broadway. |
| 0 | 11.00 Uhr | Abfahrt von **Natchez** von Broadway, Franklin St., US 61, S 553 North links ab zum **Emerald Indian Mound** und zur **Springfield Plantation**, über **Lorman** nach Norden bis |
| 64/40 | 12.00 Uhr | **Port Gibson**. An Carroll St. (S 552) links zu den |
| 80/50 | | **Windsor Ruins**. – Zurück nach |
| 96/60 | 13.00 Uhr | **Port Gibson** und Mittagspause (ca. 1 Std.). – Weiter über US 61 nach |
| 139/87 | 14.30 Uhr | **Vicksburg**. (Bei der Einfahrt links halten, erst DOWN-TOWN-, dann WELCOME CENTER-Zeichen folgen: Aussichtspunkt.) **Stadtrundfahrt:** Cedar Grove, Balfour House, Old Court House Museum, Anchuca House, Martha Vick House, McRaven Tour Home. (Vgl. Stadtplan S. 203.) |

**Alternativen:** Statt US 61 zwischen Natchez und Port Gibson den **Natchez Trace Parkway** fahren; allerdings bietet er gerade in diesem Streckenabschnitt mit seiner durchgängig grünen Tunnel-Vision landschaftlich keine Vorzüge gegenüber der US 61.

269

Im **River Park** von Natchez kann man nach Herzenslust herumlaufen oder sitzen und auf den Mississippi schauen. Die meisten Besu-

len Salons die guten alten Zeiten heraufbeschworen.

Ob nun Natchez Trace oder US 61 – zwischen Natchez und Port

*Mississippi, praktisch*

*Anders als beispielsweise im Südwesten der USA sind die Indianer im Südosten der Kolonialisierung zum Opfer gefallen. Nur die verstreuten Mounds, die Erdhügelgräber und die zahlreichen Orts- und Flussnamen mit ihren wohlklingenden Doppelvokalen erinnern daran, wem das Land einmal gehörte.*

cher zieht es jedoch nicht zum Fluss, sondern zu den Symbolen der glorreichen Vergangenheit. Nicht zuletzt verdankt Natchez die Fülle seines Erbes von über 300 Antebellum-Bauten dem Umstand, dass es im Bürgerkrieg strategisch nicht die Bedeutung hatte wie beispielsweise Vicksburg.

Kein Wunder also, dass Natchez als Reiseziel so umschwärmt ist, besonders während der jährlichen *Pilgrimage*-Touren im Frühjahr und Herbst, wenn während der größten jährlichen Architektur- und Antiquitäten-Wallfahrt in den USA die Denkmäler der Pflanzerklasse den bewundernden Blicken offen stehen. Verschwenderische Feste waren hier einst gang und gäbe. Noch heute werden bei Kerzenlicht-Galas in der Vorweihnachtszeit in vie-

Gibson geht es am wildwüchsigsten auf der ganzen Südstaatenreise zu. Kudzu de luxe, fleischige Urwälder aus hölzernen Tanzbären mit grünem Pelz. Die sogenannte **Church Hill Loop** (S 533), umrahmt von alten Kirchen, Wald und Wiesen, wartet mit weiteren historischen Zeugnissen auf wie dem eindrucksvollen **Emerald Indian Mound**, einem im Wald versteckten indianischen Tempelhügel.

Auch bei den **Windsor Ruins** (s. S. 202) westlich von **Port Gibson** (s. S. 201 f.) geht es um Säulen, genau genommen um 23, aber sie sind das Einzige, was noch stehen geblieben ist von der malerisch ausgebrannten Residenz, die zumindest für kurze Zeit zu den verwegensten im Süden gehört haben muss.

Tagesziel ist **Vicksburg** (s. S. 203 ff.). Die Fahrt entlang Washington Street Richtung Downtown zeigt die Stadt als eine durchwachsene Sache – abgetakelte Lagergebäude, frei stehende Geisterhäuser, Wäschereien, »Lottie's Beauty Shop«, traurige Schuppen. Der Staat Mississippi, der mit Abstand ärmste im US-Bunde – das lässt sich hier nicht verbergen. Auch die Kasinoschiffe haben grundsätzlich bisher nichts daran geändert. Gut, im Geschäftsbezirk des Old River Market hat Washington Street ein Facelifting erfahren, aber das wirkt seltsam erratisch und abgehoben vom Rest der Innenstadt. »Wir haben hier viel zu spät mit der Restaurierung angefangen und zu viel abgerissen«, klagt eine alte Dame und gebürtige Vicksburgerin, die selbst mit gutem Beispiel vorangehen wollte und ihr altes Haus zur schmucken Pension hergerichtet hat. »Aber der Tourismus wird neuen Schwung nach Vicksburg bringen«, meint sie, während sie von ihrem Empire-Sofa aus zum süßen Sherry auf dem chintzbedeckten Tischchen greift.

# ⑭ Memphis
Von Vicksburg nach Memphis, Tennessee

### Route: Vicksburg – Memphis (385 km/241 mi)

| km/mi | Zeit | Route | Vgl. Karte S. 234/235. |
|---|---|---|---|
| 0 | 9.00 Uhr | Von **Vicksburg** I-20 nach Osten, US 61 nach Norden über Mound Bayou (für Lunch und sonstige Pausen insgesamt ca. 2 Std.) bis zum Südrand von Memphis. Von der US 61 links in die Mitchell Rd. und dort ca. 8 km zum **Chucalissa Archaeological Museum** (ca. 361 km/226 mi; eine knappe Stunde reicht zur Besichtigung aus). | |
| 385/241 | 16.00 Uhr | **Memphis** (rechtzeitig zum Enten-Gag im **Peabody Hotel:** US 61 wird zur 3rd St., an Union links zum Hotel). | |

Das Delta beginnt in der Lobby des Peabody Hotels in Memphis und endet in der Catfish Row in Vicksburg, so hieß es früher. Gemeint waren Anfang und Ende des flachen Agrarlands im Einzugsbereich von Mississippi und Yazoo River.

Die heutige Tagesreise verbindet Anfang und Ende, allerdings verläuft sie in umgekehrter Richtung, also von Süden nach Norden. Die Catfish Row hat es wohl tatsächlich mal in Vicksburg gegeben. Schließlich war und ist der *catfish* der Fisch, den man in Mississippi am häufigsten fängt und isst. Heute allerdings wirkt die Gegend hier eher verlassen, außer ein paar Anglern und einem im braunen Wasser dümpelnden Ausflugsboot, das bessere Tage gesehen hat.

Im Vergleich zum größten Teil der heutigen Strecke beschert diese Idylle freilich schon ein Höchst-

*Onward, ein kleiner Ort nördlich von Vicksburg, reklamiert für sich, die Geburtsstätte des Teddybären zu sein*

*Der Highway 61 gilt als Route der Blues-Founder: Yazoo City, Greenville, Cleveland, Clarksdale und Lake Sardin.*

maß an Sensation, denn die US 61, die sich seit Saint Francisville als ein durchaus brauchbarer Lieferant abwechslungsreicher Bilder bewährte, lässt den Reisenden bald ganz schön im Stich. Links und rechts wiederholen sich Baumwoll- und Sojabohnenfelder, Speichergebäude und ärmliche Hütten, und jedes dritte Geschäft an der Straße verkauft Trecker. Nur der Hinweis auf eine Winery lässt schmunzeln: Weinbau mitten in Mississippi! Von alter Pracht also weit und breit keine Spur. Wegen der ständigen Überschwemmungen vor dem Bau der Deiche gegen Ende des 19. Jahrhunderts hatten sich die Begüterten ins angrenzende Hügelland

abgesetzt. Das Delta war lediglich ein riesiger Arbeitsplatz.

Heute ist es zu einer Art Spielwiese geworden. Die Invasion der Kasinodampfer entlang der US 61 hat die Region drastisch verändert, vor allem in Tunica County. Wie einst die Baumwolle sollen die schwimmenden Spielhallen Dollars ins bettelarme Delta spülen. Die Erfolge sind umstritten. Zwar gibt es neue Arbeitsplätze, aber die Pfandhäuser *(pawn shops)* schießen seither ebenso schnell aus dem Boden wie die Kasinos. Wie auch immer: Mit heftigem Wochenendverkehr südlich von **Memphis** (s. S. 218 ff.) ist zu rechnen.

## 🔴15 Music City, U.S.A.
Von Memphis nach Nashville

### Route: Memphis – Nashville (350 km/219 mi)

| km/mi | Zeit | Route | Vgl. Karte S. 234/235. |
|---|---|---|---|
| 0 | 10.00 Uhr | **Downtown Memphis:** Union Ave. stadtauswärts, rechts auf Bellevue Blvd., der zum Elvis Presley Blvd. wird, in südlicher Richtung nach **Graceland** (ca. 2 Std. oder länger). – Anschließend Elvis Presley Blvd. nach Norden, I-55 ebenso, I-240 und I-40 East (die jetzt den Namen MUSIC HIGHWAY trägt) bis | |
| 350/219 | 17.00 Uhr | **Nashville** (s. S. 219 ff.). | |

## 🔴16 Wald und Whiskey
Von Nashville zurück nach Atlanta

### Route: Nashville – Lynchburg – Chattanooga – Atlanta (475 km/ 297 mi)

| km/mi | Zeit | Route | Vgl. Karte S. 234/235. |
|---|---|---|---|
| 0 | 9.00 Uhr | Abfahrt von **Nashville:** I-40 East, I-24 East (Richtung Chattanooga), Exit 111 nach Lynchburg: SR 55 West folgen, in Tullahoma gleich hinter der Überführung rechts (US 41) und am Friedhof wieder links (SR 55) nach | |

| 155/97 | 11.00 Uhr | **Lynchburg**. Tour **Jack Daniel's Distillery** und Lunchpause bei Miss Mary Bobo's (s. S. 218) in Lynchburg (ca. 2 Std.). Weiterfahrt über SR 50 East nach Winchester, dort ALT 41 und US 64 East über Cowan nach Monteagle, dort I-24 nach **Chattanooga**. Hier möglicherweise Lunch/Pause im alten Bahnhof: von der I-24, US 124, Exit E. Main St. rechts bis Market St., dort links. Auf I-75 nach |
| 475/297 | 18.00 Uhr | **Atlanta**. (1 Std. ist durch die Rückkehr in die *Eastern Time Zone* verloren gegangen.) |

*Die nächtliche Skyline von Atlanta* ▷

*Agrar-Quartett in Tennessee*

Mai und Oktober gelten als die schönsten Reisemonate für Tennessee. Dann zeigen sich die bewaldeten Hügel in bestem Licht, im Frühjahr in frischem Grün, im Herbst mild und bunt. Das gilt auch für den Highway südlich von Nashville.

Erst eine Weile Interstate, dann Landstraße. Je näher sie Lynchburg rückt, umso ansehnlicher wird sie: weidendes Vieh auf weiß durchzäuntem, hügeligem Terrain, Rostdächer von Scheunen in mildem Licht. Und dann naht sie, die Quelle des Whiskey, die **Jack Daniel's Distillery** (s. S. 217 f.).

Tennessee (auch Kentucky) und der Whiskey: Das Thema lässt sich durch eine Werksbesichtigung allein natürlich nicht ausschöpfen. Geschichte und Geschichten gehören dazu; die meisten von ihnen spielen während der Prohibition in den 1920er und 1930er Jahren. Aus Filmen kennt man die wilden Verfolgungsjagden, auf denen die *liquor runners* ihre illegalen

*Das weltgrößte Aquarium: das Georgia Aquarium in Atlanta*

Schnapsfässer vor den Augen des Gesetzes in Sicherheit zu bringen suchten. Die Produkte der *bootleggers* und *moonshiners* (Familienbetriebe allesamt) mussten nicht nur nachts, heimlich und flott erzeugt, sondern die Autos auch frisiert werden, um Sheriff und Steuerfahndung zuvorzukommen. Was häufig die stillschweigende Zusammenarbeit mit den örtlichen Behörden nicht ausschloss.

Die Vorläufer der bis heute vor allem im Südosten der USA beliebten *Stock-car*-Rennen reichen in diese Ära zurück. Schon damals probte man bei den Wettrennen den Ernstfall, und viele Fahrer und Rennveranstalter brachten es zu legendärem Ruhm. Sie haben ein wichtiges Kapitel in der Geschichte der amerikanischen Autokultur geschrieben. Diese wilden Zeiten sind heute vorbei, doch der *Sour Mash* ist geblieben.

Der Highway 50 sorgt in der Folge für die reizvollsten Abschnitte der ländlichen Provinz im Süden von Tennessee: friedliches Farmland, das hübsche kleine Cowan, eine kurvige Bergstraße hinauf nach Monteagle zur Interstate, die ihrerseits für eine Weile die dramatische Windungen durch die Gebirgslandschaft fortsetzt – nach **Chattanooga** (s. S. 207 ff.). Von hier aus noch ein letzter Sprung, dann taucht aus den Mischwäldern Georgias die Skyline von **Atlanta** (s. S. 18 ff.) auf.

## 🔟A  Back East – Zurück nach Osten
Von Vicksburg nach Selma, Alabama

**Alternativroute 1. Tag: Vicksburg – Jackson – Demopolis – Selma (411 km/257 mi)**

| km/mi | Zeit | Route |
|---|---|---|
| 0 | 9.00 Uhr | Ab **Vicksburg** I-20 nach Osten. Bei **Jackson** I-55 nach Norden, Abfahrt an Lakeland Dr. und Schildern folgen zum |

| | | |
|---|---|---|
| 77/48 | 10.00 Uhr | **Mississippi Agriculture and Forestry Museum** (Museumsbesuch ca. 1 Std.). – Zurück denselben Weg zur I-20, östl. von Meridian US 80 bis |
| 326/204 | 14.30 Uhr | **Demopolis**, Stadtrundfahrt. Von US 80 links auf Cedar Ave. Rechts liegt **Gaineswood** (½ Std.). Weiter Cedar bis Capitol St., links bis Main, rechts bis Monroe, dort links bis Bluff St.: **Bluff Hall** (½ Std.). – Zurück über Main St., links an Pettus St., rechts an Cedar Ave., links an US 80 East. Kurz nach der Auffahrt, auf der rechten Straßenseite Möglichkeit zum späten Lunch im »Ellis V Restaurant«. |
| 411/257 | 17.30 Uhr | **Selma**. Bummel Nähe Broad St. und Water Ave. beim Fluss. |

Wer in Vicksburg die I-20 nach Osten wählt, muss für den großen Sprung nach Selma Siebenmeilenstiefel anziehen oder sich in Geduld üben und die Sache aussitzen. Zwar erlaubt der Militärpark bei der östlichen Stadtausfahrt, die Spuren des 47-tägigen Kampfes um Vicksburg im Jahre 1863 auf einer 16 Meilen langen Autoroute abzufahren und sich Schützengräben, Wehranlangen, Fortruinen und Kanonen anzusehen. Wen die kriegerischen Relikte jedoch kalt lassen, der muss wohl oder übel auf dem Highway Kurs halten, am besten, indem er eine angemessene »Cruising«-Einstellung wählt.

Platt geht es zu ringsum: in den Baumwollfeldern, den Zypressen-Swamps, auf den Weiden, bei der Überquerung des Big Black River, der weder *big* noch *black*, sondern kümmerlich und braun vor sich hin treibt. Wer Glück hat, dem bietet vielleicht ein zünftiges Südstaatengewitter eine spektakuläre Show.

Gut, dass es bei all dem wenigstens noch ein Museum gibt. Und was für eins! Wer meint, Land- und Forstwirtschaft seien langweilig und erst recht in einem Museum, der wird im **Mississippi Agriculture and Forestry Museum** (s. S. 194) in der Landeshauptstadt **Jackson** (s. S. 194 ff.) eines Besseren belehrt.

Auch Alabama (aus der Sprache der Choctaw-Indianer übersetzt heißt das *brush gatherers*, Reisig-Sammler) ändert an der Gleichförmigkeit der vorüberziehenden Eindrücke zunächst nicht viel. Bei manchen Dörfern, etwa in Cuba, sucht man zum Ortsschild vergeblich den dazugehörigen Ort.

Erst die US 80 bringt ein wenig Farbe in die Schauplätze: Nadelwald, rote Erde und ein eindrucksvolles Wasserpanorama bei der Überquerung des Tombigbee River. Auch das Seelenheil kommt hier nicht zu kurz. In großen Lettern steht zu lesen: JESUS IS LORD OVER DEMOPOLIS. Zumindest

*Rassenunruhen 1965 in Selma*

*Der Fundamentalismus im Bible Belt sorgt hin und wieder für schlechte Schlagzeilen – weniger durch bibelschwingende Wanderprediger und fahrende Gottesmänner in der Provinz, sondern durch »Televangelists«, die riesigen und finanzstarken Glaubens-Unternehmen vorstehen. Auf Kanzeln und TV-Schirmen wettern sie gegen den Sittenverfall, eifern sich vollmundig über moralische Verfehlungen und bedienen damit das traditionelle Sendungsbewusstsein vieler Südstaatler, die sich ungeachtet ihres eigenen Erbes – Sklaverei, Sezession, Armenhaus der Nation – nach wie vor als die Verteidiger der echten amerikanischen Werte verstehen. Doch dann müssen sie sich plötzlich wegen amouröser Abenteuer verantworten.*

höheres Wissen kann in **Demopolis** (s. S. 173 f.) nicht schaden, denn die irdischen Informationsquellen scheinen an den entscheidenden Stellen versiegt. Einige der gewohnten Hinweisschilder mit

dem dicken Fragezeichen, die TOURIST INFO versprechen, sind offenbar abhanden gekommen.

Die Weiterfahrt bietet grüne Weiden mit offensichtlich zufriedenem Rindvieh. **Uniontown** ist eine Stadt mit ruinösen Häusern und ärmlichen Schuppen, die ein architektonisches Kontrastprogramm zu Demopolis schaffen, wie es die Reise schon mannigfach gezeigt hat. Hin und wieder steht eine *service station* am Straßenrand, der typische Treff auf dem Land, wo alles Lebensnotwendige zu haben ist: Autoreparaturen, Informationen und Lebensmittel, darunter oft Melonen, die so aussehen, als könne sie einer allein gar nicht heben. Am Ende: **Selma** (s. S. 181 f.).

## 🔴16B  Nicht »Grand«, aber grandios
### Providence Canyon, Georgia

**Alternativroute 2. Tag: Selma – Eufaula – Providence Canyon – Atlanta (496 km/310 mi)**

| km/mi | Zeit | Route |
|---|---|---|
| | | In **Selma: Sturdivant Hall** (von Broad St. über Jeff Davis Ave. nach Westen, an Mabry St. links). |
| 0 | 9.30 Uhr | Abfahrt von **Selma** (Kreuzung Water Ave. & Broad St.) US 80 nach Osten. In der Nähe von Montgomery rechts halten, US 231 und US 82 nach Osten, um die Stadt herum über Union Springs nach |
| 211/132 | 12.00 Uhr | **Eufaula**. Eufaula Ave. mit **Shorter Mansion**, Lunch (ca. 1 Std.). – Weiter US 82 und links einordnen nach Georgetown, GA (und damit 1 Std. Zeitverlust: Rückkehr zur *Eastern Time*, die ab jetzt berücksichtigt ist), S 39 nach Norden und auf ihr bleiben (d.h. nicht dem Schild PROVIDENCE STATE PARK folgen), an S 39 C rechts in Richtung Lumpkin zum |
| 259/162 | 14.00 Uhr | **Providence Canyon**, Rundgang und Pause (ca. 1 Std.). – In Lumpkin S 1 bzw. US 27 nach Norden über Columbus, I-185, I-85 nach |
| 496/310 | 17.30 Uhr | **Atlanta** (Peachtree Plaza). |

**Alternativen:** Alle, die einen geruhsamen Abschied vom Süden suchen, bevor es auf die zügigen Interstates geht, können nördlich von Columbus die I-185 über den Abzweig S 116 verlassen, um einen kurzen Abstecher durch die hübschen Örtchen **Hamilton** (mit seiner farbenfrohen Main Street) und **Pine Mountain** zu fahren und von dort über US 27 wieder auf die I-185 zurück.

Wir verlassen Selma via Pettus Bridge, die über den Alabama River führt. Auf ihr marschierten im März 1965, gewissermaßen im zweiten Anlauf, 25 000 Schwarze nach Montgomery zum dortigen Kapitol, angeführt von Martin Luther King und zum Schutz begleitet von der Nationalgarde. Wie bei der Einfahrt nach Selma wechseln auch nach dem Abschied von der Stadt Baumwollfelder und Waldstücke auf hügeligem Farm- und Ranchland einander ab.

Östlich von **Montgomery** (s. S. 179 f.) wimmelt es plötzlich wieder von Verkaufsbuden für die land-auf, landab beliebten *fireworks*. Ein paar *billboards* der regionalen Tourismusindustrie locken mit Hinweisen auf Hotels und Restaurants für Ferien auf dem Bauernhof. Doch im Wesentlichen durchstreift die Straße friedliche Landschaften mit Ranches und Waldstücken, in deren pastoralen Grundton sich die Baptistenkirchen bestens fügen. Je einsamer alles aussieht, desto mehr fallen sie auf, diese schlichten und stets frisch getünchten wirkenden Holzkästchen, die weißen Wohnzimmer Gottes.

Union Springs, Midway, Lugo – diesem Dreisprung über südstaatliche Provinz folgt schließlich das erste Highlight des heutigen Tages, **Eufaula** (s. S. 174 f.). Am See, gleich beim Verlassen der Stadt, naht nicht nur die Grenze zu Georgia, sondern auch die zur Zeit.

Nördlich von **Georgetown** (s. S. 68) entpuppt sich die kurviger und hügeliger werdende SR 39 als eine gefällige Landstraße, deren rote Erde in schönem Kontrast zu waldigem Grün oder grasenden Pfer-

*Hamilton, Georgia – eine liebliche Kleinstadt mit alten Holzhäusern, filigran verziert mit viktorianischem Gingerbread-Schnitzwerk und blühenden Büschen vor den Veranden.*

279

*Am Grab von Martin Luther King Jr.*

den steht. Ab und zu schimmert der Eufaula Lake durch die Bäume; er ist der mittlere der Seen, die der Chattahoochee River füllt, seit er in den 1960er und 1970er Jahren gestaut wurde, um ihm seine ständigen Überschwemmungen abzugewöhnen. Die vielen Holzlaster deuten auf den weiteren Abbau von Waldflächen, die Sprinkleranlagen auf die sich ausbreitende künstlich bewässerte Landwirtschaft. Baumwollfelder, Hütten, Scheunen und Silos zählen zu ihrem Inventar.

BRIDGE MAY ICE IN WINTER: Mit weit über 40 Grad im Auto lesen sich diese Schilder wie leere Versprechungen! Nur wer alle Jahreszeiten und den Hang des Südens zur Feuchtigkeit in Bodennäher kennt, weiß, wie realistisch die Warnungen sind. Die Böschungen werden nun röter und röter und bereiten damit das spektakuläre und ziemlich überraschende Finale dieser Reise vor, den **Providence Canyon** (s. S. 66 f.). In Utah oder sonst wo im Südwesten der USA würde eine derartige Erosionskunst ganz selbstverständlich passen. Aber ausgerechnet im Küstenflachland von Georgia? – Noch ein Weilchen weiter auf dem Highway, und es gibt ein Wiedersehen mit Atlanta.

## 🔴 Atlanta/Abflug

### 17. Tag – Programm: Atlanta

| | |
|---|---|
| Morgens | **High Museum of Art** (s. S. 26 f., So erst ab Mittag, Mo geschl.), Lunch. |
| Nachmittags | Abflug vom **Hartsfield Atlanta International Airport**. |

**Einen Stadtplan von Atlanta finden Sie auf S. 19.** 🔆

# Unterkünfte
## Hotels, Motels, B&Bs, Resorts, Campingplätze

Die angegebenen Preiskategorien gelten stets für einen *double room.* Einzelzimmer sind nur unwesentlich billiger, während man für ein zusätzliches Bett etwa $ 5–10 zuzahlen muss. Für Kinder, die im Zimmer der Eltern schlafen, wird meist kein Aufpreis berechnet.

| $ | – | bis 100 Dollar |
|---|---|---|
| $$ | – | 100 bis 150 Dollar |
| $$$ | – | 150 bis 250 Dollar |
| $$$$ | – | über 250 Dollar |

Praktisch schwanken diese Preiskategorien erheblich. Manchmal gewinnt man den Eindruck, die Hotels ändern ihre Preise beinah stündlich. Auf jeden Fall aber reagieren die Raten flexibel auf Feiertage, lokale Events, Wochentage und Wochenende, die Reisesaison etc. In den Städten sinken die Übernachtungspreise meist am Wochenende, in Ausflugsgebieten steigen sie dann entsprechend. Und umgekehrt. Häufig sorgen spektakuläre Discounts allerdings für erfreuliche Überraschungen.

## ALABAMA

### Birmingham

🛏 ✕ ♿ **The Tutwiler Hampton Inn & Suites**
2021 Park Place N. (Downtown)
Birmingham, AL 35203
✆ (205) 322-2100 oder 1-800-HAMPTON
www.thetutwilerhotel.com
Klassisch-elegantes Hotel von 1914 mit 149 Zimmern, Restaurant, Bar, Fitnessraum. $$$–$$$$

🛏 ✕ ♿ **The Redmont Hotel**
2101 Fifth Ave. N. (Downtown)
Birmingham, AL 35203
✆ (205) 324-2101, 1-877-536-2085
www.theredmont.com
Zentrale Lage, historisch-elegantes Ambiente, 114 Zimmer, Restaurant, Cocktail Lounge, Fitnessraum.
$$$$

🛏 ♿ **The Hotel Highland at Five Points**
1023 20th St. S., Birmingham, AL 35205
✆ (205) 933-9555, 1-800-255-7304
www.thehotelhighland.com
Kleines Hotel in Downtown-Nähe: 63 Zimmer, Fitnesscenter, Pianobar. Kleines Frühstück inkl. $$$–$$$$

🛏 🏊 **Doubletree Hotel Birmingham**
808 20th St. S., Birmingham, AL 35205
✆ (205) 933-9000, 1-800-445-8667
www.doubletree1.hilton.com
In Downtown-Nähe, 298 Zimmer, Restaurant, Cocktail Lounge, Pool, Fitnessraum. $$–$$$$

### Demopolis

🛏 🏊 **Days Inn**
1005 Hwy. 80 E., Demopolis, AL 36732
✆ (334) 289-2500, www.daysinn.com
Preisgünstiger Standard: 42 Zimmer, Pool, Fitnessraum, Waschsalon. $–$$

🛏 🏊 **Holiday Inn Express**
943 Hwy. 80 W., Demopolis, AL 36732
✆ (334) 289-9595, Fax (334) 289-9570
Guter Standard: 51 Zimmer, Pool, Waschsalon. $$

🛏 **Best Western Plus Two Rivers Hotel & Suites**
662 Hwy. 80 W., Demopolis, AL 36732
✆ (334) 289-2611, 1-800-780-7234
www.bestwesternalabama.com
Hotel der gehobenen Best-Western-Kategorie mit 43 Zimmern. Nahe der University of Alabama. $$

### Eufaula

🛏 **Kendall Manor Inn**
534 W. Broad St., Eufaula, AL 36027
✆ (334) 687-8847
Gastfreundlicher B & B Inn in einem ansehnlichen,

denkmalgeschützten Antebellum-Haus (ca. 1860) im *Italianate Style* mit zierlichen Säulchen und Ausguck. $$–$$$

### Super 8 Eufaula Inn
1375 S. Eufaula Ave. (Hwy. 431 S.), südl. von Downtown Eufaula, AL 36027
℃ (334) 687-3900, Fax (334) 687-6870
*No Frills:* 42 Zimmer, Pool, kleines Frühstück inkl. $

## Gulf Shores

### Lighthouse Condominiums/Kaiser Realty
Büro: 1557 Gulf Shores Pkwy.
Apartments: 455 E. Beach Blvd.
Gulf Shores, AL 36542
℃ (251) 968-6868, 1-800-225-4853
www.kaiserrealty.com
Familienfreundlicher Apartmentkomplex direkt am Strand. Mit komplett ausgestatteten Apartments samt Balkon, Swimmingpools, Fitnesscenter und Parkhaus. Schlüssel sind im Büro abzuholen. $$$$

## Huntsville

### Holiday Inn Select Huntsville Downtown
401 Williams Ave., Huntsville, AL 35801
℃ (256) 533-1400, Fax (256) 534-7787
Gute Lage in Downtown: 277 Zimmer, Pool, Whirl-pool, Fitnessraum. $–$$$

### La Quinta Inn & Suites
4890 University Dr., Huntsville, AL 35816
℃ (256) 830-8999, Fax (256) 837-5720
Solide und preisgünstig: 99 Zimmer und Pool. $–$$

### Ditto Landing
293 Ditto Landing Rd. S.E., südl. von Huntsville Nähe US 231, Huntsville, AL 35803
℃ (256) 883-9420, www.dittolanding.com
Schattig und ruhig am Tennessee River. *Full hook-ups,* auch Zelte.

## Mobile

### Malaga Inn
359 Church St., Mobile, AL 36602
℃ (251) 438-4701, 1-800-235-1586
www.malagainn.com
Zwei anmutige Stadthäuser (Baujahr 1862) in ruhiger Downtown-Lage: romantische Adresse, hübsche Räume (35), Pool und Cocktail Lounge. $$–$$$

### Battle House Inn
26 N. Royal St., Mobile, AL 36602
℃ (251) 338-5405, 1-866-316-5957
www.marriott.com
Nobles, historisches Hotel im Herzen der Altstadt von Mobile. 238 Zimmer, inkl. 31 Suiten. Dachgarten mit Pool. $$$–$$$$

### Dauphin Island Campground
109 Bienville Blvd., Dauphin Island, AL 36528
℃ (251) 861-2742
www.dauphinisland.org
Ruhiger Campground auf Dauphin Island südlich von Mobile. 225 Stellplätze für Wohnmobile und Zelte. Wanderwege zum Audubon Bird Sanctuary. Boardwalk zum Sandstrand am Golf. Waschsalon, Spielplatz, kleines Geschäft.

## Montgomery

### Embassy Suites Montgomery
300 Tallapoosa St.
Montgomery, AL 36104
℃ (334) 269-5055, 1-800-EMBASSY
http://embassysuites1.hilton.com
Das Atrium überrascht mit Regenwald: 237 großzügige Suiten, Restaurant, Cocktail Lounge, Pool, Fitnesscenter, Whirlpool, Sauna, Waschsalon. Frühstück im Übernachtungspreis eingeschl. $$$–$$$$

### Madison Hotel
120 Madison Ave., Montgomery, AL 36104
℃ (334) 264-2231
www.madisonhotel.montgomery.com
In der Lobby rauscht ein Wasserfall: 170 Zimmer und Suiten, Restaurant, Cocktail Lounge, Pool, Fitnessraum, Waschsalon. Elvis Presley hat hier einmal übernachtet. $$

### Hampton Inn & Suites Downtown
100 Commerce St., Montgomery, AL 36104
℃ (334) 265-1010
www.montgomerydowntownsuites.hamptoninn.com
Neunstöckiges Hotel im Herzen von Downtown. Gleich nebenan das Hank Williams Museum. 86 Zimmer, Frühstücksraum. $$–$$$

### Gunter Hill Park
561 Booth Rd., Montgomery, AL 36108
℃ (334) 269-1053, www.recreation.gov
Friedlicher Platz am Alabama River: 146 Stellplätze mit *full hookups.* 2 Tage vorab reservieren. Anfahrt: I-65, Exit 167, auf US 80 14 km nach Westen, an County Road 7 rechts und Schildern folgen.

## Selma

### Hampton Inn & Suites
2220 W. Highland Ave., Selma, AL 36701
℃ (334) 876-9995, 1-800-HAMPTON

www.hamptoninn.com
Komfortables Hotel nahe Selmas historischen Sehenswürdigkeiten. Frühstück, Fitnessraum, Pool. 60 Zimmer. $$–$$$

### 🛏️ 🏊 Holiday Inn Express
2000 Lincoln Way, Selma, AL 36701
✆ (334) 874-1000, www.hiexpress.com
2008 eröffnet: guter Standard mit Pool, Business- und Fitnesscenter. $$–$$$

### 🛏️ ✗ Saint James Hotel
1200 Water Ave. (Downtown)
Selma, AL 36701
✆ (334) 872-3234, 1-800-678-8946
www.historichotels.org
Hübsch restauriert: 42 Zimmer, einige auf der Seite zum Alabama River. Restaurant (**The Troupe House Restaurant** mit amerikanischer Küche). Die James-Brüder sollen hier 1881 übernachtet haben. $$–$$$

### 🛏️ 🚤 Lake Lanier Travel Park
655 Lake Lanier Rd. (US 80 W.), 14 km westl. von Selma via US 80, Selma, AL 36701
✆ (334) 875-1618
Campingplatz mit Waschsalon, Schwimmgelegen-heit, Kinderspielplatz. *Full hookups.* Ganzjährig.

### 🏕️ Paul M. Grist State Park
1546 Grist Rd., Selma, AL 36701
✆ (334) 872-5846, www.alapark.com/paulgrist
Ruhiger Campground, 24 km nördlich von Selma. Schwimmen, Angeln im See.

## Tuscaloosa

### 🛏️ 🏊 🚶 Best Western Park Plaza Motor Inn
3801 McFarland Blvd. (Nähe I 59/20, Exit 73 via US 82)
Tuscaloosa, AL 35405
✆ (205) 556-9690, 1-800-235-7282
www.parkplazamotorinn.com
118 Zimmer, Pool, Whirlpool, Fitnesscenter, kleines Frühstück inkl. $$–$$$

### 🛏️ 🏊 La Quinta Inn
4122 McFarland Blvd. E. (Nähe I 59/20, Exit 73 via US 82), Tuscaloosa, AL 35405
✆ (205) 349-3270, www.lq.com
Preisgünstig: 122 Zimmer, Pool, kleines Frühstück inkl. $

## FLORIDA (PANHANDLE)

## Amelia Island/Fernandina Beach

### 🛏️ 🏨 Elizabeth Pointe Lodge
98 S. Fletcher Ave., Fernandina Beach, FL 32034
✆ (904) 277-4851, 1-800-772-3359

Fax (904) 277-6500
www.elizabethpointelodge.com
Netter B & B am Strand. Haupthaus von 1890 – mit Veranda, Schaukelstühlen und Frühstück. $$$$

### 🛏️ ✗ Florida House Inn & Restaurant
22 S. Third St., Fernandina Beach, FL 32034
✆ (904) 491-3322, 1-800-258-3301
www.floridahouseinn.com
Eins der ältesten Gästehäuser Floridas (seit 1857) – mit knarrenden Dielen und kleinen Türen. Beliebtes Restaurant (Frühstück, Lunch, Dinner). $$

### 🛏️ 🏨 The 1735 House
584 S. Fletcher Ave., Amelia Island, FL 32034
✆ (904) 261-4148, 1-800-872-8531
Nautisches Dekor am Strand im Neuengland-Stil. Auch Zimmer mit Küche. Kleines Frühstück. $$$–$$$$

### 🛏️ ✗ 🏨 🚶 Amelia Island Plantation
6800 First Coast Hwy.
Amelia Island, FL 32034
✆ (904) 261-6161, 1-800-834-4900
www.villasofamaliaisland.com
Sportler-Paradies am langen Strand: Golfplatz (54 Löcher), 23 Tennisplätze, 19 Pools, Fitnesscenter, Wanderwege, Reiten, Fahrradfahren, Angeln. Spitzenrestaurant. $$$$

### 🏕️ 🚶 Fort Clinch State Park
2601 Atlantic Ave. (Amelia Island)
Fernandina Beach, FL 32034
✆ (904) 277-7274
www.floridastateparks.org/fortclinch
Wehrhafter Backsteinbau an der Nordspitze der Insel: Camping; Naturpfade, Picknick, Radwege, Fishing Pier.

## Apalachicola

### 🛏️ ✗ The Gibson Inn
51 Ave. C, Apalachicola, FL 32320
✆ (850) 653-2191, www.gibsoninn.com
Hübsches, restauriertes Hotel (30 Zimmer) von 1907 am östlichen Stadteingang. Empfehlenswertes Cajun-Restaurant (Lunch und Dinner). $$$–$$$$

### 🛏️ Coombs House Inn
80 6th St., Apalachicola, FL 32320
✆ (850) 653-9199, 1-888-244-8320
www.coombshouseinn.com
Nostalgischer Bed & Breakfast in hübsch restaurierter Villa eines Holzbarons aus der Zeit um 1900. 23 Zimmer. $$$

## Unterkünfte in Florida

Tägl. 8 Uhr bis Sonnenuntergang
Wanderwege, Bootsrampe, Angeln, Camping, schattige Picknickplätze. Dünen, feine Strände, türkisfarbenes bis blaues Wasser – ideal zum Schwimmen!
Eintritt $ 5 pro Auto.

## Destin

⬛ 🏔 ✈ **Sandestin Golf & Beach Resort**
9300 Emerald Coast Pkwy. W. (US 98 W.)
Sandestin, FL 32550
✆ (850) 267-8000, 1-800-622-1038
www.sandestin.com
Weitläufiges Ferienresort mit mehreren Golfplätzen und großer Tennisanlage. Dazu ein herrlicher weißer Sandstrand. $$–$$$

🏞 🏔 **Henderson Beach State Park**
17000 Emerald Coast Pkwy., Destin, FL 32541
✆ (850) 837-7550, 1-800-326-3521
www.floridastateparks.org/hendersonbeach
60 Stellplätze im Dünengürtel. Boardwalk zum weißen Sandstrand an der naturverbliebenen Küste. Warmes, klares Wasser. Schwimmen, Sonnenbaden, Angeln.

## Panama City/Panama City Beach

⬛ 🏔 **Driftwood Lodge**
15811 Front Beach Rd., Panama City Beach, FL 32413
✆ (850) 234-6601, 1-800-442-6601
www.driftwoodpcb.com
Sympathisches Motel direkt am Strand. Viele Zimmer mit kleiner Küche und Balkon. $$–$$$

⬛ ✈ **Holiday Inn SunSpree Resort**
11127 Front Beach Rd., Panama City Beach, FL 32407
✆ (850) 234-1111, 1-800-633-0266
www.hipcbeach.com
Geräumige Zimmer mit Eisschränken, Mikrowelle etc., Golf-Packages. $$$–$$$$

⬛ 🏔 ♒ **Sunset Inn**
8109 Surf Dr., Panama City Beach, FL 32408
✆ (850) 234-7370, www.sunsetinnfl.com
Eher ruhiges Strandmotel mit 58 Zimmern, einige mit Küche, Pool, Waschsalon. $$–$$$

⬛ ♒ ✈ **Wyndham Bay Point Resort**
4114 Jan Cooley Dr., Panama City Beach, FL 32408
✆ (850) 236-6000, 1-800-996-3426
www.wyndham.com
Grüne Oase mit Marina und Golfplätzen, zum Surfen und Windsurfen. Gutes Preis-Leistungs-Verhältnis. Strategisch günstig: die Pool-Bar für den Sonnenuntergang! $$$–$$$$

🏞 🏔 **Saint Andrew's State Recreation Area**
4607 State Park Lane (am Ostende von Thomas Dr.), Panama City Beach, FL 32408
✆ (850) 233-5140

## Pensacola

⬛ **New World Landing Inn**
600 S. Palafox St., Pensacola, FL 32502
✆ (850) 434-7736, www.newworldlanding.com
Angenehm und zentral gelegen. Mit 15 Zimmern und kleinem Frühstück. Gutes Restaurant im Haus. Wein- und Martinibar. $$

⬛ ♒ **Main Stay Suites**
7230 Plantation Rd. (University Mall)
Pensacola, FL 32504
✆ (850) 479-1000, 1-877-424-6423
64 schöne Suiten mit voll eingerichteter Küche, Wohn- und Schlafzimmer, 2 Bädern; Pool, kleines Frühstück.
Zufahrt von Downtown Pensacola: I-110 bis zur I-10, diese kurz nach Osten bis Exit 5, danach links und gleich wieder rechts in die University Mall. $$$–$$$$

⬛ ✖ ♒ ✈ **The Pensacola Grand Hotel (Crowne Plaza)**
200 E. Gregory St., Pensacola, FL 32501
✆ (850) 433-3336, 1-800-465-4329
Für Eisenbahn-Nostalgiker: Das riesige Bettenhaus klebt an einem alten Bahnhof (1912), der nun Lobby, Bars und Restaurant beherbergt. Ab und an röhren die Loks mit Güterwaggons vorbei. Pool, Fitnessräume. $$–$$$

⬛ ♒ **Howard Johnson Pensacola**
6919 Pensacola Blvd., Pensacola, FL 32505
✆ (850) 478-4499, 1-800-221-5801
www.hojo.com
Einfaches Motel mit 120 Zimmern und Pool. $

## Pensasola Beach/Gulf Breeze/ Perdido Key

⬛ 🏔 **Days Inn Pensacola Beach**
16 Via De Luna Dr.
Pensacola Beach, FL 32561
✆ (850) 934-3300, 1-800-225-3297
www.daysinn.com
Ferienmotel (122 Zimmer) am Strand von Santa Rosa Island. Mit Frühstück. Im Sommer durchschnittlich $$$–$$$$, im Winter $$

⬛ 🏔 ♒ **Springhill Suites by Marriott**
24 Via de Luna Dr., Pensacola Beach, FL 32561
✆ (865) 932-6000, 1-800-406-7885
www.springhillsuites.com/pnspb
www.marriott.com
Fünfstöckiges Hotel in unmittelbarer Strandnähe.

Frühstück. Pool, Fitnesscenter. 117 Suiten. Im Winter $$, im Sommer $$$

### Fort Pickens Campground
1801 Gulf Breeze Pkwy./1401 Ft. Pickens Rd. (Santa Rosa Island), Gulf Breeze, FL 32561
✆ (850) 934-2656, 1-877-444-6777
www.recreation.gov, www.nps.gov/guis
Großer Campingplatz mit 200 Stellplätzen auf der Insel vor Pensacola. Keine Reservierung erforderlich.

### Big Lagoon State Park
12301 Gulf Beach Hwy., von Pensacola über SR 292A, dann Bauer Rd., Perdido Key, FL 32507
✆ (850) 492-1595, 1-800-326-3521
www.floridastateparks.org/biglagoon
Campingplatz auf erholsamer Lagune.

## Ponte Vedra Beach

### Ponte Vedra Inn & Club
200 Ponte Vedra Blvd. (südl. von Jacksonville Beach) Ponte Vedra Beach, FL 32082
✆ (904) 285-1111, 1-800-234-7842
www.pvresorts.com
Elegantes, historisches Strandhotel von 1927 mit zwei Golf- und 15 Tennisplätzen, mehreren Pools und Restaurants. $$$–$$$$

## Tallahassee

### Governors Inn
209 S. Adams St., Tallahassee, FL 32301
✆ (850) 681-6855, 1-800-342-7717
www.thegovinn.com
Zentral beim Capitol und im Fußgängerbereich gelegener B & B Inn, mit Happy-Hour-Drinks und kleinem Frühstück. $$$–$$$$

### Hotel Duval Tallahassee
415 N. Monroe St., Tallahassee, FL 32301
✆ (850) 224-6000, 1-866-957-4001
www.hotelduval.com
Trendiges Luxushotel 1 km nördlich des Kapitols. $$$–$$$$

### Cabot Lodge Tallahassee N. Monroe
1653 Raymond Diehl Rd., Tallahassee, Florida 32308
✆ (850) 386-7500, 1-800-255-6343
www.cabotlodgethomasvilleroad.com
Ruhig und mit Südstaaten-Flair: 160 Zimmer, Pool, kleines Frühstück im Preis eingeschl. $$

### La Quinta Inn North
2905 N. Monroe St., Tallahassee, FL 32303
✆ (850) 385-7172, 1-800-753-3757
www.lq.com
Einfaches, freundliches Kettenmotel mit 157 Zimmern nahe der Autobahn am Nordrand der Stadt. $

### Tallahassee RV Park
6504 Mahan Dr., Tallahassee, FL 32308
✆ (850) 878-7641, www.tallahasseervpark.com
Privater, schattiger Campingplatz am Stadtrand.

## Wakulla Springs

### Wakulla Springs Lodge
550 Wakulla Park Dr., Wakulla Springs, FL 32327
✆ (850) 421-2000
Spartanische Herberge und Restaurant in neospanischem Stil (1937) mit einem Hauch von Sanatorium (kein TV, kein Alkohol) in reizvoller Umgebung des **Edward Ball Wakulla State Park**. Schwimmen in der Quelle des Flusses (bis 19, im Winter bis 18 Uhr); Dschungel-Bootsfahrten (9.30–17 Uhr) durch vogel- und artenreiche Wasserlandschaften. Attraktive Glasbodenbootsfahrten bei klarem Wasser tägl. 12–14 Uhr.

In den letzten Jahren allerdings hat sich der Tanningehalt des Wassers so erhöht, dass die trüben Perioden immer häufiger vorkommen und länger dauern. Naturpfade. An Wochenenden und Feiertagen rechtzeitig reservieren. $$–$$$

## GEORGIA

## Athens

### Hotel Indigo
500 College Ave., Athens, GA 30601
✆ (706) 546-0430, www.indigoathens.com
Nach ökologischen Standards geführtes, schickes Boutique-Hotel in Gehentfernung zu den Restaurants und Musikclubs in Downtown. Mit **Madison Bar and Bistro** und **Musikclub Rialto**. 130 Zimmer, inkl. 12 Suiten. $$$

### Grand Oaks Manor B&B
6295 Jefferson Rd., Athens, GA 30607
✆ (706) 353-2200
8 Zimmer in einer ruhig gelegenen Südstaaten-Villa von ca. 1820. $$$–$$$$

### Magnolia Terrace B&B
277 Hill St. (Downtown), Athens, GA 30601
✆ (706) 548-3860, 1-800-891-1912
Feine viktorianische Pension mit 8 Zimmern. $$

### Foundry Park Inn & Spa
295 E. Dougherty St., Athens, GA 30601
✆ (706) 549-7020
www.foundryparkinn.com

Komfortables kleines Hotel am Stadtrand: 119 Zimmer, Restaurant, Spa. $$$

### 🛏️✕🛋️ Athens Courtyard by Marriott
166 N. Finley St., Athens, GA 30601
☎ (706) 369-7000, 1-888-236-2427
www.marriott.com
Zuverlässiges ruhiges Haus mit 105 Zimmern und Suiten in der Innenstadt; Restaurant, Lounge, Fitnessraum, Pool. $$$–$$$$

### 🛏️✕ Holiday Inn Express
513 W. Broad St., Athens, GA 30601
☎ (706) 546-8122, www.hi-athens.com
Guter Standard: 160 Zimmer, Pool, Fitnessraum, Münzsalon. $$–$$$

### 🚐🎣 Watson Mill Bridge State Park
5 km auf SR 22 nach 560 Watson Mill Park Rd. südlich von Comer, GA 30629
☎ (706) 245-6270, 1-800-864-7275
www.gastateparks.org/watsonmillbridge
Tägl. 7–22 Uhr, Parkgebühr $ 3
Hübsche überdachte Holzbrücke (covered bridge) von 1885. Erholsamer Naturpark für Picknick und Camping, Kanufahren, Wandern, Baden und Angeln im Fluss.

### 🚐 Pine Lake RV Campground
5540 High Shoals Rd. (S 441, S 186 nach Westen) Bishop, GA 30621
☎ (706) 769-5486, www.pinelakervcamp.com
Schattiges Plätzchen am friedlichen See. 19 km südlich von Athens.

## Atlanta

### 🛏️✕ Renaissance Atlanta Midtown Hotel
866 W. Peachtree St. N.W., Atlanta, GA 30308
☎ (678) 412-2400, 1-800-716-6009
www.marriott.com
Trendiges Luxushotel in Downtown-Nähe. Restaurant, Dachgarten. 304 Zimmer. $$$$

### 🛏️✕🛋️🎣 Atlanta Marriott Marquis
265 Peachtree Center Ave., N.E. (Downtown) Atlanta, GA 30303
☎ (404) 521-0000, 1-888-855-5701
www.marriott.com
Erstklassiges Hotel (1569 Zimmer und 94 Suiten) mit atemberaubendem Atrium, 4 Restaurants, Pools, Fitnesscenter. Entworfen von John Portman. $$$$

### 🛏️✕🛋️🎣 Hyatt Regency Atlanta
265 Peachtree St. N.E., Atlanta, GA 30303
☎ (404) 577-1234, 1-800-233-1234
http://atlantaregency.hyatt.com
Typischer Hyatt-Atrium-Bau von John Portman, zentral gelegen: 1264 Zimmer und Suiten, drei Restaurants, Lounges, Coffeeshop, Fitnesscenter und Pool. $$$$

### 🛏️🛋️🎣 Days Inn Downtown
300 Spring St. N.W., Atlanta, GA 30308
☎ (404) 523-1144, www.daysinn.com
263 Zimmer, Pool, Fitnessraum, Waschsalon. 24-Std.-Coffeeshop, Airport-Shuttle. (Gelegentlich gibt es Sonderpreise: $) $$$–$$$$

### 🛏️ Stonehurst Bed & Breakfast
923 Piedmont Ave. N.E., Atlanta, GA 30309
☎ (404) 881-0722, www.stonehurstplace.com
Luxuriöses B & B in Midtown. Moderne Annehmlichkeiten und eklektische Kunst, gepaart mit dem Flair des 19. Jh. 5 elegante, komfortable Zimmer und Suiten. $$$$

### 🛏️✕🍸 Glenn Hotel
110 Marietta St. N.W., Atlanta, GA 30303
☎ (404) 521-2250, 1-888-236-2427
www.glennhotel.com
Elfstöckiges Boutique-Hotel im Luckie Marietta District in Downtown. Mit dem Restaurant **Glenn's Kitchen** und der **Rooftop Sky Longe** mit Live-DJ von Mi–Sa. 93 Zimmer, 17 Suiten. $$$$

### 🛏️✕🍸 Ellis Hotel
176 Peachtree St. N.E., Atlanta, GA 30303
☎ (404) 602-0563, 1-877-702-1085
www.ellishotel.com
Trendiges Boutique-Hotel mit 114 exquisit eingerichteten Zimmern und 13 Suiten. Fitnesscenter. Lobby-Bar & Lounge ($) und **Terrace Restaurant** ($$$). $$$$

### 🛏️ Motel 6 Downtown Atlanta
311 Courtland St. N.E., Atlanta, GA 30303
☎ (404) 659-4545, 1-800-4MOTEL6
www.motel6atlantadowntownga.com
Preisgünstiges, schnörkelloses Motel in Downtown. Moderne Annehmlichkeiten. $–$$

### 🚐 Stone Mountain Park Campground
P.O. Box 778, Stone Mountain, GA 30086
☎ (770) 498-5710, 1-800-385-9807
Fax (770) 413-5082, www.stonemountainpark.com
US 78, etwa 27 km östlich von Atlanta ($1/2$ Std. Fahrzeit). *Full hookups.*

## Augusta

### 🛏️✕🛋️ Augusta Marriott at the Convention Center
2 10th St., Augusta, GA 30901
☎ (706) 722-8900, 1-800-868-5354
www.marriott.com

Gleich am Fluss: 349 Zimmer und 23 Suiten, Restaurant, Cocktail Lounge, Pool, Sauna, Fitnessraum. $$–$$$

### ⊟ ☒ ⌸ The Partridge Inn
2110 Walton Way, Augusta, GA 30904
✆ (706) 737-8888, 1-800-476-6888
www.partridgeinn.com
Hübscher historischer Bau mit 155 Zimmern, Pool, Fitnessraum und empfehlenswertem Restaurant **P.I. Bar and Grill**. Frühstücksbüfett inkl.; auch Sunday Brunch und Live-Jazz. $$$–$$$$

### ⊟ Queen Anne Inn
406 Greene St., Augusta, GA 30901
✆ (706) 723-0045, www.queenanneinnaugusta.com
Bed and Breakfast im Queen-Anne-Stil. 15 viktorianisch eingerichtete Zimmer. $$–$$$

### ⊟ West Bank Inn
2904 Washington Rd., Augusta, GA 30909
✆ (706) 733-1724, www.thewestbankinn.com
Guter Standard: 47 Zimmer, Münzwäscherei, kleines Frühstück. $

### ⊡ 🌲 Mistletoe State Park
3723 Mistletoe Rd. (Nähe Augusta)
Appling, GA 30802
✆ (706) 541-0321, 1-800-864-7275
www.gastateparks.org/mistletoe
Campingplatz in schöner Lage am Clarks Hill Lake, der bei Barsch-Anglern hoch im Kurs steht. Strand, Schwimmen, schattige Wanderwege, Kanuverleih. Anfahrt via I-20, Exit 175, dort auf SR 150 13 km bis Mistletoe Rd., dort 5 km Schildern folgen.

## Brunswick

### ⊟ Waters Hill Bed & Breakfast
728 Union St., Brunswick, GA 31520
✆ (912) 264-4262
www.watershill.com
Angenehme Pension mit 5 Zimmern, zentral gelegen. Frühstück auf der Veranda. $$–$$$

### ⊟ ⌸ Brunswick Park Hotel
230 Warren Mason Blvd. (Exit 36A von I-95)
Brunswick, GA 31520
✆ (912) 261-0002, www.brunswickparkhotel.com
Gutes Standardmotel mit 129 Zimmern, Pool, kleinem Frühstück. $$

### ⊡ ☒ ⌸ Golden Isles RV Park
7445 Blythe Island Hwy., Brunswick, GA 31525
✆ (912) 261-1025
www.goldenislesrvpark.com
Auf Blythe Island gelegen: 75 *full hookups*, 20 Zeltplätze, Restaurant, Waschsalon, Pool, Kinderspielplatz.
Anfahrt von I-95 (Exit 29) knapp 1 km nach Westen zur SR 303, diese rechts 300 m nach Norden.

## Cumberland Island

### ⊟ ☒ 🧍 Greyfield Inn
Reservierung: 4 N. 2nd St.
Fernandina Beach, FL 32035
✆ (904) 261-6408, 1-866-401-8581
www.greyfieldinn.com
Traumhaft gelegenes historisches Herrenhaus mit 17 Zimmern und Suiten auf Cumberland Island, Georgia, einst im Besitz der Carnegie-Familie. Ganzjährig. $ 290 und mehr pro Nacht, einschließlich Fähre, Vollpension, Fahrrad, Angelausrüstung, Fitnessraum und, gegen einen kleinen Aufpreis, Jeeptour über die friedliche Insel. $$$$

## Dahlonega

### ⊟ ☒ The Smith House
84 S. Chestatee St., Dahlonega, GA 30533
✆ (706) 867-7000, 1-800-852-9577
www.smithhouse.com
Der historische Country Inn von 1884 hat 18 Zimmer und ein sehr beliebtes Restaurant mit guter Südstaatenkost. $$–$$$

### ⊟ Historic Worley B&B Inn
168 Main St. W., Dahlonega, GA 30533
✆ (706) 864-7002, www.bbonline.com
Hübscher kleiner B&B Inn (von 1845) mit 7 komfortablen Zimmern. Ein reichliches Landfrühstück inkl. $$$–$$$$

### ⊡ 🧍 ♻ Etowah River Campground
437 Rider Mill Rd., Dahlonega, GA 30533
✆ (706) 864-9035
www.etowahrivercampground.com
Schöne Lage am Etowah River: 62 *full hookups*, auch Zelte. Kinderspielplatz, Duschen. *Tubing,* Forellenangeln und Goldwaschen.

## Folkston

### ⊟ ♻ 🧍 Newell Lodge
Fire House Rd., Folkston, GA 31537
✆ (912) 496-2838, www.newellresort.com
»Ein bisschen vom alten Westen im tiefen Süden«, lautet das Motto der Lodge, die 10 km nördlich von Folkston auf einem weitläufigen Gelände mit alten, moosbehangenen Eichen liegt. Von der Carter-Familie für Familien gestaltet: Ausritte, Reitstunden, Kutschfahrten, Grillabende, Bluegrass-Konzerte und Unterkünfte in sechs großen, komplett ausgestatteten Blockhütten. Geplant ist ein Wohnmobil-Campingplatz. $$$

## Helen

**Sylvan Valley Lodge**
747 Duncan Bridge Rd. (5 km von Helen)
Sautee, GA 30571
✆ (706) 865-7371, http://sylvanvalleylodge.com
Cabins, BBQ-Grills, Wanderwege, deutsche Küche.
$–$$$

**Unicoi State Park and Lodge**
1788 Highway 356 Rd., Helen, GA 30545
✆ (706) 878-2201, 1-800-864-7275
Lodge ✆ 1-800-573-9659
www.georgiastateparks.org/unicoi
Campground in den Bergen, Wanderwege, Mountainbiking, Angeln, Schwimmen und Kanu- und Tretbootverleih. – 3 km nordöstlich von Helen via SR 356.

## Jekyll Island

**Jekyll Island Club Hotel**
371 Riverview Dr., Jekyll Island, GA 31527
✆ (912) 635-2600, 1-800-535-9547
www.jekyllclub.com
Altmodisch-elegantes Kurhotel und ehemaliges Klubhaus der Millionäre aus dem Jahr 1887 mit elegant-gediegenem Flair und einem Hauch von Baden-Baden. 142 Zimmer, 15 Suiten, Pool, Krocket- und 13 Tennisplätze, Fahrräder, eleganter Speiseraum **Grand Dining Room**. Zwei ehemalige Prominentenvillen – **Crane** und **Cherokee Cottage** – erweitern das Betten- und Restaurantangebot: **Courtyard At Crane** – mit schönem Innenhof. ($$$) sowie das Café Solterra als Imbiss. $$$$

**The Beachview Club**
721 N. Beachview Dr., Jekyll Island, GA 31527
✆ (912) 635-2256, 1-800-299-2228
www.beachviewclub.com
Sympathische, sehr gepflegte Unterkunft direkt am Wasser; viele Zimmer und Suiten mit Küche, Balkon. Bestes Strandhotel auf der Insel. $$$–$$$$

**Days Inn & Suites**
60 S. Beachview Dr., Jekyll Island, GA 31527
✆ (912) 635-9800, 1-888- 635-3003
www.daysinn.com
Solides Strandmotel mit 124 Zimmern und Suiten, 2 Pools und Fahrradverleih. $$$

**Jekyll Island Campground**
1197 Riverview Dr. (Nähe Fishing Pier am Nordende der Insel), Jekyll Island, GA 31527
✆ (912) 635-3021, www.jekyllisland.com
Gut ausgestatteter Platz im schattigen Kiefern- und Eichengrund; Duschen, Waschmaschinen. 200 Stellplätze.

## LaGrange

**Wingate by Windham**
103 Wingate Terrace, LaGrange, GA 30241
✆ (706) 298-5270, 1-866-416-0401
www.wingatelagrange.com
Freundliches, modernes Business- und Urlaubshotel mit Komfort und in ruhiger, verkehrsgünstiger Lage. Mit Pool, Fitnesscenter, Frühstück in der Lobby. 100 Zimmer. $$

## Macon

**1842 Inn**
353 College St., Macon, GA 31201
✆ (478) 741-1842, 1-800-336-1842

*Auftakt: Zufahrt nach Melon Bluff südöstlich von Midway*

www.1842inn.com
Opulente Südstaatenvilla, *Grand Antebellum Style.*
Exquisit dekorierte Räume (21) mit englischen
Antiquitäten. Restaurant (auch zum Draußensitzen)
und Fitnessraum. Schöner Garten. In der Bibliothek
werden nachmittags Drinks und Horsd'œuvres serviert. $$$$

### 🛏 ♨ 🏃 La Quinta Atrium Suites
3944 River Place Dr., Macon, GA 31210
✆ (478) 475-0206, 1-800-753-3757
www.lq.com
Solide und gut geführt: 141 Zimmer und 7 Suiten,
Pool, Whirlpool, Fitnessraum, Münzwäscherei.
Kleines Frühstück inkl. $$–$$$
Anfahrt: I-75, Exit 169-Arkwright Rd.

### 🛏 ✕ 🏃 Ramada Macon Hotel
4755 Chambers Rd., Macon, GA 31206
✆ (478) 788-0120, 1-866-790-8512
www.ramadasoutheast.com
Frühstück, Fitnesscenter, Pool, Restaurant. 70 Zimmer. $–$$

### 🚐 ♨ Forsyth KOA
414 South Frontage Rd., Forsyth, GA 31029
✆ (478) 994-2019, 1-800-562-8614
www.koa.com
20 Minuten von Macon entfernt: *Full hookups,*
Angeln, Pool.
Anfahrt: von I-75, Exit 186 und Schildern folgen.

## Madison

### 🛏 Madison Oaks
766 East Ave., Madison, GA 30650
✆ (706) 343-9990
www.madisonoaksinn.com
Elegantes Bed & Breakfast in prächtiger Südstaatenvilla von 1905. Neoklassizistischer Stil mit dekorativen weißen Säulen, 4 Zimmer. $$$$

## Midway

### 🛏 ✕ ♨ 🏃 Dunham Farms
5936 Islands Hwy., Midway, GA 31320
✆ (912) 880-4500
http://dunhamfarms.com
Große Farm im Familienbesitz. An der Küste südlich
von Savannah. Schwimmen im Pool, Kajakfahren,
Wandern. Weitläufige Gärten, Marschland, Wald.
Gourmet-Dinner nach Reservierung.
   Ganz in der Nähe das **Melon Bluff Nature and
Heritage Reserve**. Zwei Übernachtungsmöglich-
keiten: **Palmyra Barn B & B Inn:** Komfortable,
restaurierte Scheune von 1930 mit 9 Bed & Break-
fast-Zimmern und **Palmyra Cottage:** malerisch
gelegenes, komfortables Ferienhaus aus dem Jahre
1840 mit 4 Zimmern. Für Selbstversorger.
$$$–$$$$

## Milledgeville

### 🛏 ♨ Antebellum Inn
200 N. Columbia St.
Milledgeville, GA 31061
✆ (478) 453-3993, www.antebelluminn.com
Hübscher Bed & Breakfast Inn (1890) in Downtown
Milledgeville mit 6 eleganten Zimmern. Pool. $$$

### 🛏 ♨ 🏃 Holiday Inn Express
1839 N. Columbia St., Milledgeville, GA 31061
✆ (478) 545-9000, 1-800-465-4329
www.hiexpress.com
Standard: 68 Zimmer und Suiten, alle mit Mikroherd,
Kühlschrank, Bügelbrett und Föhn. Pool, Fitness-
raum, Waschsalon. Frühstück inkl. $$

### 🛏 ♨ ComfortSuites
2621 N. Columbia St., Milledgeville, GA 31061
✆ (478) 453-2212, 1-877-424-6423
www.comfortsuites.com
Ordentlich und preisgünstig: 48 Zimmer, Pool, Fit-
nessraum, Frühstück. $$

### 🚐 🏃 Little River Park
3069 N. Columbia St. (US 441)
Lake Sinclair, Milledgeville, GA 31061
✆ (478) 452-1605, www.littleriverpark.com
Campground mit 130 Stellplätzen, Picknickplätze
und Kiosk an einem erholsamen, bei Wassersport-
lern und Anglern beliebten See.

## Saint Simons Island/Little Saint Simons Island

### 🛏 ♨ Village Inn
500 Mallery St.
Saint Simons Island, GA 31522
✆ (912) 634-6056, 1-888-635-6111
www.villageinnandpub.com
Mitten im Village unter jahrhundertealten Eichen:
mediterran anmutender B & B Inn mit 28 Zimmern
(die meisten mit eigenem Balkon) und Pub. Kleiner
Pool, kleines Frühstück. $$$$

### 🛏 ✕ 🏖 ♨ The King & Prince Beach & Golf Resort
201 Arnold Rd., Saint Simons Island, GA 31522
✆ (912) 638-3631, 1-800-342-0212
www.kingandprince.com
Eins der führenden Strandhotels. (Hier gibt es auch
einen öffentlichen Strand: PUBLIC BEACH ACCESS.)
Mit 148 Zimmern und Suiten, mehreren Restaurants,
5 Pools, Tennisplätzen, Fitnesscenter, Fahrradverleih und Reitgelegenheit. $$$–$$$$

### Ocean Lodge
935 Beachview Dr.
Saint Simons Island, GA 31522
✆ (912) 291-4300, www.oceanlodgessi.com
Luxuriöse Villa am Meer, die Terrassen der Zimmer
mit Ozeanblick. **Rooftop Restaurant** ($$–$$$).
$$$$

### Little Saint Simons Island
P.O. Box 1078, Saint Simons Island, GA 31522
✆ (912) 638-7472, 1-888-733-5774
www.littlesimonsisland.com
Die kleine vorgelagerte Insel in Privatbesitz ist ein
exklusives Resort für maximal 32 Gäste in dem ansonsten fast unberührten Naturparadies. Die Unterbringung ist allerdings eher rustikal-karg, ohne TV
und Telefon. Dafür Superstrand, ideal zum Windsur-
fen, Reiten, Angeln, Baden. Nur nach vorheriger
Reservierung. Zwei Nächte Minimum.
 Fähre zweimal täglich von der Hampton River
Club Marina am Nordende von Saint Simons Island.
Einschl. Vollpension, Fähre, Transfer, Reiten, Angel-
boot und Naturführer deutlich über $$$$.

## Savannah

### River Street Inn
124 E. Bay St. (Factor's Walk)
Savannah, GA 31401
✆ (912) 234-6400, 1-800-253-4229
www.riverstreetinn.com
Gediegen renoviertes Backstein-Lagerhaus für

*Mediterraner Touch: der Village Inn auf Saint Simons Island*

Baumwolle von 1817: 86 ansprechende Zimmer mit
Blick auf den Fluss. Bar, Coffeeshop und Restaurant.
$$$$

### Planters Inn
29 Abercorn St. (Reynolds Sq.)
Savannah, GA 31401
✆ (912) 232-5678, 1-800-554-1187
www.plantersinnsavannah.com
Elegantes kleines Hotel von 1890: 60 Zimmer, Cocktail Lounge, Fitnessraum. Kleines Frühstück und
Tageszeitung im Preis eingeschl. $$$$

### Eliza Thompson House Inn
5 W. Jones St., Savannah, GA 31401
✆ (912) 236-3620, 1-800-348-9378
www.elizathompsonhouse.com
Historischer B&B von 1847 mit 25 Zimmern und
anmutigem Garten. Nachmittags serviert man im
Salon Erfrischungen. Frühstück im Garten inkl. $$$$

### Kehoe House
123 Habersham St., Savannah, GA 31401
✆ (912) 232-1020, 1-800-820-1020
www.kehoehouse.com
Hübscher viktorianischer B & B Inn (1892) am
Columbia Square: 13 Zimmer, Nachmittagstee und
Horsd'œuvres, reichliches Frühstück. $$$$

### Foley House Inn
14 W. Hull St., Savannah, GA 31401
✆ (912) 232-6622, 1-800-647-3708
www.foleyinn.com
Feiner Bed & Breakfast Inn mit 18 Zimmern in zentraler Lage. Jacuzzi, Lounge und Frühstück. $$$$

### Forsyth Park Inn
102 W. Hall St., Savannah, GA 31401
✆ (912) 233-6800, 1-866-670-6800
www.forsythparkinn.com
Viktorianische Villa im anmutigen Queen-Anne-Stil
im historischen Distrikt. Mit großer Veranda und
Blick auf die moosbehangenen Eichen des größten
und populärsten Stadtparks. 11 unterschiedlich elegante Zimmer und ein Cottage. $$$$

### Hampton Inn
201 E. Bay St., Savannah, GA 31401
✆ (912) 231-9700, 1-800-576-4945
www.hotelsavannah.com
Zentral an Bay Street (die nach hinten gelegenen
Zimmer sind ruhiger): Pool auf dem Dach, Fitness-
center. Kleines Frühstück inklusive. $$$

### Days Inn & Suites at Ellis Square
201 W. Bay St. (Historic District)
Savannah, GA 31401
✆ (912) 236-4440, 1-877-542-7666
www.innatellissquare.com
Nah an Fluss und City Market; 253 Zimmer und
57 Apartments, Fitnesscenter, Pool.
$$$–$$$$

📭 📠 **Savannah International Pensione**
304 E. Hall St., Savannah, GA 31401
✆ (912) 236-7744, www.savannahpensione.com
24 Zimmer, Küche, Lounge, Pool. $

📭 📠 **Skidaway Island State Park**
52 Diamond Cswy., Savannah, GA 31411
✆ (912) 598-2300, 1-800-864-7275
www.gastateparks.org/skidawayisland
Bester Campingplatz bei Savannah (ca. 20 Min. über
Liberty St. nach Osten, Wheaton St. nach Süden,
Skidaway Rd. Richtung gleichnamiger Insel). Picknickplätze, Angeln, Wanderwege, Tierbeobachtung.

## Sea Island

📭 ✕ 🏊 🎣 **The Cloister**
100 Cloister Dr., Sea Island, GA 31561
✆ (912) 638-3611, www.seaisland.com
Reservierung ✆ 1-866-879-6238
Außer Kreuzgang-Resten in der pompösen Lounge
von Kloster keine Spur: luxuriöses Tennis- und Golf-
Resort, Beach Club, Spa- und Fitnesszentrum, Reit-
ställe, Fahrräder, Fischer- und Segelboote, Live-Entertainment. Ab 18.30 Uhr strengere Kleiderord-
nung. Familienfreundlich (Kinder frei). Mit Vollpension. Keine Kreditkarten. 175 Zimmer. $$$$

## Thomasville

📭 🍽 **Freedom Oaks B & B**
429 N. Crawford St., Thomasville, GA 31792
✆ (229) 227-1749, www.freedomoaksbb.com
Prächtiges B & B mit großer Veranda, 4 Zimmern und
alten Eichen im Garten. $$$$

📭 📠 **1884 Paxton House Inn**
445 Remington Ave., Thomasville, GA 31792
✆ (229) 226-5197, www.1884paxtonhouseinn.com
Hübscher historischer Inn mit 9 Zimmern mitten in
der Altstadt, Pool, reichliches Frühstück. $$$$

📭 📠 **Jameson Inn**
1470 Remington Ave., Thomasville, GA 31792
✆ (229) 227-9500, 1-800-JAMESON
www.jamesinns.com
Standard: 40 Zimmer, Pool, Fitnessraum. $$

📭 🏊 **Sugar Mill RV Park**
4857 McMillan Rd. (bei US 19 N., 16 km von Thomas-
ville via US 19 nach Norden)
Ochlocknee, GA 31773
✆ (229) 227-1451, www.sugarmillpark.com
Schattig; Waschsalon, Fischteich und Wanderwege.

## Tybee Island

📭 **Lighthouse Inn B & B**
16 Meddin Dr., Tybee Island, GA 31328

✆ (912) 786-0901, 1-866-786-0901
www.tybeebb.com
Romantisches Bed & Breakfast mit Schaukelstühlen
auf der Veranda, weitem Blick auf den Atlantik und
köstlichem Südstaaten-Frühstück. 3 Zimmer. $$$$

📭 ✕ **Beach View B & B**
1701 Butler Ave., Tybee Island, GA 31328
✆ (912) 655-6225, www.beachviewtybee.com
Netter B & B (von 1910), 8 Zimmer, Restaurant. $$–$$$

📭 📠 **River's End Campground & RV Park**
5 Fort Ave. & Polk St., Tybee Island, GA 31328
✆ (912) 786-5518, 1-800-786-1016
www.riversendcampground.com
Schön gelegener Platz – »Where the river meets the
ocean«, 130 Stellplätze; *full hookups*, Pool.

## Valdosta

📭 📠 🏊 **La Quinta Inn & Suites**
1800 Clubhouse Dr., Valdosta, GA 31601
✆ (229) 247-7755
www.lq.com
Guter Standard: 121 Zimmer, Pool, Fitnessraum,
kostenlose Wäscherei. Abends gibt es sogar einen
Drink aufs Haus. $$$

📭 ✕ 📠 **Holiday Inn Express**
1330 N. St. Augustine Rd., Valdosta, GA 31601
✆ (229) 249-8900, www.hiexpress.com
Solider Standard mit 95 Zimmern, Frühstück.
Restaurant, Bar, Pool, Waschsalon. $$

## LOUISIANA

## Alexandria

📭 ✕ **Econo Lodge Inn & Suites**
2716 N. MacArthur Dr., Alexandria, LA 71303
✆ (318) 487-4261, 1-877-424-6423
www.choicehotels.com
Gediegen: 106 Zimmer mit Eisschrank und Mikro-
herd, Restaurant, Cocktail Lounge. Frühstücksbüfett
im Übernachtungspreis eingeschl. $–$$$

## Baton Rouge

📭 ✕ 📠 **Embassy Suites Baton Rouge**
4914 Constitution Ave., Baton Rouge, LA 70808
✆ (225) 924-6566, 1-800-EMBASSY
www.embassysuites.com

In zentraler Lage: 223 Zimmer mit Kitchenette, Restaurant, Cocktail Lounge, Pool, Sauna, Whirlpool, Dampfbad, Fitnessraum, Waschsalon. Frühstück inkl. $$$–$$$$

### Holiday Inn-South
9940 Airline Hwy., Baton Rouge, LA 70816
© (225) 924-7021, 1-800-HOLIDAY
334 Zimmer, Restaurant und Cocktail Lounge, Pools, Fitnessraum, Waschsalon. $$–$$$

### Baton Rouge KOA
7628 Vincent Rd., Denham Springs, LA 70726
© (225) 664-7281, 1-800-562-5673
Ruhig und schattig, Pool und Sauna. (11 km östl. von Baton Rouge: I-12, Exit 10, dann 800 m nach Süden, anschließend 400 m nach Westen.)

## Lafayette

### Hilton Lafayette & Towers
1521 W. Pinhook Rd., Lafayette, LA 70503
© (337) 235-6111, 1-800-HILTONS
www.lafayette.hilton.com
Strategisch gut gelegen, angemessenes Preis-Leistungs-Verhältnis. 327 Zimmer, Restaurant, Bar, Fitnessräume, Pool, Sonnenterrasse, Sauna, Waschsalon. $$–$$$

### Crowne Plaza Lafayette
1801 W. Pinhook Rd., Lafayette, LA 70508
© (337) 233-8120, 1-800-826-8386
Fax (337) 234-9667
Guter Standard. 290 Zimmer, Restaurant, Pool, Jacuzzi, Fitnessraum, Waschsalon. $$–$$$

### Days Inn Lafayette
1620 N. University Ave. (I-10, Exit 101)
Lafayette, LA 70506
© (337) 237-8880, 1-800-225-3297, www.daysinn.com
Einfach, familienorientiert (z.B. BBQ am Pool), preisgünstig. Münzwäscherei. Kleines Frühstück. $

### Lafayette KOA
537 Apollo Rd., Lafayette, LA 70583
© (337) 235-2739, 1-800-562-0809, www.koa.com
Gepflegter, großer Campingplatz im Herzen des Cajun Country. Angeln, Paddelbootverleih, Minigolf, Pool.

## New Orleans

### Windsor Court Hotel
300 Gravier St., New Orleans, LA 70130
© (504) 523-6000, 1-888-596-0955
www.windsorcourthotel.com
Erste Adresse; Restaurant **The Grill Room**, Pool, Sauna, Fitnessräume. $$$$

### Hotel Provincial
1024 Chartres St.
New Orleans, LA 70116
© (504) 581-4995, 1-800-535-7922
www.hotelpovincial.com
Hotel mit Restaurant, Pools und hübscher Innenhof mit tropischer Pflanzen. $$$$

### Hotel St. Pierre
911 Burgundy St., New Orleans, LA 70116
© (504) 524-4401, 1-800-255-4040
www.frechquartierinns.com
Pittoresk verschachteltes Labyrinth aus Innenhöfen, 2 Pools und Korridoren am Rande des French Quarter. Kleines Frühstück. $$$–$$$$

### Hampton Inn & Suites
3626 St. Charles Ave.
New Orleans, LA 70115
© (504) 899-9990, 1-800-HAMPTON
www.neworleanshamptoninns.com
Komfortables Boutique-Hotel im schönen Garden District. Straßenbahn zum French Quarter. $$$

### Dauphine Orleans Hotel
415 Dauphine St., New Orleans, LA 70112
© (504) 586-1800, 1-800-521-7111
www.dauphineorleans.com
Angenehme Unterkunft (111 Zimmer) im French Quarter; besonders exquisit und ruhig: die Dependance gegenüber. $$$–$$$$

### Holiday Inn Chateau Lemoyne
301 Dauphine St., New Orleans, LA 70112
© (504) 581-1303, 1-800-747-HOLIDAY
http://www.holidayinn.com
117 Zimmer, teils in historischen Gebäuden. Restaurant, kleiner Pool. $$$–$$$$

### Royal Sonesta Hotel
300 Bourbon St., New Orleans, LA 70130
© (504) 586-0300, 1-800-SONESTA
www.sonesta.com/royalneworleans
Luxushotel mit 483 Zimmern, Restaurant, Pool, Fitnesszentrum, Entertainment. $$$–$$$$

### Le Marais Hotel
717 Rue Conti (zw. Bourbon & Royal Sts.)
New Orleans, LA 70130
© (504) 525-2300, 1-800-935-8740
www.hotellemarais.com
Schickes Boutique-Hotel mit 66 Zimmern, mit Patio und Pool. $$–$$$$

### Le Richelieu
1234 Chartres St., New Orleans, LA 70116
© (504) 529-2492, 1-800-535-9653

www.lerichelieuhotel.com
Günstige Lage am Rande des French Quarter, 86 geräumige Zimmer, Pool. Terrassencafé, Cocktail Lounge. Keine Parkprobleme. $$$

### ⌷ The Garden District B & B
2418 Magazine St., New Orleans, LA 70130
✆ (504) 895-4302
www.gardendistrictbedandbreakfast.com
Klein (4 Suiten) und gastlich in schöner ruhiger Lage. $$

### ⌷ ⌷ Jude Travel Park & Guest House
7400 Chef Menteur Hwy. (US 90)
New Orleans, LA 70126
✆ (504) 241-0632, 1-800-523-2196
www.judetravelpark.com
Klein und sauber (Familienbetrieb); *full hookups*, Pool, Waschmaschinen. Mit kleinem Gästehaus. Shuttlebus zum French Quarter.

### ⌷ ⌷ New Orleans Riverboat Travel Park
6232 Chef Menteur Hwy. (US 90)
New Orleans, LA 70126
✆ (504) 246-2628, 1-800-726-0985
www.riverboattravelpark.com
Kleiner, gut ausgestatteter Platz mit Waschmaschinen, Pool.

## Saint Martinville

### ⌷ The Old Castillo Bed & Breakfast at La Place d'Evangeline
220 Evangeline Blvd., Saint Martinville, LA 70582
✆ (337) 394-4010, 1-800-621-3017
www.oldcastillo.com
Historischer B & B Inn am Bayou Teche mit 7 Zimmern. Frühstück inkl. $$–$$$

### ⌷ Lake Fausse Pointe State Park
LA 96 & LA 3083, knapp 30 km südöstl. von St. Martinville, LA 70582 (Abzweig von W. Atchafalaya Levee Rd.)
✆ (318) 229-4764, 1-888-677-7200
Reservierung ✆ 1-877-226-7652
Campingplatz und Cabins, Spiel- und Picknickplätze, Wanderwege durch Wälder und Swamps.

## MISSISSIPPI
## Biloxi

### ⌷ ✗ ⌷ Four Points by Sheraton
940 Beach Blvd., Biloxi, MS 39530
✆ (228) 546-3100, 1-866-716-8105
www.fourpointsbiloxi.com
Modernes, komfortables und verkehrsgünstig an Hwy. 90 gelegenes Hotel mit 195 großen, hellen Zimmern und **G. T.'s Restaurant & Bar**. Gegenüber dem

weißen Sandstrand, nahe den Kasinos und dem Biloxi Lighthouse.

### ⌷ Best Western PLUS Cypress Creek
7921 Lamar Poole Rd., nördl. der I-10, Ausfahrt 609
Biloxi, MS 39532
✆ (228) 875-7111, 1-800-780-7234
www.bwbiloxi.com
90 Zimmer im gewohnten gehobenen Best-Western-Stil. $$–$$$

### ⌷ ⌷ Palace Casino Resort
154 Howard Ave., Biloxi, MS 39530
✆ (228) 423-8888, 1-800-725-2239
www.palacecasinoresort.com
236 luxuriöse Hotelzimmer in einem der besten Kasinos der Stadt. $$–$$$$

### ⌷ ⌷ ⌷ Cajun RV Park
1860 Beach Blvd., Biloxi, MS 39531
✆ (228) 388-5590, 1-877-225-8699
www.cajunrvpark.com
130 Stellplätze in Strandnähe westlich von Biloxi, Shuttlebusse zu den Kasinos, Swimmingpool, Waschsalon.

## Jackson

### ⌷ Cabot Lodge Millsaps
2375 N. State St., Jackson, MS 39202
✆ (601) 948-8650, 1-800-847-4737
www.cabotlodgemillsaps.com
Modernes Hotel nördlich des Stadtzentrums. Mit Frühstück. $$

### ⌷ ✗ Fairview Inn
734 Fairview St., Jackson, MS 39202
✆ (601) 948-3429, 1-888-948-1908
www.fairviewinn.com
Stattliche Villa in ruhigem Wohnbezirk (Belhaven): 18 Räume, Restaurant. Komplettes Südstaatenfrühstück. $$$–$$$$

### ⌷ ✗ Hilton Garden Inn Downtown
235 W. Capitol St.
Jackson, MS 39201
✆ (601) 353-5464, 1-800-321-3232
www.jacksondowntown.hgi.com
Schickes Luxushotel im Herzen von Mississippis Hauptstadt. 1923 als King Edward Hotel erbaut. 186 Zimmer, inkl. 6 Suiten. Mit Restaurant. $$$ $$$$

### ⌷ Old Capitol Inn
226 N. State St., Jackson, MS 39201

✆ (601) 359-9000, 1-888-359-9001
www.oldcapitolinn.com
Boutique-Hotel im Herzen der Stadt. 24 Suiten.
$$-$$$

⊟ **LeFleur's Bluff**
2140 Riverside Dr. (I-55, Exit Lakeland Dr.)
Jackson, MS 39202
✆ (601) 987-3923
http://mississippistateparks.reserveamerica.com
Grüne Oase in Jackson: Campground im Park, der
Möglichkeiten zum Angeln, Picknicken, Wandern
und Golfspielen bietet.

## Natchez

⊟ ✕ ❦ **Monmouth Plantation**
36 Melrose Ave. (am John A. Quitman Pkwy.)
Natchez, MS 39120
✆ (601) 442-5852, 1-800-828-4531
www.monmouthplantation.com
Romantisches Herrenhaus von ca. 1818 in ruhiger
Parklage; 30 Zimmer, Frühstück, freie Cocktails und
Horsd'œuvres. Elegantes Restaurant mit südstaat-
lich geprägter Küche (nur Dinner, $$$). $$$$

⊟ ✿ **Linden Bed & Breakfast**
1 Linden Dr., Natchez, MS 39120
✆ (601) 445-5472, 1-800-254-6336
www.lindenbandb.com
Großartige Gastfreundschaft des Südens in einem
der gemütlichsten, von uralten, moosbehangenen
Bäumen umgebenen Antebellumhäuser der Stadt.
7 wunderbare Zimmer und Suiten. Eine große
Veranda zieht sich im Innenbereich zum Garten
um das Haus herum. $$$

⊟ ✕ ⟟ **Natchez Eola Hotel**
110 N. Pearl St., Natchez, MS 39120
✆ (601) 445-6000, 1-866-445-3652
www.natchezeola.com
Hotel (1927) mit 131 Zimmern in zentraler Lage,
Restaurant und Fitnessraum. $$$-$$$$

⊟ **Natchez State Park**
Hwy. 61 North, Exit 230B (230 Wickcliff Rd.), 16 km
nördl. von Natchez, MS 39120
✆ 1-800-467-2757
Schöner, ganzjähriger Campingplatz am See mit
50 Stellplätzen, 10 Hütten; Rad- und Wanderwege.

⊟ **Rosswood Plantation**
2513 Red Lick Rd., Lorman, MS 39096
✆ (601) 437-4215, 1-800-533-5889
www.rosswood.net

Bed & Breakfast Inn (mit 4 Zimmern und überwälti-
gendem Frühstück) in einer alten Baumwollplantage
im Greek-Revival-Stil von 1857 – übrigens vom sel-
ben Architekten, der auch Windsor gebaut hat. Der
ursprüngliche Besitzer war maßgeblich an der Skla-
venbefreiung beteiligt. Nur zwischen März und
November geöffnet. (51 km nördl. von Natchez: in
Lorman von der US 61 an SR 522 rechts ab.) $$$

## Tupelo

⊟ **Fairfield Inn & Suites**
3070 Tom Watson Dr., Saltillo, MS 38886
✆ (662) 680-6798, www.fairfieldinn.com/tupfi
Hotel mit 79 Zimmern und acht Suiten am nördli-
chen Stadtrand von Tupelo. Mit Frühstück. $$$

## Vicksburg

⊟ ✕ ⌂ **Cedar Grove Mansion**
2200 Oak St., Vicksburg, MS 39180
✆ (601) 636-1000, 1-800-862-1300
www.cedargroveinn.com
Sehenswerte Anlage (1840–58) mit (meist) blüh-
enden Gärten, Brunnen und Gazebo. 30 Zimmer,
Pool, Spa, Fahrradverleih, Frühstück. Zur Happy
Hour serviert man im Tea Room *Mint Julep* und
andere Cocktails zu dezenten Pianoklängen. Gutes
Restaurant mit romantischem Kerzenschein und
freundlichem Service (Mo geschl., $$-$$$). $$-$$$$

⊟ ⌂ ✿ **Annabelle**
501 Speed St., Vicksburg, MS 39180
✆ (601) 638-2000, 1-800-791-2000
www.annabellebnb.com
Elegante Pension mit 7 Zimmern von ca. 1865. Pool
und Garten mit Schatten spendenden Magnolien
und Nussbäumen. $$$-$$$$

⊟ **Belle of the Bends**
508 Klein St., Vicksburg, MS 39180
✆ (601) 634-0737, 1-800-844-2308
www.belleofthebends.com
Viktorianische Pension (1876), an deren Ausstattung
einst auch bayrische Zimmerleute mitgearbeitet
haben, mit Blick auf den Yazoo River. Viele Fenster
reichen deshalb bis zum Boden, weil damals nur
Fenster, nicht aber Türen besteuert wurden. Wand-
schränke galten ebenfalls als steuerpflichtig, daher
gibt es hier keine.
  Nicht ohne Grund rühmt man sich im Haus seiner
guten Beziehungen zum Fluss: 1898 hieß ein be-
rühmter Schaufelraddampfer »The Belle of the
Bends«. Geschichte und Geschichten garnieren denn
auch allmorgendlich den üppigen Südstaaten-Früh-
stückstisch. $-$$$

⊟ ⌂ ◉ **Anchuca Maison**
1010 First East St., Vicksburg, MS 39180
✆ (601) 661-0111, 1-888-686-0111

www.anchucamaison.com
Eleganter B & B Inn mit 7 Zimmern, Pool, Jacuzzi, Garten, Plantagenfrühstück. Mit Restaurant **Café Anchuca**. Kinderfreundlich. $$–$$$$

**⊟✕⊠⬤ Battlefield Inn**
4137 I-20 N. Frontage Rd. (Exit 4-B)
Vicksburg, MS 39183-3498
✆ (601) 638-5811, 1-800-641-1000
www.battlefieldinnms.com
Ordentliches und preisgünstiges Motel. 117 Zimmer, Restaurant, Pool, Waschsalon, Minigolf und Kinderspielplatz. Frühstück und Begrüßungscocktails inkl. $$

**⊟ Battlefield Campground**
4407 I-20 N. Frontage Rd., Vicksburg, MS 39181
✆ (601) 636-2025
RV-Campingplatz mit 60 Stellplätzen knapp 1 km östlich des National Military Park.

# NORTH CAROLINA

## Asheville

**⊟✕⊠ The Grove Park Inn Resort and Spa**
290 Macon Ave., Asheville, NC 28804
✆ (828) 252-2711, 1-800-438-5800
www.groveparkinn.com
Seit 1913 oberhalb von Asheville gelegenes Resort-Hotel. Während die Deckenlampen an schweren Eisenketten baumeln, bilden wuchtige unbehauene Granitsteine die Wände der Lobby. Schöne Terrasse, exzellente Sport- und Fitness-Einrichtungen, Pool in romantischem Grotten-Look, Golfplatz. $$$–$$$$

**⊟⊠⬤ Ramada River Ridge**
800 Fairview Rd., Asheville, NC 28803
✆ (828) 298-9141, 1-800-836-6732
www.ramadariverridge.com
176 Zimmer und Suiten, Pool, Whirlpool, Minigolf, Kinderspielplatz, Sportplätze, Waschsalon. Frühstücksbüfett inkl. $$–$$$

**⊟⊠ Best Western Asheville Biltmore East**
501 Tunnel Rd., Asheville, NC 28805
✆ (828) 298-5562, 1-888-230-1228
Preisgünstig und zentral: 95 Zimmer und Suiten, Cocktail Lounge, Pool, Sportgeräte. $$–$$$

**⊟⊠ Hampton Inn Tunnel Road**
204 Tunnel Rd., Asheville, NC 28805
✆ (828) 255-9220 oder 1-800-HAMPTON
www.hamptoninn.com
Ordentlich und preisgünstig. Pool, Sauna, Fitnessraum, Frühstück im Preis inbegriffen. $$$

**⊟ Lake Powhatan Campground**
375 Wesley Branch Rd., Asheville, NC 28806

✆ (828) 670-5627 (Ranger Station), 1-877-444-6777 (National Reservation Service)
www.reserveamerica.com
Schön gelegen, 96 Stellplätze (auch Zelte), ca. 20 Min. von Downtown Asheville (I-240 East, Exit 2, via SR 191 7 km nach Süden, an FR 806 rechts ab und Schildern folgen).

**⊟⊠⬤ Asheville West KOA**
309 Wiggins Rd., Candler, NC 28715
✆ (828) 665-7015, 1-800-562-9015
www.koa.com
Im Bergland, ganzjährig mit Münzwäscherei, Pool, Spielplatz, Naturpfade. 15 Min. von Asheville (via I-40 20 km nach Westen, Exit 37, dort US 19/23 und Schildern folgen).

## Black Mountain

**⊟✕ The Red Rocker Inn**
136 N. Dougherty St.
Black Mountain, NC 28711
✆ (828) 669-5991, 1-888-669-5991
www.redrockerinn.com
Schönster B&B Inn vor Ort: 17 Zimmer, vorzügliches Restaurant. Geöffnet: 1. Mai–Ende Okt. $$–$$$$

## Cherokee

**⊟⊠⬤ Chestnut Tree Inn**
37 Tsalagi Rd. (US 19)
Cherokee, NC 28719
✆ (828) 497-9181
154 Zimmer, Restaurant, 2 Pools, Whirlpool, Kinderspielplatz, Waschsalon. $$–$$$

*Betulich und lecker: Southern Breakfast*

🚐 ♨ 🏕 **Adventure Trail Campground**
Camp Creek Rd.,Cherokee, NC 28719
✆ (828) 497-3651, www.atcampground.com
Campground mit Kinderspielplatz und zahlreichen sportlichen Freizeitangeboten, u.a. Schwimmen und Wandern. (Südlich von Cherokee, von US 441 via Camp Creek Rd.)

## Highlands

🚐 **Chandler Inn**
790 N. 4th. St.
etwas außerhalb von Highlands, NC 28741
✆ (828) 526-5992, 1-888-378-6300
www.thechandlerinn.com
Gemütliche rustikale Herberge mit 10 Zimmern, Schaukelstühlen und friedlicher Umgebung. Frühstück im Übernachtungspreis eingeschl. Ganzjährig geöffnet. $$$–$$$$

🚐 🗙 **Old Edwards Inn & Spa**
445 Main St., Highlands, NC 28741
✆ (828) 526-8008, 1-866-526-8008
www.oldedwardsinn.com
Altehrwürdig (seit 1878), steinern und gastfreundlich: 29 historisch dekorierte Zimmer mit Frühstück. (Im Winter preiswerter.) Das Restaurant wartet mit reichhaltiger Speise- und Weinkarte auf. $$$$

🚐 🗙 **Highlands Inn & Kelsey Place Restaurant**
420 Main St. (4th St.), Highlands, NC 28741
✆ (828) 526-9380, 1-800-964-6955
www.highlandsinn-nc.com
Charmanter alter Landgasthof (1880) mit 31 Zimmern, luftigen Balkonen und Frühstück. Empfehlenswertes Restaurant. $$$–$$$$

## SOUTH CAROLINA
## Beaufort

🚐 🗙 ❀ **The Beaufort Inn**
809 Port Republic St., Beaufort, SC 29902
✆ (843) 379-4667, 1-888-522-0250
www.beaufortinn.com
Erstklassiger B & B mit 12 Zimmern. Angesehenes Restaurant mit einfallsreicher Südstaatenküche ($$–$$$, Außer-Haus-Gäste sollten reservieren!) und (für alle offene) Weinbar (täglich ab 17 Uhr). Schöner kleiner Garten. Reichliches Frühstück, Nachmittagstee. $$$$

🚐 **The Rhett House Inn**
1009 Craven St. (New Castle St.), Beaufort, SC 29902
www.rhetthouseinn.com
Historische Villa von 1820 mit eindrucksvoller Veranda, 18 hübsch mit Antiquitäten möblierte Zimmern, einige mit Kamin. Nah am Wasser, nah am Zentrum. Volles Frühstück. $$$$

🚐 **Cuthbert House Inn**
1203 Bay St., Beaufort, SC 29902
✆ (843) 521-1315, 1-800-327-9275
www.cuthberthouseinn.com
Eleganter historischer Inn von 1810, denkmalgeschützt, 9 Zimmer mit einladender Veranda und schönem Blick aufs Wasser. Gourmet-Frühstück. $$$$

🚐 ≈ 🏕 **Best Western Sea Island Inn**
1015 Bay St., Beaufort, SC 29902
✆ (843) 522-2090, 1-800-528-1234
www.sea-island-inn.com
Zentral gelegen: 43 Zimmer, Pool, Fitnessraum, Fahrradverleih und Frühstück. $$$–$$$$

## Charleston

🚐 ≈ 🗙 **Charleston Place**
205 Meeting St., Charleston, SC 29401
✆ (843) 722-4900, 1-888-635-2350
www.charlestonplace.com
Gepflegter Komplex (mit 433 Zimmern und Suiten) im historischen Stadtkern. Restaurants, Lounge, Shopping-Arkaden, Pool, Sauna, Tennisplatz, Fitnessräume. $$$$

🚐 ≈ 🗙 **The Mills House Hotel**
115 Meeting St. (Queen St.), Charleston, SC 29401
✆ (843) 577-2400, 1-800-874-9600
www.millshouse.com
Noble Adresse: historisches Hotel (seit 1853) in zentraler Lage. 215 Zimmer, Pool, renommiertes Restaurant **The Barbadoes Room**. $$$$

🚐 ≈ **Hampton Inn Historic District**
345 Meeting St., Charleston, SC 29403
✆ (843) 723-4000, 1-800-HAMPTON
www.hamptoninn.com
Solides Haus am Rand des historischen Viertels: 171 Zimmer, Pool. Kleines Frühstück inkl. $$$–$$$$

🚐 🗙 **Vendue Inn**
19 Vendue Range St. (Waterfront Park)
Charleston, SC 29401
✆ (843) 577-7970, 1-800-845-7900
www.vendueinn.com
Elegant und intim, historisches Ambiente, renommiertes Restaurant **The Library**. Von der Bar auf dem Dach hat man Stadt und Hafen gut im Blick. Mit Frühstück. $$$$

🚐 **John Rutledge House Inn**
116 Broad St., Charleston, SC 29401
✆ (843) 723-7999, 1-800-476-9741

www.johnrutledgehouseinn.com
Elegante Villa (1763) in zentraler Lage mit 15 Zimmern, 4 Suiten, authentischer Ausstattung und gutem Service. Kleines Frühstück im Preis eingeschl. $$$$

**⊨ ✕ ☲ Holiday Inn-Riverview**
301 Savannah Hwy., Charleston, SC 29407
✆ (843) 556-7100, 1-800-HOLIDAY
www.hiriverview.com
Am Ufer des Ashley River: 180 Zimmer, Restaurant, Cocktail Lounge, Pool, Fitnessraum, Waschsalon. Kostenloser Shuttle nach Downtown. $$$

**⊨ ☲ Best Western Sweetgrass Inn**
1540 Savannah Hwy. (US 17), Charleston, SC 29407
✆ (843) 571-6100, 1-877-798-4727
www.thesweetgrassinn.com
87 Zimmer, Pool, Fitnessraum, Waschsalon. Kleines Frühstück inkl. $$

**⊨ ✕ ☲ Days Inn Charleston Historic District**
155 Meeting St., Charleston, SC 29401
✆ (843) 722-8411, 1-866-683-8411
www.daysinn.com
Zentral, 124 Zimmer, Restaurant und Pool. $$–$$$

**⊨ ☒ Edisto Beach State Park**
8377 State Cabin Rd. (80 km auf Hwy. 176 südöstl. von Charleston), Edisto Island, SC 29438
✆ (843) 869-2156
www.southcarolinaparks.com, tägl. 8–20 Uhr
Eichenwald, Salzmarschen und schöner Strand zum Baden, Laufen und Muschelsammeln. Picknicktische, Campingplatz.

**☒ The Campground at James Island County Park**
871 Riverland Dr., Charleston, SC 29412
✆ (843) 795-7275, www.ccprc.com
Landschaftlich schön in Süß- und Salzwasser-Marschland gelegener Campingplatz. Shuttlebus nach Charleston. *Full hookups.* (Etwas südlich von Charleston: US 17, S 171 und Hwy. 700 Richtung Folly Beach.)

**⊨ ☲ Mount Pleasant/Charleston KOA**
3157 Hwy. 17 N., Mount Pleasant, SC 29466
✆ (843) 849-5177, 1-800-562-5796
www.koak.com
Stell- und Zeltplätze, Cabins, Waschsalon, Pool und Minigolf. (Von der Kreuzung I-526 und US 17 N. 5 Meilen nach Norden.)

**⊨ ☲ ⛳ Lake Aire RV Park & Campground**
4375 Hwy. 162, Hollywood, SC 29449
✆ (843) 571-1271, www.lakeairerv.com
Stell- und Zeltplätze in schöner Lage am See. Schattiger Kinderspielplatz, Fitnesscenter, Pool, Paddelboote. Ca. 15 Min. von Downtown Charleston

*The Beaufort Inn*

entfernt. (I-95 in südlicher Richtung: I-26, Exit I-526 nach Savannah. Am Ende rechts auf Hwy. 17. Nach 13 km links auf Hwy. 162. Der Campingplatz liegt nach 300 m links bei Yamasee. I-95 in nördlicher Richtung: über Hwy. 17 nach Norden.)

## Columbia

**Claussen's Inn**
2003 Greene St. (Five Points)
Columbia, SC 29205
✆ (803) 765-0440, 1-800-622-3382
www.theinnatclaussens.com
Früher Bäckerei, heute geschmackvolles kleines Hotel: 29 Suiten, Whirlpool, kleines Frühstück inkl. $$$$

**Marriott Columbia**
1200 Hampton St. (Five Points), Columbia, SC 29201
✆ (803) 771-7000, 1-800-880-1885
Fax (803) 758-2456, www.marriottcolumbia.com
Downtown-Hotel für gehobene Ansprüche: 303 Zimmer und Suiten, Restaurant, Sports Bar, Pool, Whirlpool, Fitnessraum, Waschsalon. $$$–$$$$

**Hampton Inn Downtown Historic District**
822 Gervais St., Columbia, SC 29201
✆ (803) 231-2000, 1-800-HAMPTON
www.hamptoninncolumbia.com
122 Zimmer (einige mit Mikroherd und Kühlschrank), Pool, Fitnessraum, kostenlose Frühstücksbar. $$$–$$$$

**Hyatt Place Columbia**
1130 Kinley Rd., Irmo, SC 29063
✆ (803) 407-1560, 1-888-492-8847
www.hyatt.com
Guter Standard: 128 Suiten, Pool, Café. Frühstücksbüfett inkl. $$–$$$

**Sesquicentennial State Park**
9564 Two Notch Rd., Columbia, SC 29223
✆ (803) 788-2706, www.southcarolinaparks.com
Schöner State Park am See mit Wanderwegen und Picknickplätzen. (US 1, 21 km nordöstlich von Columbia und 5 km von I-20 und 2 km von I-77.)

## Georgetown

**Harbour House B & B**
15 Cannon St., Georgetown, SC 29440
✆ (843) 546-6532, www.harborhousebb.com
Hübsches Bed & Beakfast am Sampit River. Historisches Flair mit Altstadt und Hafen. 4 Zimmer. $$$$

**Du Pre House Bed & Breakfast Inn**
921 Prince St., Georgetown, SC 29440
✆ (843) 546-0298, www.duprehouse.com
Zentral gelegenes Haus mit langer Geschichte.
5 Zimmer, Pool, Fahrräder, schöner Garten. $$$

## Hilton Head/Daufuskie Island

**Holiday Inn Oceanfront Resort**
1 South Forest Beach Dr. (Nähe Pope Ave. & Coligny Plaza), Hilton Head Island, SC 29928
✆ (843) 785-5126, 1-800-HOLIDAY
www.hihiltonhead.com
Komfortables Strandhotel mit 200 Zimmern, Restaurant, Pool, Sonnenterrasse, Spielplatz, Fahrradverleih. Kinder schlafen und essen kostenlos. $$$$

**Hilton Oceanfront Resort**
23 Ocean Lane, Hilton Head Island, SC 29928
✆ (843) 842-8000, 1-800-HILTONS
www.hilton.com
324 Zimmer und Suiten, 2 Restaurants, Pools, Whirlpools, Saunas, Fitnessraum, Kinderspielplatz, Fahrräder, Volleyball, Münzwäscherei. $$$–$$$$
Anfahrt: US 278 East bringt Sie auf die Insel. Biegen Sie kurz hinter der Brücke links Richtung Palmetto Dunes ab, um das Hilton Resort zu erreichen.

**Days Inn Hilton Head**
9 Marina Side Dr. (US 278)
Hilton Head Island, SC 29928
✆ (843) 842-4800, 1-800-225-3297
www.daysinn.com
Nicht am Strand, aber gefällig angelegt, gutes Preis-Leistungs-Verhältnis. Pool, Tennis und Golf; Frühstück inkl. $$–$$$

**Hampton Inn**
1 Dillon Rd., Hilton Head Island, SC 29926
✆ (843) 681-7900, 1-800-HAMPTON
www.hamptoninn.com
Landschaftlich ansprechend unter moosbehangenen Eichen gelegen. Radverleih. $$–$$$
Anfahrt: US 278, Airport Rd.

**Red Roof Inn**
5 Regency Pkwy., Hilton Head Island, SC 29928
✆ (843) 686-6808, 1-800-RED-ROOF
www.redroof.com
111 Zimmer und Suiten, Pool, Waschsalon.
Anfahrt: US 278 East. Das Hotel liegt auf der rechten Seite vom Hwy., ca. 9 Meilen hinter der Brücke zwischen der Shipyard Plantation und Palmetto Dunes. $–$$

**Sea Pines Resort**
32 Greenwood Dr., Hilton Head Island, SC 29928
✆ 1-866-561-8802, www.seapines.com
Luxuriöse Feriensiedlung, die praktisch den gesamten Südzipfel der Insel einnimmt: komfortable

Apartments, tropische Gärten, Gourmet-Restaurants, Golf und Tennis, Reiten, Segeln, Radfahren, Racquet und Beach Club. (Auch Golf Holiday Packages mit 3, 5 oder 7 Übernachtungen.) $$$$

## Isle of Palms

### ⬛ ✕ ⚒ ⬜ Wild Dunes Resort
5757 Palm Blvd., Isle of Palms, SC 29451
✆ 1-888-778-1876, www.wilddunes.com
Üppige Anlage und Paradies für Golfer: 300 Zimmer und Suiten, 8 Pools, diverse Restaurants, Whirlpool, Sauna, Massage, Verleih von Fahrrädern und Booten, reiches Sportprogramm, 16 Tennisplätze, 36-Loch-Golfplatz, Münzwäscherei. Das Beste aber liegt vor der Haustür: ein Superstrand! $$$$

### ⬛ ⬜ Ocean Inn Condominium Complex
1100 Pavilion Blvd., Isle of Palms, SC 29451
✆ (843) 886-4687, 1-888-832-2956
www.ocean-inn.com
Strandnahe gute Apartments mit Küche, Pool und kostenlosen Fahrrädern. $$$–$$$$

### 🏕 Campingplätze
Vgl. Charleston.

## Kiawah Island

### ⬛ ⚒ Kiawah Island Golf Resorts
12 Kiawah Beach Dr., Kiawah Island, SC 29455

✆ (843) 768-2121, 1-800-654-2924
www.kiawahresort.com
Komfortables Sporthotel in unmittelbarer Nähe vorzüglicher Golf- und Tennisplätze und stiller Strände: 150 Zimmer, mehrere Restaurants, Pools, Fahrradverleih. Auch Apartments und Ferienhäuser. $$$$

## Myrtle Beach

### ⬛ ⬜ ⬜ Captain's Quarters Resort
901 S. Ocean Blvd., Myrtle Beach, SC 29577
✆ (843) 448-1404, 1-800-743-8572
www.captainsquarters.com
Familiengeeignetes Hotel am Strand. Der Clou: 15 Pools drinnen und draußen., inkl. Ship Wreck Lagoon Water Park. Fitnesscenter, Waschsalon. Im Sommer drei Nächte Minimum. $$$

### ⬛ ✕ ⬜ ⬤ The Breakers Resort Hotel
2206 N. Ocean Blvd.Myrtle Beach, SC 29578
✆ 1-800-952-4507, www.breakers.com
Ferienhotel am Strand mit allem Drum und Dran: 245 Zimmer, Restaurant, Videospiele, Bar, Sauna, 3 Pools, Fitnessraum, Kinderprogramme, Waschsalon. Sehr variable Preise je nach Saison und Wochentag. $$–$$$$

*Isle of Palms*

Anfahrt von Downtown Charleston: via I-26, Exit 199A, US 17, dann SR 165 nach Osten.

### 🛏 🏰 🏖 The Caribbean Resort & Villas
3000 N. Ocean Blvd. (30th Ave.)
Myrtle Beach, SC 29577
☎ 1-800-552-8509, www.caribbeanresort.com
Fast am Nordende der Motelkette: großes Familienhotel am Strand, 9 Pools. Cocktails, Restaurant nebenan. $$–$$$$

### 🛏 Best Western Ocean Sands Resort
1525 S. Ocean Blvd., Myrtle Beach, SC 29582
☎ (843) 272-6101, 1-800-588-3570
www.oceansands.com
Familienhotel in North Myrtle Beach. 95 Suiten und 21 Zimmer. $$$

### 🛏 Myrtle Beach KOA
613 5th Ave. S. (Nähe Hwy. 17)
Myrtle Beach, SC 29577
☎ (843) 448-3421, 1-800-562-7790, www.koa.com
Privater, zentral gelegener Campingplatz. Ganzjährig.

### 🛏 🏰 Ocean Lakes Family Campground
6001 S. Kings Hwy.
Surfside Beach, SC 29575
☎ (843) 238-5636, 1-877-510-1413
www.oceanlakes.com
Privater großer Campground (900 Plätze) am Strand, Pool und See mit zahlreichen Sporteinrichtungen. (US 17, 4 Meilen südl. von Myrtle Beach.)

## Pawleys Island

### 🛏 ✕ 🏰 🏖 Litchfield Plantation
Kings River Rd., Pawleys Island, SC 29585
☎ (843) 237-9121, 1-800-869-1410
www.litchfieldplantation.com
Perfekt restaurierte Reisplantage aus dem 18. Jh., heute eleganter Country Inn inmitten moosbehangener Eichen am Waccamaw River. Erstklassiges Restaurant, Pool, Tennisplätze, Fitnesscenter, Strandhaus am Meer. Zahlreiche Golfplätze in nächster Nähe. Plantagenfrühstück inkl. $$$$

## Summerville

### 🛏 ✕ 🏖 ✿ Woodlands Resort & Inn
125 Parsons Rd., Summerville, SC 29483
☎ (843) 875-2600, 1-800-774-9999
www.woodlandsinn.org
Südstaatliches Shangri-La: elegantes Plantagenhaus (1906), herrliche (20) Zimmer, schöne Gärten, Pool, Tennisplätze, Crocket, Reiten, hervorragendes Restaurant (Lunch $ und Dinner $$$). $$$$

## TENNESSEE

## Chattanooga

### 🛏 ✕ 🏖 🎏 Holiday Inn Chattanooga Choo Choo
1400 Market St., Chattanooga, TN 37402
☎ (423) 266-5000, 1-800-872-2529
www.choochoo.com
Komfort auf dem Abstellgleis: Aus dem Bahnhof der vorletzten Jahrhundertwende ist heute ein Restaurantkomplex ($–$$) geworden sowie ein Hotel, das den ehemaligen Wartesaal als Lobby nutzt.
48 der 351 Zimmer gibt es auch in Eisenbahnwagen. Pools, Whirlpool, Fitnessraum und Tennisplätze. $$$–$$$$

### 🛏 The Delta Queen Hotel
100 River St./Coolidge Landing
Chattanooga, TN 37405
☎ (423) 468-4500, www.deltaqueenhotel.com
Zum Hotel umfunktionierter Schaufelraddampfer am Nordufer des Tennessee River. 88 Kabinen/Zimmer. Übernachtung mit Frühstück. Shuttlebus zur Innenstadt. $$$–$$$$

### 🛏 Hampton Inn & Suites Downtown
400 Chestnut St., Chattanooga, TN 37402
☎ (423) 693-0500, 1-800-HAMPTON
www.chattanoogadowntownsuites.hamptoninn.com
Modernes, komfortables Hotel in ruhiger Lage in Downtown. Angenehmer Frühstücksbereich. In Gehweite zur Riverfront und den Sehenswürdigkeiten. Kostenlose Parkplätze. 134 Zimmer und Suiten. $$$

### 🛏 🦝 Raccoon Mountain Caverns and Campground
319 W. Hills Dr. (I-24, Exit 174)
Chattanooga, TN 37419
☎ (423) 821-9403, 1-800-823-2267
www.raccoonmountain.com
Campground am Fuß des Raccoon Mountain, nur 5 Min. von Downtown entfernt. Wanderwege, Kinderspielplatz, Höhlenbesichtigung.

## Franklin

### 🛏 ✕ Aloft Hotel – Cool Springs
7109 S. Springs Dr.
Franklin, TN 37067
☎ (615) 435-8700, 1-877-462-5638
www.aloftcoolsprings.com
Trendiges Hotel am Stadtrand von Franklin, südlich von Nashville. Urbaner Stil mit frischen Farben und dynamischem Service. 143 modern und funktional eingerichtete Zimmer. Bar, Restaurant und Lounge. $$–$$$$

# Gatlinburg

### 🛏 Buckhorn Inn
2140 Tudor Mountain Rd., ca. 8 km außerhalb von
Gatlinburg, TN 37738
✆ (865) 436-4668, 1-866-941-0460
www.buckhorninn.com
Gepflegte Erholung im Grünen. 19 Zimmer und
Cottages, Restaurant, Wanderwege, Angeln. An
Wochenenden 2 Nächte Minimum. Frühstück inkl.
$$$–$$$$

### 🛏 ✕ 🏊 🎣 Best Western Twin Islands
539 Parkway, Gatlinburg, TN 37738
✆ (865) 436-5121, 1-800-223-9299
Zentral und am Fluss gelegen: 111 Zimmer und
Suiten (einige mit Kitchenette), Restaurant, Pool,
Kinderspielplatz, Gelegenheit zum Angeln, Wasch-
salon und Fitnesscenter. $$

### 🛏 Twin Creek RV Resort
1202 E. Parkway (Hwy. 321)
Gatlinburg, TN 37738
✆ 1-800-252-8077
www.twincreekrvresort.com
75 Stellplätze noch innerhalb der Stadtgrenze. Keine
Zelte, aber Blockhäuser. April–Okt.

## Great Smoky Mountains National Park

Vgl. Gatlinburg und Pigeon Forge.

## Jonesborough

### 🛏 Hawley House Bed & Breakfast
114 E. Woodrow Ave.
Jonesborough, TN 37659
✆ (423) 753-8369, 1-800-753-8869
www.hawleyhouse.com
Mit guter Aussicht auf den Ortskern gelegenes, von
Marcy Hawley liebevoll geführtes B & B in einem
Haus von 1793. Drei mit Antiquitäten und Folklore-
kunst eingerichtete Zimmer. Üppiges Frühstück.
$$–$$$

## Knoxville

### 🛏 🏊 Hampton Inn
618 W. Main St., Knoxville, TN 37902
✆ (865) 522-5400, 1-800-HAMPTON
www.hamptonknoxville.com
Zentral in der Innenstadt situiertes Hotel. Ausge-
zeichnet als besonders umweltfreundlich geführte
Unterkunft in Tennessee. In den Zimmern Schwarz-
weißfotografien von den Great Smoky Mountains,
Knoxville und Tennessee. Frühstück in der Lobby,
Parkhaus, Pool und Fitnesscenter. 85 Zimmer.
$$–$$$

## Memphis

### 🛏 River Inn of Harbor Town
50 Harbor Town Sq., Memphis, TN 38103
✆ (901) 260-3333, 1-877-222-1531
www.riverinnmemphis.com
Elegantes Boutique-Hotel mit 28 Zimmern und
Suiten am Ufer des Mississippi River, nahe Mud
Island. Nostalgisches Flair verbreiten die Gaslater-
nen, die Blumenkästen vor den Fenstern und das
elegante Ambiente des Hauses. Frühstück, Lunch
und Dinner im hauseigenen Restaurant **Paulette's**
($–$$$). $$

### 🛏 ✕ 🏊 🏋 Peabody Memphis
149 Union Ave. (Downtown), Memphis, TN 38103
✆ (901) 529-4000, 1-800-678-8946
www.peabodymemphis.com
Grandhotel (1869) mit Traum-Lobby und Lounge.
Fitnessclub, Pool. Gourmet-Restaurant **Chez
Philippe** (✆ 901-529-4188, $$$, So. geschl.).
Viele Mississippians glauben, der Himmel sähe so
aus wie die Lobby des Peabody ... Der Entenmarsch
findet tägl. um 11 und 17 Uhr statt. $$$$

### 🛏 ✕ 🏊 Doubletree Hotel Memphis Downtown
185 Union Ave., Memphis, TN 38103
✆ (901) 528-1800 oder 1-800-222-8733
Komfortabel, 280 Zimmer, zentral gelegen, Pool,
Sauna, Fitnessraum. Restaurant. $$$–$$$$

*Gun Room Suite, Litchfield Plantation*

# Unterkünfte in Tennessee

## ⊟🏃 Sleep Inn at Court Square
40 N. Front St., Memphis, TN 38103
✆ (901) 522-9700, 1-877-424-6423
www.sleepinn.com
Einfach und ordentlich: 116 Zimmer, Fitnessraum.
Mit Frühstück. Keine Parkgebühren. $$–$$$

## ⊟ Mississippi River RV Park
870 Cotton Gin Pl., Memphis, TN 38106
✆ (901) 946-1993, 1-800-827-1714
Ganzjähriger Campingplatz.

## Nashville

## ⊟🗙 The Hermitage Hotel
231 6th Ave. N., Nashville, TN 37219
✆ (615) 244-3121, 1-888-888-9414
www.thehermitagehotel.com
Seit 1910 erste Adresse in Nashville, 2003 renoviert,
zentral in Downtown, gute Restaurants **The Capitol Grille** und **Oak Bar**. $$$$

## ⊟🗙🕮 Doubletree Hotel Downtown Nashville
315 4th Ave. N. & Union St., Nashville TN 37219
✆ (615) 244-8200, www.doubletree1.hilton.com
Solides Hotel (338 Zimmer) in guter Lage. Mit
Restaurant, Pool und Fitnessraum. $$$–$$$$

## ⊟ Embassy Suites Airport Hotel
10 Century Blvd., Nashville, TN 37214
✆ (615) 871-0033, 1-800-EMBASSY
www.nashvilleairport.embassysuites.com
Großes, luxuriöses und verkehrsgünstig gelegenes
Hotel nahe dem internationalen Flughafen, der Opry
Mills und der Grand Ole Opry. 296 Suiten. $$$$

## ⊟🗙 Gaylord Opryland Resort
2800 Opryland Dr., Nashville, TN 37214
✆ (615) 889-1000, 1-888-972-OPRY
www.gaylordhotels.com
Mega-Hotel mit 2881 Zimmern, tropisch garniertem
Atrium in Flughafengröße mit 15 Restaurants,
5 Ballsälen, 10 Bars. $$$–$$$$

## ⊟🕮 Hampton Inn – Vanderbilt
1919 West End Ave., Nashville, TN 37203
✆ (615) 329-1144, 1-800-HAMPTON
www.hamptoninnnashville.com
Hotel in der Nähe von Downtown und Music Row.
171 Zimmer, Pool, Fitnessraum. Möglichst vorher
reservieren! $$$$

## ⊟🕮 Comfort Inn
1501 Demonbreun St. (Music Row)
Nashville, TN 37203

✆ (615) 255-9977, 1-877-706-8899
Einfach und preiswert: Pool und Frühstück inkl. $$

## ⊟🗙 Union Station – A Wyndham Historic Hotel
1001 Broadway, Nashville, TN 37203
✆ (615) 726-1001
www.unionstationhotelnashville.com
Umgebauter Bahnhof mit 137 Zimmern und Suiten,
Luxus-Restaurant **Prime 108** ($$$), kleines Früh-
stück. $$$$

## ⊟♫ Nashville KOA Kampground
2626 Music Valley Dr. (Briley Pkwy., Exit 12)
Nashville, TN 37214
✆ (615) 889-0286, 1-800-562-7789, www.koa.com
460 Campingplätze, 25 Cabins, 1,5 km nördl. von
Opryland. Abends oft C&W-Liveshows. Ganzjährig.

## Pigeon Forge

## ⊟🕮🏃 Mainstay Suites
410 Pine Mountain Rd.
Pigeon Forge, TN 37863
✆ (865) 428-8350, 1-877-424-6423
www.mainstaysuites.com
Am Little Pigeon River mit Balkonblick auf die Ber-
ge: 129 Suiten mit Küche, Pool, Whirlpool, Fitness-
raum, Waschsalon. $$–$$$

## ⊟🕮 Music Road Hotel
303 Henderson Chapel Rd., Pigeon Forge, TN 37863
✆ (865) 429-7700, 1-800-429-7700
www.musicroadhotel.com
Komfortables Hotel mit 163 großen Zimmern, teils
mit Whirlpool, teils mit Blick auf Fluss und Berge.
Angenehmer Frühstücksraum am bewaldeten Fluss-
ufer. Großer Swimmingpool. $$–$$$

## ⊟ River Stone Resort
212 Dollywood Lane, Pigeon Forge, TN 37863
✆ (865) 286-3400, 1-866-908-0660
www.riverstoneresort.com
Großzügige Hotelanlage am Pigeon River. Geräumi-
ge Zimmer und Suiten. Luxuriöse Tagesschönheits-
farm. $$$–$$$$

## ⊟ Dollywood Vacations
2700 Dollywood Parks Blvd., Pigeon Forge, TN 37863
✆ (865) 428-9601, 1-800-DOLLYWOOD
www.dollywood.com
Geräumige, komfortable Blockhäuser für 2–16 Per-
sonen, meist mit Veranda und Aussicht. Selbstver-
pflegung. $$–$$$$

## ⊟🏃 River Bend Campground
2479 Riverbend Loop, Pigeon Forge, TN 37863
✆ (865) 453-1224
www.riverbendcampground.com
130 schattige Plätze am Gebirgsbach, *full hookups,*
Duschen, Waschsalon, Schwimmen, Schlauchboot-
fahren. April–Nov. ❋

# Service von A bis Z

## An- und Einreise

Zur Einreise in die USA benötigen Besucher aus Deutschland, Österreich und der Schweiz (auch Babys und Kinder) einen gültigen **Reisepass**, der mindestens für die Dauer des Aufenthaltes, aber am besten noch länger darüber hinaus gültig ist. Für deutsche Staatsangehörige ist nur der **rote Europapass** zulässig, der auch biometrische Daten sowie ein digitales Foto enthalten muss, wenn er nach dem 26. Oktober 2006 ausgestellt wurde.

**Kinderreisepässe**, die vor dem 26. Oktober 2006 ausgestellt wurden, können für die visafreie Einreise weiterhin benutzt werden. Ein danach ausgestellter Pass wird nur akzeptiert, wenn es sich um einen elektronischen Reisepass handelt. Ansonsten muss ein Visum beantragt werden.

Wer ohne Visum über das sogenannte Visa *Waiver Program* in die USA einreisen und weniger als 90 Tage bleiben will, für den gelten seit Januar 2009 geänderte Einreisebestimmungen. Besucher müssen sich bis 72 Stunden vor dem Abflug auf der **ESTA-Webseite** des Department of Homeland Security registrieren, über www.usembassy.de oder direkt unter https://esta.cbp.dhs.gov, Gebühr $ 14. Gewarnt wird vor Drittanbietern, die die ESTA-Registrierung gegen weitere Gebühren vornehmen wollen.

Der neue elektronische Antrag im Netz läuft in vier Schritten ab: Antrag ausfüllen, abschicken, Antragsnummer notieren, Einreisegenehmigung vom Ministerium abwarten (oft kommt sie nur Sekunden nach dem Absenden). Das US-Ministerium empfiehlt, sich den Antrag mit allen Angaben auszudrucken und zu den eigenen Unterlagen zu

nehmen. Außerdem sollten sich Reisende die Antragsnummer notieren, um den Antrag ggf. (wenn sich Adresse, Passnummer o.Ä. ändert) aktualisieren zu können. Auf der Internetseite werden die gleichen Fragen gestellt, die die Einreisenden im Formular I-94W während des Fluges beantworten mussten. In Zukunft soll das entfallen. Ist die Einreisegenehmigung einmal erteilt, bleibt sie zwei Jahre gültig.

Auch wenn die Einreise vorab genehmigt wurde, kann sie vor Ort von den Beamten der Zoll- und Grenzschutzbehörde dennoch verweigert werden. Sollte die Einreisegenehmigung nicht erteilt werden, bedeutet dies keine endgültige Ablehnung. Man muss sich dann um ein Visum bemühen. **Visa-Informationen** erhält man unter www.usembassy.de.

Bei der Einreise nimmt der *immigration officer* einen **Fingerabdruck** ab und ein digitales **Passfoto** auf. Er erkundigt sich nach Zweck *(holiday)* und Dauer der Reise und setzt die Aufenthaltsdauer fest. Manchmal wird auch nach dem Rückflugticket und der finanziellen Ausstattung gefragt. Ihr **Gepäck** sollten Sie nicht verschließen, sonst besteht die Gefahr, dass es von den Behörden aufgebrochen wird.

## Ärztliche Vorsorge

In den USA ist man automatisch Privatpatient – und die Arzt- bzw. Krankenhauskosten sind extrem hoch. Man sollte also tunlichst vorsorgen und sich zunächst bei seiner Krankenkasse nach einer Kostenrückerstattung erkundigen. Da nicht alle in den USA erbrachten Leistungen übernommen werden, ist unbedingt eine **Auslandskrankenversicherung** anzuraten, die für Urlaubsreisen preiswert zu haben ist. Allerdings müssen Sie beachten: Auch wenn Sie versichert sind, muss in den USA beim Arzt oder im Krankenhaus sofort bezahlt werden – meist sogar im Voraus. Für solche Notfälle erweist sich eine Kreditkarte als sehr nützlich. Erkundigen Sie sich ggf. auch, welche Leistungen Ihre (oder eine) Kreditkarte im Krankheitsfall im Ausland einschließt.

**Apotheken** *(pharmacy)* sind in der Regel in *drugstores* zu finden, die auch Toilettenartikel und Kosmetika verkaufen. Ständig benötigte Medikamente sollte man schon von zu Hause mitbringen (Arzt-Attest ausstellen lassen für den Fall, dass der Zoll Fragen stellt). Viele Medikamente, die in Europa rezeptfrei zu haben sind, können in den USA nur vom Arzt verschrieben werden (und umgekehrt).

Zur Vorsorge für das eigene Wohlbefinden gehört besonders bei einer Reise in die Südstaaten naturgemäß etwas gegen **Mücken, Stechfliegen und Moskitos**. Was am besten hilft, ist bei Kennern und Opfern umstritten. Einige halten sich an lokale Repellentien, die vor Ort im Drugstore zu haben sind, andere schwören auf die Creme von der legendären Avon-Tante (»Avon's Skin-So-Soft«), die es ebenfalls in Drugstores gibt, und wieder andere behaupten, die Mücken hätten sich längst an Avon gewöhnt, weit besser sei das streng riechende »Dolmix« (in hiesigen Apotheken zu bekommen). Auf keinen Fall schadet *Aloe Vera*, das man sich eigentlich als Erstes in den USA kaufen sollte.

## Auskunft

Die meisten der örtlichen Handelskammern *(Chambers of Commerce)* und Verkehrsämter *(Convention & Visitors Bureaus)* sind im **Internet** vertreten, z.B.:

**Alabama:** www.alabama.gov, www.alabama.travel
**Florida:** www.myflorida.com, www.visitflorida.com
**Georgia:** www.georgia.gov, www.exploregeorgia.com
**Louisiana:** www.louisiana.gov, www.louisianatravel.com
**Mississippi:** www.mississippi.gov, www.visitmississippi.org

**North Carolina:** www.visitnc.com, ncgov.com
**South Carolina:** www.sc.gov, www.discoversouthcarolina.com
**Tennessee:** www.tennessee.com, www.state.tn.us
Außerdem informieren (auch über das Reiseportal www.usa.de) zahlreiche **US-Ländervertretungen in Deutschland** über Destinationen in den Südstaaten:

**Georgia Tourism – Verkehrsbüro des Staates Georgia**
Horstheider Weg 106a
33613 Bielefeld
℡ (05 21) 986 04 25, Fax (05 21) 986 04 21
www.georgiaonmymind.de
www.deep-south-usa.de

**Fremdenverkehrsamt Louisiana**
c/o Wiechmann Tourism Services
Scheidswaldstr. 73, 60385 Frankfurt/M.
℡ (069) 255 38-270, Fax (0 69) 255 38-100
www.wiechmann.de, www.louisianatravel.de

**North Carolina Tourism**
c/o Wiechmann Tourism Services (vgl. oben)
℡ (069) 255 38-260, Fax (069) 255 38-100
www.wiechmann.de, http://de.visitnc.come

**South Carolina Tourism Office**
c/o ESTM E. Sommer Tourism Marketing
Postfach 1425
61284 Bad Homburg
℡ (061 72) 92 16 04, Fax (061 72) 92 16 05
www.discoversouthcarolina.com

**Tennessee Tourism**
Horstheider Weg, 106a, 33613 Bielefeld
℡ (05 21) 986 04 15, Fax (05 21) 986 04 11
www.tennessee.de, http://de.tnvacation.com

**Florida Versandhaus**
c/o Presse- und Touristikdienst
Sporthallenstr. 7, 64850 Schaafheim
℡ (060 73) 881 57, www.visitflorida.com

## Auskunft vor Ort

Fast alle größeren Orte besitzen – meist sogar gut ausgeschildert – ein *Visitor Center* oder eine *Chamber of Commerce*, die Unterkünfte vermitteln und Tipps für Unternehmungen und Veranstaltungshinweise geben (vgl. *Service & Tipps*). Man muss dort nicht unbedingt hinfahren, sondern kann auch anrufen.

Wer mit dem Pkw unterwegs ist, sollte sich die *Tourbooks* des amerikanischen Automobilclubs AAA (American Automobile Association) besorgen, die es gegen ADAC- oder TCS-Ausweis kostenlos gibt und die ein recht verlässliches Hotelverzeichnis enthalten.

## Automiete, Autofahren

Wenn Sie gelandet sind, sollte die Frage Auto- oder Campermiete längst beantwortet sein. So oder so sollten Sie den Wagen bereits durch Ihr Reisebüro mieten und vor Antritt der Reise bezahlen. Das ist preislich günstiger.

Mit dem Pkw ist man besonders in der Stadt beweglicher, an Bord eines Wohnmobils mehr draußen in der Natur, flexibler, was die Zeiteinteilung angeht, und insgesamt ein bisschen billiger dran. Selbstverständlich kann man einen Wagen, den man in Atlanta mietet, z.B. auch in New Orleans zurückgeben, wenn man die Reise eventuell mit dem Mississippi-Dampfer fortsetzen oder nach Atlanta zurückfliegen möchte. Anfragen (Wochenpauschalen, Freikilometer und Überführungsgebühren) richtet man ans Reisebüro oder an die internationalen Autovermieter. Camper reserviert und mietet man ebenfalls schon über das Reisebüro.

Wer ohne Reservierung anreist, kann sich am Flughafen an die Autovermieter wenden oder sich in der Innenstadt nach Sonderangeboten umsehen. Vorheriger telefonischer Vergleich der Preise und Bedingungen (Kilometergebühren, Wochenendpauschalen und eventuelle Sondertarife) lohnt sich.

Bei der Übernahme bzw. Anmietung des Fahrzeugs vor Ort muss man den **Führerschein** vorlegen. Eine **Kreditkarte** ist unersetzlich, denn ohne sie muss man im Voraus bezahlen oder eine Kaution hinterlegen. Die angebotene Vollkaskoversicherung – *Collision Damage Waiver* (CDW) – ist zwar nicht billig, kann sich aber schon bei leichten Blechschäden auszahlen. Den CDW kann man zu einem etwas günstigeren Tarif oft schon im Voraus mitbuchen.

Achtung bei verdeckten Kosten! Die Firmen jubeln dem Kunden neben dem CDW gern weitere Versicherungen unter. Prüfen Sie daher vorher, ob diese nicht durch Ihre sonstigen Versicherungsleistungen (Haftpflicht, Kreditkarten) abgedeckt oder bereits mit dem Gutschein für die Automiete *(voucher)* bezahlt sind!

Bei der Übernahme des Wagens sollte man zunächst alles prüfen (Reserverad, Automatikschaltung) und sich insbesondere beim Camper alles genau erklären lassen. Nehmen Sie sich bei den Vermietfirmen deren Stadtpläne mit, damit Sie schon mal für die Fahrt in die Innenstadt gerüstet sind.

### Autofahren

Als verkehrsgeschulter Europäer hat man in den Südstaaten leichtes Spiel. Man fährt dort vergleichsweise immer noch rücksichtsvoller und gemächlicher. Meistens jedenfalls. Einige Verkehrsregeln und Verhaltensweisen unterscheiden sich von denen in Europa:

– Die **Höchstgeschwindigkeit** ist ausgeschildert: auf Interstate Highways meist 65 oder 75 m.p.h. (Meilen pro Stunde oder 105/121 km/h); auf den meisten US und State Highways 55 m.p.h., in Ortschaften 25–30 m.p.h. (40–48 km/h).

– **Schulbusse** mit blinkender Warnanlage, die Kinder ein- und aussteigen lassen, dürfen nicht passiert werden. Das gilt auch für Fahrzeuge aus der Gegenrichtung!

– **Rechtsabbiegen an roten Ampeln** ist erlaubt, aber erst nach vollständigem Stopp und Vergewisserung, dass kein Fußgänger und kein anderer Wagen behindert wird.

– Außerhalb von Ortschaften muss man zum Parken oder Anhalten mit dem Fahrzeug **vollständig von der Straße runter**.

– Fußgänger, besonders Kinder, haben immer Vorrang! Sobald Fußgänger einen Fuß auf die Straße setzen wollen, gilt es anzuhalten.

Die **Farben** an den Bordsteinkanten markieren die Parkgesetze:

**Rot:** Halteverbot
**Gelb:** Ladezone für Lieferwagen
**Gelb und Schwarz:** Lkw-Ladezone
**Blau:** Parkplatz für Behinderte
**Grün:** 10 Minuten Parken
**Weiß:** 5 Minuten Parken während der Geschäftszeiten.

Wenn keine Farbe aufgemalt ist, darf man ungestraft und unbegrenzt parken. Aber: Parken Sie nie an Bushaltestellen und vor Hydranten!

An **Tankstellen** muss man oft **im Voraus bezahlen** (PAY FIRST) bzw. eine Kreditkarte hinter-

legen. Bei **Pannen** sollte man sich als Erstes mit seiner **Mietfirma** in Verbindung setzen, um die weiteren Schritte abzusprechen. Über Notrufsäulen an den Highways *(call boxes)* wendet man sich in Notfällen an die Highway Patrol. Diese informiert dann Abschleppdienste, Notarzt usw. Auch der AAA unterhält einen eigenen Pannendienst, den man als Mitglied des ADAC, ÖAMTC und anderer Clubs beanspruchen kann. In allen Südstaaten herrscht Gurtpflicht für jeden im Auto.

## Einkaufen

Für Konsumfreuden sind die USA seit eh und je das ideale Terrain, da machen auch die Südstaaten keine Ausnahme. Kaufhäuser, Supermärkte und Shopping-Centers haben die Vorreiterrolle übernommen, mit reichlichen Vergnügungs- und Restaurantangeboten *(food courts)*. Lokale Märkte und Bio-Angebote sind in jeder kleineren und größeren Stadt zu finden.

## Feiertage und Feste

An den Feiertagswochenenden (besonders im Sommer) quellen die Strände entlang den Küsten von South Carolina, Georgia und Florida über. Planung und frühe Reservierung von Hotelzimmern und Campingplätzen sind an diesen Tagen unerlässlich.

Da viele US-Feiertage auf Montage fallen, entstehen lange Wochenenden und gewöhnlich touristische Staus. Eng wird's auch bei lokalen Festivals. Banken, öffentliche Gebäude sind feiertags geschlossen, die meisten Museen montags.

### Offizielle Feiertage

**Neujahrstag** (1. Januar)
**Martin Luther King Day** (3. Montag im Januar)
**Presidents'/Washington's Birthday** (3. Montag im Februar)
**Memorial Day** (letzter Montag im Mai, Totengedenktag, Beginn der Hauptsaison)
**Independence Day** (Unabhängigkeitstag, 4. Juli)
**Labor Day** (1. Montag im September, Tag der Arbeit, Ende der Reisesaison)
**Columbus Day** (2. Montag im Oktober)
**Veterans Day** (11. November)
**Thanksgiving** (4. Donnerstag im November)
**Weihnachten** (25. Dezember)

Richtig gefeiert wird davon eigentlich nur der 4. Juli. Termingerecht macht sich an diesem Tag der enorme Patriotismus der Amerikaner Luft. Bei lokalen und ethnischen Festivals bietet sich die Gelegenheit, den Mikrokosmos der amerikanischen Gesellschaft kennen zu lernen. Es gibt etwas zu essen, zu trinken, gute Musik und viel zu sehen.

## Geld, Kreditkarten, Reisekosten

Die US-amerikanische Währung ist der **Dollar** (umgangssprachlich *Buck*), unterteilt in 100 Cents. Der Wechselkurs betrug April 2013 1 € = 1,30 US-$, 1 US-$ = 0,76 €.

Es gibt **Münzen** zu 1 ¢ *(Penny)*, 5 ¢ *(Nickel)*, 10 ¢ *(Dime)*, 25 ¢ *(Quarter)*, 50 ¢ *(Half Dollar)* und 1 $. Vorsicht: Die Dollar-Scheine *(bills, notes)*, die im Wert von 1, 2, 5, 10, 50, 100 $ kursieren, sind alle gleich groß und grünlich.

Hundert-Dollar-Noten werden nicht mehr ausgegeben und in manchen Läden und Tankstellen (vor allem nachts) nicht akzeptiert. Deshalb sollte man überhaupt nur Banknoten/Reiseschecks in $-20- und $-50-Stückelung mitnehmen; wenn man sie aber dennoch dabei hat, sollte man sie am besten an der Hotelrezeption wechseln lassen. In Großstädten geben die Banken Bargeld gegen Vorlage von Kreditkarte und Reisepass ab.

Die Reisekasse verteilt man am besten auf drei Zahlungsmittel: **US-Dollar-Bargeld, Travellerschecks,** die auf US-Dollar ausgestellt sind, und eine oder mehrere **Kreditkarten** (Visa, Mastercard, American Express o.a.).

Bis zu $ 10 000 in bar oder anderen Zahlungsmitteln dürfen Sie in die USA mitbringen. Travellerschecks werden fast überall akzeptiert, sofern das Wechselgeld nicht allzu hoch ausfällt. Man zahlt damit im Restaurant, an der Tankstelle oder im Hotel und bekommt den Restbetrag bar zurück.

Euro-Reiseschecks und Bargeld in Euro werden selbst in den Großstädten nur am Flughafen oder zu normalen Banköffnungszeiten in einigen wenigen Wechselstuben umgetauscht.

Per **Kreditkarte** und **PIN-Nummer** kann man Bargeld am Automaten abheben. Auch mit der **Maestro-EC-Karte und PIN** bekommt man Bares an den ATM-Automaten.

Notieren Sie sich die Nummern der Travellerschecks, falls sie verloren gehen oder gestohlen werden.

Bei Diebstahl oder Verlust muss die Karte umgehend **gesperrt** werden. Erkundigen Sie sich, ob Ihre Karte über die **zentrale Sperrnummer** für Deutschland **01149 116 116** (zusätzlich 01149 30 4050 4050) gesperrt werden kann.

Von den USA wählt man ansonsten folgende Nummern:

**Mastercard:** ✆ 1-800-MasterCard
(✆ 1-800-627-8372), www.mastercard.de
**Visa:** ✆ 1-800-847-2911, http://usa.visa.com
**American Express Credit:** ✆ 1-800-528-4800,
www.americanexpress.com
**American Express Traveller's Cheques:**
✆ 1-800-221-7282, www.212.americanexpress.com

In den USA muss man auf verdeckte Kosten achten. Es ist üblich, Preise ohne **Umsatzsteuer** anzugeben, d.h. man bezahlt grundsätzlich mehr als ausgewiesen: Auf alle ausgezeichneten Beträge kommen, je nach Region und Kommune, mindestens **6 %** *(sales tax)* hinzu! Bei den Hotels in den Städten wird meist zusätzlich eine Parkgebühr erhoben, die leicht bis zu $ 20–35 pro Übernachtung betragen kann.

## Gepäck, Klima und Kleidung

Schon wegen der schwül-heißen Sommertemperaturen mit hoher Luftfeuchtigkeit liegt lockere **Freizeitkleidung** in allen Lebenslagen im Süden nahe. Wer allerdings in Atlanta, Savannah oder New Orleans schick ausgehen will, braucht offiziellere Garderobe. Ganz allgemein legt man im Süden in vielen Restaurants abends erheblich größeren Wert auf Schlips und Kragen als anderswo in den USA. Trotzdem kann man sich meist zwanglos mit Jeans, T-Shirts, Freizeithemden und Turnschuhen der amerikanischen Umwelt anpassen.

Zwei Tipps für Frauen: stichfreie Beine erfordern robustes Schuhwerk – Turnschuhe mit Socken sind da schon mal ein guter Anfang. Sollten Sie ein Lieblings-Shampoo besitzen, statten Sie sich reichlich aus, denn die durchweg hohe Luftfeuchtigkeit tut zwar der Haut gut, nicht aber den Haaren. Nicht nur Atlantik und Golf bieten reihenweise hervorragende Bademöglichkeiten (April bis Ende Oktober), sondern ganzjährig die wohl temperierten Pools in den Hotels, Motels und auf Campingplätzen.

Das Klima an der subtropischen Atlantik- und Golfküste schwankt. Frühjahr und Herbst haben Durchschnittstemperaturen um Mitte 20 Grad, die Sommer werden im Inland ziemlich heiß; nur in unmittelbarer Nähe zum Ozean profitiert man von kühleren Brisen. Die Winter sind ungewöhnlich kurz und an der Küste sehr mild. Die besten Reisezeiten: im Frühling in Atlanta die ersten beiden Aprilwochen, in den Appalachian Mountains die ersten beiden Wochen im Mai; im Herbst in Atlanta die beiden letzten Oktoberwochen, in den Bergen die 2. und 3. Woche im Oktober.

Je heißer es draußen ist, umso kühler wirken die Klimaanlagen, was Probleme schaffen kann. Man sollte sich vorsichtshalber durch zusätzliche Kleidungsstücke darauf einstellen.

Für Rasierapparat oder Fön (die auf 110 Volt umgestellt werden können), bzw. Akku-Ladegeräte sollte man einen **Adapter** für amerikanische Steckdosen mitbringen. In den USA muss man oft lange danach suchen.

**Achtung:** Dixieland liegt voll im Trend des amerikanischen Spielfiebers. Da **Kasinos** an Land (außer in New Jersey und Nevada) verboten sind, schwimmen und dümpeln sie sogar auf den Gewässern des Golfs und des Mississippis. Der Kasinoboom verstopft vornehmlich an Wochenenden Zufahrtsstraßen und Hotelbetten gleichermaßen (z. B. in Biloxi, Gulfport, Bay St. Louis, New Orleans, Natchez und Vicksburg).

## Hinweise für Menschen mit Behinderungen

Ein Gesetz garantiert, dass in den USA Behinderte nirgendwo aus dem öffentlichen Leben ausgegrenzt werden dürfen. Deshalb finden sich Einrichtungen für Rollstuhlfahrer erheblich öfter und besser ausgestattet. Allgemein kann man sich darauf verlassen, dass alle öffentlichen Gebäude (z. B. Postämter, Besucherzentren) mit Rampen versehen sind. Das gilt auch für die meisten Supermärkte, Museen, Sehenswürdigkeiten und Vergnügungsparks. Durchweg sind Bordsteine an den Fußgängerüberwegen abgeflacht. In vielen Hotels und Hotelketten (z.B. Motel 6) gibt es extra Rollstuhlzimmer. Die Firma AVIS z.B. vermietet Autos mit Handbedienung.

Das zuständige Visitors Bureau/Chamber of Commerce und die Hotels in den Städten vermitteln Babysitter.

| Längenmaße: | 1 inch (in.) | = | 2,54 cm |
| | 1 foot (ft.) | = | 30,48 cm |
| | 1 yard (yd.) | = | 0,9 m |
| | 1 mile | = | 1,6 km |
| Flächenmaße: | 1 square foot | = | 930 cm$^2$ |
| | 1 acre | = | 0,4 Hektar |
| | | | (= 4 047 m$^2$) |
| | 1 square mile | = | 259 Hektar |
| | | | (= 2,59 km$^2$) |
| Hohlmaße: | 1 pint | = | 0,47 l |
| | 1 quart | = | 0,95 l |
| | 1 gallon | = | 3,79 l |
| Gewichte: | 1 ounce (oz.) | = | 28,35 g |
| | 1 pound (lb.) | = | 453,6 g |
| | 1 ton | = | 907 kg |
| Temperatur: | 32 °Fahrenheit | = | 0 °Celsius |
| | 104 °Fahrenheit | = | 40 °Celsius |
| Umrechnung: | Grad Fahrenheit minus 32 geteilt durch 1,8 = Grad Celsius | | |

## Maße und Gewichte

Vor einigen Jahren schien die Umstellung der USA auf das metrische System schon in Sicht, doch heute ist wieder alles beim Alten: *inch* und *mile*, *gallon* und *pound*. Man muss sich also wohl oder übel umstellen. Die Anleitung in der Tabelle soll dabei helfen.

## Mit Kindern in den Südstaaten

Die Südstaaten sind, wie die USA überhaupt, durchweg kinderfreundlich. Kindermenüs, eigene Sitzkissen und Kindertische in den Restaurants, billige, wenn nicht gar kostenlose Unterbringung in Hotels und Motels sind selbstverständlich. Besonders mit dem Camper macht den Kindern das Reisen Spaß: Grillen, Wanderungen oder Sand- und Badefreuden am (meist bewachten) Strand lassen Langeweile nicht aufkommen. Auch die Amerikaner reisen viel mit Kind, so dass Kontaktmöglichkeiten nicht ausbleiben: Kinder mit Kindern und Eltern mit Eltern.

## Notfälle, Diplomatische Vertretungen

Bei Notfällen ruft man den *Operator* (»0«) oder die Notrufzentrale (»911«) an und nennt Namen, Adresse oder Standort und Sachlage. Der Operator informiert dann Polizei, Rettungsdienst oder Feuerwehr.

Bei Autopannen lohnt es, im Automobilclub zu sein: Der amerikanische Club AAA hilft auch den Mitgliedern der europäischen Clubs (Mitgliedsausweis mitbringen). In den Nationalparks haben die Ranger die Polizeigewalt; sie sind auch für Notfälle zuständig.

Falls die Papiere (Reisepass etc.) verlorengegangen sind:

**Generalkonsulat der Bundesrepublik Deutschland**
285 Peachtree Center Ave., N.E. (Marquis Two Tower, Suite 901), Atlanta, GA 30303-1221
✆ (404) 659-4760, Fax (404) 577-1280
www.germany.info.org, Mo–Fr 9–12 Uhr

**Schweizer Generalkonsulat**
1349 W. Peachtree St., N.W., Suite 1000
Atlanta, GA 30309
✆ (404) 870-2000, Fax (404) 870-2011
www.eda.admin.ch
Mo–Do 8–12 und 13–16, Fr 8–12 Uhr

**Honorark Konsulat**
3333 Riverwood Pkwy., S.E., Suite 200
Atlanta, GA 30339
✆ (404) 264-9858, Fax (404) 266-3864
www.austria.org, Mo–Fr 9–17 Uhr

## Öffentliche Verkehrsmittel

Außer der Metro MARTA in Atlanta und der nostalgischen St. Charles Avenue Streetcar in New Orleans beherrscht grundsätzlich der Individualverkehr alle Städte im Süden – abgesehen von den Fähren zu einzelnen *Barrier Islands* an der Atlantikküste und über den Mississippi. Wer also den Mietwagen/Camper stehen lassen möchte, bleibt auf die eigenen Füße oder **Taxis** angewiesen. Etwa 15 % Trinkgeld sind üblich. Mit $ 7–10 (einschließlich Trinkgeld) kommt man in den Innenstädten fast überall hin. Nummern von Taxi-Unternehmen in den Städten entnimmt man den gelben Telefonbuchseiten oder fragt den Hotelportier, wenn die Taxis nicht schon vor der Türe warten.

## Post

Postämter gibt es sogar in den winzigsten Orten. Und je kleiner das Nest, umso kürzer sind die Wartezeiten für den, der ein Päckchen aufgeben oder Briefmarken kaufen will. Die Beförderung einer Postkarte in die Heimat dauert oft länger als eine Woche.

Das Telefonsystem hat mit dem Postwesen in den USA nichts zu tun, daher findet man in den Postämtern auch keine Telefonzellen. Telegramme können bei der **Western Union Telegraph Company** aufgegeben werden (auch telefonisch).

## Restaurants, Verpflegung

Die ethnisch-kulinarische Vielfalt von Charleston, Atlanta oder erst recht von New Orleans hat sich bisweilen auch in Europa herumgesprochen. Kreolisch, chinesisch oder thailändisch, *southern* oder italienisch: Die Vorschläge im Reiseführer möchten Ihnen die Wahl der Leckerbissen erleichtern und Experimente ersparen. Aufgrund der Alkoholgesetze, die den Ausschank in den meisten Südstaaten an Sonntagen einschränken, verbieten oder nur gegen teure Sonderlizenzen ansprechen haben **manche Restaurants sonntags geschlossen**.

Fürs Picknick oder auch für die Abend-Vesper im Hotelzimmer empfiehlt sich, gleich zu Beginn der Reise einen ausreichend geräumigen (ab 20 l) Cooler bzw. eine (billigere) Styropor-Eiskiste für den Kofferraum zu kaufen. Eis gibt's in Supermärkten, kleinen Märkten und Tankstellen. Picknickfreunde und Selbstversorger sollten überdies wissen, dass man sich in Restaurants grundsätzlich alles, was man einmal bestellt hat, einpacken lassen kann – zum Mitnehmen. Amerikaner haben in dieser Hinsicht keinerlei Hemmungen.

Die unter *Service & Tipps* empfohlenen Restaurants sind nach Preiskategorien für ein Abendessen pro Person (ohne Getränke) gestaffelt:

$     – bis 15 Dollar
$$    – 15 bis 25 Dollar
$$$   – 25 bis 35 Dollar
$$$$  – über 35 Dollar

## Sprache im amerikanischen Süden

Der Süden unterscheidet sich vom Rest der USA durch seine Sprache und eine gelegentlich schleppende Aussprache. Einige sagen, es liege an der Hitze: »Um schnell zu sprechen, braucht man zu viel Energie. Also ziehen wir alles in die Länge. Oder wir hängen noch Silben dran. Das entspannt. Das ist unser Akzent.« Mark Twain fragte: »Wann verschwand das »r« aus der Sprache der Südstaat-

ler, und wieso verschwand es? Viele Leute ... fügen hier und da ein »y« in Worte ein, die mit dem R-Laut beginnen. Sie sagen z.B. Herr K'yahtah (Carter) und sprechen von »playing k'yahd« (playing cards) ...« Seine Schlussfolgerung: »Die Sprache dieser Leute ist wie Musik.«

Einen besonders melodiösen Klang hat die Sprache der Schwarzen, ganz abgesehen davon, dass noch zahlreiche Wörter afrikanischer Herkunft im Umlauf sind: z.B. *jazz, gumbo, banjo, okra* etc. Erst recht ungewohnt ist die *Low country language*, die »Gullah« genannt wird. (Beispiel: »T'ENGK GAUD FUH CHAA'STUN«, d.h. »Thank God for Charleston«.)

Einige der folgenden Wörter und Ausdrücke hört man im Süden häufiger als sonst in den USA – oder in einer Aussprache, die in keinem phonetischen Standardwörterbuch auftaucht:

*antebellum* – alles (Häuser, Kultur, Ära) vor dem amerikanischen Bürgerkrieg, also vor 1861.
*bayou* – indianisch für langsam fließendes Gewässer
*Cajun* – Slang-Ausdruck für die Akadier, die Französisch sprechenden Siedler, die im 18. Jh. aus Nova Scotia (Kanada) nach Louisiana kamen. Außerdem Bezeichnung für eine Kultur und Küche.
*Civil War* – Richtige Südstaatler finden den Ausdruck beleidigend. Sie nennen den Bürgerkrieg den »Krieg zwischen den Staaten« *(The War Between the States)* oder »den Krieg« (*The War*, gesprochen: woa).
*Creole* – Siedler spanischer und französischer Herkunft, die im Süden von Louisiana geboren wurden, ihre Küche und Architektur.
*Dixieland* – (Kurzform: Dixie) Alter Name für den amerikanischen Süden, dessen Herkunft unge-

309

*Southern Belle* – Südstaaten-Schöne
*Spanish moss* – weder spanisch noch Moos noch parasitär, sondern eine Pflanze aus der Familie der Ananas, die von Luft und Wasser lebt. Es heißt, sie sterbe wegen der zunehmenden Umweltverschmutzung durch Autoabgase aus.
*Yankee* – ein Nordstaatler, der den Süden besucht; ein *damned Yankee* ist einer aus dem Norden, der sich im Süden niederlässt.
*Yankee shot* – (scherzhaft) für Bauchnabel
*Zydeco* – durch den Blues beeinflusste Tanzmusik französisch sprechender kreolischer Schwarzer.

Zu den Besonderheiten der **Südstaaten-Küche** zählen u.a.:

*beignet* – puderbezuckertes Gebäck, das einem rechteckigen *doughnut* ohne Loch gleicht (verbreitet besonders in New Orleans)
*cafe brulot* – Kaffee mit Gewürzen, Orangenschale und Likör
*Calabash* – (oder *Calabash style* oder *calabashish*) nach dem Hafenstädtchen und der Fischlokal-Hochburg Calabash in North Carolina (nördlich von Myrtle Beach) benannte Zubereitungsart von Meeresfrüchten: mächtig fettig frittiert
*crawfish* – Spielzeug-Hummer und allgegenwärtig in vielen Gerichten, vor allem in Louisiana; ein *crawfish etoufee* kann Hausmannskost de luxe sein.
*etoufee* – saftige Soße auf Tomatenbasis, oft in Zusammenhang mit der Verwendung von *crawfish* und Shrimps
*grits* – warme Mais- oder Weizengrütze
*Gumbo* – dicke Suppe mit Meeresfrüchten, Huhn oder Wurststücken mit vielen Gewürzen und viel Reis
*hush puppies* – unerlässliche Beilage zu fast jedem Fischgericht: kleine Brötchen aus Mais- und Getreidemehl, Eiern und Buttermilch, in Fett gebacken. Ursprünglich diente diese Knabbersache beim nächtlichen Lagerfeuer dazu, die Hunde zu beruhigen und vom Bellen abzubringen: *to hush the puppies.*
*Jambalaya* – Eintopf aus gelbem Reis, Meeresfrüchten, Wurststückchen, Gemüse (Rezept vgl. S. 161).
*Milk Punch* – ebenfalls nicht ohne: Vanilla (Brandy), Milch, Zucker (Sirup), Bourbon. Warum so viele *eyeopener*? Angeblich, weil im Süden viele so verschlafen sind.
*Mint Julep* – Pfefferminz-Whiskey, berühmt durch »Vom Winde verweht«, ein starkes Gesöff, von dem manche Barkeeper behaupten, niemand würde einen zweiten bestellen. Zubereitung: die Minze-Blätter werden zerstampft, dann die Eisstücke und schließlich mit Bourbon aufgegossen.

klärt ist; 1859 gab es ein Lied mit dem Titel »Dixie«. »Dixie« außerdem: Musikform des Jazz.
*krewe* – traditioneller Karnevalsverein, der für die Paraden an Mardi Gras verantwortlich ist.
*loggia* – (besondere Aussprache: *louscha*) überdachte Veranda etc.
*Mardi Gras* – Karnevalsdienstag – Höhepunkt der Paraden und Bälle der N.O. Session im Januar und Februar.
*mosquitaire* – Gazevorhang über dem Himmelbett – eng genug, um die Mücken fernzuhalten; weit genug, um möglichst viel Luft durchzulassen.
*parish* – Verwaltungsbezirk in Louisiana, in den USA sonst *county* genannt.
*porch* – Veranda
*potpourri* – (gesprochen: *poperi*) eigentlich *potpourri of smells,* d.h. Duftkissen mit duftenden Blättern, Nelken und anderen Kräutern und Gewürzen, die dem großen Duftverströmungsbedürfnis des Südens entsprechen und demnach aus den meisten feinen Häusern nicht wegzudenken sind.
*rebel flag* – (offiziell: *Confederate Flag*) Fahne der Südstaaten, die von vielen Amerikanern als zwiespältiges Symbol empfunden wird – einerseits begleitete sie im Bürgerkrieg patriotische Männer und Frauen, die, unterstützt durch ihre Sklaven, für den Erhalt ihres Lebensstils, ihrer ökonomischen Grundlagen und ihres Ehrgefühls kämpften; andererseits wehen bei ihr auch immer noch rassistische Untertöne mit. Der Ku-Klux-Klan zeigt sie immer.
*shotgun house* – simples, schmales Wohnhaus im Süden mit hintereinander liegenden Räumen, so dass eine Gewehrkugel durchschlagen könnte, ohne eine Wand zu berühren. Entstehung und Verbreitung seit Ende des 19. Jh.

*Georgias symbolisches Obst: Pfirsiche*

*muffuletta* – Super-Sandwich mit italienischem Schinken, Käse und Salat
*po-boy* – ein mit verschiedenen Fleisch- und Käsesorten reichlich belegtes Baguette
*Ramos Gin Fiz* – harter *southern drink* (*eyeopener* zum Frühstück): Eiweiß, Sahne, Gin
*sweet corn bread* – süßes Maisbrot
*sweet potatoes* – Süßkartoffeln, sehr beliebt:
*sweet potato fries* – Süßkartoffel-Pommes

## Telefonieren

An öffentlichen Telefonen herrscht in den USA kein Mangel. Sie sind nützlich bei Auskünften, Reservierungen etc. und ersparen Enttäuschungen. Das Telefonieren aus der **Telefonzelle**, dem payphone, erfordert etwas Übung. Ortsgespräche *(local calls)* sind einfach. Man wirft 25 ¢ ein und wählt die siebenstellige Nummer. Wie man Ferngespräche *(long distance calls)* führt, wird meist in einer Aufschrift am Telefon erläutert.

Hilfreich ist zu allen Zeiten der Operator (»0«), der Rufnummern vermittelt, Vorwahlnummern *(area codes)* und Preiseinheiten für Ferngespräche angibt. Um eine Nummer herauszufinden, ruft man die *directory assistance* an, die man im eigenen Vorwahlbezirk unter der Nummer »411« erreicht; für andere Bezirke wählt man die jeweilige Vorwahl und dann die 555-1212. Auskünfte über die gebührenfreien»1-800«-Nummern erhält man unter 1-800-555-1212.

In den USA gibt es auch einige Gesprächsarten, die in Europa nicht oder nicht mehr üblich sind – z.B. **R-Gespräche**, die der Angerufene bezahlt. Man wählt dafür 0-Vorwahl-Nummer und bittet den Operator um einen *collect call*. Außerdem gibt es die Möglichkeit eines *person to person call*, bei dem man nur bezahlen muss, wenn sich der Angerufene selbst meldet oder geholt werden kann. Man wählt dafür ebenfalls 0-Vorwahl-Teilnehmernummer und teilt dem Operator seinen Wunsch mit.

Gespräche nach Europa kosten für 3 Minuten ca. $ 6-8: Man lässt sich vom Operator verbinden oder wählt 011, Landes-, Stadtvorwahl (ohne die erste Null) und Nummer.

**Telefonkarten**, *calling cards* bringen nicht nur Geschäfts-, sondern auch Privatreisenden in den USA eine Reihe nicht zu unterschätzender Vorteile. Man kann mit ihnen praktisch von jeder Straßenecke aus den Rest der Welt erreichen. Man spart die erheblichen Aufschläge der Hotels auf die Gebühreneinheiten, die Handhabung ist denkbar simpel und man bekommt für alle geführten Gespräche einen schriftlichen Beleg mit Nummer, Zeit, Datum und Betrag. Vergleichen Sie die Konditionen der verschiedenen Telefongesellschaften! Wer nicht schon seine eigene Telefonkarte mitbringt, kann in fast jedem Supermarkt in den USA

eine solche *pre paid phone card* für ca. $ 10-20 erwerben. Über eine Servicenummer und den sogenannten *Authorization Code* (beide auf der Karte angegeben) wählt man sich ein und danach wie üblich: *country code, area code* (ohne die »0«) und die gewünschte Nummer. Gegenüber normalen Telefongesprächen (erst recht gegenüber solchen von Hotels aus) kann man mit diesen Karten fürs gleiche Geld 4-6 mal so lange telefonieren und ist vom Münzensammeln befreit.

Europäische **Mobiltelefone/Handys**, die in den USA übrigens *cell phone* oder *mobile phone* heißen, funktionieren in den USA wie gewohnt, wenn es sich um sogenannte Mehrband-Mobiltelefone handelt (siehe Bedienungsanleitung oder beim Provider direkt erfragen). Allerdings zahlt man bei Benutzung in den USA eine höhere Minutengebühr.

Grundsätzlich kann man von einem Mobiltelefon aus auch **Telefonkarten** (siehe links) benutzen, die man in den USA in fast jedem Supermarkt erwerben kann. Diese Karten haben in der Regel eine kostenlose Zugangsnummer. Im Voraus sollte man sich bei seinem Provider erkundigen, ob man in den USA 1-800er-Nummern kostenlos anwählen kann, denn dann hat man über die Kombination Telefonkarte mit eigenem Handy eine kostengünstige Möglichkeit, in den USA zu telefonieren.

## Trinkgeld

Man gibt den Koffer trägern, je nach Hotelklasse ca. 50 Cents bis $ 1 pro großem Gepäckstück, Taxifahrern und Frisören ca. 15-20% vom Rechnungsbetrag, in den Bars ca. 50 Cents je Drink und dem Zimmermädchen bei längerem Aufenthalt pro Nacht $ 1-2. Restaurants sind ein Kapitel für sich. Hier lässt man rund 15-20% des Rechnungsbetrages als *tip* auf den Tisch liegen.

Das ist nicht als hohes Trinkgeld aufzufassen, da es in den USA nicht im Preis enthalten ist und die Bedienung im Wesentlichen davon lebt und nicht vom Gehalt.

## Unterkunft

Wie auch sonst in den USA sind im Süden Hotels und Motels in der Regel einwandfrei und zuverlässig. Viele Unterkünfte können von Europa aus reserviert werden. Anzuraten ist das im einen oder anderen Fall während der Hauptreisezeit Juni, Juli, August und dann besonders an Wochenenden und Feiertagen. Gewöhnlich muss man in Myrtle Beach, Charleston, Biloxi (wegen der Casinos) und New Orleans an Wochenenden mit Engpässen rechnen.

Unterwegs sollte man Zimmer über die kostenlosen 1-800-Nummern vorbestellen. Die Kreditkartennummer garantiert die Reservierung; einige Hotels nehmen für Wochenenden bzw. Feiertage telefonische Reservierungen überhaupt nur mit Kartennummer entgegen. Bei Reservierungen ohne Kreditkarte muss man bis **spätestens 18 Uhr** einchecken. Bei der kurzfristigen Zimmersuche sind die örtlichen Visitors Bureaus behilflich.

**Tipp:** Das Reisebudget kann beim Übernachten in Hotels und Motels durch das Sammeln von so genannten Rabattcouponheften deutlich entlastet werden. Die Hefte gibt es in Klappboxen an Tankstellen, Straßenkreuzungen und im Visitor Center sowie oftmals an der Hotellobby. Auch ist es oft vorteilhaft, sich nicht nur ein Heft zu nehmen, sondern noch nach Alternativen zu suchen, da die Angebote, gerade bei Übernachtungen, stark variieren.

**Bed & Breakfast,** das angelsächsische Pendant zum Hotel garni, bedeutet Zimmer mit Frühstück. Das steht in den Südstaaten hoch im Kurs. Diese Übernachtungsart entspricht in erster Linie den Bedürfnissen amerikanischer Touristen, die kuschelige Simulationen alter Pracht inklusive opulentem Frühstück stereotypen Motelräumen vorziehen. Für europäische Besucher bieten B&Bs manchmal den Vorteil, dass sie – ähnlich wie beim Camping – Kontakte und gegenseitiges Kennenlernen fördern.

**Camping** ist in den vorwiegend ländlichen Südstaaten eine angemessene Unterkunftsart. Die im Allgemeinen großzügig angelegten Plätze bieten oft eine herrliche Lage, direkten Anschluss an Wanderwege, Seen und Strände. Die staatlichen Campingplätze liegen meist in den State Parks, haben Feuerstellen, Holzbänke und -tische sowie Waschanlagen. Vorbestellung ist oft nicht möglich, daher sollte man einchecken, sobald man am jeweiligen Ort angekommen ist. Die privaten Plätze sind meist vorzüglich ausgestattet – mit sauberen Duschen, Grillplätzen und oft mit kleinem Laden. Wildcampen für mehrere Tage wird nicht gern gesehen, doch kann man durchaus über Nacht sein *motorhome* auf einem Parkplatz oder – nach Rücksprache am *front desk* – im Ausnahmefall auch auf Hotel- und Motelparkplätzen abstellen.

## Zeitzone

Die hier dargestellten Südstaaten umfassen zwei Zeitzonen, die *Eastern Time Zone* (Georgia, Florida, South Carolina; MEZ minus 6 Stunden) und die *Central Time Zone* (Alabama, Louisiana, Mississippi, Tennessee; MEZ minus 7 Stunden). Von Ende April bis November herrscht Sommerzeit (*daylight saving time*, DST), die Uhr wird wie in Europa um eine Stunde vorgestellt.

## Zoll

Zollfrei in die USA mitbringen darf man außer der persönlichen Reiseausrüstung (Kleidung, Kamera etc.):
- 200 Zigaretten oder 50 Zigarren (möglichst nicht aus Kuba)
- oder 3 Pfund Tabak
- 1 Liter Alkohol von mehr als 22 Vol.-%
- Geschenke im Wert von bis zu $ 100.

**Tierische und pflanzliche Frischprodukte** (Obst, Wurst, Gemüse) dürfen nicht eingeführt werden. Die Zollbeamten sind da unerbittlich; Wurststulle und Orange werden konfisziert. Dagegen sind Gebäck, Käse und Süßigkeiten (keine Schnapspralinen!) erlaubt.

Den eigenen Wagen darf man (bis zu einem Jahr) mitbringen, was sich aber nur ab einer Aufenthaltsdauer von mindestens zwei Monaten lohnt. Bleibt man länger als 12 Monate, muss das Fahrzeug nach den amerikanischen Sicherheitsbestimmungen umgerüstet werden. Wenn man seinen Wagen nach einer Reise in den USA verkaufen möchte, heißt es ebenfalls umrüsten und zusätzlich Zoll bezahlen.

Bei speziellen Fragen zu den amerikanischen Zollbestimmungen setzt man sich am besten mit dem nächsten US-Konsulat in Verbindung.

Bei der **Rückreise** dürfen für den persönlichen Bedarf abgabefrei eingeführt werden:
- 200 Zigaretten oder 100 Zigarillos oder 50 Zigarren oder 250 g Tabak
- 1 Liter Spirituosen mit einem Alkoholgehalt von mehr als 22 Vol.-% oder 2 Liter mit einem Alkoholgehalt von maximal 22 Vol.-%
- andere Mitbringsel bis zu einem Warenwert von € 430, unter 15 Jahren bis € 175.

Überschreiten die Reisemitbringsel die Reisefreimengen, so fallen Einfuhrabgaben an. Am besten die Kaufbelege aufbewahren, ansonsten wird der Wert geschätzt. Bis zu einem Wert von € 700 werden pauschal 17,5 % Zoll erhoben, bei allem, was darüber liegt, wird genauer gerechnet. Auskünfte erhält man beim Informationsmanagement Zoll unter ✆ (03 51) 448 34-510, www.zoll.de.